서양윤리학에서 본 유학(儒學)

AKS 인문총서 6

서양윤리학에서 본 유학(儒學)

지은이 도성달

제1판 1쇄 발행일 2012년 3월 20일
제1판 2쇄 발행일 2013년 9월 10일

발행인 정정길
발행처 한국학중앙연구원 출판부

출판등록 제381-1979-000002호(1979년 3월 31일)
주소 경기도 성남시 분당구 하오개로 323
전화 031-708-5360
팩스 031-701-1343
전자우편 akspress@aks.ac.kr
홈페이지 book.aks.ac.kr

ⓒ 한국학중앙연구원 2012

ISBN 978-89-7105-853-4 94910
      978-89-7105-772-8 (세트)

- 이 책의 출판권 및 저작권은 한국학중앙연구원에 있습니다.
  이 책 내용의 전부 또는 일부를 재사용하려면 반드시 서면 동의를 받아야 합니다.
- 값은 뒤표지에 있습니다. 잘못된 책은 바꿔드립니다.
- 이 도서의 국립중앙도서관 출판시도서목록(CIP)은 CIP 홈페이지(http://seoji.nl.go.kr)와
  국가자료공동목록시스템(http://www.nl.go.kr/kolisent)에서 이용하실 수 있습니다.
  (CIP제어번호: CIP2012001126)
- 이 책은 2009~2010년도 한국학중앙연구원의 연구사업 단독저술과제로 수행된 연구임(2009-13).

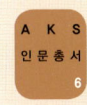

서양윤리학에서 본 유학(儒學)

도성달 지음

한국학중앙연구원출판부

책을 내면서

플라톤 이래로 서양윤리학은 도덕적 진리에 대한 탐구를 "인간이 실현해야 할 궁극적 목적이 무엇인가"에 대한 물음에서 시작합니다. 이 궁극적 목적은 인간이 도덕적 완전성을 성취하기 위한 절대적 기준이며 도덕적 이상입니다. 이러한 도덕적 이상은 최고의 선이 무엇이며, 이를 위해서 인간은 어떤 도덕적 의무와 덕성을 지녀야 하며, 도덕행위의 토대가 될 수 있는 기본적 원리가 무엇인지를 제시해줍니다. 도덕적인 삶이란 우리의 행위가 도덕적 의무, 덕성, 원리에 일치하는 것과 다름없습니다. 그래서 서양윤리학의 주제는 도덕인식론, 도덕행위론, 도덕성의 정당화론이지만 그 중심은 도덕인식론입니다. 도덕적 진리가 무엇인지 알아야만 어떻게 도덕적일 수 있고, 왜 도덕적이어야 하는가 하는 문제에 답할 수 있기 때문입니다.

반면 유학(儒學)의 경전들은 도덕의 기본 텍스트이지만 서양윤리처럼 윤리학적 명제들을 체계적으로 제시하지는 않습니다. 유학이 윤리학의 형이상학적 명제에 관심을 갖게 된 것은 송대 성리학자들에 의해서입니다. 그들은 우주생성론이나 존재론과 같은 형이상학적 주제들에서 유학의 도덕철학적 위치를 정립합니다. 그러나 유학자들의 관심은 '무엇'을 '왜' 하는 문제보다는 '어떻게' 하는 실천적 방법론에 있습니다. 윤리학은 동서를 막론하고 실천학이지만 실천학에 대한 강조점은 다릅니다. 서양윤리학에서 실천학의 의미는 도덕적 실천의 수양론이 아니라 도덕적 실천의 원리와 지식론입니다. 이런 점에서 유가윤리와 서양윤리는 도덕적 앎의 의미가 서로 다르고 도덕의 본질에 대한 이해방식도 다릅니다. 그 근본적인 이유는 철학적 사유방식에 차이가 있기 때문입니다. 서양적 사유방식은 분석적이고 이원론적이지만, 유가적 사유방식은 종합적이고 전일적입니다.

유학은 우주론, 이기론, 인성론, 심론, 수양론 전체가 하나로 연결된 독특한 사상체계입니다. 이 주제 중에서 어느 하나만을 가지고도 유학 전체를 말할 수 있습니다. 유학사상을 탐구하는 데 있어서 이 중 어느 한 주제만을 건드려도 전체를 조망할 수 있다는 말입니다. 그러나 전체를 알지 못하면 이 중 어느 한 쪽도 제대로 볼 수 없는 것이 유학사상의 특징입니다. 유학은 도덕실천론이 그 핵심이지만 이를 위해서는 도덕철학적 이론체계가 필수적입니다. 유학의 도덕실천론은 인간이 도덕적으로 행동하려면 무엇을 어떻게 알아야 하고, 인간은 왜 도덕적이어야 하는가 등 윤리학의 전체 구도에 대한 지식과 맞물려 있기 때문입니다. 이런 점에서 유학사상은 선진유학이든 성리학이든 실학이든 우주론에서 수양론에 이르기까지 모두가 도덕과 연관되지 않은 게 없고, 도덕을 떠나서 유학을 논할 수 없습니다. 한마디로 유학은 '하나의 일관된 전체'로서 도덕철학, 곧 윤리학이라고 말할 수 있습니다. "유학이 서양철학에 크게 기여할 수 있는 부분은 인식론이나 형이상학이 아니라 윤리학이다"라는 풍유란(湯有蘭)의 말은 이를 두고 하는 말입니다.

이 책은 필자가 서양윤리학의 주제와 쟁점을 다룬 『윤리학, 그 주제와 논점』을 논거로 서양윤리와 유가윤리를 비교윤리의 관점에서 다루고자 한 것입니다. 유가윤리를 서양윤리학의 이론 틀에 맞춰 비교 분석한다는 것 자체가 문제라고 생각할 수도 있습니다. 그러나 동·서양의 철학적 사유방식이 다르더라도 윤리학의 근본적 물음에 대한 해명은 동서윤리학이 추구하는 한결같은 테마입니다. 윤리학의 본질적 문제에 대한 문제의식은 동·서 윤리가 다르지 않기 때문입니다. 다만 서양윤리학은 윤리학, 심리학, 교육학 등으로 세분화되어 있어 행위론이나 실천적 방법론은 도덕심리학이나 도덕교육의 몫입니다. 반면에 유가윤리학은 도덕철학, 심리학, 도덕교육론이 하나로 묶여 있습니다. 그래서 서양윤리학은 지식론이고 유가윤리학은 실천론 중심인 것처럼 보입니다. 양자 간의 이러한 차이가 비교연구의 접근을 어렵게 하는 것이 사실이지만 동서윤리학의 공통주제의 탐색이 불가능한 것은 아닙니다.

필자가 유학에 관심을 갖게 된 계기는 제대로 된 윤리학의 체계를 세우려면 서양윤리와 동양윤리가 함께 가야 한다는 문제의식에서입니다. 서양윤리학은 도덕인식론에 관해서는 매우 강하지만 실천론에는 취약점을 가지고 있습니다. 반면 유학사상은 실천론에 치중하면서도 도덕지식론과 맞물려 있어서 서양윤리의 취약점을 보완할 수 있습니다. 필자는 서양윤리학 전공자로서 유학에는 문외한이나 다름없습니다. 필자가 알고 있는 유학에 관한 지식들은 겨우 어깨너머로 배운 어설픈 것들입니다. 그럼에도 이런 무모한(?) 일을 하게 된 것은 우리학계에 비교윤리에 관한 전문서적이 없다는 안타까운 생각에서입니다. 이 보잘것없는 졸저가 비교윤리의 분석 틀을 제시했다고 생각하지는 않지만, 윤리학을 공부하는 동학들이 윤리학적 안목을 넓히는 데 작은 보탬이 되었으면 하는 바람입니다. 거듭 밝히지만 필자는 유학에 관해서 비전공자일 뿐만 아니라 본시 배움이 얕고 재주가 없어서 이 책의 흠결이 한두 군데가 아닙니다. 독자들의 질정(叱正)을 마다하지 않겠습니다.

필자는 오랫동안 몸담아온 한국학중앙연구원에 많은 빚을 지고 있다는 생각을 지울 수 없습니다. 보잘것없는 이 한 권의 책으로 마음의 빚을 일부분이라도 갚을 수 있으면 참으로 좋겠습니다. 끝으로 이 책을 만드는 데 온갖 정성을 다해준 한국학중앙연구원 출판부 관계자 여러분들께 깊이 감사드립니다.

2012년 3월
청계산 자락 연구실에서
도 성 달

차례

책을 내면서 | 4

1장 도덕적 선과 악
1 서양윤리의 선악론: 메타윤리 논쟁 · 12
2 최고선에 대한 규범윤리 논쟁 · 25
3 유가윤리의 선악론 · 47
4 요점과 비교 논점 · 75

2장 도덕 판단의 원리와 방법
1 서양윤리의 도덕 판단 원리 · 82
2 유가윤리의 도덕 판단 원리 · 101
3 요점과 비교 논점 · 128

3장 도덕인식론
1 서양윤리의 도덕인식론 · 138
2 유가윤리의 도덕인식론 · 154
3 요점과 비교 논점 · 175

4장 도덕행위의 동인(動因)
1 서양윤리의 도덕행위 동인론 · 184
2 유가윤리의 도덕행위 동인론 · 201
3 요약과 비교 논점 · 220

5장 도덕 지식과 행위

1 도덕 판단과 태도의 관계: 내재론 대 외재론 · 228
2 도덕지식의 내용과 형식 · 232
3 서양윤리에서 지와 행의 관계 · 236
4 유가윤리의 지행론 · 242
5 유가윤리의 도덕실천론 · 262
6 요점과 비교 논점 · 280

6장 도덕정당화론: 왜 도덕적이어야 하는가?

1 서양윤리의 도덕성 정당화 논변 · 290
2 유가윤리의 도덕성 정당화 논변 · 309
3 요점과 비교 논점 · 322

결장 유가윤리의 원리와 특성

1 내재론 윤리 · 329
2 존재론적 의무론 · 333
3 직관주의 윤리 · 336
4 '친친'의 윤리 · 340
5 결론 · 346

참고문헌 | 359
찾아보기 | 366

1장
도덕적 선과 악

　서양윤리에서 선악론은 선에 관한 이론이다. 서양윤리학은 인생의 궁극적 목적, 즉 최고선(最高善)을 탐구하는 학문이지 악을 탐구 대상으로 삼지 않는다. 윤리학은 악의 회피라는 소극적 윤리가 아니라 선을 실현하는 적극적 윤리의 실현을 그 목적으로 삼기 때문이다. 서양윤리에서 악은 선의 부재 혹은 결핍일 뿐이다. 서양윤리에서 선악론은 선의 실재성 논쟁에서 시작된다. 이것은 모든 선 혹은 가치는 내재적인가 외재적인가? 절대적인가 상대적인가? 하는 논쟁이다. 서양윤리에서 선악 이론의 또 다른 쟁점은 무엇이 최고선인가 하는 규범윤리 논쟁이다. 반면 유가윤리에서는 서양윤리처럼 선의 실재성이나 최고선에 대한 논쟁은 없다. 유가윤리에서 선은 우주자연의 원리인 이(理)가 인간 본성에 부여된 것이므로 순수지선(純粹至善)으로서 실재하는 것이다. 유가윤리에서 선악론의 초점은 이 이념적인 절대선을 현실적인 도덕적 선으로 구현하는 방법에 있다. 도덕적 선을 구현하기 위해서는 현실적 악을 제거하는 실천 방법이 중요하다. 그래서 유가윤리에서 선악론은 심성론과 불가분의 관계이다.

1. 서양윤리의 선악론: 메타윤리 논쟁[1]

1) 가치실재론

서양윤리에서 선악이란 무엇인가 하는 물음은 선은 자연적으로 실재하는 것인가 아니면 인간의 욕구·욕망에 의해 인위적으로 만들어진 것인가 하는 실재론 대 반실재론 논쟁에서 시작된다. 실재론을 주장하는 플라톤 윤리학의 전통은 선이란 인간의 의도, 목적, 욕구·욕망과 관계없이 그 자체로 이미 존재하는 것으로 본다. 플라톤 윤리학의 핵심 주제는 진정한 선이란 무엇인가, 진정으로 정의롭고 도덕적인 사람은 누구인가, 진정한 덕은 어떻게 가질 수 있는가, 우리는 정의(도덕)를 알 수 있는가 하는 문제들이다. 이러한 물음의 대전제는 선은 그 자체로 존재하며 선악의 구분은 인위적인 것이 아니라 자연적이라는 것이다. 선이 될 수 있는 까닭은 그 자체 안에 선함의 속성이 있기 때문이다. 플라톤은 선의 본질을 밝혀내고 우리가 그것을 인식할 수 있도록 하였지만 그러나 그 방법은 그렇게 간단한 게 아니다. 선과 악을 구분하는 방식은 사각형이나 원을 구별하는 방식과는 다르기 때문이다. 그것은 오로지 이성, 즉 철학자들이 '마음의 눈'을 통해서만 알 수 있다. 진정한 선은 명료하게 드러나는 것이 아니기 때문에 대중들이 그것을 쉽게 알지 못하는 것은 당연하다. 대중들은 기껏해야 선에 대한 어떤 견해를 갖고 있을 뿐이다. 이러한 견해는 경우에 따라서 옳을 수도 있지만 플라톤이 추구한 것은 단순히 그 사회의 문화가 규정한 선도 아니고, 이런저런

---

[1] 이 부분에 대한 상세한 논의는 도성달, 『윤리학, 그 주제와 논점』(한국학중앙연구원 출판부, 2011), 77-103쪽 참조.

사람들에 의해 판명된 관습적 혹은 인위적 선이 아니라 자연적 선이다. 플라톤은 자연 대상을 알 수 있는 것처럼 선도 알 수 있다고 보았다. 그러므로 선에 대한 견해의 차이는 이성적으로 해결될 수 있으며 이성에 대립되는 것이 관습적 도덕이다. 관습적 도덕은 단지 견해일 뿐이므로 비록 모든 사람들이 같은 견해를 갖을지라도 그것이 도덕적 진리임을 보증하지 못한다. 견해는 다를 수 있지만 도덕적 지식, 곧 진리는 다를 수 없기 때문이다. 지식은 영속적이지만 견해는 필요에 따라 변화무쌍하다. 그래서 진정한 선인 자연적 선을 알기만 하면 거짓된 의견, 즉 관습적 선을 도덕적 선으로 대체하는 일은 없을 것이며, 선을 제대로 알기만 하면 악을 선택하는 일은 없다는 것이다.

  플라톤의 가치실재론은 아리스토텔레스의 선 개념에서 분명하게 드러난다. 아리스토텔레스는 소크라테스, 플라톤의 이성주의 윤리관을 이어받아 진정으로 도덕적인 사람과 도덕적 덕에 대한 논의를 윤리학의 주제로 삼는다. 도덕적 삶은 바로 이성과 사유의 삶, 즉 철학적이고 관조적인 삶이다. 스토아 철학도 이러한 바탕에서 자연적 덕과 인간의 이성적 역량의 고양은 불가분의 관계로 파악한다. 스토아학파의 윤리는, 우리가 열망해야 하는 유일한 삶은 자연에 따른 삶, 즉 인간의 진정한 본성과 이성에 따른 삶임을 강조한다. 다른 어떤 것에 아무리 가난할지라도, 그리고 모든 것에 아무리 부유할지라도 우리가 이성적 덕을 지니지 못하면 여전히 아무 것도 갖고 있지 않다는 것이다. 그리고 이성주의 윤리학의 전통은 칸트 윤리학에서 그 꽃을 피운다. 칸트에 있어서 인간의 이성이 분별하는 것은 추상적 선이 아니라 추상적 도덕법 혹은 의무의 형식이다. 이 점은 플라톤과 칸트 윤리학의 큰 차이점을 드러내는 것이지만 그러나 이성적 윤리관의 기저는 흔들리지 않는다. 칸트가 보기에 인간의 이성적 본성만이 인간 존엄성의 유일한 근원이다.

그래서 인간은 항상 수단이 아닌 목적 자체로 대접받아야 한다. 인간의 선에 대한 이러한 이성주의 윤리관의 전통은 홉스, 흄, 쇼펜하우어, 윌리엄 제임스 등 많은 철학자들에 의해 공격을 받았다. 그럼에도 이성주의 윤리관의 전통은 서양윤리학의 주류 윤리학으로서 굳건한 지위를 누려왔다.

이러한 선악의 실재론 논제는 선의 본질이 객관적 속성인가 아니면 인간의 주관적 감정인가 하는 논쟁과 직결된다. 선을 객관적 속성으로 인식하는 로스(David Ross)에 따르면, 어떤 대상에 대해 선 혹은 가치 개념을 사용하려면 그것에 대한 호의적 감정이 반드시 전제되어야 하는데, 우리가 선의 의미를 판단하는 사람과 대상 간의 관계적 속성으로 잘못 인식하는 것도 가치판단에는 감정이 전제되기 때문이라는 것이다. 그러나 대상의 '의미'와 대상에 대한 '태도'는 구분되어야 한다는 게 그의 논지이다. 로스는 언어의 기능분석 이론으로 이를 설명한다. 우리가 어떤 대상을 '좋다'라고 할 때, 우리가 표현하는 것은 그것에 대한 호의적 태도이지만, 우리가 의미하는 것은 대상과 관계된 우리의 태도가 아니라 대상 그 자체라는 것이다. 우리가 어떤 대상을 좋다고 말할 때 우리는 그것을 칭찬하고 권장하는 것은 분명하다. 그러나 칭찬하고 권장한다는 것은 우리가 그것을 단순히 칭찬한다고 '말하는 것'이 아니라, 우리의 칭찬 여부와 상관없이 그것이 가지고 있다고 생각되는 어떤 특성을 말하는 것이다. 이 세상에는 사람들의 이해 관심이나 호의적 반응과 무관하게 많은 가치가 존재한다. 우리가 양심적인 행위나 자비심을 선으로 인식하는 것은 그것에 대한 사람들의 반응과 상관없이 그것이 지니고 있는 어떤 특성을 말하는 것이다.[2] 이처럼 로스는 우리가 '좋다'라는 말을 사용할 때, 마음속에 호의적 반응이 생기지 않는다는 사실은 그것이 올바른 정의가 아니라는 충분한 증거가 되지 못한다고 주장한다. 어떤 대상에 대해 시인할 만한 그 자체의 가치가 있다고 생각하지 않으면서 그것을 시인한다는 것은 사실상 불가능하다. 시인할 만한 것이 전혀 없는데도 그 대상을 단지 시인한다는 것은 난센스라는 것이다.

또한 이러한 가치실재론 논제는 현대 윤리학에서 가치절대론 대 상대론 논쟁과 연관된다. 가치절대론을 주장하는 셸러(Max Scheler)는 '가치질(價値質)'이라는 말로 가치의 객관적 속성을 표현한다. 셸러에 의하면, 맛있는 과일이 제각기 특수한 방식의 풍미를 지니고 있기 때문에 서로 다른 질적 차이를 나타내는 것처럼, 가치의 영역에서도 그 질적 차이를 알 수 있는 고유성이 있다. 그가 말하는 가치질은 구체적으로 그 가치의 고유성으로서 힘 또는 능력 혹은 사물들 속에 있는 성향들로 이것에 의해 감정 상태와 욕구가 발생한다.

모든 가치는 서로 높고 낮음에 따른 일정한 질서를 가진 실질적 성질이며, 그리고 이 질서는 가치의 존재형식으로부터 독립적이다. 이는 가치의 존재가 그 가치의 담지자로부터 독립적으로 존재한다는 것을 의미한다. 그뿐만 아니라 가치질은 사상(事象)이 변하더라도 변하지 않는다. 예컨대 푸른 콩에 붉은색을 칠하더라도 푸른색의 본질이 붉은색으로 되지 않듯이, 가치와 가치질서는 그 담지자의 가치가 변하더라도 전혀 영향을 받지 않는다. 또 어떤 대상이 독이 되는 동시에 풍부한 영양이 될 수도 있지만 영양은 영양이고 독은 독이다. 또한 친구가 나를 배신했다고 해서 우정의 가치가 부정되지 않는 것도 이런 이치다.[3]

---

2 W. David Ross, *Foundations of Ethics* (Oxford: The Clarendon Press, 1963), pp.254-255.
3 M. 셸러 지음, 이을상·금교영 옮김, 『윤리학에 있어서 형식주의와 실질적 가치윤리학』 (서광사, 1998), 54쪽.

셸러는 칸트와 마찬가지로 일반적 의미의 가치 관념과 도덕적 의미의 선악을 구분한다. 셸러가 선악 가치의 담지자를 인격으로 본 것이 바로 도덕적 의미를 잘 반영한다. 그러면서도 그는 칸트가 선과 악의 가치 본성을 부정하고 선악을 오직 의지 작용에만 부착된다고 강조한 점을 오류로 규정한다. 셸러는 윤리학의 과제는 무엇이 선 또는 악으로서 사회적 타당성을 획득하는지를 이해하려는 것이 아니라, 무엇이 선 또는 악인가 하는 본질 인식의 문제라고 주장한다. 윤리학에서 문제되는 것은 선악에 관한 사회적 가치판단이 아니라 선과 악에 관한 가치 실질 그 자체에 관한 것이다. 다시 말해 판단 자체가 아니라 판단이 무엇을 사념(思念)하고 무엇을 목표로 삼아야 하는지를 문제 삼는다는 것이다. 그는 무엇이 선악인지를 발견하는 것은 결코 경험에 근거해서는 안 된다고 주장한다. 그 이유는, 여태껏 살인이 악이라고 판단되지 않았다 할지라도 살인은 악으로 남을 것이며, 그리고 선한 것이 결코 선으로 간주되지 않을지라도 선은 여전히 타당한 것이기 때문이다. 당위가 존재로부터 도출될 수 없기 때문이 아니라 가치의 존재가 결코 실재적 존재로부터 도출될 수 없기 때문에, 그리고 가치들의 성질과 연관이 이러한 존재와는 무관하기 때문에 경험주의는 오류라는 것이다.

우리는 일상생활에서 가치는 관계의 기초가 될 뿐만 아니라 그 관계 자체로 귀속되는 것으로 착각하는 경우가 많다. 가령 장식품 자체의 가치와 나에 대한 그것의 가치, 즉 장식품에 대한 애착의 가치를 구분하지 못하는 것이 이런 경우이다. 우리의 감정 상태에 따라 가치가 다르게 보이는 것은 감정 상태 자체의 가치가 대상의 가치로서 기만적으로 나타나기 때문이라는 것이다. 가치 존재 일반은 주어진 채로 있지만 그때그때 변하는 감정 상태가 대상의 가치질을 은폐한다는 것이다. 우리가 컨디션이 나쁠 때 "음식이 맛없다"고 하거나 기분이 좋을 때 꺼림칙

한 일조차 장밋빛으로 보는 것도 이런 이치다.[4]

2) 반(反)실재론

주의주의(voluntarism)[5] 윤리학자들은 플라톤 식의 도덕 개념에 찬성하지 않는다. 플라톤의 도덕 개념대로라면 우리는 선과 악, 옳고 그름, 정의와 부정의 구분이 이미 정해진 세상에 태어난 셈이다. 이러한 구분은 법이나 관습을 기다릴 필요가 없다. 법, 도덕, 관습은 인간이 만들어낸 것이지만 그러나 우리는 선악이나 옳고 그름에 대한 궁극적 구분을 이것에 의존할 수 없다. 그렇게 되면 모든 도덕을 상대적인 것으로 만들기 때문이다. 실제로 대부분의 윤리학자들의 생각은 윤리학이 할 일은 단순히 선이나 옳음의 진정한 본성을 발견하는 데 있다고 본다. 그들의 불일치는 그런 것들이 독자적으로 존재하느냐 않느냐 하는 문제가 아니라 무엇이 진정한 선이고 옳음이냐의 문제에 있다. 주의주의 윤리는 이런 관점을 거부한다. 주의주의는 무엇이 존재해야만 하는지에 대한 당위의 선언은 이성이나 지성이 아니라 의지, 즉 인간의 욕망, 목표, 열망 등에 의해서 이루어진다고 본다. 선악의 분별은 단순히 발견을 기다리고 있는 자연적인 것도 아니고 다양한 문화가 자의적으로 만들어낸 순전히 관습적인 것도 아니라는 것이다. 선악의 관념은 어둠과 빛이 자연의 구성요소이듯이 자연의 구성물이 아니다. 왜냐하면 선악의 관념은

---

[4] M. 셸러(1998), 앞의 책, 300-302쪽.
[5] '주의주의 윤리'는 테일러(Richard Taylor)가 사용한 도덕 주의주의를 필자가 차용한 개념이다. 주의주의 윤리는 도덕판단의 근거와 원리를 인간의 욕구, 욕망, 감정, 성향 등 비이성적 요소로 보는 윤리이론을 통칭하는 말이다. 흄(David Hume)이 주의주의 윤리의 대표자 격이지만 대체로 가치 상대주의자들, 쾌락주의 윤리이론, 욕망충족 윤리를 주창하는 사람들은 이 부류에 속한다고 볼 수 있다.

살아 있는 생명체가 이 세상에 존재하지 않는 한 자리할 곳이 없기 때문이다. 동시에 이것은 모든 사람에게 분명한 인간 본성이라는 사실에서 극히 자연스럽게 발생하는 것이며, 이것에 의거하여 옳고 그름이나 정의 부정의와 같은 도덕적 구분이 생겨나는 것이다. 선과 악의 구분은 인간의 감정, 수요, 욕망과 연관해서 인간이 만들어낸 것이지 이와 무관하게 자연적으로 만들어진 구분이 아니라는 것이다. 플라톤의 선 이데아는 관념일 뿐 실재하는 것이 아니다. 인간의 필요나 욕망을 떠나서 그 어떤 것도 '그 자체로 존재하는 것'은 없다. 그러므로 선악은 이성, 즉 철학자에 의해 분별될 수 있는 객관적 속성이 아니라는 것이다.

　주의주의 윤리이론가들도 플라톤의 생각처럼 인간의 본성을 이성과 욕망의 복합체로 본다. 이성과 의지와 욕구의 복합물이라는 이러한 인간본성의 모델은 존재와 당위의 기본적 구분을 제시해준다. 이성을 통해 우리는 존재 혹은 사실을 발견하지만 그러나 당위는 의지의 선언이라는 것이다. 당위, 즉 무엇을 해야 할 것인지는 욕망의 대상이기 때문이다. 우리는 있는 그대로의 사물의 개념을 마음속에 지닐 수 있다. 이것은 단순히 진리에 대한 인식 혹은 이해이다. 그러나 당위의 개념은 분명히 진리에 대한 인식이나 이해와는 무관하며 욕구·욕망과 관련된다. 이 세상의 크고 작은 일들이 이러이러하다는 것을 알지만 우리는 그것들이 다른 방식으로 존재하기를 바랄 수 있다. 그리고 그것은 아직 존재하지는 않지만 존재해야만 한다는 선언으로 표현된다. 선과 악의 구분은 이렇게 해서 생기게 된다. 우리는 세상과 인간의 관행과 제도를 그냥 바라보지 않고 어떤 것이 더 좋고 나쁜지를 알 수 있다. 위대한 지성과 이성적 통찰력을 지닌 사람이라고 이런 구분을 더 잘하는 것은 아니다. 플라톤의 주장처럼 선악의 분별은 진정한 철학자들만이 할 수 있는 깊이 숨겨진 속성이 아니라는 것이다. 선악의 구분은 목표, 목적, 소망, 요컨대 의지 상대적인 것이며 이런 관계를 떠나서는 아무런 의미가 없다.

선과 악의 구분이 생기는 것은 무엇보다 먼저 우리가 욕구·욕망, 정념, 성향을 가지고 있어 욕망의 대상을 추구하기 때문이다. 어떤 대상이 선이 되는 것은 그것이 욕망의 대상이라는 단순한 사실에 있으며 악은 욕망의 좌절과 다름없다. 선과 악이 이처럼 인간본성에서 파생된 것이 아니라면 모든 것은 죽은 것에 불과하고 따라서 아무런 의미가 없다. 어떤 대상이 선과 악의 개념을 갖게 되는 것은 누군가가 이런저런 방식으로 그것에 관심을 가질 때이다. 이성 자체만으로는 선과 악을 구분하지 못한다. 이성은 제한적으로 선이 무엇인지 알 수 있을 뿐이지 그것이 존재해야만 하는지 여부를 알려주지 못한다. 그러므로 이성이 의지를 지배한다는 이념은 근본적으로 잘못된 것이다. 가장 중요한 것은 우리는 어떤 목적을 지향하고 성취하고자 한다는 점이다. 삶을 의미 있게 하는 것은 이것이다. 그리고 이것은 바로 삶 그 자체의 표현이다. 모든 도덕문제가 시작되는 것도 인간은 근본적으로 의욕적 존재라는 인간본성에서 비롯된다. 선과 악의 관념은 의욕의 산물이 아니라 의욕의 반영이다. 선악 관념은 완전히 합리적인 마음에서는 발생하지 않기 때문이다. 궁극적 목적에 대한 합리적 정당성을 제시하지 못한다는 의미에서 의욕은 맹목적일 수도 있다.[6]

선과 악의 구분도 사실로써 알 수 있다는 것이다. 이러한 근본적 구분은 직관과 감정 혹은 추상적 추론에 기초한 것이 아니라 인간본성에 대한 기본적 이해에 바탕을 두고 있다는 의미이다. 이러한 토대 위에서 우리는 도덕적 옳고 그름을 구분하고 공동선의 이상에 대한 구체적 내

---

[6] Richard Taylor, *Good and Evil* (New York: Prometheus Books, 2000), p.159.

용을 제시할 수 있다. 테일러의 논지에 의하면, 인간이 의욕적 존재라는 것은 형이상학적 이론을 들먹일 것도 없이 우리의 일상적 삶의 체험으로 쉽게 알 수 있다. 인간은 누구나 욕구와 욕망과 목표를 지니고 있다. 우리는 이러한 것들을 다양한 방식으로 충족시키려고 노력한다. 심리학자들이나 형이상학자들은 이러한 인간의 욕구나 욕망을 어떻게 이해하고 설명할 것인가에 대한 이론의 대립을 보이지만, 인간이 의욕적 존재라는 사실 그 자체에 대해서는 의문의 여지가 없다. 인간이 전적으로 이성적 존재인가에 대해서는 의심을 가질 수 있지만 욕구와 욕망을 가지지 않는 인간은 상정할 수 없다. 선과 악의 구분이 등장하게 된 것은 필요와 욕망을 지닌 존재자에 의해서이다. 이러한 존재의 실제 목적을 충족시키는 것은 좋은 것이고, 좌절시키는 것은 나쁜 것이다. 그런데 선악 판단이 오로지 한 사람의 판단에 따라 절대적인 것이라고 한다면 이 사람은 모든 것의 척도이다. 그가 무엇이든 선으로 선언하면 그것이 선이고 악으로 선언하면 악이 된다.

이러한 선악 관념은 웨스터마크(E. A. Westermarck)와 같은 도덕 주관주의자들의 선악 관념에서 잘 드러난다. 도덕 주관주의에서 보면 선악은 객관적 속성이 아니라 대상에 대한 인간의 태도라는 관계적 속성이다. 도덕 판단을 기술하는 모든 도덕 개념은 궁극적으로 감정에 근거하고 있기 때문이다. 도덕적 가치의 객관성은 인간의 욕구, 감정, 기호와는 상관없이 가치가 실재한다는 가정에서 출발하는데, 이러한 가치 실재론은 도덕 개념의 근원을 지적인 것으로 생각하는 주지주의(主知主義) 전통을 배경으로 하고 있다는 것이다. 주지주의는 행위의 도덕적 성격을 분별하는 지적 과정 이후에, 그리고 그 결과로서 도덕적 감정이 생긴다고 주장한다. 가령 살인에 대한 얘기를 들었을 때 도덕적 분개를 느끼기 전에 그 행위의 악행을 먼저 알아야 한다. 또한 덕행을 보고 기뻐하는 것은 그 행위가 선한 것이기 때문이지, 기쁜 감정이 생기기 때문에 덕행이 선이 되는 것은 아니다. 도덕 판단은 도덕적 감정에 선행하고 도덕적 감정을 결정한다는 것이다. 결국 도덕 감정은 단지 도덕 판단으로 인해 생기는 분개나 호의적 감정에 지나지 않는다는 것이다.

그러나 웨스터마크에 의하면, 도덕 판단에 어떤 감정이 따르든 도덕 판단에 선행하는 도덕 감정이 먼저 발생하지 않는다면 도덕 판단은 표현될 수 없다. "도덕의 속성을 형성하는 도덕 개념은 도덕적 시인 혹은 도덕적 비난을 느끼는 경향의 일반화이며, 이것에 준거해서 도덕 개념들이 기술된다."[7] 그러므로 도덕 감정의 기준은 어떤 경우라도 도덕 판단의 과정에 의존하지 않는다. 가령 태양이 뜨겁다거나 날씨가 차다고 말하는 것은 뜨겁고 차가운 감각의 표현인 것처럼, 어떤 것을 선하거나 악하다고 말하는 것은 단지 그것과 연관해서 느끼는 감정의 표현일 뿐이다. 물론 그는 대상이 어떤 특성을 가지고 있다고 생각하는 것과 그것을 지각하는 특수한 정서나 감각을 진술하는 것과는 다르다는 점을 인정한다. 그렇지만 선악 등 도덕 판단의 개념이 주관적 기원을 갖는 것은 분명하다는 것이다. 도덕 판단의 대상이 갖는 성질은 행위 방식과 관련해서 느끼는 시인과 비난의 감정에서 도출되는 일반화이며 경향성이다. 가령 '두려운'은 실제로 사람들이 두려움을 느끼기 때문이고 '존경스러운'은 사람들이 존경하기 때문이다. 어떤 행위를 선하거나 악하다고 하는 것은 우리가 풍경화를 아름답다고 할 때, 아름다움의 특성을 말하는 것 그 이상의 어떤 정서적 성향을 의미하는 것이 아니다. 우리가 어떤 것을 선 혹은 악으로 부르는 까닭은 그것이 우리 자신이나 다른

---

[7] Edward Westermarck, *Ethical Relativity* (Westport: Greenwood Press, 1970), p.87.

사람들에게 시인(是認)이나 비난의 도덕적 감정을 불러일으키기 때문이다. 대부분의 사람들은 아주 단순한 방법으로 행위를 판단한다. 특정한 행위 방식은 그들의 전통적 규정을 가지고 있으며 이것들은 언어를 통해서 알게 된다는 것이다. 즉 도덕 판단은 통상 동일 집단의 사람들이 공유하는 성격에 의거해서 행위를 규정하는 것이다.

또한 가치를 '이해관심(interest)'으로 규정하는 페리(R. B. Perry)의 가치 관심이론도 전형적인 반실재론의 한 유형이다. 페리는 가치를 다음과 같이 정의한다.

> 어떤 대상이 가치를 갖거나 가치 있는 것은 본래적이고 기원적 의미에서 관심의 대상이 될 때이다. 또는 관심의 대상은 그 어떤 것이든 그 자체가 가치인 것이다. 평화의 가치성은 평화에 대한 관심, 즉 평화란 무엇을 위한 것인가 혹은 평화의 속성, 효과, 함의에 대한 관심에 의해서 평화에 부여하는 특성이다.[8]

가치를 관심의 관점에서 규정한다면 그 의미는 관심이라는 또 다른 정의에 달려 있다. "관심이란 그 예상되는 결과에 의해서 결정되는 일련의 사태이다. 관심의 대상이 되는 것은 그것에 대한 기대가 그 예상되는 바를 실현하거나 실현하지 못하게 하는 행동을 유도할 때이다."[9] 가령 평화가 우리의 관심의 대상이 되는 것은 평화를 유지하거나 예방할 것으로 믿는 행동이 그 이유 때문에 실천되기 때문이다. 그는 관심이란 말은 지지 혹은 반대의 공통적 특성을 지닌 행위나 진술에 가장 적

---

8 Ralph Barton Perry, *Realms of Value* (Cambridge University Press, 1954), p.73.
9 Ralph Barton Perry(1954), 앞의 책, p.73.

합한 말로서, 이것을 '좋아하고 싫어하는 태도'라는 말로 바꿀 수 있다고 주장한다. 관심이 없다는 것은 자신과 아무 상관이 없다는 것, 내게 중요하지 않다는 의미이며 이는 부정적 관심과 구분된다. 그런데 관심에 관한 진술이 어떻게 가치 진술로 전환될 수 있는가? 우선, 적극적 관심의 대상이기 때문에 선이라고 주장한다면 '관심의 선함'에 대한 의문이 제기될 수 있다. 이것은 개념 정의의 순환론 오류 문제를 낳는다. 가령 마약중독자들은 마약에 대한 관심이 지대하지만 그러나 그들에게 마약이 선이라고 말할 수 없다. 마약이 악인 이유는 관심의 강도가 아니라 부정적 관심, 즉 갈망하는 대상이 나쁜 것이기 때문이다. 그러므로 어떤 대상이 선이라면 그것은 '선한' 관심의 대상이 되어야만 하고, 그래서 '선'의 개념은 관심이 아닌 다른 관점, 즉 선의 관점에서 정의되어야 한다.

이러한 주장에 대한 페리의 반론은 이렇다. 관심에 대한 동일한 정의가 대상에 적용되므로 관심 그 자체는 긍정적이든 부정적이든 모두 가치를 지니고 있다는 점을 인정한다면, 이러한 반대 논리는 모두 그 설득력을 잃게 된다는 것이다. 예컨대 마약에 대한 갈망이 마약에 대한 긍정적 가치를 부여하지만 그러나 그 관심은 또 다른 관심, 예컨대 건강이나 도덕성에서 보면 부정적 가치를 갖는다. 건강이나 도덕성에 대한 관심은 마약에 대한 관심보다 높은 근거를 지니기 때문에 압도적으로 적극적 가치로 생각하게 된다. 그러나 마약에 대한 욕구는 건강이나 도덕성의 선을 포함하는 게 아니라는 것이다. 선에는 열등한 선과 우월한 선 두 가지가 있지만, 선의 개념에 대한 진술은 "어떤 대상이 선인 것은 관심의 대상이 단지 선한 것일 때만이 아니라, 좋은 것이든 나쁜 것이든 관심의 대상일 때이다."[10] 선한 관심일 때 그 대상의 가치가 향상되지만 그러나 이것이 순환론에 빠지는 것은 아니라는 것이다.

페리는 가치 비교의 준거를 관심의 관점에서 제시한다. 그는 관습이나 언어적 관념으로 만들어진 기존의 가치등급을 그대로 수용할 수 없다고 주장한다. 우리는 관습적으로 인간적 가치를 동물적 가치보다 더 우월하다고 말한다. 그런데 이것이 단지 인간이라는 종(種)이 인간의 자존심을 반영한 것이 아니라면 왜 전자가 후자보다 더 우월한 가치인지에 대한 이유가 있어야 한다는 것이다. 또 육체적 가치는 정신적 가치보다 열등하다고 말하는데, 이것은 전통적 이분법의 반향이며 육체에 대한 종교적 비방이라고 주장한다. 또 종국적 목적은 수단보다 우월하다는 전통적 접근이 잘못이라는 것이다. 페리가 보기에 지적·미적 관심이 먹고 마시는 관심보다 높은 것이라면, 그 이유는 지적·미적 관심이 목적이기 때문이 아니다. 지적·미적 관심은 그 자체가 목적이 될 수 있는 특별한 성질을 지니고 있는 것은 분명하지만, 그러나 동시에 수단이 될 수 있다는 것도 사실이다. 지적 관심은 항상 도구적이라는 것이 일반적 견해이다. 미적 관심은 건강상의 이유로 갖기도 하고 예술적 창조는 상업적 이유로도 추구된다. 목적은 지속적으로 수단이 되며 수단이 목적이 되는 것은 의심의 여지가 없다. 이는 목적과 수단에는 아무런 차이가 없다는 의미가 아니라 어떤 관심도 한곳에서 다른 곳에서 이동할 수 있다는 의미이다. 그래서 그는 가치비교의 틀을 그 대상에 부여하는 관심에서 보아야 한다고 주장한다. 그는 선호, 강도, 세기, 지속성, 수, 계몽, 포괄성 등의 기준으로 관심의 비교 근거를 제시해준다. 도덕이란 갈등적 관심을 조화시키려는 인간의 노력과 다름없다. 도덕은 갈등의 위협을 방지하고 갈등의 발생을 제거하며, 또한 단순히 갈등을 제거하는 소극적 조화에서 협동이라는 보다 적극적 조화로 발전

---

10   Ralph Barton Perry(1954), 앞의 책, pp.77-78.

시키는 것이다. 도덕이란 사람들 간의 갈등이든 개인적 갈등이든, 갈등이 만들어낸 문제를 푸는 해법이다. 개인적 갈등을 해결하는 방법은 전투적이고 파괴적인 충동을 순수하고 공헌할 수 있는 상태로 바꾸는 데 있다. 그리고 이것은 사회적 집단의 갈등을 해결하는 방법이기도 하다. 요컨대 도덕은 한 개인의 관심을 보편적 명분을 얻을 수 있게 하는 통합된 삶의 힘을 갖게 해준다는 것이다.

2. 최고선에 대한 규범윤리 논쟁

1) 최고선으로서 쾌락[11]

　서양윤리학의 최고선 경쟁에서 가장 폭넓은 지지를 받아온 것은 쾌락과 덕이다. 전자는 쾌락주의 윤리이고 후자는 자아실현의 윤리이다. 먼저 쾌락주의는 서양윤리학의 초기부터 많은 사람들로부터 가장 열렬한 옹호를 받기도 하였지만 도덕철학자들로부터 강력한 비판을 받기도 하였다. 쾌락주의 윤리이론은 고전적 쾌락주의자인 아리스티포스(Aristippos)의 키레네학파(Cyrenaics), 에피쿠로스학파(Epicurean school)에서부터 쾌락주의적 공리주의자인 벤담, 밀, 그리고 시지윅(Sidgwick) 등 다양하다. 최고의 선으로서 쾌락은 두 가지 의미로 사용된다. 첫째 의미는 신체적 감각에서 비롯되는 쾌락이다. 이 경우 쾌락은 신체적 쾌락이나 감각적 쾌락과 같은 것이며, 그 반대 개념은 신체적 고통이다. 그러므로 쾌락과 고통은 일정한 장소에서 경험되는 감각이므로 "신체

11　도성달(2011), 앞의 책, 110-136쪽 참조.

의 어디에서 쾌락이나 고통을 느끼는가?"라고 물을 수 있다. 우리가 통상 쾌락을 저속하다거나 심지어 죄악과 같은 부정적 의미로 받아들이는 것은 이런 의미의 쾌락이다. 쾌락의 두 번째 의미는 유쾌한 의식상태 혹은 유쾌한 경험이다. 이 경우 쾌락의 반대말은 모든 경험이 갖는 불쾌감이다. 사람마다 쾌락을 느끼게 하는 원천은 다를 수 있지만 쾌락을 느끼는 색조(tone)는 모든 사람에게 공통된다. 이런 의미에서 쾌락은 즐거움, 만족, 좋아함, 그리고 기쁨과 유사한 말이다. 쾌락주의자들이 주장하는 쾌락은 두 번째 의미의 쾌락 개념이다. 이것은 '쾌락'과 '쾌락의 원천'은 구분해야 한다는 것을 강조한다. 쾌락주의자는 내재적 선의 근거와 평가 기준을 쾌락이라고 주장한다. 이러한 주장이 가능하려면 쾌락의 원천과 쾌락 자체를 혼돈하지 말아야 한다. 쾌락주의자가 주장하는 것은 단지 유쾌한 경험으로서 '쾌락 자체'이다. 그는 내재적 선이 어떤 특정한 쾌락의 원천에서 비롯된 것이어야 한다고 주장하지 않는다. 쾌락주의자가 보기에 어떠한 유쾌한 경험도 내재적으로 선이다. 어떤 유형의 쾌락이든, 그것이 감각적인 것이든 정신적인 것이든, 도덕적인 것이든 비도덕적인 것이든, 이기적인 것이든 이타적인 것이든, 쾌락 자체는 내재적 선이고 최고의 선이다.

윤리학사에서 쾌락주의의 시초는 기원전 3-4세기에 활동한 키레네학파이다. 키레네지역에서 활동한 이 학파의 창시자는 소크라테스의 친구로서 그의 가르침에 많은 영향을 받은 아리스티포스이다. 키레네학파는 지금 당장의 감각적 혹은 육체적 즐김을 강조하는데, 그 이유는 현재만이 자신의 능력 안에 있고 미래는 자신이 통제할 수 없기 때문이다. 그러나 이는 결코 무차별적인 쾌락의 추구를 말한 것은 아니다. 슬기롭게 쾌락적 삶을 살아가려면 자신의 쾌락을 지배할 수 있어야 한다. 현명한 사람은 쾌락의 노예가 되지 않으면서 쾌락을 즐길 줄 안다. 키레네학파의 이상은 "자신이 쾌락을 소유하는 것이지 소유당하지 않는 것이다." 그것을 실현하려면 쾌락의 충족을 즐기면서 스스로 통제할 수 있어야 한다. 지혜는 최고선인 쾌락을 얻기 위한 도구적 선에 지나지 않는다. 요컨대 키레네학파의 쾌락주의는 쾌락을 추구하면서 그것을 지배하는 방법을 찾는다.

한편 에피쿠로스학파는 진정한 의미에서 쾌락주의 윤리학의 창시자이다. 에피쿠로스학파는 기원전 306년 에피쿠로스(기원전 341-270)에 의해 아테네의 '가든(Garden)'이라는 학원을 중심으로 시작된다. 에피쿠로스가 보기에 그 이전의 쾌락주의자들인 키레네학파는 육체적 쾌락이 다른 어떤 쾌락보다도 가장 강렬하다고 보았기에, 어떤 경우라도 육체적 쾌락을 허약한 정신적 쾌락에 우선해서 추구해야 한다고 결론을 내렸다. 또한 그들은 실재하는 유일한 쾌락은 느낄 수 있는 것이어야 하므로 현재 순간의 쾌락만이 유일하게 느낄 수 있다고 주장한다. 어제의 쾌락은 기억될 뿐이고 또한 내일의 쾌락은 기대할 수 있을 뿐이라는 것이다. 그러므로 그들은 과거나 미래에 관심을 갖지 말고 현재의 쾌락을 위해 살아야 한다고 주장한다. 그리고 자기 자신의 쾌락만이 느낄 수 있는 유일한 쾌락이다. 그러므로 그들의 윤리적 정식화는, 현재에 자기 자신을 위한 육체적 쾌락을 가장 강렬하게 하고 최대한 증대시키라는 것이다. 대부분의 사람들이 갖고 있는 쾌락주의의 관념은 이러한 키레네식 쾌락주의이다. 이것은 에피쿠로스가 말하는 쾌락주의와는 상당히 거리가 멀다. 에피쿠로스는 쾌락만이 그 본질에서 유일하게 내재적 선이며, 육체적 쾌락이 정신적 쾌락보다 강렬하다는 원리는 수용하지만 욕망의 탐닉에 반대한다. 반대로 욕망은 언제나 확실하게 통제되어야만 하고 가능하다면 완전히 제거하라고 가르친다. 왜냐하면 욕망은 결핍의 상태이고 결핍은 고통스러운 것이기 때문이다.

에피쿠로스학파가 사라진 이후 쾌락주의는 2000년 동안 거의 진전이 없었다. 윤리학사에서 쾌락주의 윤리의 새로운 장이 열리게 된 계기는 벤담(Jeremy Bentham, 1748-1833)이 쾌락주의적 공리주의를 주창하면서부터다. 서양사에서 18세기 말에서 19세기는 가장 큰 일련의 변화가 일어나는 시기이다. 프랑스혁명의 여파로 근대 민족국가의 출현과 새로운 이념의 등장, 미국 시민전쟁의 결과로 노예제도의 종식, 산업혁명으로 인한 전반적인 사회의 재편성 등이 그것이다. 윤리학에 대한 새로운 관념을 갖게 되는 것도 이러한 변혁과 무관하지 않다. 사람들은 도덕이란 신을 기쁘게 하기 위한 것도 아니고 추상적인 규칙들에 매달리는 문제가 아니라, 가능한 한 많은 행복을 가져오게 하는 것으로 여기게 되었다. 공리주의는 지금까지 서양사회를 지배해온 직관주의 윤리에 반기를 들고 일어선 개혁적 사상 윤리이다. 공리주의 윤리의 궁극적 원리는 오직 '유용성의 원리'이다. 벤담은 "유용성의 원리란 이해관계가 걸려 있는 당사자들의 행복을 증진시키거나 감소시키는 경향성에 따라서, 달리 말하면 행복을 증진하느냐 감소시키느냐에 따라서 어떤 모든 행동을 시인하거나 비난하는 원리이다"[12]라고 말한다.

그런데 공리주의가 쾌락주의 윤리의 범주에 속하는 것은 쾌락을 옳음의 근거로 삼고 있기 때문이다. 그가 도덕의 원리로서 쾌락주의를 주장하는 근거는 심리학적 쾌락주의이다. 의식적이든 무의식적이든 인간의 모든 행동은 쾌락과 고통에 의해 좌우된다는 것이다. 이 점에서 벤담의 쾌락주의는 많은 비판을 받게 되지만 쾌락주의 윤리에서 그의 공적은 쾌락의 계산법을 제시한 점이다. 그는 모든 쾌락은 질적으로 차이가 없

---

[12] Jeremy Bentham, *An Introduction to the Principles of Morals and Legislation* (New York: Hafner, 1948), p.20.

고 오로지 그 양으로 측정된다는 양적 쾌락주의를 주장하는데, 이는 키레네학파의 입장을 계승한 것이다. 쾌락주의 계보에서 벤담의 공적은 쾌락의 과학적 측정을 위한 기준을 제시한 점이다. 그가 제시한 쾌락의 측정 기준은 강도(intensity), 지속성(duration), 확실성(certainty), 근접성(propinquity), 생산성(fecundity), 순수성(purity), 그리고 파급성(extent)이다. 벤담이 제시한 쾌락의 양적 측정법이 과연 정확하고 유용한지 의문이 제기되지만 우리가 행동하기 전에 이 기준들을 염두에 둔다면, 무모하게 행동하거나 심한 고통을 당하지 않을 수 있다는 점에서 매우 유용하고 필요한 것으로 평가받는다.

한편 밀(John Stuart Mill, 1806-1873)은 스승인 벤담과 달리 비록 쾌락과 고통으로부터의 자유가 유일한 목적이기는 하나, 어떤 종류의 쾌락은 쾌락의 양 때문이 아니라 그 내재적인 성질 때문에 다른 것보다 더 가치 있다고 주장한다. 쾌락이 발생하는 조건에 따라서 질적인 차이가 난다는 질적 쾌락주의는 플라톤, 아리스토텔레스의 사상에서 이미 나타난다. 그들은 육체적 욕구를 충족시킬 때 부수되는 쾌락과 시각이나 청각에서 생기는 쾌락, 순수철학을 공부할 때 느끼는 쾌락을 구분하였다. 이 경우에도 욕망이나 감정이 자극을 받는 조건에 따라서 다시 세분될 수 있다는 것이다. 우리는 주정뱅이가 찾는 쾌락과 세련된 기호를 가진 미식가가 느끼는 쾌락이 질적으로 다르다는 것을 부인하기 어렵다. 문제는 쾌락이 궁극적 선이며 이것을 통해 다른 모든 가치를 판단하는 것이라면, 종류가 서로 다른 쾌락의 차이가 어떤 의미에서 그 가치의 차이를 구성할 수 있는가 하는 점이다. 밀의 주장은 단지 크기에 따라서만 쾌락에 대한 판단이 이루어져서는 안 되고 질도 고려하지 않으면 안 된다는 것이다. 스승인 벤담의 생각에서 벗어나 자신의 주장을 설명하고 뒷받침하기 위해 밀은 다음과 같이 주장하였다.

제대로 된 사람이라면 아무리 많은 동물적 쾌락을 준다고 하더라도 저급한 동물의 삶을 선택하지는 않으리라는 것은 불문가지이다. 지성적인 사람이라면 바보처럼 사는 것에 만족할 수 없을 것이다. 지혜가 있는 사람은 무식한 사람처럼 살 수 없다. 양심적인 사람은 불량배들처럼 이기적이고 저급한 삶을 선호하지 않을 것이다. 높은 수준의 능력을 갖춘 사람은 그렇지 않은 사람보다 쉽사리 만족할 줄 모르고 고통을 당하면 더 예민하게 반응할 것이다. 그런 불리함에도 그 사람은 결코 낮은 수준의 삶의 한계 밑으로 내려갈 생각을 하지 않을 것이다. …… 만족한 돼지보다는 불만족한 인간이 더 낫고, 만족한 바보보다는 불만족한 소크라테스가 더 낫다.[13]

그런데 밀의 이러한 주장을 당연하게 받아들인다면, 선이나 가치를 평가하는 궁극적 기준은 쾌락이 아니라 다른 어떤 것이라는 결론을 내려야 한다. 그렇게 되면 쾌락이 궁극적으로 유일한 내재적 선이라는 쾌락주의의 기본 원리를 받아들일 수 없게 된다. 쾌락의 양은 적지만 질적으로 보다 좋은 것이므로 그것을 선택한다면, 유일한 궁극적 선은 쾌락이라는 관점을 버리는 것이며, 따라서 이것은 쾌락주의가 아니다. 그렇다면 어떤 사람이 동물적 쾌락보다는 지적이고 도덕적인 삶을 위해 노력하는 자신의 삶을 살아가는 것을 어떻게 설명해야 할 것인가? 쾌락주의자의 관점에서 대답하자면 그런 삶이 다른 것을 선택하는 것보다 더 많은 쾌락을 주기 때문일 것이다. 즉 그 사람이 자신의 심성으로 즐길 수 있는 쾌락의 양이 다른 선택을 압도할 것으로 믿기 때문이다. 쾌락이 유일한 궁극적 선이며 그래서 우리가 그 사람의 선을 측정할 수 있

---

[13] John Stuart Mill, *The Basic Writings of John Stuart Mill* (New York: Random House, 2002), pp. 241-242.

는 다른 기준을 가지고 있지 않는 한, 그가 선호하는 것이 보다 우월한 쾌락이라는 것을 증명할 길이 없다. 우리가 증명할 수 있는 것은 오로지 그 사람이 선호하는 것이 다른 쾌락보다 더 많은 쾌락을 준다는 사실뿐이다.

밀은 높은 수준의 능력을 발휘할 때 생기는 쾌락을 즐길 수 있는 사람이 그렇지 않은 사람들이 선택하는 쾌락과 다른 것을 선호하는 이유는 바로 자존심을 통한 쾌락에 대한 욕망 때문이라고 주장한다. 쾌락의 양과 질을 구분하는 것을 인정하지 않는 벤담주의자들의 입장에서 보면, 그것은 단지 보다 생산적인 쾌락의 선호일 것이다. 이를테면 지적이거나 양심적인 쾌락은 동물적 쾌락이 갖지 못하는 자존심이라 부르는 추가적 쾌락을 준다. 그러나 밀은 자존심을 동물적 쾌락을 지향하는 욕망과 전혀 다른 동기에서 생기는 것으로 생각한다. 밀이 생각하는 자존심의 욕망이란 다른 사람보다 더 가치 있는 사람이 되고 싶다는 욕망을 의미한다. 그는 이것이야말로 진정한 의미의 쾌락에 대한 욕망이라고 생각한다. 그런데 쾌락주의 원리에서 보면, 어떤 사람이 다른 사람보다 더 낫다거나 혹은 어떤 능력이 보다 뛰어난 능력인지 결정하는 유일한 기준은 보다 많은 쾌락을 만들어낼 수 있는지 여부이다. 그러나 밀의 관점에 보면 결국 쾌락을 추구하는 사람이 더 나은 사람이기 때문에 그 쾌락이 보다 높은 가치를 지닌다고 주장하는 것으로 이해될 수 있다. 이렇게 되면 쾌락의 양이나 질의 문제가 아니라 그 쾌락을 낳기 위해 행동하는 사람의 가치로 논점을 옮기게 된다. 이것은 두 가지 문제를 지닌다. 첫째는 '쾌락 자체'와 '쾌락의 원천'은 구분되어야 하고 진정한 쾌락주의는 전자여야 한다는, 쾌락주의의 원리에 맞지 않는 문제이다. 둘째는 쾌락의 질적 구분은 결과적으로 쾌락을 추구하는 사람의 문제로 귀착된다는 점이다. 대중음악과 클래식 음악은 질적 차이가 있고,

이는 결국 즐기는 사람의 차이로 나타난다는 의미이다. 벤담은 질 높은 쾌락은 보다 강하고, 보다 지속적이고, 보다 순수한 요소를 지닌 쾌락을 말하는 것이라고 생각한다. 쾌락주의자들은 이런 기준 이외에 보다 좋은 쾌락을 측정할 수 있는 질적 쾌락의 원리를 제시하는 것은 불필요하다고 주장한다. 이것은 쾌락주의의 본래 명제를 오히려 불필요하게 복잡하고 불명료하게 만든다는 것이다. 그들이 보기에 벤담의 계산법이 쾌락을 선택하는 근거와 기준을 이미 정확하게 잘 제시하고 있기 때문에 질적 쾌락의 원리를 채택해야 할 하등의 이유가 없다.

또한 서양윤리사상에서 현대적 쾌락주의자는 시즈윅(Henry Sidgwick, 1830-1900)이다. 그는 인간을 움직일 수 있는 유일한 동기는 쾌락과 고통에 대한 예견이라는 심리적 쾌락주의를 옹호한다. 그러나 그는 어떤 것을 내재적으로 선하거나 악한 것으로 만드는 유일한 특성이 오직 쾌락과 고통이라는 윤리적 쾌락주의는 심리적 쾌락주의와 분명히 구분된다고 주장한다. 즉 윤리적 쾌락주의는 심리적 쾌락주의에서 추론될 수 없다는 것이다. 이런 점에서 그의 쾌락주의에 대한 논증 방식은 벤담, 밀 등의 쾌락주의와 다르다. 그는 어떤 대상을 '욕망하는 것'과 그것이 쾌락을 주는 것임을 '아는 것'은 단지 같은 사실을 진술하는 두 가지 다른 방식뿐이라는 밀의 심리학적 쾌락주의의 정당화 방식을 거부한다. 그는 선은 '바람직한(desirable)' 것으로 정의될 수 있는데, 이 경우 '바람직한'의 의미는 가령 내가 어떤 대상을 원할 때, 내가 그것을 강하게 원할 수 있을 만큼 바람직한 것을 '가지고 있다'는 의미라고 주장한다. 그리고 내가 바라는 최고선 혹은 궁극적 선은 개인적 선의 증진이 아니라 인간의 공동 목표인 행복을 증진하는 데 있으며, 개인은 다른 사람의 보다 큰 행복을 위해 자기 자신의 개인적인 선이나 행복을 희생하는 것이 더 합리적일 수도 있다는 것이다. 특히 그는 벤담이 제시한 쾌락의 계산법이 이기주의적 쾌락주의에 적합한 것이므로 이것 대신에 이성, 즉 상식의 계산법을 제시한다. 그는 "만약 이성이 내 자신의 행복이 바람직하고 선이라고 알려준다면, 똑같이 다른 사람의 행복도 동등하게 바람직하다는 것을 말해준다"[14]고 보편적 쾌락주의를 강조한다. 그가 보기에는 보통 사람들은 일상생활에서 이기주의, 공리주의, 직관주의라는 세 가지 윤리학의 방법을 모두 사용할 수 있고 상호 연관된다. 예컨대 "결국 정직이 최선의 방책이다"라는 직관주의 방법은 '최대 다수의 최대 행복'이라는 공리주의 원리에 상충하는 것같이 보이지만, 도덕결정의 과정에서는 전혀 어려움이 없다. 그런데 시즈윅이 직관주의로 지칭한 상식의 도덕과 공리주의 원리 사이에는 갈등이 생길 수 있다. 가령 "모든 사람의 최대 행복을 산출하는 가운데 나의 최대 행복도 추구할 수 있다"라고 한다면, 이것은 정의롭고 평화로운 사회제도하에서는 어느 정도 기대할 수 있다. 그러나 부정의하고 불안정한 사회 조건하에서 이것은 불가능하다. 도덕원리나 규칙은 도덕적 갈등 양상에서 도덕적 옳고 그름이나 선악을 선택하고 그것을 정당화할 할 수 있어야 한다.

2) 최고선으로서 덕[15]

서양윤리이론의 최고선 경쟁에서 쾌락주의와 쌍벽을 이루는 것은 자아실현의 윤리이다. 자아실현의 윤리는 최고선 혹은 도덕적 이상이 무엇인가 하는 인식론적 물음에서 시작한다. 이것은 "인간이 실현해야 할 궁

---

14 Henry Sidgwick, *The Methods of Ethics* (Indianapolis: Hackett Publishing Company, 1981), p.46.
15 도성달(2011), 앞의 책, 137-171쪽 참조.

극적 목적이 무엇인가" 하는 물음에서 풀어간다. 이 궁극적 목적은 인간이 도덕적 완전성을 성취하기 위한 절대적 기준이자 도덕적 이상이며 개인에 있어서 인간의 본질 완성 혹은 자아실현이다. 소크라테스, 플라톤, 아리스토텔레스로 이어지는 목적론적 윤리체계를 보면 인생에서 추구할 만한 유일한 가치는 영혼, 즉 정신(psyche)의 참된 자아의 발견이다. 참된 자아만이 악에서 선을 분별할 수 있고 언제나 선한 것만을 확실하게 선택할 수 있는 정신적 통찰력을 지닐 수 있다. 개인은 자신의 타고난 잠재능력을 통해서 도덕적 완전성을 추구함으로써 자신의 본성을 완전하고 충실하게 실현한다. 자아실현 윤리의 도덕적 이상은 그 자체가 목적으로 간주되는 어떤 유형의 인간, 성격, 행위이다. 쾌락주의적 공리주의에서 보면 이러한 유형의 인간이나 성격, 개인적 행위는 그 어느 것도 그것 자체로 전혀 목적이 되지 못한다. 그러나 자아실현의 윤리는 도덕에 대한 기본적 관점 자체가 공리주의 이론과는 다르다. 개인은 자신의 타고난 잠재능력을 통해서 도덕적 완전성을 추구함으로써 자신의 본성을 완전하고 충실하게 실현한다. 자아실현 윤리의 계보는 소크라테스, 플라톤, 아리스토텔레스, 스토아학파, 그린(T. H. Green), 버틀러(Joseph Butler), 브래들리(Francis H. Bradley) 등의 윤리사상으로 이어진다. 자아실현의 윤리는 '개인의 최고선 혹은 도덕적 이상은 자신의 진정한 본성의 실현'이라는 관점이다.

먼저 스토아학파가 추구하는 최고선의 이념은 덕이다. 덕이 곧 인간의 본성에 합일하는 삶으로 규정되기 때문이다. 덕은 자연의 법칙에 순응하는 것이며, 이는 곧 이성과 일치하는 삶을 의미한다. 이렇게 보면 스토아 윤리에서 말하는 자연은 내적 자연인 이성과 외적 자연인 자연의 섭리, 두 가지 의미를 동시에 가지고 있다. 제논이 최고선은 자연의 섭리이며, 이는 곧 자신의 본성에 따르는 삶이라고 최초로 선언한 이래로, 모든 스토아학파 사상가들이 한결같이 주장해온 명제는 이것이다. 스토아학파의 완성자라고 할 수 있는 아우렐리우스는 자연의 법칙과 이성을 동일시한 사상가이다. 그는 인간의 영혼이 이성과 일치하기 때문에 이성의 법칙에 따라 생활할 것을 강조했다. 이성만이 모든 감정적 격변과 번민을 통제할 수 있다고 믿었기 때문이다. 우리가 감정을 억제하지 못하고 지속적인 번민에 싸이는 이유는 잘못된 예견 때문이라 하였다. 그러므로 우리가 불행의 원인인 감정을 정확하게 이해하고 조절할 수 있다면, 자연과 조화를 이루는 평화로운 삶을 살 수 있다는 것이다. 서양사회에서 스토아 윤리는 2세기 동안이나 그리스도교 사상과 대결하면서 설득적이고 가장 오랫동안 지속되어온 사상 중의 하나이다. 그리고 스토아 사상의 일부분은 그리스도교 신학에 융합되었고, 또 그 사상의 일부분은 칸트나 스피노자의 사상에도 많은 영향을 주었다. 이렇게 보면 스토아주의는 서양 지성사뿐만 아니라 삶의 실천윤리로서 중요한 위치를 차지한다. 그럼에도 스토아학파의 윤리는 인간의 욕구, 욕망의 실현과는 거리가 먼 소극적이고 비관적 삶을 지향하는 부분이 있기 때문에 인간의 본성 혹은 잠재능력을 실현하는 자아실현의 윤리로서 난점과 한계를 지닌다.

   다음으로 그린은 현대적 자아실현 윤리이론의 완성자이다. 그린은 쾌락주의자들이 선에 대한 개념 규정을 잘못 적용하고 있다는 점을 지적하는 데서 자신의 자아실현의 이론을 제시한다. 그가 말하는 도덕원리는 공리주의자들이 주장하는 사회적 유용성이나 쾌락이 아니라 인간됨의 실현, 즉 자아실현이다. 인간은 타고난 정신을 통해서 그 실현이 자신에게 진정 좋은 것이 되는 확실한 능력을 지니게 되고, 이것을 통해서만 자신을 만족시킬 수 있게 된다. 그런데 인간됨의 실현은 사회생활의 완전성을 의미하는 것이므로, 자아실현은 사회적 인간이 되어야 한다는 것과 다름없다. 인간은 개인의 자질이나 우수성만으로 인간의 완성을 달성할 수 없는 사회적 존재이다. 개인의 선은 공동선 속에 마땅히 포함되어야 하며 따라서 공동선을 통해서 자아실현이 가능하다는 것이다. 궁극적 선이란 추구할 수 있는 형태를 지닌 쾌락이 아니라 '본질적으로 바람직한 지각 있는 삶의 형식'이라는 것이다. 그는 "모든 사람의 의지는 지각 있는 자아실현의 원리의 한 형태이다"[16]라고 설명한다. 자아실현은 실천이성이라는 의식의 주체에 의하여 완전히 실현될 수 있음을 강조한다. 도덕적 이상으로서 진정한 선은 자아실현을 통한 자기만족을 통해서 가능하다는 것이다.

그는 아리스토텔레스가 "아름답거나 고상한 것에 대한 욕망, 이것이 모든 덕의 공통된 성격이다"[17]라는 명제가 선의 속성을 잘 요약하고 있다고 주장한다. 그린이 보기에 이 명제는 인간능력의 최대 실현을 향한 인간의 의지가 덕의 공통기반이 된다는 점을 밝히고 있다. 이 의지의 방향은 습관을 기초로 하지만 그러나 가장 초보적인 성찰의 단계에서조차도 이성의 지시를 받지 않으면 안 된다. 인간의 진정한 선은 인간정신의 능력을 탁월하게 발휘하거나 실현하는 것이다. 그리고 정신적인 능력의 실현은 부수적인 쾌락이나 대가가 아니라 목적 자체를 위해 일을 추구하는 사람에게 새로운 의미의 대상이 된다. 그린은 사람들이 그런 의식을 가지도록 깨우치고 그동안 하던 일도 새롭게 한다는 정신으로 하도록 만드는 것이 소크라테스를 이어받은 철학자들이 할 일이라고 역설한다. 그것은 외재적인 목적에 대한 수단으로써 덕스러운 실천

---

[16] Thomas Hill Green, *Lectures on the Principles of Political Obligation* (London: Longmans, 1941), p.193.
[17] Aristoteles, *Nicomachean Ethics*, p.7.

과 관계를 맺는 것이 아니라, 대상 그 자체를 위해 관계를 맺는 것이다. 그것은 바로 선이란 그 자체를 위해 추구되어야 하며, 그렇게 추구되면 그것이 좋음의 원리를 확립한다는 것이다. 덕은 목적에 대한 수단이 아니라 목적 자체로서 최고선이다.

그린의 자아실현 윤리사상은 브래들리에게 그대로 이어진다. "왜 나는 도덕적이어야 하는가?"라는 물음을 갖는 사람들은 대체로 합리적 관점에서 도덕이 추구하는 목적이나 목표가 무엇인지를 묻는다. 이러한 물음의 이면에는 도덕이란 그 자체가 목적이 아니라 다른 목적을 위한 수단이라는 의미를 지닌다는 것이다. 그러나 "왜 나는 도덕적이어야 하는가?"라는 물음이 도덕적 관점을 갖는다고 하는 것은, 덕 자체는 다른 것의 수단이 아니라 그 자체의 목적을 가지고 있다는 전제가 깔려 있다. 도덕은 어떻게 그리고 어떤 점에서 그 자체가 목적인가? 그는 이것을 '자아실현'이라고 말한다. 그런데 자아실현이 목적이라는 것을 어떻게 증명하는가? 그는 이 명제를 직접 증명할 수 없다는 것을 솔직히 인정한다. 그가 의존하는 것은 직관적 도덕의식이다. 그는 "내 자신의 것이 아니고 나의 활동 밖에 있지만, 그럼에도 내가 실현하고 그리고 내가 실현해야 한다고 생각하는 목적은 분명히 있다"[18]고 주장한다. 최선아(最善我)를 실현해야 하는 것은 도덕적 의무이며 이것이 이상적 자아이다.

도덕은 이상적 자아의 실현이라는 의미에서 자아실현과 동일 연장선에 있다. 그렇다면 이상적 자아의 내용은 무엇인가? 자아실현의 내용은 '나의 지위와 의무'에서 나온다. 인간이 인간인 것은 자신의 존재를 인간 사회에서 끌어내기 때문이며, 인간은 보다 큰 삶의 개인적 구현이

---

18 F. H. Bradley, *Ethical Studies* (Oxford: The Clarendon Press, 1952), p.65.

기 때문이다. 보다 큰 삶, 이를테면 가족, 사회, 국가는 도덕적 의지이며 개인적 의지로서 그것의 보편적 실현은 도덕적 인간을 만든다. 훌륭한 사람은 그 사람의 전 생애를 통해 평가하는 것이지 단순히 부분적으로 평가할 수 있는 것은 아니다. 그것의 대부분은 그의 성실성에 있는 것이며, 그 정신에 따라서 자신의 의무를 다하고 가족, 사회, 국가의 성원으로서 자신의 역할을 다하는 것이다. 그가 이러한 영역이 자신에게 요구한 것에 만족할 때 그는 훌륭한 자아가 요구한 것을 주로 수행한 것이다. 그러면 도덕성과 자아실현은 같은 것인가? 도덕의 목적은 자아를 실현하는 것이고, 모든 형태의 자아실현은 모든 도덕의 영역에 포함된다. 그러므로 도덕은 자아실현의 과정이며, 가장 도덕적인 사람은 가장 충실히 그리고 가장 열심히 인간의 본성을 실현하는 사람이라고 말할 수 있다. 덕은 탁월함이며 최고의 탁월함은 가장 덕스러운 것이다. 그는 도덕은 선의지로서 자아의 실현이라고 강조한다. 이런 점에서 그는 철저하게 칸트주의자이다. 그러나 그는 추상적 도덕법칙의 이념이나 형식에 매달리지 않는다. 그러면서도 그는 대부분의 자아실현 윤리사상가들이 그렇듯이 도덕적 이상주의를 추구한다. 도덕의 목적으로서 이상적 자아의 실현은 가시적인 보편적인 것도, 완전히 실현되는 것도 아니라는 것이다. 그러므로 도덕은 그 목적이 완벽하게 실현될 수 없는 것이기 때문에 결국 하나의 이상이다. 그래서 도덕은 단지 긍정적인 것만이 아니라 또한 부정적인 것이기도 하다. 선의지로서 자아는 본성적 욕구나 애정, 충동 등과 같은 거친 요소들과 대항해야만 한다. 이러한 요소들은 그 자체가 악은 아니지만 훈련되고 억제되고, 또한 고무되어야 한다. 그렇기 때문에 도덕의지는 제한적일 수밖에 없다.

　그래서 브래들리는 도덕의 본질을 모순관계로 규정한다. 도덕은 본질적으로 부정적인 요소를 지니고 있다. 도덕이 자아실현의 과정이라고 할 때, 그것은 이상적 자아를 의지 안에서 실현하게 하는 것이다. 그뿐만 아니라 자아실현의 과정은 인간의 본성적 자아 안에 내재하는 부정적 요인을 변형시킴으로써 비체계적인 본성적 요소와 악의 자아가 실재하지 않도록 하는 것이다. 그렇다고 도덕이 이런 요인들을 완전히 제거하는 것은 아니다. 도덕은 결코 실현될 수 없는 것을 실현하라고 자신에게 말한다. 어느 누구도 완전하게 도덕적인 적도, 도덕적일 수도 없기 때문이다. 완벽하게 도덕적인 사람에게는 더 이상 도덕이 필요치 않다. 불완전함이 없는 곳에는 당위가 없고, 당위가 없으면 도덕도 없다. 당위는 하나의 자기모순이다. 그러므로 자기모순이 없으면 당위도 없다. 도덕은 모순을 내포한다고 하는 것은 이런 관점이다.

그렇다면 누가 가장 도덕적인 사람인가? 이것은 누가 가장 완벽한 사람인가를 묻는 게 아니다. 이것은 누구의 의지가 이상적 인간 유형과 가장 일치하는지가 아니라 누구의 의지가 자기 자신의 이상에 가장 일치하는가 하는 것이다. 얼마나 도덕적인가 하는 평가는 그가 인류의 발전에 얼마나 공헌했는지가 아니다. 순수한 도덕적 기준으로 사람을 판단한다면 야만인은 문명인보다 그 수준은 낮지만 보다 도덕적인 사람일 수 있다. 그러므로 가장 도덕적인 사람은 자신의 지성이 자신에게 최선이라고 말해주는 것에 따라서 행동하려는 사람이다. 만약 두 사람의 지성이 똑같을 경우, 그들이 성취한 것의 많고 적음으로 도덕을 판단할 수 있을까? 브래들리의 대답은 '그렇지 않다'이다. 모든 사람의 공식적 에너지는 똑같지 않다. 처음부터 자아가 동등하지 않기 때문에 단순히 각자가 실현한 것으로 도덕적 비교를 할 수 없다는 것이다. 사람마다 그 지성이나 공식적 에너지에서뿐만 아니라 그 기질도 다양하기 때문이다.

브래들리의 자아실현 윤리이론은 플라톤, 아리스토텔레스로 시작되는 고전적 자아실현 윤리이론에서부터 스승인 그린의 윤리사상을 이어받은 자아실현 이론의 최종 완성판이다. 특히 그의 자아실현 관념과 도덕적 의무 개념은 칸트의 선의지와 자아 개념에 직접 영향을 받았다. 그뿐만 아니라 그는 헤겔의 이상주의 도덕 관념과 사회적 의무론에도 영향을 받았다. 그는 "왜 도덕적이어야 하는가?"라는 도덕의 정당화 문제를 덕이 곧 행복이라는 가정에서 출발하지 않는다. 이 점에서 그의 자아실현의 윤리는 플라톤과 아리스토텔레스의 고전적 자아실현 윤리와 구별된다. 그는 덕이 다른 무엇을 위한 수단이 아니라 그 자체의 목적, 즉 자아실현임을 역설한다. 그래서 그가 주장하는 도덕의 정당화 논변은 "왜 우리는 도덕적이어야 하는가?"가 아니라 "왜 나는 도덕적이어야 하는가?"에 초점을 둔다.

3) 최고선으로서 신[19]

신학적 윤리에서 보면 신(神)은 선의 근원이고 절대선이다. 그러므로 신학적 윤리에서 최고선은 신과의 합일이다. 신학적 윤리는 신 명령이론과 자연법이론으로 대별된다. 먼저 신 명령이론은 신은 전지전능할 뿐만 아니라 완전한 선이므로 모든 존재의 근원이며 도덕적 의무의 근거로 본다. 신이 없다면 보편적으로 타당한 행위 규칙은 존재하지 않으므로 사회는 각기 그 사회가 규정한 다양한 규범을 도덕률로 채택할 따름이다. 또한 우리가 옳고 그름의 지식을 알 수 있는 것도 신의 의지에 달려 있다. 우리가 도덕적으로 요구하는 것을 알 수 있는 것은, 신이 우리에게 무엇을 원하는지 우리가 알기 때문이다. 도덕과 종교의 관계에

19　도성달(2011), 앞의 책, 172-197쪽 참조.

대한 이러한 이해 방식은 신은 인간의 영적 아버지이며 사랑의 창조주라는 개념에 토대를 두고 있다. 신은 절대선, 지혜의 권능이므로 숭배의 대상이다. 신성한 존재로서 신은 모든 완전성을 갖춘 초월적 존재자이기 때문이다. 인간은 자신의 의지가 신의 의지로 지배되고 자신의 올바른 삶의 실현을 신의 명령에 복종하는 데 있다고 믿는다.

신학적 윤리는 이처럼 도덕이 종교에 의존한다는 신념에 바탕을 두고 인간의 도덕적 의무의 궁극적 근거를 신의 명령(혹은 의지)에 두는 윤리체계이다. 신학적 윤리의 가장 보편적 유형은 '신의 명령'으로서 도덕의 본질을 이해하는 윤리이론이다. 이 이론에 의하면, 인간은 불완전한 존재이기 때문에 전지전능하고 선 그 자체인 신의 도움 없이는 도덕적으로 올바른 삶을 살 수 없다. 우리 인간이 선악, 도덕적 옳고 그름, 의무 등 도덕적 진리를 알 수 있는 것은 오로지 신의 계시를 통해서이다. 그러므로 도덕의 본질은 신의 명령이다. 신 명령이론에서 보면 도덕적으로 옳음은 신이 명령한 것이고, 그름은 신이 금지한 것이다. 어떤 행위가 도덕적 의무인 이유는 신이 그런 행동을 하라고 명했기 때문이며, 어떤 행위를 수행하라는 신의 명령이 바로 그것을 의무로 만든다. 우리의 도덕 행위는 의무 초월적 행위, 의무적 행위, 허용 가능한 행위, 금지된 행위의 속성을 갖는데 이 모든 속성은 신의 명령에 달려 있다. 가령 거짓말이 도덕적으로 나쁜 것은 신이 우리에게 거짓말을 하지 말라고 명했다는 바로 그 사실 때문이다.

신 명령이론의 반대 논거를 제시한 최초의 도덕철학자는 플라톤이다. 플라톤은 「에우티프론(Euthyphron)」에서 신 명령 윤리이론의 근본적 문제를 제기한다. 그의 고전적 진술은 "어떤 행위가 옳은 것은 신이 그것을 명했기 때문인가, 그것이 옳은 것이기 때문에 신이 명한 것인가?"이다. 그런데 원래 「에우티프론」에서 소크라테스와 에우티프론 사이에 전개된 대화의 주제는 '경건'이다. 이 문제는 에우티프론이 자기 아버지를 살인죄의 재판을 받게 하는 것이 경건한 행위인지, 즉 종교적으로 옳은 행위인지를 묻게 되면서 제기된다. 소크라테스는 그에게 경건함이란 무엇인지 묻는다. 에우티프론은 경건한 행위란 신의 사랑을 받는 행위라고 대답한다. 이에 소크라테스는 "신이 경건을 사랑하는 것은 그것이 경건하기 때문인가, 아니면 신이 그것을 사랑하기 때문에 경건인가"라고 묻는다. 당시 아테네의 대중적 종교는 유대-그리스도교의 유일신과 달리 다신교였다. 소크라테스는 우리가 통상 경건으로 생각하는 것에 대해 어떤 신들은 그것을 좋아할 것이고, 또 어떤 신들은 그것을 싫어할 것이라고 말한다. 소크라테스는 이 경우 신들의 사랑을 받기 때문에 경건한 것이라면 경건하면서 동시에 불경한 것이 된다고 말한다. 그들은 아무도 이 문제에 대해 대답하지 않지만 그러나 그들 간의 대화는 어느 쪽 입장이든 딜레마를 피하기 어렵다는 점을 제기한다. 신이 경건함을 사랑하는 것은 그것이 '경건하기 때문'이라고 한다면, 신의 사랑을 받는 속성과 경건함의 속성은 같은 것이 될 수 없다. 이 경우에 경건함은 신의 사랑에 의존하는 것이 아니기 때문에 누가 사랑하든 그것은 경건한 것이다. 그렇다면 그것은 어디에 의존하는가? 모든 경건한 행위를 경건하게 만드는 것은 무엇인가? 이 문제에 대답할 수 없으면 우리는 에우티프론의 행위가 경건한지 아닌지를 알 수 없다. 반면에 어떤 행위가 경건한 것은 '신이 사랑하기 때문'이라고 말한다면, 신이 무엇을 사랑하든, 어떤 이유에서 사랑하든, 그것은 경건한 것이다. 그래서 어떤 유형의 행위이든 경건하게 되는 것은 전적으로 신이 그 행위에 대해 갖는 태도에 달려 있다. 이 토론에서 소크라테스의 진술은 에우티프론이 이 딜레마를 해결하지 못한다는 것을 보여준다.[20]

신 명령이론의 현대적 명제는 "옳은 행위이기 때문에 신이 그것을 명한 것인가, 아니면 신이 명했기 때문에 그것이 옳은 행위인가?" 혹은 "그른 행위이기 때문에 신이 그것을 금한 것인가, 아니면 신이 금했기 때문에 그것은 그른 행위인가?" 하는 형식으로 진술된다. '옳은 것이기 때문에' 신이 옳은 행위로 명한 것이라면, 그것은 신의 명령 이전에 그리고 신의 명령과 무관하게 옳은 것이다. 그러나 신 명령이론은 이런 주장을 받아들일 수 없다. 그렇게 되면 옳은 행위는 신의 명령으로 만들어지고 동시에 신의 명령과 상관없이 만들어진다는 주장이 되기 때문이다. 반면 '신이 명했기 때문에' 옳은 행위가 된다는 명제는 신의 자의성(恣意性) 문제를 해결해야 된다. 단지 신이 명했기 때문에 옳은 행위가 된다면 신이 무엇을 명하든 옳은 것이 될 수 있기 때문이다. 신 명령이론이 이러한 딜레마를 해결하지 못하면 이 이론은 지지받을 수 없다.

다음으로 자연법 윤리이론은 도덕을 신의 존재와 연결시키면서도 신 명령이론이 지닌 난점을 피하기 위한 신학적 윤리체계이다. 신의 존재를 인정하지만 도덕적 옳고 그름을 신의 의지나 명령으로 정의할 수 없다면, 우리는 신 명령이론을 받아들일 수 없다. 신학적 윤리로서 자연법 이론이 등장하게 된 배경은 바로 이런 맥락이다. 자연법 이론은 도덕 판단에서 '신의 명령' 자리를 '이성의 지시'로 대체한다. 자연이 자연법, 즉 '자연의 법칙'에 따라 작용하는 것과 똑같이 인간의 행위를 규제하는 자연의 법칙이 있다는 것이다. 이 자연법은 곧 이성의 법칙인데, 신이 인간을 이성적으로 만들었기 때문에 우리는 이성의 법칙을 파악할 수 있는 것이다. 신은 세계를 이성적 질서로 창조하고, 우리 인간을 신의 형상을 가진 이성적 행위자로 창조하였다. 그러므로 이성은 인간본성의 본질이요, 우리 인간 속에 있는 '신의 불꽃'이다. 자연법 이론에서

---

[20] 이 부분은 플라톤의 『대화편』, 「Euthyhro」, 6d-10b의 대화 내용에 잘 제시되어 있다.

보면 어느 경우에나 우리가 해야 할 최선의 것은 그 행위에 대한 최선의 이유를 가지고 있는 행위 과정이다. 그러므로 신앙인이든 아니든 책임 있는 도덕 판단은 우리가 선천적으로 부여받은 이성의 소리에 귀 기울이고 자신의 양심에 충실히 따르는 것이다. 이렇게 보면 자연법 이론은 도덕을 종교가 아니라 이성과 연결시킨다는 점에서 종교와 도덕을 분리시키는 이론이라고 할 수 있다.

그러나 이성의 본질을 설명하는 방식에서 자연법 이론은 결코 종교와 무관할 수 없다. 가톨릭 신학자인 아퀴나스(St. Thomas Aquinas, 1225?-1274)는 『신학대전(*Summa Theologica*)』에서 도덕적 삶이란 '이성에 따르는 삶'이라고 다음과 같이 선언한다.

> 도덕적 본성은 도덕적 행위의 원리, 즉 이성에 따라 살아야 할 생활방식에 따라 취해진 대상에 의하여 인간행위로 각인된다. 대상 자체가 행위의 이성적 질서에 합치된다는 것을 의미한다면, 그것은 선한 유형의 행위가 될 것이다. 예컨대 어려운 사람들을 도와주는 것과 같은 것이다. 반대로 이성에 반대되는 것을 의미한다면, 일종의 나쁜 행위가 된다. 예컨대 남의 것을 자기 것으로 취하는 행위와 같은 것이다.[21]

아퀴나스의 관점에 따르면 이성적으로 행동하는 것과 그리스도교 신자로서 행동하는 것은 같다. 이성의 명령을 무시하는 것은 결국 신의 명령을 거역하는 것이다. 이것은 도덕에 관해서 그리스도인과 다른 사

---

21 Thomas Aquinas, "Summa Theologica," James Rachels, *The Element of Moral Philosophy* (New York: Random House, 1986); 김기순 옮김, 『도덕철학』 (서광사, 1990), 82쪽 재인용.

람의 도덕적 의무는 다르지 않다는 것을 의미한다. 도덕적 행위는 여러 행동 과정에 대한 찬반 이유를 주의 깊게 통찰하고 난 후, 가장 이성적으로 생각되는 계획에 자신의 행동을 맞추는 것이다. 아퀴나스가 양심을 이성의 명령으로 규정하는 것도 이런 관점이다. 그는 "양심의 모든 판단이 옳든 그르든, 도덕적 선악에 관한 것이든 아니든, 양심에 반해서 행동하는 사람은 죄를 짓게 되는 것인데, 이것은 이성에 상반되는 것인 동시에 영원법인 신의 이성과도 상반된다"[22]고 설명한다. 그래서 자연법 윤리이론에서 도덕행위자는 자율적임을 암시한다. 도덕은 자신의 문제에 대해 자신의 방법과 진리에 대한 자신의 기준을 가지고 자신이 처리하는 문제라는 것이다. 자연법 이론에서 보면, 도덕행위자가 어떻게 행동해야 할 것인가를 고려하는 데 반드시 종교적 고려를 할 필요는 없다. 도덕행위자는 선택 가능한 여러 가지 대안 중에서 이성과 양심에 비추어 최선의 행동을 택할 수 있는 것이다. 이런 측면에서 보면 자연법 이론은 신학적 윤리체계와 상당한 거리를 둔다.

  그러나 자연법 이론에서 보면 모든 법은 신으로부터 유래한 것이다. 신이 인간으로 하여금 스스로 목표를 이루고 공동선을 달성할 수 있도록 하기 위해 인간 행위의 규칙과 척도를 설정한 것이 법이기 때문이다. 아퀴나스는 법을 영원법, 자연법, 신법, 인정법(人定法)의 네 가지로 구분한다. 영원법은 신적 이성이 우주에 부여하여 우주의 질서를 세운 법이다. 자연법은 이성적 존재가 영원법을 공유하여 이성의 힘으로 그에 참여하는 것이다. 신법은 인간이 신의 계시로 부여받은 법인데, 신법은 인간의 판단 능력을 넘어서는 법칙을 제공함으로써 자연법을 보완한다. 인정법은 시민법과 같이 인간이 만든 법으로서 자연법에서 파생

---

[22] James Rachels(1986), 앞의 책, 83쪽.

되었다. 이처럼 자연법은 이성적 존재의 이성 안에 나타나는 신적 이성이 반영된 법이다. 자연법은 우리 인간이 실존적 목적과 일치하고, 본성의 지시를 받고 결정하며, 그래서 인간 본성의 목적과 일치한다는 점에서 인간본성의 법이다.[23]

특히 자연법 이론은 도덕적 선을 '인간본성의 완전성'으로 설명하는데, 이는 결국 인간본성의 완성을 신의 의지 관점에서 규정하는 것이다. 그렇게 되면 신은 우리가 그를 도덕적으로 선한지 악한지를 판단할 수 없는 도덕의 범주 밖에 있는 존재이다. 자연법 이론은 도덕적 선악, 옳고 그름을 신이 자의적으로 만들었다는 신 명령이론에 대한 비판을 피할 수 있다. 그러나 자연법 이론은 신이 도덕을 창조하였고 도덕의 기준을 만들었다는 주장을 함의하고 있다. 신이 자신의 본성을 지닌 인간을 창조할 때 도덕적 선의 표준을 창조한 것으로 보기 때문이다. 이 논리에서 보면 만약 인간이 다른 본성을 지녔다면 그는 인간이 아니거나, 도덕적 선과 같은 것을 가지고 있지 않거나, 인간이지만 도덕적 기준이 다를 것이다. 그런데 신이 다른 본성을 지닌 인간을 창조하려면 먼저 신은 자신의 마음속에 다른 유형의 인간을 창조할 수밖에 없는데, 이는 신의 자의적 행위가 된다. 이러한 논거는 신 명령이론의 반대논리가 자연법 이론에도 그대로 적용된다는 것을 의미한다.

---

[23] H. J. McCloskey, *Meta-Ethics and Normative Ethics* (Hague: Martinus Nijhoff, 1969), pp.17-18.

3. 유가윤리의 선악론

서양윤리와 달리 유가윤리에서 선악 담론은 선악이란 '이미 주어져 있는 것'이고, 그래서 선악이 무엇인지를 파악하는 인식론적 논의보다는 악을 제거하고 선을 실현하고자 하는 당위론적 논의에 치중하고 있다. 말하자면 유학자들의 관심은 선악의 의미와 기원에 대한 탐구보다는 악을 통제하고 선을 실천하는 방법론에 있다. 중국의 고대 문헌에서 사용된 선의 개념은 길(吉), 호(好)와 같이 형용사적 의미로 사용되기도 하고, 『맹자』에서 선은 인성의 선악에 관한 도덕적 선뿐만 아니라 도덕과 무관한 의미로도 사용된다. 그러나 유가윤리에서 의미하는 선악론은 도덕적 의미, 내재적 선악 개념이 중심을 이룬다. 맹자가 보기에 도덕적 선은 인성에 확고한 근원을 지니는 데 비해, 악은 물욕에서 파생된 비실체적 파생물이다. 맹자 이후의 유학에서 다양한 선악의 담론은 혼란한 사회 가운데서 인성에서 선악의 근원을 찾아 선을 행하고 악을 제거해야 하는 당위성의 근거를 찾고자 하는 시도들이다. 이는 유학의 전통 속에서 선악 담론이 중요한 주제로 이어져 내려왔다는 것을 보여준다.

1) 주자의 선악론

(1) 초월적 선과 도덕적 선

주자(朱子, 1130-1200)가 보기에 우주는 선험적으로 주어진 규범을 실현하는 장이다. 그러므로 인간을 포함한 자연 안의 모든 조직은 '인의예지'라는 규범을 보편적으로 구현하도록 예비되어 있다. 성즉리(性卽理) 이념은 이를 압축적으로 표현한 것이다. "성은 이(理)이다. 천이 음양오행으로 만물을 형성할 때 이가 동시에 여기에 부여된다. 이렇게 하여 인간과 동식물은 탄생과 함께 각자 부여받은 이를 건순(健順) 오상의 덕으로 삼게 되는데 이것이 곧 본성이다."[24] 여기에서 건순은 자연에 대한 설명이지만 초점은 오상(五常), 즉 인, 의, 예, 지, 신에 있다. 이것들은 인간이 사회관계 속에서 실현해야 할 도덕적 선이지만 인간뿐만 아니라 전 우주가 실현해야 할 이념이다. 이것은 모든 생명이 선험적으로 부여받고 있다는 점에서 존재 일반의 본질이다. 유학에서는 그 이념을 한마디로 인(仁)이라 했다. 인간의 윤리적 가치를 형이상학적 전제 안에서 존재론적으로 확보하고자 한 것이다. 자연 속의 모든 사물과 현상에는 각각 하나의 중심인 태극이 있고, 이 중심은 또한 거대한 중심의 통합적 질서인 태극의 일부분이다. 보다 작은 유기체는 보다 큰 단위의 유기체에 종속되어 있으면서도 나름의 독립성을 유지하고 있다. 자연이 창조의 기틀을 필연적으로 구유하고 있어 그로부터 이루는 것이 우주적 선이다. 그러므로 생명은 어느 것이나 고귀한 것이고, 이 생명들이 동거하고 있는 우주는 존재론적으로 선하다.[25] 주자가 말하는 우주적 선은 선험적이고 형이상학적 선으로서 도덕적 선의 근원이다.

그는 맹자의 '성은 선하다'는 성선(性善)의 의미를 이와 성을 연관시켜 이해한다. 주자에게서 성은 곧 이(理)이기에 맹자가 말한 성선은 이의 선함의 인간적 표현과 다름없다. 또한 이와 성의 의미는 유학의 핵심적 개념들에 의해 그 의미가 확장된다. 주자는 이전 시대에 최고 존재의 의미로 사용되었던 도, 태극과 같은 개념들과 내면의 덕성 또는 선의 최고 단계를 일컫는 인, 인의예지, 지선(至善) 등의 개념들을 이와 같은 의미를 지닌 것으로 계열화한다. 또한 그는 성선을 해석하는데 필요

---

24 『中庸章句』1장 주자 註.
25 한형조, 『주희에서 정약용으로-조선유학의 철학적 패러다임 연구』(세계사, 1996), 80-81쪽.

에 따라서 본연지선, 극본궁원지선(極本窮原之善), 무대지선(無對之善), 선근(善根) 등의 용어를 사용하고, 태극에서 극의 의미를 '표준'으로 해석한다. 그가 의미하는 표준은 도덕적 행위 혹은 도덕적 선을 실천하는 데 있어서 표준임을 뜻한다. 그러므로 유학에서 태극은 '가장 큰 도덕의 표준'이다. 가장 큰 표준으로 해석되는 태극은 현실의 혼란 속에서 도덕의 표준을 존재론적으로 정초한 것이다. 이 점에서 '성선의 선'은 더 이상의 근원을 두지 않는 궁극적인 것이며, 여러 선들의 뿌리에 해당된다고 할 수 있다. 궁극적이라는 것은 우주 본체를 달리 일컫는 말이므로 그보다 더 높은 표준이 없다는 의미이다. 경전에서 제시하는 성인의 말과 행동, 예나 의 같은 유가윤리의 핵심개념들은 행위자가 선악을 판단하지 않아도 미리 주어진 인위적 표준들이다. 예는 천리(天理) 자체가 아니라 천리의 절문(節文), 즉 천리에 근원한 인간적 해석을 거친 표준이다. 순수지선인 성은 직접 인식하기 어려운 근원적이며 궁극적이라는 점에서 일차적 표준인 반면, 예는 이차적 표준이다.[26]

주자는 호굉(胡宏, 1105-1161)으로 대표되는 호남학파와 성선의 의미에 대한 논쟁을 통해서 성선은 초월적 선과 도덕적 선의 의미를 동시에 지닌다고 주장한다. 호굉이 주장하는 성 개념은 우주의 본체, 천지만물이 의지하는 존재의 근거이다. 호굉이 보기에 성이 천지의 본체라면 그것은 인간의 도덕적 역량을 넘어서는 것이다. 그러므로 그는 성의 선악을 논한 맹자, 순자, 양웅 같은 사람이 성을 설명한 것은 "성이 도덕적으로 선하다"는 것이 아니라 "성은 참으로 좋다"라는 감탄의 말이라고 해석한다. 주자는 성의 선함은 악과 상대되는 성격이 아니라는 호굉의

---

[26] 김철호, 「주자의 선악론 연구」, 한국학중앙연구원 한국학대학원 박사학위 논문(2005), 36-40쪽 참조.

해석에 대해서는 공감하지만, 성이 도덕적 선으로 형용하기 어렵다는 점에 대해서는 반대한다. 주자는 호남학파와 공감하는 부분으로서 선의 근원을 다음과 같이 설명한다.

① 태극 가운데는 온전히 하나의 선이 갖추어져 있다.[27]
② 좋아함이라는 것은 선의 뿌리가 발하는 것이고 의덕(懿德)이란 여러 가지 선들[衆善]의 이름이다. 선의 뿌리는 상대가 없는 절대 선[無對之善]이며, 여러 가지 선이란 상대적인 선이다.[28]

①에서 주자는 바로 성선의 선을 말하는 것이며, ②에서 성선의 선은 선의 뿌리, 상대가 없는 선으로 설명하고, 현실의 악과 대비되는 도덕적 선을 중선이라 하여 두 수준의 선을 대비하고 있다. 이런 의미의 선은 성이 본체의 의미를 지니는 것으로 초월적, 선험적 선이다. 이처럼 궁극적 표준으로서 성은 플라톤의 선 이데아나 기독교의 신처럼 그 초월성을 강조할 때는 '이미 거기 있는 것'이다. 궁극적 표준으로서 성은 본원 혹은 형이상의 세계이며, 거기에는 악은 존재하지 않고 오로지 선만이 존재하는 초월적, 절대적 선이다. 호굉의 '성선의 선'은 도덕과 전적으로 무관한 것은 아니지만 '선악을 넘어서는' 것이며, 선과 악으로 정의할 수 없는 것으로 설명한 것도 이것이다. 그러므로 성이 그 위상에 있어 초월적이기에 성선의 선은 악과 상대하지 않는 절대선이기도 하고, 그것이 도덕적 성격에 한정될 수 없다는 점에서 악과 상대가 되지 않는 것이다.

---

27 『朱子語類』75:82; 김철호(2005), 앞의 논문, 37쪽에서 재인용.
28 『朱熹集』권40; 김철호(2005), 앞의 논문, 37쪽에서 재인용.

한편 주자는 성선의 선이 악과 상대하지 않는 절대적 선이지만 그것은 도덕적 속성을 지닌 선이라고 주장한다. 이것은 주자가 이(理)를 성, 태극, 도 등 형이상학적 개념만이 아니라 인이라는 도덕적 개념의 계열로 묶는 데서 분명하게 드러난다. 공자의 인은 개별적 덕성이자 일반적이고 보편적인 덕성으로서 기본적 덕목이다. 주자는 인을 "마음의 덕이요, 사랑의 이이다"[29]라고 한다. 주자에게 인은 단지 사랑이 아니라 사랑의 이이다. 따라서 주자에게 선의 위상은 초월적이지만 그 성격은 도덕적이다. 그는 성은 인 또는 인의예지라는 유학의 기본 덕목을 그 내용으로 한다고 여러 곳에서 지적한다.

> 천지지심은 그 덕이 넷이니 원형이정이다. …… 사람의 마음에 네 가지 덕이 있으니 인의예지이다.[30]

『주역』에 나오는 원형이정(元亨利貞)은 춘하추동의 사계절이 운행되는 패턴에서 발견한 생과 순환의 원리이다. 자연 현상은 일반적으로 순환적이고 반복적이다. 사계절은 순환하고 살아 있는 생명체들을 끊임없이 탄생, 성장, 번식, 그리고 죽음이라는 동일한 패턴을 반복시킨다. 주자는 이 반복되는 일정한 규칙성을 인의예지라는 도덕적 성격으로 본 것이다. 원(元)이 형, 이, 정을 관통하듯 인이 나머지 덕목을 관통한다. 그렇기에 성은 인이라고 표현되기도 하고 세분화하면 인의예지로 표현되기도 한다. 하늘과 땅의 속성은 만물을 낳는 것인데, 이는 선의 으뜸가는 성질이며, 이것이 바로 인이라는 것이다. 따라서 주자가 보는 성

---

29 『論語集註』, 「學而」; 한상갑 옮김, 『四書集註』(삼성출판사, 1982) 번역본 참조.
30 『朱熹集』 권67, 「仁說」; 김철호(2005), 앞의 논문, 38쪽에서 재인용.

선의 선은 성이 최고선이며 완전한 선이지만 도덕과 무관한 의미의 선이 아니라 도덕적 성격의 선이다. 주자가 성선의 선이 악과 상대하는 것이 아니면서 악과 상대한다고 하는 모순된 언급을 하는 것은, 그것이 초월적이면서 또한 도덕적 성격을 지닌 선이기 때문이다.

주자가 맹자의 성선에 주목하여 성선의 선을 궁극적 표준, 초월적, 절대선, 그리고 도덕적 성격의 선으로 규정한 것은 선의 본성을 존재의 본성에 정초시키기 위한 것이다. 공자는 예의 근거를 인에 두었지만 왜 예를 실천해야 하는지를 그 근거가 되는 인의 의미를 통해 해명하지 않았다. 맹자는 인간이 선해야 하는 근거를 인간의 본성에 의거해 증명하고자 했다. 그리고 맹자는 인간의 본성이 선하다는 입론을 '유자입정(儒子入井)'과 같은 경험적 사례를 통해 증명하고자 했다. 그리고 주자는 이것을 '성즉리'라는 형이상학적 틀로 논증하고자 했다. 본성의 선함은 인간이 작위적으로 주장하는 것이 아니라 우주의 본체를 달리 일컫는 것에 다름 아니다. 이것은 도덕적 선의 기원을 초월적 존재자에 정초시키는 작업이다. 인간이 도덕적 존재이며, 도덕적으로 행위할 수 있고, 또 도덕적이어야 하는 궁극적 이유도 바로 이것이다.

(2) 도덕적 선의 실현

도덕적 선은 궁극적 선으로서 성선의 선이 아무런 간섭이나 제약을 받지 않고 그대로 발현되는 것이다. 그러나 현실의 도덕적 선은 늘 악과 짝이 될 수밖에 없다. 형이하의 현실 세계에서는 선만 있거나 악만 존재할 수 없기 때문이다. 궁극적 표준으로서 도가 상황에 맞게 발현된 도덕적 선이 바로 의(義)이다. 이와 예, 예와 선, 예와 화(和)의 관계도 이런 관점에서 설명된다. 주자는 "예는 천리의 절문(節文)이요, 인사의 의칙(儀則)이다"[31]라고 설명한다. 예가 천리의 절문이란 것은 인간적 사유의 틀 속에서 꾸며진 것이지만 자연적 질서의 불변의 법칙임을 말한다. 이렇게 인식된 예만이 인간이 마땅히 따라야 할 법칙이 될 수 있다. 의칙이란 절문이 인간사에 드러난 것을 말한다. 천리가 궁극적 표준으로서 선이라면, 예는 그 표준이 구현된 도덕적 선이라 할 수 있다. 또한 주자는 인을 마음의 덕이요, 사랑의 이로 정의하는데, 이것이 도덕적 선의 표준이다. 유학에서는 이 표준이 발한 도덕적 선을 의, 애, 효제, 사단이라 하기도 한다. 이것은 모두 인이라는 궁극적 표준이 상황에 따라 알맞게 재현된 것을 일컫는다. 말하자면 유학에서 인은 도덕적 표준을 말하기도 하고 도덕적 선을 지칭하기도 한다.

전술한 것처럼 유학에서 지선(至善)은 만물이 부여받은 바의 성이다. 다시 말해 성의 다른 이름이 곧 지선이다. 지선은 사리(事理)의 당연한 극이라는 의미에서 사리의 표준이다. 또 지선은 최고선이라는 명사적 용법 이외에 '지극히 선한'이라는 형용사적 용법으로도 사용된다. 『대학장구(大學章句)』에서 주자는 '지선은 단지 아주 좋은 것을 행하는 것'으로 정의한다. 이 경우 지선은 내면의 궁극적 표준이 아니라 행위의 결과로서 도덕적 선을 말한다. 이처럼 유학에서 중요시되어온 이, 예, 인, 의, 사덕, 사단 등의 도덕적 개념들은 주자에 와서 그 표준이 도덕적 선으로 구조화된다. 주자의 언설에서 선이라는 용어를 사용했든 다른 용어를 사용했든, 표준으로서의 선과 도덕적 선은 후자가 전자의 재현이라는 동일한 구조로 반복된다.

도덕적 선을 궁극적 표준의 재현으로 정의한다면, 재현의 정도와 방법의 차이는 선의 의미와 성격을 결정짓는 중요한 요소이다. 주자는 "지선은 가장 좋은 것이다. 열 가지의 일 중 아홉 가지를 옳게 하고 한

---

31 『論語集註』,「學而」12, 朱子註.

건이 그렇지 못하다면 또한 지선이 아니다"[32]라고 말한다. 이것은 도덕적 선은 도덕적 표준의 완전한 재현이 되어야 함을 의미한다. 도덕적 선은 정도의 차이에 따라 규정되지 않는다는 것을 말해준다. 또한 도덕적 선은 표준의 완전한 재현이면서 동시에 그 실천 과정에서 상황을 중시하는 '상황에 맞는' 유형의 행위여야 한다. 선과 악은 그 자체로 좋고 나쁜 것이 아니라 상황에 따라 선한 행위가 악이 될 수도 있고, 그 역도 가능하다는 것이다. 예컨대 측은지심의 경우, 통상 우리는 측은지심을 보이는 사람은 도덕적으로 선한 행위자로 평가한다. 그런데 측은지심과 같은 선한 감정도 상황에 따라서 악이 될 수 있다는 것이다. 가령 친구의 죽음을 슬퍼하는 것은 선이지만 경쟁자의 성공에 슬픈 감정을 갖는 것은 악이다. 또한 선한 행위가 되려면 상황에 맞아야 할뿐만 아니라 상황에 맞는 강도를 지녀야 한다. 주자는 측은지심의 경우 요구되는 상황에서 발현되더라도 지나치면 고식적이 되고, 수오지심의 경우 지나치면 잔인함이 된다고 말한다. 이는 도덕적 선이 상황에 맞는 종류여야 하고 또한 상황에 맞는 강도를 지녀야 한다는 말이다.

또한 선의 실천에서 중요하게 여기는 것은 성의(誠意)이다. 이것은 도덕적 실천에서 주체의 행위 동기라고 할 수 있다. 주자는 『대학장구』에서 성의를 이렇게 설명한다. "그 의를 성실히 하는 것은 자기수양의 첫 번째이다.······스스로 속인다는 것은 선을 행하고 악을 없애야 함을 알되, 마음의 발현이 실제적이지 않은 것이다."[33] 의는 의지가 아니라 사려 또는 의식의 의미를 지닌다. 성의의 핵심적 의미는 남들이 보는 밖으로의 행동과 내면의 생각이 다르지 않는 것[表裏如一]이다. 속으로는

---

32 『朱子語類』14:100; 김철호(2005), 앞의 논문, 39쪽에서 재인용.
33 『大學章句』傳6, 朱子註.

자기 이익을 생각하면서 겉으로만 요구되는 표준에 합치하는 행위는 도덕적 행위라고 할 수 없다. 따라서 자신의 생각이 어떤 것에 기반을 두고 있는지를 스스로 자각하는 것이 실천의 첫 번째 과제이다. 자기이익과 공적인 것, 즉 자기이익과 도덕적 의무 간의 갈등은 행위의 가장 초기에서부터 행위의 완성에 이르기까지 지속적인 것이다. 그래서 주자는 마음이 선악의 관문을 뚫기 위해서는 기(幾)를 주시해야 한다고 말한다. 유학의 도덕적 실천 방법에서 기는 중요한 개념이다. 기는 성(性)이 정(情)으로 발하는 그 순간을 의미하는데, 이 최초의 순간이 도덕적 선악을 결정하는 시점이기 때문이다. 주체의 생각이 공적인 것만 생각하면 선이고 사적인 이익만을 고려하면 악이 된다.

그러므로 선악이 결정되는 이 최초의 갈림길을 살피는 의식을 진실하게 하는 성(誠)은 선을 실천하는 데 매우 중요하다. 주자가 "발한 것이 꽤 지났을 경우에는 제어할 수 없다"[34]고 한 것은, 도덕적 선의 실천은 사태에 직면하여 선악을 판단하여 실천하려고 하면 이미 늦었다는 의미이다. 이것은 도덕적 실천이 그만큼 어렵다는 의미로 받아들일 수 있지만, 그것보다는 마음이 선악을 결정한다는 것을 강조한 말로 이해할 수 있다. 실제로 주자는 마음이 선악을 결정하는 순간의 선악의 대립적 성격을 손바닥을 뒤집는 것에 비유하였다. 손바닥이 고정되어 안정된 상태가 아니면, 곧 뒤집혀서 불선이 되고 악이 되므로 선을 실현할 수 없다고 말한다. 이처럼 유학에서 선은 행위의 결과적 개념이 아니라 행위자의 진실한 생각에 근거한 동기적 개념이다. 이러한 동기 중심적 선악 개념은 다음의 글에서 분명히 드러나고 있다.

---

34 『朱子語類』 94:143; 김철호(2005), 앞의 논문, 94쪽에서 재인용.

인에 뜻[志]을 두면 비록 과(過)가 있더라도 악이라고 말하지 않는다. 오직 인에 뜻을 두지 않기 때문에 악에 이르게 된다. 이 '뜻'이라는 글자는 성급히 보아 넘겨서는 안 된다.[35]

도덕적 선의 실천에서 동기주의를 극명하게 보여주는 부분은 주자와 진량(陳亮, 1143-1194)의 의리, 패권 논쟁이다.

한고조의 경우 사사로운 마음이 매우 치열하지는 않았지만, 그러나 전혀 없었다고 할 수 없다. 당태종의 마음은 내가 생각하기에 한 생각도 인욕에서 나오지 않은 것이 없다. 만약 …중략… 그들이 능히 국가를 세울 수 있었고 대대로 물려줄 수 있었다고 해서 곧 이들이 천리의 올바름을 얻었다고 한다면, 이는 성패로서 시비를 논하는 것이며, 다만 잡은 새가 많음을 추구할 뿐, 교활한 사냥 방법이 올바름에서 나오지 않은 일에 대해서는 부끄러워하지 않는 것이다.[36]

이처럼 최고의 도덕적 선, 즉 '지선(至善)'은 내적으로 인간의 본성이 완전하게 실현되고 외적으로는 품행이나 행동이 예에 적합한 상태이다. 도덕적 의미에서 지선은 추상적인 이념이 아니라 이 세상에서 인간의 질과 삶의 상태를 기술한다. 지선은 최고도의 적합한 상황에 있는 상태나 사태에 반응할 때마다 실현된다. 이런 점에서 지선은 일종의 미학적 질서의 실현이라고 할 수 있다. 그것은 원리나 규칙보다는 분별력이나 예지(叡智)의 문제이다. 주자는 지어지선(止於至善)의 상태를 임금은 인

---

[35] 『朱熹集』 권55, 「答熊夢兆」.
[36] 『朱熹集』 권36, 「答陳同甫」 제6서.

(仁)을, 신하는 경(敬)을, 아버지는 자(慈)를, 아들은 효(孝)를 지키는 것으로 설명한다. 이러한 덕목은 지위나 역할에 따른 규칙이나 의무 이상으로 인간다움을 실현하는 방식, 즉 기본적인 인간관계의 특질이라는 의미를 지니고 있다. 유학의 윤리는 추상적 원리보다는 수양과 실천에 초점을 두는데, 지선은 이런 맥락에서 강조된다. 그래서 유학의 공부는 자기명료화와 자기성찰을 위한 '위기지학(爲己之學)'이다. 유가경전을 통해서 우리는 도덕 감정, 상호관계, 전통적 가치와 행동양식을 인식하고 자신을 명료하게 하고 정제하는 것을 배운다. 『대학』은 명덕(明德)을 통해서 지어지선의 상태를 이루기 위한 노력의 과정을 말해준다.

(3) 악의 근원

유학에서 악의 개념은 서양윤리처럼 단순히 선의 부재 혹은 결핍이 아니다. "선악이 모두 천리이다"라는 정명도(程明道)의 언명이 시사하듯이, 선과 악은 인식 과정에서 분리될 수 없는 개념이다. 유학의 사유방식 자체가 서로 대비되는 기호나 상징으로 구분되는 대립적 쌍의 형식을 이루고 있는데, 이기, 음양, 천지, 선악, 미추, 시비, 공사의 개념이 그것이다. 선과 악은 가치 개념 중에서도 가장 포괄적 성격을 지닌 대립의 개념쌍이다. 이처럼 선과 악은 현실적으로나 인식의 측면에서 서로 분리될 수 없는 상관 대립의 관계이다. 그러므로 유학에서는 악의 인식과 대비하지 않고서는 선을 인식할 수 없고, 선과 대비하지 않고서는 악의 의미를 찾기 어렵다. 이 점을 주자는 여러 곳에서 언급한다. "사물의 상태로 존재하는 것은 이미 선함이 있으면 반드시 악함도 있다."[37] "선이 선이라 이름할 수 있는 까닭은 악과 상대하여 말한 것이

---

37 『朱子語類』 5:69.

다."³⁸ "선과 악, 진(眞)과 망(忘), 동(動)과 정(靜)은 하나가 먼저이면 다른 하나는 나중이며, 하나가 이것이면 다른 하나는 저것이니, 모두 대대(對待) 관계에 있기에 이름을 얻을 수 있는 것들이다."³⁹

주자가 보기에 맹자가 말한 성선은 인간성의 이념적 혹은 본원적 측면에서의 주장이지 현실적으로는 그렇지 않다. 요순처럼 하늘의 가장 순수한 기를 품부(稟賦)한 성인이 아니고서는 인간성은 언제나 악과 섞여 있기 마련이다. 인간은 기질적 특성에 있어서 차이뿐만 아니라 윤리적으로 등급을 타고난다. 일찍이 한유는 인간의 등급을 타고나면서 선한 부류와 악한 부류, 그리고 그 중간층의 세 가지로 구분했다. 주자는 이를 받아들여 인간의 본성이 선하다는 것은 최상층의 인간에 해당되고, 악하다는 주장은 최하층의 인간이며 선하지도 악하지도 않은 것은 중간층에 해당된다고 주장한다. "한유의 삼품설(三品說)은 기질지성이라 꼭 집어 말하지 않았을 뿐 (실상) 기질지성을 논한 것인데, 설명이 아주 좋다. 그렇지만 성을 논할 때는 그렇게 안 된다. 세 등급은 더 갈라지는 것이니, 어찌 세 등급에 그치겠는가. 백 가지 천 가지로 나눌 수 있다."⁴⁰ 이러한 주장은 맹자의 성선 주장과 대립된다.

맹자는 인간본성이 악하다거나 중립적이라고 말하는 논객들에 맞서 인간본성의 선함을 지키고 실현하는 데 일생을 바쳤다. 이 부분에 대해 주자는 맹자를 이렇게 설명한다. "맹자가 성선을 말했지만 그는 성의 대본처(大本處)만을 보았을 뿐 다른 쪽 기질지성의 세부적 측면에는 논의가 미치지 않았다. 맹자는 성만 말하고 기를 말하지 않았으니 제대로

---

38 『朱熹集』, 「答胡廣仲」 제5서.
39 『朱熹集』, 「記論性答稿後」.
40 『朱子語類』 4:40.

갖춘 논의가 아니다."[41] 맹자는 불선을 후천적 함닉(陷溺)으로 설명한 데 반해, 주자는 악이란 선천적인 불균형으로 본다. 불균형이 선천적이라면 인간성을 보편적으로 조건 없이 선하다고 말할 수 없다. 주자가 보기에 맹자는 본연지성의 이념적 차원을 지나치게 강조함으로써 현실적 차원을 무시했다. 그것이 이른바 "성을 논하되 기를 논하지 않았다"는 비판의 의미이다. 주자의 논점에서 보면 성은 이, 즉 본연지성을 가리키고 기는 기질지성을 가리킨다. 맹자의 성선은 현실의 육신과 교섭을 갖기 이전의 초월적 이데아의 세계를 묘사한 것이거나, 아니면 현실 속의 가장 순수한 형태의 표출만을 짚어 논한 것이다. 요컨대 맹자의 성선은 본연지성에 입각해 인간을 논했지 본연이 기질에 탑재(搭載)한 이후의 기질지성을 돌아보지 않았다는 얘기이다. 주자가 보기에 인간의 선함은 현실적 경향성에서 확보되지 않으며, 만일 확보될 수 있다고 해도 그것은 보편적이지 않다. 오직 요순과 같은 예외적 인물만이 현실에서 본원의 순수성을 온전히 확보할 수 있을 뿐이다. 그가 『대학』의 텍스트를 고쳐가면서까지 격물치지라는 주지주의적 인식론적 발판을 기반으로 하게 된 고민이 바로 여기에 있다.[42]

유학에서 이러한 선악 관념에는 "악을 제거하고 선을 온전하게 실현해야 한다"는 당위의식이 자리하고 있다. 인간의 본성이 선하고 도덕적 존재라면 인간사회의 현실적 악은 무엇인가? 인간이 본래 선하다는 형이상학적 주장은 선의 표준이나 기원을 확보하기 위한 것이다. 그러나 이러한 형이상학적, 관념적 선은 현실 세계에서 발현되지 못하는 경우가 허다하다. 그러므로 현실 체계에서 악을 제거하고 선을 실현하는 당

---

41 『朱子語類』 4:92.
42 한형조(1996), 앞의 책, 116-117쪽.

위의식에서 보면 선과 악은 대립관계이다. 오히려 현실은 악이 선보다 더 강한 불균형 상태에 있다. 인간이 본래 선하다고 하지만 그 본래 선으로 되돌려놓기 위해서는 악이 무엇이며, 왜 발생하는지를 해명해야 한다. 유학에서는 악이 횡행하는 이유를 '물욕'과 '기질', 두 가지로 설명한다. 맹자는 물욕을 식(食)과 색(色)으로 대표되는 사물이나 재화를 향한 마음의 이끌림으로 설명한다. 주자는 이를 근거로 좋지 않은 욕망이 악을 유발하는 이유라고 말한다. 그는 그 유명한 고요한 물과 물의 흐름의 비유를 통해 악이 욕망과 어떻게 관련되는지를 잘 보여주고 있다. 주자는 마음이 성과 정을 통제한다는 심, 성, 정의 개념을 통해 악의 원인으로서 맹자가 제시한 물욕 탐닉의 과정을 설명한다.

그러나 욕망의 발현 과정을 설명한다 해도 여전히 악의 근원을 해명하는 문제가 남는다. 욕망이 왜곡되는 보다 근원적 원인을 설명하기 위해 주자가 주목한 것은 기질(氣質)이다. 기는 이와 더불어 이 세상을 이루는 근본적 요소이다. 유학에서 이(理)는 초월적, 보편적 성격을 지니지만 그 자체는 작용력이 없기 때문에 악을 설명하려면 기의 작용이 필요하다.

> 사람이 품부한 기는 모두가 천지의 바른 기운이지만, 다만 왔다 갔다 하다보면 문득 어두움과 밝음, 두터움과 엷음의 차이가 있게 된다. 기는 유형의 물이고, 유형의 물은 곧 아름다움과 추함이 있게 된다.[43]

주자의 논지대로라면, 본연의 기가 천지기운을 받아 선한 것이라면, 그것을 품부한 사람도 당연히 선할 수밖에 없다. 그는 악이 발생하는 이유를 기의 왕복운동으로 설명한다. 그러므로 기질이란 기의 자체 운

---

[43] 『朱子語類』 4:51.

동 과정 중에 쌓여서 형질화된 변형태이다. 주자는 이 기질 혹은 기품을 사람들이 선보다 악을 향하는 정도를 결정짓는 근본적 요인으로 제시한다. 사람과 사물, 사람과 사람 간의 인지적, 도덕적 능력의 편차는 바로 이 기질의 영향에 의해 결정된다. 기의 어떤 성질이 부여되는가에 따라 성격과 도덕적 자질이 결정된다. 청탁(淸濁), 편정(偏正), 통색(通塞)은 품부한 기질의 상태를 가리키는 말인데, 이 기질의 상태에 따라 악을 유발하는 방향과 강도가 다르다. 탁하고, 치우치고, 막힐수록 지적으로나 행위 능력에서 부족하여 악을 향한 경향성이 그만큼 강해진다.

맹자에게 악은 후천적 함닉이지만 주자가 보기에는 악의 근원은 선천적이다. 물욕이 악을 발생시키지만 그보다 더 직접 악을 발생시키는 근원은 품부된 기질이라는 것이다. 정(情)이 악으로 향하는 것은 정이 물에 의해 유혹되어 지배되기 때문이지만, 정을 끊임없이 물에 유혹되도록 이끄는 것은 정도 아니고 물도 아닌 보다 근원적인 영향력을 미치는 기질의 작용 때문이라는 것이다. 악의 근원으로 제시된 기질이 시간적으로 어떤 원인보다 앞서 악을 유발한다는 점에서 근원적이며, 또한 그것은 두 가지 측면에서 인간의 선악에 근본적으로 영향을 끼친다. 하나는 기질의 품부는 우연적이라는 점이다. 그것은 기질을 품부한 사람은 긍정적이든 부정적이든 태생적으로 주어진 자신의 기를 의지에 따라 바꿀 수 없다는 것이다. 다른 하나는 도덕주체에 대한 영향력이 필연적이라는 점이다. 순선(純善)의 기를 타고나는 것은 성인이라는 이념적 존재에게나 가능한 일이기에, 모든 인간은 필연적으로 기질의 영향을 받지 않을 수 없다. 기질은 주체의 의지와 관계없이 우연적으로 주어지는 것이며, 또 그 영향력으로 말미암아 선을 향한 주체의 생각과 의지가 악을 향하도록 전도시켜버린다. 그것은 인간의 모든 생각과 판단과 행위에 시간적으로 앞서서 영향을 미치는 악의 근원이다. 따라서 기질은 악 자체나 행위 결과로서의 악이 아니라, 악의 시간적 근원이며 악을 향한 본유적 성향으로서 인간성과 행위를 타락시키는 근본악인 것이다.[44]

그렇다면 악을 제거하고 선을 회복해야 한다는 유학의 출발점으로서 당위의식은 어떻게 된 것인가? 유학은 자유의지와 도덕적 책임을 부정하는 결정론을 함축하는가? 유학은 악이 인간성 깊이 뿌리내리고 있다는 것을 설명하지만 악의 근원을 제압하고 선을 실천해야 한다는 당위성을 강조한다. 그러려면 성의 우선성을 만족시킬 수 있는 이론적 해명이 필요하다. 주자는 맹자의 성선이론이나 순자의 성악, 그리고 양웅의 선악혼재설과 같은 기존의 인성론에서는 이를 해명하기 어렵다고 보았다. 그는 장재(張載, 1020-1077)에게서 빌린 기질지성의 개념을 재해석하여 새로운 관점을 제시한다. 그는 인성에서 선과 악을 대립되는 근원인 동시에 하나로 일치하는 것으로 본다. 그러나 그 근원되는 바를 헤아려서 그 발생 순서를 따라가면, 본연지성에 선은 있고 악은 없는데, 기품의 구속을 받고 있기 때문에 물욕이 발생하게 된다는 것이다. 그리고 이 물욕으로 인하여 성의 발현이 자기이익을 추구하는 방향으로 흘러가기 때문에 악이 발생한다. 말하자면 악의 발생 순서는 성→기질→물욕의 순서를 거쳐 선과 악이 발생하게 된다. 따라서 선과 악의 근원은 대립관계이지만, 그 순서에서 볼 때 선의 근원이 악의 근원보다 시간적으로 앞선다. 이런 연유로 인성에는 기질지성 이외에 별개의 본연지성이 있는 것이 아니라 인성의 핵심부에 본성이 있고, 그 주변을 기질이라는 악을 향한 경향성이 감싸고 있다. 그러므로 본연지성은 반드시 기질을 투과하여 실현되어야 하고, 또 실현될 수 있는 것이다. 이 기

---

44 김철호(2005), 앞의 논문, 65-66쪽.

질을 닦아내어 인성의 핵심부에 있는 선의 본성을 실현하는 과정이 바로 도덕 교육이요 함양이다.

2) 양명의 선악론

양명(陽明, 1368-1661)의 학설은 심즉리(心卽理), 치양지(致良知), 지행합일(知行合一) 세 가지 명제를 강령으로 삼고 있는데, 선악 관념은 주로 심즉리 명제와 직접 연관되지만 치양지나 지행합일의 전체 구도 속에서 해명된다. 양명은 모든 사물에는 일정한 이가 있다는 주자의 성즉리 명제의 논박을 통해서 '지선을 마음의 본체'로 규정한다. 이 경우 그가 말하는 지선(至善)은 도덕원리 혹은 도덕법칙이다. 그는 주자가 "모든 사물에는 일정한 이가 있다"고 했을 때, 도덕원리로서 지선은 외부 사물에 존재할 수 없고 순수하게 내재적인 것이라고 주장한다. 사물의 도덕질서란 행위자가 그 사물에 부여한 도덕법칙과 다름없는 것으로 보기 때문이다. 만일 도덕원리를 외부 사물에서 근원하는 것으로 간주한다면, 이것은 바로 그가 비판한 '의외설(義外說)', 즉 의로 대표되는 도덕법칙을 외재적인 것으로 간주하는 잘못을 범하는 셈이다. 따라서 사람이 궁리를 통해 지선을 추구하려면 오로지 자신의 마음에서 발굴하고 찾아야만 한다는 것이다.[45]

그의 제자 서애(徐愛)가 "지선을 단지 마음에서만 구한다면 천지만물의 이(理)를 전부 궁구하지 못할 것 같습니다"라고 물었을 때, 양명은 "마음이 바로 이인데 마음 바깥에 또 다시 사물이 있고 이가 있겠는가?"라고 대답한다. 서애가 다시 "예를 들어 부모를 섬길 때 효, 임금을 섬

---

45 왕양명 지음, 정차근 역주, 『傳習錄』(평민사, 2000), 369쪽.

길 때 충, 친구와 교제할 때 신, 그리고 백성을 다스릴 때의 인, 이 밖에도 수많은 도리가 있으므로 살피지 않으면 안 될 것입니다"라고 말했다. 그러자 양명은 탄식하면서 "그런 주장의 폐해가 오래되었거늘 어찌 한 마디로 깨달을 수 있겠는가! 가령 부모를 모신다면 설마 부모에게서 효의 이를 구하겠는가? 임금을 섬긴다면 설마 임금에게서 충의 이를 구하겠는가? 친구와 교제하고 백성을 다스린다면 설마 친구와 백성에게서 신과 인의 이를 구하겠는가? 모두 이 마음에 있을 뿐이다. 마음이 바로 이(理)이다"라고 말한다.[46]

유가윤리에서 도덕원리는 예의와 절문(節文)을 통하여 구체화되는 한편, 사회생활의 예의는 행위준칙으로서의 의미를 지니게 된다. 그러므로 이(理)는 일반적인 도덕원리뿐만 아니라 상이한 상황에 근거하여 제정된 행위 방식을 의미하기도 한다. 왕양명이 볼 때, 예(禮)로 대표되는 행위의 구체적 방식과 규정의 본래 의미는 윤리 정신의 표현을 규범화시킨다. 그런데 이러한 예의 자체가 목적으로 변질되고 본래 진실한 도덕 감정의 표현 방식이어야 함을 망각한다면, 그것은 본말이 전도된 것이다. 사람들이 진실한 도덕의식과 도덕감정을 지니기만 한다면, 그들은 구체적인 상황에 대응하는 적당한 행위 방식을 자연스럽게 선택할 수 있다는 것이다. "마음이 이이다(心卽理)"는 명제는 예절의 완벽함이 지선의 완성임을 표현해주기보다는 동기, 즉 마음의 선이 진정한 선임을 표현해준다는 것이다.[47] "마음이 바로 이이다"는 심즉리 명제는 "마음의 조리, 즉 이치가 바로 이이다"는 말로 표현될 수 있다.

이러한 주장은 사람이 지각 활동을 하는 데 자연스러운 이치가 있다

---

46 정차근 역주, 『傳習錄』, 30쪽.
47 진래 지음, 안재호 옮김, 『송명 성리학』 (예문서원, 1997), 371-372쪽.

는 것을 의미한다. 이러한 이치가 바로 인간 행위의 준칙이다. 예를 들어 사람들이 지각의 자연스러운 조리(條理)에 따른다면, 부모를 모실 때는 자연히 효성스럽게 되고 친구를 사귈 때는 자연히 미덥게 된다. 따라서 인간 지각의 자연스러운 조리는 실천 활동 속에서 사물에 조리를 부여하고, 사물들로 하여금 그 도덕질서를 드러내게끔 한다. 그러므로 사물의 이는 근원적으로 마음 밖에 있지 않다. 도덕원칙을 인심의 고유한 조리로 간주하는 것은 그 조리를 사물의 도덕 질서의 근원으로 생각하는 것이다. 이러한 생각은 주관주의적 도덕준칙이다. 그는 다음과 같이 주장한다.

> 마음 밖에는 사물도 없고 사건도 없으며, 이도 없고 의도 없으며 선도 없다. 내 마음이 순수한 천리의 상태일 뿐 인위적인 잡스러움이 없는 상태에서 사물을 처리하는 것을 선이라 한다. 선이란 사물에 정해져 있는 어떤 것을 추구하는 게 아니다. 사물을 처리함이 의롭다는 말은 내 마음이 그 적절함을 얻는 것이다. 의는 밖에서 받아들여 취할 수 있는 것이 아니다. 궁구함은 이것을 궁구한다는 것이고, 이른다는 것[致]은 이것에 이른다는 것이다.[48]

"마음 밖에 이가 없다"고 한 것은 마음 밖에는 선이 없음을 강조한 것이다. 선한 동기 의식은 행위로 하여금 도덕적 의미를 갖게 하는 근원이다. 따라서 선은 오직 주체로부터 나오는 것일 뿐 외부 사물에서 나오는 것이 아니다. 때문에 격물도 치지도 반드시 지선의 근원을 발굴하고 드러내는 것을 중심으로 전개되어야 한다는 것이다. 이 경우 선은 성리학에서 말하는 우주적 선이 천명을 통해 인간의 본성으로 부여

---

[48] 정차근 역주, 『傳習錄』, 96쪽.

된 도덕적 선 개념 아니라, 옳고 그름을 판단하는 원리 혹은 법칙을 의미한다. 그는 선악의 구분이 마음에 있다는 것을 강조하면서 이렇게 설명한다.

꽃을 선으로, 잡초를 악으로 보는 것은 모두 자의적으로 판단하고 있는 데서 비롯된 잘못된 생각이다. 천지의 생명력은 꽃이나 풀도 마찬가지인데, 어찌 그것들에 선악의 구분이 있겠는가? 네가 꽃을 선한 것으로 보려고 하면 꽃을 선한 것으로 보게 되고, 풀을 악한 것으로 보려고 하면 풀은 악한 것으로 되고, 풀이 필요할 때는 다시 풀을 선한 것으로 생각하게 될 것이다. 이러한 선과 악은 모두 네 마음이 좋아하고 싫어하는 것에 따라 생겨나는 것이니, 그것이 잘못임을 알 수 있다. 이(理)는 마음의 조리(條理)이다. 이 이가 부모에게 발현되면 효가 되고, 임금에게 발현되면 충이 되며, 친구에게 발현되면 신이 된다. 끊임없이 변하더라도 나의 한 마음에서 발현되지 않은 것이 없다.[49]

이러한 언명은 불가에서 말하듯 선악이 없다는 의미로 들릴 수 있다. 그러나 그가 선악이 없다고 한 것은 이가 고요한 때이고, 선악이 있다는 것은 기(氣)가 움직이는 때이다. 기에 의해 움직여지지 않으면 선악은 없게 되고, 이것이 바로 지선이다. 성인에게 선악이 없다는 것은 단지 의도적으로 좋아하거나 싫어하는 마음을 갖지 않고, 기에 의해 움직여지지 않는다는 뜻이다. 좋아하거나 싫어하는 마음을 갖지 않는다는 것은 좋아하거나 싫어하는 마음이 전혀 없다는 것이 아니다. 좋아하고 싫어하는 마음은 인간의 감정인데, 만약 감정이 없다면 그것은 사람도 아니기 때문이다. 감정을 일으키지 않는다는 말은 이에 따른다는 말

---

49 장차근 역주, 『傳習錄』, 132-133쪽.

이다. 그렇게 되면 그것이 곧 좋아하고 싫어하는 일이 없는 것과 같이 된다는 것이다. '좋아하고 싫어하는 마음'을 갖지 않는다는 것은 자신의 감정에 집착하지 않는다는 의미이다. 사람은 누구나 조금이라도 집착하면 마음의 본체에 누를 끼치게 되어 감정에 지배당하고 말 것이다.

양명은 좋은 빛깔을 좋아하듯 하고 나쁜 냄새를 싫어하듯 하는 것이 바로 한결같이 이를 따르는 것이라고 강조한다. 천리는 자연히 그렇게 되는 것으로 의도적으로 좋아하거나 싫어하는 마음이 전혀 없다는 것이다. 그는 좋은 빛깔을 좋아한다거나 나쁜 냄새를 싫어한다거나 하는 것은 개인의 감정이 아니라, 오히려 정성스러운 마음으로서 그것은 개인적 감정과는 다르다고 말한다. 정성스러운 마음이란 오직 천리를 따르는 것이며, 천리를 따르게 되면 개인적 감정을 조금도 가하지 않게 된다는 것이다. 그러므로 화를 내거나 기뻐하는 마음이 있으면 올바름을 얻지 못하고, 도량이 넓고 공정해야만 비로소 마음의 본체에 이르게 되는 것이다. 이렇게 되면 미발지중(未發之中)을 알게 되는데, 이것이 바로 지선의 상태이다.

그래서 그는 『대학』의 공부는 '밝은 덕을 밝히는 것[明明德]'에 있다고 역설한다. 밝은 덕을 밝힌다는 것은 바로 '마음을 진실되게 하는 것[誠意]'이고, 마음을 진실되게 하는 공부가 바로 '격물치지(格物致知)'이다. 마음을 진실되게 하는 것을 위주로 하면서 격물치지를 공부한다면, 비로소 공부의 결실을 얻게 된다는 것이다. 그러므로 선을 행하고 악을 버리는 데는 마음을 진실되게 하는 일이 아닌 것이 없다. 그는 주자의 『대학』 신본이 잘못된 해석이라고 지적한다.

먼저 사물의 이치를 추구하려고 바로잡으려 한다면 아득하고 막연하여 전혀 종잡을 수 없게 될 것이니, 반드시 경(敬)이라는 글자를 추가해야 자신의 몸과 마음을 끌어올 수 있다. 그러나 결국은 경을 끌어들일 근거가 없는데 만약 경 자를 추가해야 한다면, 어찌하여 공자 문하에서는 가장 요긴한 그 글자를 빠뜨리고, 천여 년 뒤에 다른 사람이 그것을 보충하도록 하였겠는가? 나는 '마음을 진실되게 하는 것'을 위주로 한다면 '경' 자를 보탤 필요가 없다고 생각한다. 그래서 마음을 진실되게 하는 것을 앞으로 끌어내어 말하고 있으니, 이것이 바로 학문의 근본인 것이다. 따라서 『중용』의 공부는 오직 '자신을 진실되게 하는 것[誠身]'에 있으며, 자신을 진실되게 하는 것이 극점에 이르면 지성이 된다. 『대학』의 공부는 오직 '마음을 진실되게 하는 것'에 있으며, 마음을 진실되게 하는 것이 극점에 이르면 바로 지선(至善)이 된다.[50]

이렇게 보면 양명학에서 말하는 선악 관념은 주자의 성리학에서 논구하는 선악론과는 구분된다. 주자는 인간의 도덕적 선의 근거를 확보하기 위해 우주적 선을 끌어들이지만, 양명의 관심은 그런 형이상학적 선이 아니다. 그의 관심의 초점은 도덕적 존재인 인간이 악을 제압하고 선을 실현하기 위한 '마음 다스리기'에 있다. 그에게 지선은 도덕판단의 원리이고 도덕행위의 법칙이다. 그런데 이러한 원리와 행위 준칙은 외물에 있는 것이 아니라 주체의 마음에 있다. 이것은 도덕적 선은 행위의 형식이나 내용보다는 행위자의 도덕의식이나 도덕감정 등 내면의 심적 상태에 의해 결정된다는 것을 의미한다. 이 점에서 왕양명의 선악 개념은 유가윤리의 내재적, 의무론적 윤리의 성격을 잘 보여준다.

---

[50] 장차근 역주, 『傳習錄』, 167-168쪽.

3) 다산의 선악론

다산(茶山, 1762-1836)의 선악 관념은 주자의 성(性) 개념을 달리 해석하여 자신의 독자적인 견해를 제시하는 데서 잘 드러난다. 다산은 성이 보편적 중심인 이의 분신이며 모종의 실체라는 주자 성리학의 관점을 수용하지 않는다. 다산이 보기에 성은 체(體)가 아니며 심(心)만이 체의 지위를 갖는다. 그는 성이란 인간의 경향성, 즉 기호(嗜好)를 말하는 것인데, 선유들은 그것을 정신적 실체를 가리켰다고 비판한다. "성이란 대체(大體)를 가리키는 말이 아니다. 마음 안에 있는 좋아하고 싫어하는 이치를 따로 떼내어 붙인 이름이다."[51] 다산이 보기에 천지의 운행과 만물의 생성을 보이지 않는 가운데 주재하고 있는 존재가 다름 아닌 천(天)이다. 이러한 천은 도덕적인 인격적 존재로서 상재(上宰)이다. 그는 천을 인격적 존재가 아닌 태극, 즉 이로 보고, 만물에 부여된 성을 천명으로 보는 주자의 견해를 받아들이지 않는다. 상재는 모든 존재자들을 자신 속에 포괄하고 있는 유일자이면서 도덕적 존재이다. 인간이 덕을 좋아하고 악을 부끄럽게 여기는 성을 인간에게 부여하고, 또한 인간이 악을 벗어나 선으로 향하게 하는 것도 바로 상재이다. 천명(天命)이란 바로 상재가 인간에게 부여한 덕을 좋아하고 악을 부끄럽게 여기는 '기호'로서 성을 말하는 것이며, 이것이 인간을 인간답게 만드는 까닭이기도 하다. 그런데 주자처럼 천을 이로, 천명을 '하늘이 부여한 바의 올바른 이'로 해석하면 일견 심오하고 체계적인 이해로 보이기는 하지만 그것은 경전의 이해에 있어 동어반복과 논리적 모순을 피할 수 없게 된다는 것이다.[52]

---

51 『論語古今註』 9:11; 이지형 역주, 『論語古今註』 (사암, 2010) 참조.
52 정일균, 『茶山 四書經學 硏究』 (일지사, 1999), 297쪽.

성이란 이가 아니다. 이란 물건은 저절로 그러한[自然] 특성을 가지게 마련이다. 자연이 어떻게 성이 될 수 있는가. 만물의 삶에는 모두 그 처음 비롯됨이 있다. 무릇 어찌 본연이란 것이 있다 하겠는가.[53]

다산이 말하는 성 개념은 형이상의 도나 법칙으로서의 이가 아니라 심의 기호이다. 인간은 대체(大體)와 소체(小體)의 묘합으로 구성되는데, 대체란 천으로부터 받은 영명(靈明)하고도 형체가 없는 본체이고, 소체란 태어날 때부터 부모로부터 얻은 유형의 몸을 의미한다. 성은 바로 대체가 좋아하고 싫어하는 기호이다. 이러한 성은 원래부터 선한 것이므로 기본적으로 덕을 좋아하고 악을 미워하는 성향, 곧 기호로 나타난다. 다산이 보기에 성의 기호에 따라서 발한 것이 도심(道心)이고, 소체가 성이라는 본래의 선한 기호를 파괴·왜곡시킨 상태에서 발한 것이 인심(人心)이다. 따라서 대체를 따르는 것은 성을 따르는 것이고 도심을 따르는 것이 되며, 소체를 따르는 것은 몸의 욕심, 즉 인심을 따르는 것이 된다. 도심은 항상 대체를 기르고자 하고 인심은 항상 소체를 기르고자 하므로, 인간 내면에서 도심과 인심은 항상 갈등하고 싸우기 마련이다. 도심이 인심을 이기면 그 결과적 행위는 선이 되고, 그 반대이면 악이 된다. 그러므로 인간의 선악은 그 자신의 주체적인 결단에 의한 실천행위 결과로서 비로소 나타나게 된다. 상제로서 천은 인간에게 스스로 선할 수도 있고 악할 수도 있는 주체적 권능을 부여했기 때문에, 그 결과적인 선악은 모두 행위자의 개인적 공과가 되며, 따라서 인간은 자신의 행위에 대해 궁극적인 책임을 면할 수 없다. 다산의 이러한 선악 관념은 태어날 때부터 부여된 기질의 청탁과 같은 선천적 요인

---

[53] 『孟子要義』1:51; 이지형 역주, 『茶山 孟子要義』(현대실학사, 1994) 참조.

에 의해 선악이 결정된다고 보는 주자의 결정론적 인간관과 정면으로 대립된다.

주자는 인간과 여타 만물 사이의 존재론적 차이를 그것들이 생겨날 때 부여된 기의 정조(精粗), 정편(正編), 통색(通塞)의 차이로 환원시켜 설명하고 있다. 그뿐만 아니라 그는 이러한 설명 논리를 인간들 사이에 나타나는 지적·도덕적 차이를 설명하는 데에도 그대로 적용한다. 인간들 사이의 생지(生知)·학지(學知)·곤학(困學)·곤불학(困不學)과 같은 지적 등급과 도덕적 선악의 차이까지도 그들이 태어날 때 각기 부여된 기의 혼명(昏明)·청탁(淸濁)의 차등에서 생겨난다는 것이다. 이것은 존재와 당위, 자연세계와 인간사회를 구분하지 않은 성리학적 세계관의 질서 감각을 반영한 것으로서 일종의 도덕적 결정주의를 함축하는 것이다.[54] 이는 인간의 도덕적 선악은 자신의 의사와는 상관없이 선천적으로 타고난 기질에 달려 있다고 보는 것이다.

그러나 다산이 보기에 이러한 논리는 근본적으로 잘못이다. 공자가 『논어』에서 언급한 생지·학지·곤학·곤불학이나 상지(上知)·하우(下愚)의 등급 차이는 인간이 선천적으로 타고난 기질이나 성품의 고하와는 관계가 없는 것으로, 공자가 단지 실천의 결과적 성과를 나누어본 것에 불과한 것이다. 또한 공자가 "상지와 하우는 바꿀 수 없다"[55]고 한 언명에 대해 '바꿀 수 없다[不移]'는 의미를 날 때부터 결정된 상태가 아니라 끊임없는 실천의 상태로 봄으로써 상지도 하우가 될 수 있고 하우도 상지가 될 수 있음을 논리적으로 분명히 한다. 또한 "성은 서로 가

---

54 정일균(1999), 앞의 책, 464쪽.
55 『論語集註』, 「陽貨」 3.

깝고 습관은 서로 멀다"[56]는 『논어』의 언명을, 말 그대로 타고난 인간의 성이란 본디 서로 가까운 것이지만 후천적인 노력으로 결과적으로 선인도 될 수 있고 악인도 될 수 있음을 의미하는 것이지, 타고난 기질이니 본연이니 하는 것과는 무관한 것이라고 주장한다.

물론 다산도 산천풍기(山川風氣)의 강유(剛柔)와 부모의 혈기가 지닌 청탁에 따라서 인간들 사이에 기질의 차이가 생겨나고, 이러한 차이는 지우(智愚), 혜둔(慧鈍)을 결정하지만 그러나 이것이 인간의 도덕적 선악의 여부를 결정하는 원인은 결코 아니라고 주장한다. 그가 보기에 한 인간의 도덕성을 좌우하는 결정적인 요인은 밖으로부터 주어진 그 무엇이 아니라 그 자신에게 있다는 것이다. 즉 인간은 태어날 때부터 하늘로부터 선할 수도 악할 수도 있는 '주체적 권능'이 부여되었기 때문에, 그 자신이 선한 사람이 될 것인가 악한 사람이 될 것인가 하는 것은 자신의 결단과 실천에 달려 있다는 것이다. 한 인간의 도덕성, 즉 선악의 문제는 그의 구체적인 행사, 즉 실천행위 이후에 비로소 결정되는 것이므로 그 공과도 자신의 것이 된다는 것이다. 더구나 다산은 한유가 주장한 '성삼품설'을 경전에 대한 오독이라고 강하게 비판한다. 성삼품설에서 보면 인성의 품계에는 상 · 중 · 하 세 가지가 있어 상등인은 한결같이 선할 뿐이고, 중등인은 인도하는 데에 따라 상등인이 될 수도 있고 하등인이 될 수도 있으며, 하등인은 한결같이 악할 뿐이다. 이러한 논리는 "태어나면서부터 총명하고 지혜로운 자는 스스로 오만하고 성인을 자처하여 죄악에 빠지는 것을 두려워하지 않게 만들고, 태어나면서부터 어리석은 자들은 자포자기하여 개과천선에 힘쓸 생각을 못 하도록 만들어, 결국 선으로 향하려는 모든 사람들에게 그 문을 닫아 놓고

---

56 『論語集註』, 「陽貨」 2.

자포자기의 길만을 열어준 셈이 되니, 이는 천리를 상하게 하고 인도를 해침이 지독하고 매우 참담하며 그 화가 홍수나 맹수보다도 혹심하게 될 수 있는 사안이라"[57]고 다산은 강하게 비판한다.

    인간이 태어날 때부터 상제로부터 부여된 대체는 인간만이 가진 특징으로서 여기에서 발하는 것이 바로 도심이다. 인간은 바로 이 마음을 가지고 있기 때문에 선악을 구별하여 선을 택할 수 있으며, 나아가 덕을 좋아하고 악을 부끄럽게 여길 수 있게 되어 살신성인에까지 이르게도 한다는 것이다. 그러나 이 마음은 항상 미약한 상태에 있기 때문에 의식적인 함양과 보존의 노력이 뒤따르지 않으면 참되기 어렵다. 다산이 보기에 지(志)나 이(理)라는 것도 실상 이 마음을 지칭한 것에 지나지 않는다. 그런가 하면 소체는 인간이 태어날 때 부모로부터 받은 몸을 말하는 것으로 이 소체가 발하는 것이 바로 인심이다. 소체, 즉 형구(形軀)는 식색과 같은 강렬한 생리적 욕구의 지배를 받고 있으면서 대체와 오묘하게 결합되어 있어 서로 분리되지 않는다. 이런 까닭으로 소체의 생리적 욕구가 발할 때는 반드시 덕을 좋아하고 악을 미워하는 본래의 성을 파괴·왜곡시키게 되고, 따라서 인심은 바로 이 왜곡된 본성에서 나온 것이다. 인심이란 형구의 강렬한 욕심에 의해서 추동되는 상태에 있기 때문에 항상 치열하게 나타나는데, 이 점에서 보통 미약한 상태에 있는 도심과 대조가 된다. 이런 까닭으로 다산은 구체적인 현실 상황에서 인간이 "선을 따르는 것은 산을 오르는 것처럼 힘들고 악을 따르는 것은 언덕이 무너지는 것처럼 쉬운 일이다"[58]라고 설명한다.

    다산이 보기에 덕은 구체적인 인륜의 실천을 통해 결과적으로 성취하

---

57 『論語古今註』 19; 정일균(1999), 앞의 책, 368쪽 재인용.
58 『論語古今註』 12a; 정일균(1999), 앞의 책, 362쪽 재인용.

는 '사공(事功)'을 지칭하는데, 이것은 주자가 말한 심덕과 구분되는 인륜의 공덕이다. 이것은 실천이 있기 전에는 덕도 선도 없다는 의미이다. 본심인 도심을 정직하게 실행하면 그것이 곧 덕이 되고, 도심이 인심을 이기면 덕이 성립되는 것이다. 또한 인륜, 즉 오륜을 실천하여 선이 쌓였을 때 비로소 덕이 된다. 이처럼 행사, 즉 실천 이후에야 비로소 덕이라는 명칭이 난다. 그러므로 당연히 인의예지의 사덕도 외부로부터 인간에게 부여된 것이 아니라 기본적으로 자신으로부터 말미암은 능동적인 행사 뒤에 얻어지는 명칭이다. 이러한 논의에서 보면 다산의 도덕적 선악 관념도 분명하다. 어떤 사람이 선한가, 악한가의 여부는 바로 그의 구체적인 실천 행위의 결과적 사공에 근거하여 판별될 수 있는 문제이다. 달리 말하면 실천이 있기 전에는 선악의 개념이 없다. 구체적 실천행위란 인간과 인간 간의 교제로서 인륜을 벗어나지 않는다. 그러므로 지선이란 바로 이러한 인륜을 지극히 하는 실천행위의 결과일 따름이요, 악이란 그 반대의 경우를 의미한다. 그래서 천이 인간의 선악 여부를 살핌도 항상 인륜을 벗어나지 않았고, 선이란 곧 효·제·자(慈)이기도 하다.

　이상의 논의에서 보면 다산의 선악 관념은 주자의 선악론과 많은 부분에서 구분된다. 우선 다산은 맹자가 말한 '성선'의 근원을 우주적·초월적 선이 아닌 인간본성의 기호로 본다는 점에서 주자의 관점과 다르다. 물론 다산도 인간본성이 선을 좋아하고 악을 싫어하는 기호를 갖게 된 근원을 상제, 즉 천에 둔다는 점에서 주자의 우주적 선과 크게 다르지 않다고 할 수 있다. 그러나 다산의 선악 관념에서 핵심은 인간의 선악은 그 자신의 주체적인 결단에 의한 실천행위 결과로서 비로소 나타나게 된다는 점이다. 말하자면 실천이 있기 전에는 선악의 개념이 없다는 것이다. 그가 말하는 실천행위란 인간과 인간 간의 관계로서 인륜을 벗어나지 않는 것이다. 그러므로 다산이 의미하는 선이란 효·제·자로 표상되는 덕의 실현과 다름없다. 이 점에서 다산의 선악 관념은 주자나 양명의 선악론과 마찬가지로, 선악의 의미를 규정하고 그 인식 근거를 규명하는 서양윤리와 달리 도덕적 선의 실현에 초점이 있다.

4. 요점과 비교 논점

　서양윤리학은 '악'의 개념보다는 '선'의 의미와 인식론에 관한 탐구를 본령으로 삼는다. 서양윤리학은 악의 방지 혹은 회피라는 소극적 의미의 윤리가 아니라 선의 실현이라는 적극적 윤리를 추구하기 때문이다. 그래서 서양윤리학에서 악은 선의 부재 혹은 결핍이라는 선의 정반대 개념으로 인식된다. 이를테면 "쾌락은 선이고 고통은 악이며, 행복은 선이고 불행은 악이고, 덕은 선이고 부덕은 악이다"라는 식이다. 서양윤리학은 선악의 탐구를 옳고 그름에 대한 도덕판단의 원리에 우선해서 다룬다. 그 이유는, 선악의 관념이 행위의 옳고 그름에 대한 중요한 내용을 제공하기 때문이다. 목적론 윤리에서 보면 최선의 결과를 낳은 행동이 옳은 행동이다. 의무론 윤리이론은 인간의 도덕적 의무의 형식이나 법칙에 관심을 둔다는 점에서, 행위의 옳고 그름의 근거를 선이나 성취하려는 목적에 두는 목적론과 무관하다고 할 수 있다. 그러나 의무론에서 주장하는 의무 관념의 궁극적 근거 또한 선의 증진이다. 가령 많은 사람의 생명을 살리는 경우에도 무고한 한 사람의 생명을 죽여서는 안 되는 이유가 정당하다면, 그것은 생명의 내재적 가치에서 보면 생명을 보호하고 증진해야 할 의무뿐만 아니라 생명을 파괴하지 말아야 할 보다 강력한 의무가 있기 때문이다. 또한 행위의 옳고 그름과 무관하게 선과 악에 대한 논의 자체가 필요하고 중요한 경우가 있다. 이 세상에는 인간의 선택이나 의지와 상관없이 발생하는 사태가 종종 일어나고 또 인간의 의지와 선택으로 예방할 수 없는 일이 발생한다. 이러한 경우 그것들은 인간의 자발적 선택과 무관하며 따라서 옳고 그름의 대상이 아니다. 그러나 이러한 사태는 내재적인 선악의 문제임이 분명하다.

서양윤리학의 선악론은 선악의 의미와 본질이 무엇이며, 그것을 어떻게 알 수 있는가 하는 인식론에 초점이 있다. 그래서 그 논의의 출발점은 선이 인간의 욕구·욕망과 상관없이 실재하는가 아니면 인간의 필요와 의지에 의해 인위적으로 만든 것인가 하는 가치실재론 논쟁에서 비롯된다. 플라톤의 선 이데아 관념에서 보면 선은 절대적·불변적이고 영원한 것으로서 실재하는 것이다. 무어(G. E. Moore)의 내재적 선 개념이나 로스(W. D. Ross)의 객관적 속성으로서의 선 개념, 셸러(M. Schller)의 '가치질' 개념은 모두 실재론에 바탕을 둔 이론이다. 반면 프로타고라스를 선두로 한 주의주의 전통은 반(反)실재론을 주장하는데, 홉스, 흄, 쇼펜하우어, 윌리엄 제임스 등이 이 부류에 속한다. 주의주의에서 보면 어떤 대상이 선과 악의 지위를 갖게 되는 것은 누군가가 이런 저런 방식으로 그것에 관심을 가질 때이다. 선과 악의 구분이 등장하게 된 것은 필요와 욕망을 지닌 존재자에 의해서이다. 이러한 존재의 실제 목적을 충족시키는 것은 선이고 좌절시키는 것은 악이다. 이러한 선악 관념은 웨스터마크와 같은 도덕 주관주의자들의 선악 관념에서 잘 드러난다. 도덕 주관주의에서 보면 선악은 객관적 속성이 아니라 대상에 대한 인간의 태도라는 관계적 속성이다. 또한 가치를 '이해관심'으로 규정하는 페리의 가치 관심이론도 전형적인 반실재론의 한 유형이다.

서양윤리에서 선악에 관한 문제는 이러한 선의 의미, 본질, 인식 방법에 관한 메타윤리 영역뿐만 아니라 우리가 추구해야 할 절대선 혹은 최고선이 무엇인가 하는 규범윤리의 영역에서도 치열한 논쟁이 이루어진다. 규범윤리에서 최고선을 덕으로 보는 자아실현의 윤리나 신과의 합일로 규정하는 신학적 윤리는 가치실재론에 근거한다. 반면 최고선을 쾌락이나 욕구의 충족으로 보는 쾌락주의 윤리나 욕구충족이론은 반(反)실재론에 근거한다. 서양윤리에서 최고선의 경쟁에서 가장 강력한 지위를 누리고 있는 선 개념은 쾌락(혹은 행복)이다. 쾌락주의에서 보면 덕을 비롯한 모든 가치는 쾌락이라는 종국적 가치를 실현하기 위한 도구적 가치일 뿐이다. 우리가 덕을 실현하는 것도 인간의 쾌락 혹은 행복이라는 결과적 선을 위해서이지 덕 그 자체로서는 가치가 없다는 것이다. 이 점에서 서양윤리는 우리가 추구해야 하는 최고선을 도덕적 선에 한정할 것인가 아니면 일반적 선을 포함할 것인가 하는 논쟁을 하게 된다. 자아실현의 윤리는 최고선을 도덕적 선에 두고 윤리를 인간됨의 소이(所以) 혹은 인간존엄성의 근거로 생각하는 내재론 윤리를 지향한다. 반면 공리주의 윤리는 최고선을 쾌락이라는 일반적 선에 두고 윤리를 유용성이라는 실용적 목적에 두는 외재론 윤리에 바탕을 둔다.

한편 유가윤리에서 선악론은 서양윤리처럼 선악의 실재론 논제와 같은 메타윤리 논쟁도 없고, 최고선이 덕이냐 쾌락이냐 신과의 합일이냐 하는 규범윤리 논쟁도 없다. 유가윤리에서 보면 선은 실재하는 것이고 덕의 실현이라는 도덕적 의미의 선 개념이 이미 정해져 있다는 전제에서 출발하기 때문이다. 유학자들 사이에서도 선악에 대한 관념이 다소 다르긴 하지만 기본적으로 유학자들의 관심은 선악의 의미와 인식방법에 대한 탐구보다는 악을 통제하고 선을 실천하는 방법론에 있다. "선악이 모두 천리이다"라는 언명이 말해주듯이, 선과 악은 인식과정에서 분리될 수 없는 개념이다. 유학의 사유방식 자체가 이기·음양·천지·미추·시비·공사의 개념처럼 이항대립으로 구성되지만, 선과 악은 현실적으로나 인식의 측면에서 서로 분리될수 없는 상관 대립의 관계로 설정된다. 그 이유는 악의 인식과 대비하지 않고서는 선을 인식할 수 없고, 선과 대비하지 않고서는 악의 의미를 찾기 어렵기 때문이다. 유학에서 이러한 선악론 인식은 "악을 제거하고 선을 온전하게 하겠다"는 당위의식이 자리하고 있는 것이다. 인간의 본성이 선하고 도덕적 존재라고 하지만 이러한 형이상학적, 관념적 선은 현실 세계에서 발현되지 못하는 경우가 허다하다. 오히려 현실은 악이 선보다 더 강한 불균형 상태에 있다. 인간이 본래 선하다고 하지만 그 본래 선으로 되돌려놓기 위해서는 악이 무엇이며, 왜 발생하는지를 해명해야 한다.

주자의 성리학의 구도에서 선 개념은 플라톤의 선 이데아처럼 형이상학적 개념에서 출발한다. 태극은 이의 극치, 이의 지극함, 천지만물의 이를 총괄한 것 등으로 기술하는데, 극은 '표준'이라는 의미이다. 표준은 도덕적 행위 혹은 도덕적 선을 실천하는 데에 표준임을 뜻한다. 그러므로 성리학에서 태극은 '가장 큰 도덕의 표준'이다. '성선의 선'은 더 이상의 근원을 두지 않는 궁극적인 것이며, 여러 선들의 뿌리에 해당된다. 궁극적이라는 것은 우주 본체를 달리 일컫는 말이므로 그보다 더 높은 표준이 없다는 의미이다. 경전에서 제시되는 성인의 말과 행동, 그리고 예와 의(義) 같은 유가윤리의 핵심 개념들은 행위자가 선악을 판단하지 않아도 미리 주어진 인위적 표준들이다. 그렇기 때문에 우리가 선을 어떻게 알 수 있는가 하는 인식론 논쟁은 불필요하다. 성은 인으로 표현되기도 하고, 세분화하면 인의예지로 표현되기도 한다. 하늘과 땅의 속성은 만물을 낳는 것인데, 이는 선의 으뜸가는 성질이며, 이것이 바로 인이라는 것이다. 따라서 성선의 선은 성이 최고선이며 완전한 선이지만, 도덕과 무관한 의미의 선이 아니라 도덕적 성격의 선이다. 본성의 선함은 인간이 작위적으로 주장하는 것이 아니라, 우주의 본체를 달리 일컫는 것이다. 이것은 도덕적 선의 기원을 초월적 존재자에 정초시키는 것이다. 인간이 도덕적 존재이며, 도덕적으로 행위할 수 있고, 또 도덕적이어야 하는 궁극적 이유도 바로 이것이다.

유가윤리에서 선악론의 핵심은 형이상학적 선을 도덕적 선으로 실현하는 일이다. 유학에서 도덕적 선은 궁극적 선으로서 성선의 선이 아무런 간섭이나 제약을 받지 않고 그대로 발현되는 것이다. 천리가 궁극적 표준으로서 선이라면 예는 그 표준이 구현된 도덕적 선이다. 주자는 인을 마음의 덕이요, 사랑의 이(理)로 정의하는데, 이것이 도덕적 선의 표준이다. 유학에서는 이 표준이 발한 도덕적 선을 의, 애, 효제, 사단(四端)이라 하기도 한다. 이것은 모두 인이라는 궁극적 표준이 상황에 따라 알맞게 재현된 것을 일컫는다. 말하자면 유학에서 인은 도덕적 표준을 말하기도 하고, 도덕적 선을 지칭하기도 한다. 도덕적 선은 도덕적 표준의 완전한 재현이 되어야 한다는 것을 의미한다. 도덕적 선은 표준의 완전한 재현이면서 동시에 그 실천 과정에서 상황을 중시하는 '상황에 맞는' 유형의 행위여야 한다. 선과 악은 그 자체로 좋고 나쁜 것이 아니라 상황에 따라 선한 행위가 악이 될 수도 있고, 그 역도 가능하다는 것이다. 또한 선의 실천에서 중요하게 여기는 것은 성의(誠意)이다.

성의는 도덕적 실천에서 주체의 행위 동기의 하나라고 할 수 있다. 성의의 핵심적 의미는 남들이 보는 밖으로 표출되는 행동과 내면의 생각이 다르지 않은 것[表裏如一]이다. 속으로는 자기 이익을 생각하면서 겉으로만 요구되는 표준에 합치하는 행위는 도덕적 행위라 할 수 없다. 따라서 자신의 생각이 어떤 것에 기반을 두고 있는지를 스스로 자각하는 것이 실천의 첫 번째 과제이다. 그래서 유학에서는 마음이 선악의 관문을 뚫기 위해서는 기(幾)를 주시해야 한다고 말한다. 유학의 도덕적 실천 방법에서 기는 중요한 개념이다. 기는 성(性)이 정(情)으로 발하는 그 순간을 의미하는데, 이 최초의 순간이 도덕적 선악을 결정하는 시점이기 때문이다. 유학에서 선의 실천은 선의 인식과 맞물려 있다. 지(知)와 행(行)은 항상 서로 의지하는 것으로, 이 둘의 관계는 눈[目]과 발[足]의 관계와 같다. 발이 없으면 눈은 가지 못하고, 발은 눈이 없으면 보지 못한다. 순서를 논하면 지가 먼저이지만 중요성에서 보면 행하는 것이 더 중요하다. 무엇이 선이고 악인지를 진실로 깨달아야 선을 행하고 악을 물리칠 수 있기 때문이다.

요컨대 서양윤리학의 틀에서 보면 유학의 선악 개념은 자연적으로 존재하는 실재론에 바탕을 둔 것이며, 궁극적 목적으로 삼는 최고선은 넓은 의미의 일반적 선이 아니라 도덕적 선이다. 유가윤리에서 덕은 무엇에 좋은가? 왜 덕을 실현해야 하는가? 이러한 물음에서 덕의 유용성을 따지는 것은 무의미하다. 유가윤리는 도덕을 인간관계의 갈등을 조절하는 삶의 제도로 보는 외재론 도덕관념을 거부하고 인간다움을 실현하는 내재론 도덕관을 견지하는 것도 이런 관점에서이다. 유가윤리에서 보면 "선악이 무엇이며 어떻게 인식할 수 있는가"라는 인식론적 관심보다는 "악을 제거하고 선을 실현할 수 있는가"라는 당위론적 명제가 더 절실하다. 유가윤리가 덕을 실천하기 위한 수양론 혹은 공부론에 치중하는 것도 이런 이유이다. 이것은 서양윤리와 유가윤리의 본질적 차이이기도 하다.

2장
도덕 판단의 원리와 방법

　서양윤리학에서 윤리학설 혹은 윤리이론의 대립이란 실상 도덕판단의 원리를 둘러싼 논쟁과 다름없다. 이런 점에서 서양윤리학의 핵심은 도덕적 선악, 옳고 그름, 의무에 관한 판단의 원리와 방법론이다. 이 장에서는 도덕적 옳고 그름이나 의무를 중심으로 한 행위이론의 도덕판단원리를 탐색하고자 한다. 서양윤리에서 도덕행위의 판단원리는 목적론(혹은 결과론)과 의무론(혹은 동기론)에 따라서 서로 다르다. 공리주의 윤리는 결과론을 대표하는 이론이고, 의무론 윤리는 동기론의 전형적 이론이다. 한편 유가윤리는 서양윤리의 범주에서 보면 전형적 의무론 윤리이다. 그러나 유가의 의무론 윤리는 칸트의 의무론 윤리와 달리 '존재론적 의무론'이다. 유가윤리에서 '추기급인(推己及人)'의 도덕행위원리는 칸트 의무론의 '보편화 가능성의 원리'에 비견되는 황금률이다. '혈구지도(絜矩之道)'는 이를 실현하는 구체적 방법론이다. 또한 유가의 '충서(忠恕)의 원리'는 도덕행위자의 도덕적 덕성을 기준으로 다른 사람을 헤아려서 행동하라는 준칙이다. 그리고 '근사(近思)의 원리'는 도덕판단뿐만 아니라 도덕행위의 원리이다.

1. 서양윤리의 도덕 판단 원리

1) 공리주의 윤리의 원리[1]

서양윤리학의 도덕적 옳고 그름과 의무의 근거와 관련해서 가장 큰 쟁점은 판단의 기준을 '행위의 결과'에 둘 것인가, '행위자의 동기'에 둘 것인가 하는 논쟁이다. 전자는 목적론 혹은 결과론의 입장이고 후자는 의무론 혹은 동기론의 주장이다. 목적론의 대표적 이론은 공리주의 윤리이고 칸트의 윤리이론은 의무론의 표상이다. 공리주의 중에서도 규칙공리주의는 목적론에 속하지만 의무론적 요소를 지니고 있기 때문에 이 두 요소를 통합한 절충론 이론으로 볼 수 있다. 또한 의무론 윤리 중에서 로스 등이 주장하는 '적합성' 개념은 목적론 요소를 포함하고 있기 때문에 절충론으로 규정할 수 있다.

먼저, 공리주의 윤리의 기본 개념은 '공리(utility)', 즉 유용성이다. 그런데 공리의 한자 표기를 '功利'로 하느냐 '公利'로 하느냐에 따라 공리주의의 의미는 다르게 해석된다. 功利는 결과의 이로움을 의미하는 것으로 선의 총량을 극대화하는 것에 중점을 둔다. 반면 公利는 공공의 이익이라는 의미로서 공평한 선의 분배 방식에 초점을 맞춘다. 공리주의의 본래 의미는 선의 총량을 극대화하는 데 있지 선의 분배 방식이 아니다. 가령 선을 분배하는 방식이 다소 부정의하더라도 보다 많은 선을 산출한다면, 이는 정의로우나 보다 적은 선을 결과하는 행위보다 바람직한 것일 수 있다. 벤담(Jeremy Bentham)과 밀(J. S. Mill)이 '최대 다수

---

[1] 이 부분에 대한 상세한 논의는 도성달, 『윤리학, 그 주제와 논점』(한국학중앙연구원 출판부, 2011), 286-297쪽 참고.

의 최대 행복'으로 정식화할 수 있는 공리주의 원칙을 제시한 것은 이 점을 의식하고 보완하기 위한 것이라고 할 수 있다. 이 원칙은 최대한의 선을 산출할 것과 그것을 가능한 한 널리 공평하게 분배하라는 것이다. 이는 도덕적 옳고 그름, 의무, 당위를 결정하기 위해서는 공리(功利)의 원리와 더불어 '정의의 원리'가 필요하다는 것을 의미한다. 그런데 정의의 원리는 의무론 윤리 개념이다. 정의로운 것은 공리 즉, 유용성의 원리와는 무관한 것이기 때문이다. 프랑케나(William K. Frankena)가 공리주의가 정의의 원리를 표방하게 되면 순수한 공리주의를 포기하는 것이라고 주장한 것도 이런 의미이다.[2]

또한 공리주의 원리는 도덕적 옳음은 '도덕과 무관한 선'에 의존하는 결과의 윤리이다. 공리주의에서 보면 도덕적 옳고 그름이란 그 행위의 결과가 추구하려는 궁극적 선의 실현 여부에 달려 있다. 그러므로 어떤 행위가 도덕적으로 옳은 이유는 '행위 자체'가 아니라 그 행위가 궁극적 가치를 실현하는 데 도구적으로 좋은 것이기 때문이다. 그런데 공리주의는 궁극적 가치를 무엇으로 보느냐에 따라서 쾌락적 공리주의, 행복 공리주의, 이상적 공리주의, 선호 공리주의 등으로 구분된다. 쾌락적 공리주의는 벤담의 주장이고 행복 공리주의는 밀이 쾌락을 행복이라는 개념으로 바꾼 것이다. 이상적 공리주의는 무어(George E. Moore)가 내재적 선을 쾌락·행복 그 어느 것으로 정의할 수 없는 속성으로 규정한 것이고, 선호 공리주의는 헤어(Richard M. Hare)가 주장한 공리주의이다. 의무론 윤리가 행위자의 내적 동기를 도덕 판단의 기준으로 삼는 것과 달리 공리주의는 행위의 결과를 판단한다.

공리주의 윤리에서 '결과의 원리'는 어떤 행위도 그 자체로는 도덕적

---

2 William K. Frankena, *Ethics* (New Jersey: Prentice-Hall, Inc., 1980), pp.40-41.

으로 악행도 선행도 아니라는 의미이다. 도덕적 옳고 그름이 오직 결과에 달려 있다는 결과의 원리에서 보면, 살인 행위라도 모두 도덕적으로 악행은 아니다. 가령 악독한 독재자를 살인하는 경우를 상상해보자. 만약 그를 살해함으로써 그에 의해 초래될 악이나 불행보다 더 적은 악 혹은 불행을 가져온다면, 그를 살해하는 것은 도덕적으로 잘못이 아니다. 이럴 경우 독재자를 살해하는 것은 도덕적으로 옳은 일이고 의무일 수 있다. 의무론 윤리나 상식의 도덕에서 보면 이런 주장은 매우 불합리하고 비도덕적인 것으로 보인다. 그러나 공리주의에서 보면 전혀 불합리한 게 아니다. 안락사도 마찬가지이다. 공리주의자들은 엄격한 조건을 전제하지만 안락사를 허용할 것을 주창한다. 독재자를 살해하는 것이나 안락사 행위도 고통이나 불행을 가져오는 행위이지 적극적으로 선을 증진하는 것은 아니다. 이렇게 보면 공리주의 윤리의 '결과의 원리'는 고통이나 불행을 가져다주는 행위도 도덕적으로 옳은 경우가 될 수 있다는 것을 의미한다.

또한 공리주의 윤리는 행동의 결과를 판단할 선 혹은 가치의 표준은 반드시 공평하고 보편적으로 적용되어야 한다는 '공평성의 원리'이다. 긍정적 가치든 부정적 가치든 결과를 계산할 때, 한 사람의 선(쾌락, 행복)은 다른 사람의 것과 똑같이 계산되어야 한다는 것이다. 이 경우 행위자 자신의 이익은 다른 모든 사람의 이익과 함께 고려되어야 하되, 다른 사람보다 자신의 이익에 더 비중을 두어서는 안 된다. 물론 자신이 좋아하는 사람에게 유리하도록 편파적으로 해서도 안 된다. 공리주의에서 보면 모든 사람은 자신의 이익을 충족하는 데 동등한 권리를 가지고 있기 때문이다. 이것은 선의 분배에서 정의의 원리와는 다르다. 같은 결과론이지만 공리주의가 이기주의, 자기중심적 이타주의와 구분되고, 행위자의 '특별한 의무'를 인정하지 않는 것도 공평성의 원리 때문이다.

공리주의자들에게 유용성의 원리는 도덕 행위의 옳고 그름을 판단하는 궁극적 척도이다. 그리고 공리주의의 결과의 원리, 공평성의 원리는 이것에서 파생된 원리이다. 그런데 이러한 척도를 적용하는 방식에는 개별적 행위에 직접 적용하는 방식과 행위의 규칙에 적용시켜서 그 개별 행위가 옳은지 그른지를 결정하는 방식이 있다. 행위 공리주의는 개별적 행위가 옳은지 그른지를 알기 위해서, 그 척도를 직접 개별 행위에 적용해서 그 결과를 확인하는 방식이다. 행위 공리주의에서 보면 유용성의 원리는 우리가 선택해야 할 상황에서 각각의 대안적 행위에 직접 적용된다. 행위 공리주의는 모든 사람이 어떤 상황에서 어떤 유형의 행위를 하면 최대 선을 가져올 것이라는 일반적 지침이 아니다. 그것은 자신이 어떤 상황에서 어떤 행위를 하면 어떤 결과를 가져올 것인가? 하는 문제이다. 가령 "진실을 말하면 일반적으로 최대 선을 가져온다"와 같은 일반화는 과거의 경험에 근거한 것으로 유용한 지침이 될 수 있다. 그러나 중요한 것은 진실을 말하는 것이 항상 최대 선을 가져오지 않을 수도 있다는 점이다. 행위 공리주의는 바로 이 점을 문제 삼는다. 일반화의 지침은 개략적인 규칙으로 구체적 상황에 따라서 달리 적용될 수 있다는 것이다. 그래서 행위 공리주의는 일종의 '상황윤리'이다.[3]

그런데 행위 공리주의 원리의 가장 큰 난점은 부도덕한 행위들이 정당화될 수 있다는 점이다. 도덕적 옳고 그름을 산출된 행위의 결과만 놓고 따지게 되면 거짓말을 하는 것, 약속을 어기는 것, 규칙을 위반하

---

3 스마트(J. J. C. Smart), 플레처(Joseph Fletcher) 등은 행위 공리주의를 '상황윤리(situation ethics)'로 부르는 것이 더 적절하다고 주장한다. William K. Frankena (1980), 앞의 책, p.38.

는 행위도 도덕적으로 옳은 행위이고 의무라고 주장할 수 있다. 어윙(A. C. Ewing)이나 브란트(R. B. Brandt) 등에 의하면, 우리가 일상적으로 도덕적 악행으로 인식하는 행위들도 행위 공리주의의 원칙을 일관되게 적용하면 정당화될 수 있다. 가령 생계를 이유로 도둑질하는 사람, 다수의 공포를 막기 위해 죄 없는 사람을 처벌하는 사회, 다른 이유로 약속을 지키지 않는 행위 등은 적절한 조건만 제시되면 보다 큰 선을 가져올 수 있고, 따라서 도덕적으로 옳은 행위가 될 수 있다. 같은 논리에서 보면, 똑같은 살인죄를 범하고서도 체포되어 종신형을 받은 사람은 이른바 완전범죄를 저지른 사람보다 죄질이 더 나쁘다고 주장할 수 있다. 우리가 상식적 도덕에서 보면 두 사람의 살인행위는 체포되어 처벌받는 것과 상관없이 똑같은 악행이고, 오히려 완전범죄자는 처벌을 받지 않았기 때문에 더 나쁘다고 할 수 있다. 그러나 행위 공리주의에서 보면, 완전범죄의 살인자는 체포된 살인자보다 더 적은 고통을 겪었기 때문에 결과적으로 총체적 고통은 적다고 할 수 있다. 물론 이런 논리에 대해 고통의 계산법이 틀렸다고 주장할 수 있다. 가령 그는 잡히지 않았지만 평생 양심의 가책이라는 고통을 받을 수 있다든지, 그가 잡히지 않음으로써 사람들을 불안하게 하고 또 다른 모방 범죄를 야기할 수 있으므로, 그로 인한 총체적 불행은 더 많다고 주장할 수 있다. 그러나 이 세상에는 양심의 가책을 느끼지 못하는 무도덕(amoral)한 사람도 있고, 또 세상에 알려지지 않은 범죄도 많다는 것을 생각하면, 완전범죄의 예는 그 계산법이 틀렸다고 말하기 어렵다.

　행위 공리주의의 또 다른 난점은 우리가 원인-결과 분석을 잘못하여 유용성의 극대화보다는 오히려 정반대의 결과를 가져올 수 있다는 이른바 공리주의의 '자멸성(self-defeating)' 문제이다. 행위 공리주의는 도덕적 결정이 필요할 때마다 정확한 비용-수익 분석을 요구한다. 그러나 우리는 무지, 사고력의 부족, 편파적인 성향 등으로 인해 정확한 계산을 그르칠 수 있다. 이럴 경우 우리는 유용성의 극대화라는 공리주의의 본래 목적을 스스로 좌절시키는 자멸적 결과를 초래할 수 있다. 행위 공리주의자의 입장에서 보면 이러한 상황에서는 사회적 공리를 가져올 것으로 기대되는 도덕규칙들이 제대로 지켜질 것으로 확신할 수 없다. 우리가 도덕규칙을 지키는 것은 다른 사람들도 그렇게 할 것으로 믿음으로써, 결국 도덕 행위가 사회적 공리를 증대시키고 자신의 이익을 증진할 수 있다고 믿기 때문이다. 그래서 행위 공리주의는 과거 경험에 근거한 일반화나 대략적 규칙을 이용하는 것을 부분적으로 허용하는 수정된 행위 공리주의를 주장할 수도 있다. 규칙 공리주의는 행위 공리주의의 이러한 난점을 보완하기 위해 등장한 것이다.

2) 의무론 윤리의 원리[4]

의무론 윤리는 무엇보다도 도덕 인식론에서 목적론과 분명하게 구분된다. 의무론의 도덕인식의 방법론은 직관주의이다. 직관주의는 우리가 도덕적 선악, 옳고 그름, 의무, 당위 등을 파악하기 위해 자연이나 경험적 요소에 호소하지 않아도 직접, 그리고 즉각 그것을 자명한 진리로 인식할 수 있다고 주장한다. 직관주의는 도덕적 속성이란 불변하는 가치로서 실재하는 것이며, 인간은 그것을 인식할 수 있는 정신적 능력을 지닌 도덕적 존재라는 전제에서 출발한다. 우리는 복잡한 도덕적 추론의 과정을 거치지 않더라도 도덕 판단을 즉각 알 수 있다. 복잡한 언어 분석이나 논리적 추론을 하지 않더라도 우리가 어느 단계의 도덕 발

---

[4] 도성달(2011), 앞의 책, 351-357쪽.

달에 이르게 되면, 약속을 어긴다는 사실적 속성과 그릇됨의 가치 속성 간의 필연적 연관성을 저절로 알게 된다는 것이다. 이처럼 직관주의는 도덕 판단은 자명한 것이므로 논리적이거나 심리학적 논증에 의해 정당화할 필요가 없다는 것이다.

인간의 직관이나 도덕적 가치 속성은 그 자체가 스스로를 정당화하기 때문이다. 그러므로 의무론 윤리는 인간은 오감에 비유될 수 있는 직관이라는 독특한 정신적 능력을 지니고 있다는 것, '좋음'이나 '옳음' 등의 도덕적 특성은 불변적 속성으로서 실재한다는 것, 도덕적 가치 속성에 대한 검증은 경험적 방법이 아닌 인간의 정신적 능력에 의존해야 한다는 것, 도덕적 옳음은 외면적으로 나타나는 행위의 결과가 아니라 행위자의 내면성을 기준으로 평가해야 한다는 것 등의 직관주의 명제를 수용한다. 우리는 행위의 결과를 따지지 않더라도 상식에 비추어 자명하게 옳은 것 그른 것을 분별할 수 있다고 생각한다. 상식의 윤리는 도덕 판단의 대상을 행위가 아니라 인격, 동기, 의도 등 행위자의 내면에 초점을 둔다는 점에서 의무론 윤리와 맥을 같이한다.

다음으로 목적론 윤리는 목적이나 목표를 증진하는 데 결과의 좋고 나쁨이 행위의 옳고 그름을 결정하지만, 의무론 윤리는 그러한 목적이나 목표를 구체적으로 밝히지 않는다. 결과론 윤리에서 행위의 옳고 그름의 척도는 가치의 표준을 행위 결과에 적용하는 데 있다. 어떤 유형의 행동의 결과가 그러한 가치의 표준을 만족한다면, 그 결과는 좋은 것이고 따라서 그 행동은 옳다. 그리고 행동의 결과란, 행동이 미래에 미칠 모든 영향을 포함한다. 그러므로 결과론 윤리 체계는 선과 옳음을 등식화한다. 그러나 의무론 윤리는 행동의 옳고 그름을 만드는 것은 행동 결과의 좋고 나쁨이 아니라 '행위의 유형'이다. 어떤 행동이 모든 도덕행위자가 해야 할 의무에 속하는 유형에 속하는 것이면 그 행동은 옳은 것이고, 모든 행위자가 금해야 할 유형에 속하는 것은 그른 행동이다. 그리고 모든 도덕행위자가 어떤 종류의 행동을 해야 하거나 하지 말아야 할 것을 규정하는 최고의 원리는 도덕법칙이라는 형식이다. 그래서 의무론은 형식주의 윤리이다.

그런데 의무론이 결과와 무관한 윤리체계라는 주장은 의무론을 잘못 이해할 수 있는 소지가 있다. 의무론은 도덕규칙이 요구하거나 금지하는 행동의 유형을 확인하는데, 이것은 행동의 결과와 밀접하게 관련된다. 가령 "살인하지 말라"는 도덕규칙은 우리가 고의로 남의 생명을 빼앗아서는 안 된다는 의무를 말해준다. 남의 생명을 빼앗는 결과를 낳는 행동은 "살인하지 말라"는 도덕규칙이 적용되는 행동에 속한다. 의무론 윤리는 어떤 행위가 그른 것은 그 행위가 '살인 행위 유형'에 속한다는 사실에 달려 있다. 다시 말해 그 행동이 그른 것은 어떤 사람의 죽음이 그 결과에 포함되는 유형의 행위이기 때문이다. 사람을 죽이는 행위가 어떤 가치 기준에 따라 판단될 때, 또 다른 결과를 가지기 때문에 그 행위가 그른 것은 아니다. 목적론 윤리의 척도는 행동의 결과이고 의무론 윤리는 행위의 유형이라는 것은 이런 의미에서이다.

우리가 도덕적 옳고 그름을 판단하는 기준으로 행위의 결과와 행위의 유형은 쉽게 구분할 수 있다. 가령 어떤 사람이 남을 중상하는 거짓말을 해서 그 사람이 실직을 했다고 가정해보자. 여기서 행위의 유형은 '중상하는 거짓말'이고 행위의 결과는 '실직'이다. 목적론에서 보면 거짓말이 나쁘고 잘못인 이유는 실직이라는 결과이지 거짓말 자체는 아니다. 그러나 의무론에서 보면 거짓말이 나쁜 것은 실직이라는 결과와 상관없이 '거짓말'이라는 행위 유형 때문이다. 그래서 의무론 윤리의 관점에서는 일단 행위 유형에 어떤 도덕규칙을 적용할 것인지를 알기만 하면, 그 행위 결과의 좋고 나쁨을 아는 것과 상관없이 그 행위가 옳은지 그른지를 알 수 있다. 의무론은 도덕적 옳음, 의무, 당위에 대한 기본적 원리를 선의 산출로 보지 않는다. 그러므로 의무론에서 보면 도덕행위자는 선의 극대화라는 행위의 결과를 고려하지 않더라도 도덕적으로 옳은 행위를 할 수 있다.

또한 의무론과 목적론의 차이는 도덕 판단의 대상 혹은 표준에서도 현저하게 나타난다. 의무론은 도덕 판단의 표준을 '행위자'에 두지만 목적론은 '행위'에 둔다. 우리가 통상 의무론을 동기론으로, 목적론을 결과론으로 명명하는 것도 이런 이유에서이다. 의무론에서 보면 도덕 판단의 기준은 도덕행위자의 내적 동기이다. 행위자가 순수한 도덕적 동기에서 행한 것이라면, 목적의 실현이나 가치의 증진과 상관없이 도덕적으로 훌륭한 행위이다. 칸트의 의무론에서 보면 아무리 선한 동기일지라도 그것이 행위자 개인의 기질, 성격, 감정, 욕구 등 성향에서 비롯된 행위는 순수한 도덕적 동기가 아니다. 칸트는 오로지 선의지, 즉 순수한 의무감에서 행한 행위만이 도덕적 가치를 지닌다고 주장한다. 그가 '의무에서 나온(from duty)' 행위와 '의무에 일치하는(accordance to duty)'[5] 행위로 구분하여, 오로지 전자만이 선의지의 도덕적 행위로 규정한 것도 이런 의미이다. 그러나 목적론은 어떤 행위가 도덕적으로 옳다는 기준을 행위의 결과에 둔다는 점에서 도덕 판단의 대상은 '행위' 자체이다. 반면 의무론은 도덕 판단의 기준을 행위자의 도덕적 동기에 둔다는 점에서 판단의 대상은 '행위자'이다. 의무론과 목적론이 가장 극명하게 대립되는 것은 바로 이 도덕 판단의 기준 혹은 대상이다. 행위자를 도덕 판단의 표준으로 삼는다는 것은 행위의 옳고 그름이나 의무

---

5 I. M. Kant, "Fundamental Principles of the Metaphysics of Morals," Allen W. Wood (ed.), *Basic Writings of Kant* (New York: Random House, 2001), p.156.

를 판단하기보다는 도덕적으로 '좋은 사람'을 평가한다는 의미이다. 의무론이 목적론의 강한 비판을 받는 것도 이 부분이다.

또한 목적론과 의무론의 원리는 행위자의 행위 이유를 근거로 명확하게 구분된다. 목적론은 행위자 중립적 이론이고, 의무론은 행위자 상대적 이론이다. 공리주의에서 보면 우리 각자는 일반적 행복을 증진해야 할 도덕적 이유를 가지고 있다. 우리가 일반적 행복의 증진이라는 공동의 목표를 추구하기 위해서는 선을 극대화해야 하고, 행위자의 개인적 행복도 희생할 수 있어야 한다. 공리주의에서 보면 모든 도덕적 이유는 행위자 중립적이다. 그것은 행위자의 개인 상황이 도덕적 이유가 되어서는 안 된다는 의미이다. 그러나 의무론은 이것을 거부한다. 의무론은 행위자와 연관된 도덕적 이유가 있다고 주장한다. '특별한 의무'는 행위자 상대적 의무 개념이다. 이러한 관념에서 보면 우리의 의무는 대부분 다른 사람에 대한 특별한 관계에 의해서 발생한다. 그 관계 맺음이 어떤 것은 명시적이고 어떤 것은 묵시적이고, 또 어떤 것은 자발적이거나 혹은 비자의적으로 이루어진다.

이러한 관계로 인한 의무는 관계 맺음을 무시함으로써 선을 극대화할 수 있는 경우에도 우리의 행동을 제약한다. 예컨대 내가 갑을 돕겠다고 먼저 약속했고 갑과 을을 동시에 도울 수 없는 경우라면, 갑보다 을을 돕는 것이 더 좋은 결과를 낳더라도 나는 반드시 갑을 도와야 한다. 특별한 의무에서 보면 부모는 자기 자녀들의 선을 증진시켜야 할 특별한 도덕적 이유를 갖고 있다. 나는 나의 가족을 돌보아야 하고, 당신은 당신의 가족을 보살펴야 할 의무가 있다. 그러나 행위자 중립적 이유에서 보면 우리는 자녀들에 대한 부모의 보살핌을 증진해야 할 공동의 목표를 가지고 있다. 공동의 목표는 자녀에 대한 부모의 보살핌을 증진할 수 있다면, 자기 자녀에 대한 보살핌을 무시하라는 요구이다. 결과론은 도덕적 이유를 설명하는 방식에서 행위자 중립적이고, 의무론은 행위자 상대적이다. 상식적 도덕은 행위자 중립적인 결과론보다 행위자 상대적인 의무론에 더 가깝다. 많은 도덕이론가들은 우리가 상식적인 도덕적 직관을 유력한 증거로 보고 이를 무시해서는 안 된다고 주장한다. 그러나 결과론은 직관에 근거한 상식의 도덕은 잘못이라고 반박한다. 행위자 상대적 의무 개념은 도덕의 기본 원리인 공평성, 보편성을 해치기 때문이다. 이 문제는 의무론에서 가장 논쟁적인 주제이다.

의무론과 목적론을 구분하는 또 다른 특성은 행위를 제약하는 원칙의 수용 여부이다. 의무론이 도덕규칙을 규정하는 대전제는 행위자가 특정 행위를 해서는 안 된다는 '제약(constraints)의 원칙'이다. 이것은 어떤 경우라도 다른 사람에게 해악을 끼쳐서는 안 된다는 원칙이다. 이를 테면 거짓말을 해서는 안 된다, 무고한 사람을 죽이지 마라, 어느 누구든 고문을 가해서는 안 된다 등의 도덕규칙들은 이러한 원칙에 근거한 것이다. 이러한 제약의 원칙은 선한 목적을 실천하는 경우에도 적용된다. 그런데 이 원칙을 얼마나 엄격하게 적용하느냐에 따라서 의무론 중에서도 차이가 있다. 가령 가톨릭 신학윤리는 전통적으로 결코 무고한 사람을 고의적으로 죽여서는 안 된다는 엄격한 의무론을 견지한다. 칸트의 의무론도 이런 유형이다. 그것은 비록 살인을 방지하기 위한 경우라도 거짓말을 절대로 해서는 안 된다는 입장이다. 의무론 중에서 제약의 원칙을 좀 느슨하게 적용하는 경우도 있다. 이것은 제약이 중요한 의미를 지니지만 재앙을 피하는 유일한 방법이라면, 이러한 제약을 무시할 수 있다는 입장이다.

이러한 제약의 원칙에 비추어 의무론은 때로는 행위자에게 최대 선을 산출하지 말 것을 요구하는 경우도 있다. 가령 무고한 여러 사람의 죽음을 막을 수 있는 유일한 방법이, 무고한 한 사람을 죽이는 경우라고 가정해보자. 절대적 금지원칙을 지지하는 의무론은 무고한 살인을 방지하기 위해 그 사람을 죽이는 것에 반대한다. 행위자는 그 어느 누구도 살인하지 말아야 할 압도적인 도덕적 이유를 가지고 있다. 그래서 비록 두 사람을 죽이는 결과를 낳더라도 그것을 방지하기 위해 다른 한 생명을 죽여서는 안 된다. 이와 반대로 목적론은 그 사람을 죽여야 한다는 입장이다. 행위자는 무고한 사람의 살인을 최소화해야 하는 공동의 목적에 공헌해야 할 행위자 중립적인 도덕적 이유를 가지고 있기 때문이다. '제약의 원칙'은 모든 경우 모든 사람에게 동일하게 적용된다는 점에서 행위자와 특별한 관계의 성질에 따라 적용되는 특별한 의무의 경우와 다르다.

요컨대 의무론에서 보면, 가령 내가 당신에게 자동차를 태워주겠다고 약속했다면, 당신은 내가 자동차를 태워줄 걸로 기대할 수 있는 권리를 갖는다. 그 이유는 '내가 약속을 했기 때문'이지 약속을 지킴으로써 얻게 되는 일반적 유용성 때문은 아니라는 것이다. 내가 어떤 사람과 특별한 관계에 있다는 사실은 내가 그 사람을 위해 해야만 하는 이유의 필수 불가결한 요소이다. 우리가 친구 간에 신의를 지켜야 하는 것은 오랫동안 함께 지냈고, 서로 도우며 살았기 때문만은 아니다. 친구는 당신의 성실성과 도움을 기대할 권리가 있다. 만약 내가 친구를 배반하면 친구는 나를 비난할 권리가 있는데, 이것은 그 친구 말고는 다른 누구도 가질 수 없는 도덕적 권리이다. 또한 그것이 도덕적인 이유는 특수한 관계의 의무를 위반하는 것은 그 자체로 악행이기 때문이다.[6]

---

6 Copp David (ed.), *The Oxford Handbook of Ethical Theory* (New York: Oxford University Press, 2006), p.442.

3) 절충론 윤리의 원리

공리주의 윤리 중에서도 규칙 공리주의는 행위의 옳고 그름의 궁극적 척도는 유용성에 두지만 그 표준을 규칙으로 삼는다는 점에서 법칙론, 즉 의무론 윤리의 형식과 유사하다. 규칙 공리주의에서 보면, 도덕규칙에 일치하면 옳은 것이고 위반하면 그른 행위이다. 이렇게 보면 규칙 공리주의는 법칙론 윤리와 외형적으로 다를 게 없다. 규칙 공리주의에서 도덕규칙은 "약속을 지켜라"와 같은 긍정적 규칙과 "도둑질을 하지 말라"와 같은 부정적 규칙으로 제시된다. 그러나 규칙 공리주의는 행위의 규칙을 결정하는 척도를 유용성에 둔다는 점에서 법칙론 윤리와 다르다. 다시 말해 규칙 공리주의는 도덕규칙의 정당성을 논증하는 도덕원리가 의무론의 그것과 다르다. 규칙 공리주의에 의하면, 우리의 행위를 규제하는 진정한 규칙은 일반적으로 다른 어떤 규칙을 따를 때보다 그것을 따를 때 모든 사람에게 보다 많은 선을 결과하는 규칙이다. 이렇게 보면 규칙 공리주의는 공리주의와 의무론 윤리를 결합한 '절충적 윤리'라고 할 수 있다.

규칙 공리주의는 옳고 그름에 대한 행위의 규칙을 미리 정해둠으로써 행위의 결과를 예측하기 어렵거나 불가능한 경우에 실천적 지침이 될 수 있다는 문제의식에서 제기된 것이다. 우리는 행위의 원인과 결과에 대한 완벽한 경험적 지식을 기대할 수 없다. 또 인간의 행위가 미치는 영향력은 시간적, 공간적으로 거의 무한해서 그 결과를 예측하기 어렵다. 그뿐만 아니라 행위 결과에 대한 예측의 부정확성은 원인·결과의 복잡성으로 인한 인간의 무지와 각자의 이기심으로 인해 피할 수 없는 사실이다. 헤어의 표현대로 하면, 인간은 초인적 능력을 지닌 '아크엔젤(archangel)'[7]이 아니다. 그런데 각자의 행위 결과를 각기 자신의 계산에 의해서가 아니라 일반적 행위 규칙에 의해 이끌어간다면, 계산은 보다 정확하고 따라서 유용성은 높아질 것이다. 그 규칙이란 과거의 경험법칙에서 볼 때, 대부분 유용성의 원리를 효과적으로 만족시킨 것들이기 때문이다.

또한 규칙 공리주의는 완전범죄의 예에서 보여주는 행위 공리주의의 부도덕성 문제를 해결할 수 있다. 규칙 공리주의에서 보면 두 살인 행위는 똑같은 도덕적 악행이다. 둘 다 똑같이 "우리는 타인의 무고한 생명을 해쳐서는 안 된다"는 도덕규칙을 위반했기 때문이다. 개별적 행위의 결과가 행위의 옳고 그름을 결정하는 것이 아니므로 범인이 잡히든 아니든, 범인이 죄의식을 느끼거나 다른 사람의 범죄를 부추기든 아니든, 이런 것과 상관없이 살인행위는 도덕적 악행이다. 또한 규칙 공리주의에서 보면, 악독한 독재자를 살해하는 행위가 더 큰 불행을 막고 결과적으로 도덕적 악으로 규정되지 않더라도, 모든 살인자는 처벌을 받아야 한다는 규칙은 정당하다. 왜냐하면 살인자를 처벌하는 규칙을 통해 사람을 규제하는 결과가 규제하지 않는 결과보다 더 유용하기 때문이다. 그러므로 규칙 공리주의자는 살인 행위가 도덕적으로 악행일 뿐만 아니라, 모든 살인자는 체포하여 처벌하는 것이 옳다고 주장한다.

규칙 공리주의에서 따지는 것은 어떤 '행위'가 최대의 유용성을 갖는가가 아니라 어떤 '규칙'이 최대의 유용성을 갖는가이다. 유용성의 원리는 여전히 궁극적 표준이긴 하나 그것은 개별적 행위의 판단보다는 규칙을 판단하는 기준이다. 그런데 규칙 공리주의는 도덕규칙이 상호 충돌하는 경우에 어떤 규칙을 따를 것인가 하는 문제가 생긴다. 가령 "가난한 사람을 도와야 한다"는 도덕규칙과 "약속을 지켜야 한다"는 도덕

7　R. M. Hare, *Moral Thinking* (Oxford: Clarendon Press, 1981). p.37.

규칙을 동시에 지킬 수 없는 경우, 이러한 도덕 갈등을 해결하기 위해서 예외 규칙이나 규칙의 우선성에 관한 또 다른 규칙을 마련해야 할 것이다. 이럴 경우 그 규칙은 매우 구체적이고 상세한 것이어서 특정한 행위에 제한적으로 적용될 수 있는 규칙이다. 이렇게 되면 규칙 공리주의는 행위 공리주의와 아무런 차이가 없게 되고, 따라서 행위 공리주의의 대안으로서 규칙 공리주의는 무의미한 것이 되고 만다.

규칙 공리주의의 또 다른 난점은 유용성의 요구와 규칙의 요구가 갈등하는 경우에 어떤 것을 따를 것인가 하는 문제이다. 현실적으로 사회의 모든 도덕규칙이 그 사회의 최대 선을 증진하는 것은 아니기 때문이다. 이럴 경우 규칙 공리주의는 의무론 윤리로 전환하거나 행위 공리주의의 방식 중에서 양자택일을 해야 한다. 규칙보다 공리를 더 중시하여 새로운 규칙을 도입하거나 예외적인 규칙을 추가해서 최대의 유용성을 산출할 수 있도록 규칙을 수정·보완한다면, 이것은 사실상 행위 공리주의이다. 반대로 유용성보다 규칙의 우선성을 강조하여 규칙의 수정이나 상세화를 거부하면, 행위 공리주의는 공리주의의 범위를 벗어나 의무론의 영역으로 넘어가게 된다. 규칙 공리주의가 행위의 공리보다 규칙의 중요성을 강조하는 한, 그것은 사실상 의무론과 다르지 않고, 단지 규칙에 대한 공리주의적 정당화를 제시하는 특징을 가질 뿐이다.[8]

그뿐만 아니라 일반적으로 규칙의 준수가 최선의 결과를 가져온다 하더라도 규칙을 지나치게 강조하면, 다른 방식으로 행동하는 것이 더 좋은 결과를 가져오는 경우에도 규칙을 맹목적으로 숭배하게 되는 폐단이 생길 수 있게 된다는 것이다. 그리고 이는 행위 공리주의에도 해당되는

---

[8] 류지한, 「헤어(R. M. Hare)의 합리적 비기술주의의 도덕 추리론에 관한 연구」, 서울대학교 박사학위 논문(1999), 209-210쪽.

것이지만, 두 가지 중에서 하나의 행위를 선택해야 할 때 양자의 결과가 동일하다면 규칙 공리주의는 그 어떤 행위를 선택해도 무방하다고 주장한다. 선의 총량이 같다면 어떤 행위도 도덕적으로 차이가 없다. 그런데 선의 총량은 공정한 선의 분배방식과 무관할 수 없다. 공리주의가 유용성의 원리 이외에 정의의 원리를 필요로 한다는 공리주의 윤리의 한계와 난점은 규칙 공리주의의 경우도 예외는 아니다.

다음으로 적합성으로서 도덕적 옳음을 규정한 로스의 의무론 윤리도 절충론 윤리의 한 형태로 볼 수 있다. 로스가 말한 직견적 의무는 도덕적 적합성(moral suitability)[9] 개념에 의해서 실질적 의무가 된다. 그가 보기에 윤리학은 도덕적 갈등 상황에서 보통 사람들이 당면하는 어려움을 해결하는 도덕행위에 관한 이론이어야 한다. 무엇을 해야 할 것인가 하는 문제는 행위자의 지식과 의견을 포함한 구체적 상황에 달려 있으며, 따라서 도덕철학자는 누구보다도 이러한 상황을 잘 알아야만 한다. 도덕규칙들을 일상생활의 문제에 적용할 때 서로 갈등이 생기는 경우에 도덕규칙의 권위를 세우는 유일한 방법은, 어떤 유형의 행위는 '항상 옳은 것임'을 보증하는 것이 아니라 '옳은 경향'을 보증하는 규칙이다. 로스는 서양윤리학의 기원이 그 사회의 도덕규칙 간의 갈등으로 생기는 문제와 서로 다른 사회에서 도덕규칙 간의 갈등으로 인한 당혹스러운 문제를 찾아내고 조정하려는 시도에서 비롯되었다고 본다. 그러나 윤리학은 실제로 이러한 문제들을 해결하기보다는 순수이론에 치중하여 진리의 발견을 그 본질로 삼는다. 그래서 윤리학의 중심 과제는 행위의 옳고 그름에 대한 도덕 판단의 인식론 문제나 가치에 대한 의미의 명료

---

[9] 로스 이전에 도덕적 옳음의 개념을 '상황에 따른 행위의 적합성'으로 규정한 윤리학자는 프라이스(Richard Price), 클라크(Samuel Clarke), 브로드(C. D. Broad) 등이다.

성을 탐구하는 문제에 치중하게 되었다는 것이다. 윤리학이 제 역할을 하려면 구체적 상황에서 옳고 그름이나 의무를 찾아야 한다는 것이 로스의 기본적 관점이다.

로스는 도덕적 옳음의 의미를 적합성에서 찾는다. 적합성으로서 도덕적 옳음의 의미는 이미 브로드의 윤리이론에서 제시되었다. 브로드는 옳음을 다음과 같이 설명한다.

> 내가 어떤 것을 옳다고 말할 때, 난 그것을 보다 넓은 총체적 상황에서 하나의 요인으로서 항상 생각하며, 그래서 그것은 다른 상황과의 관계 속에서 '적절한' 혹은 '적합한'이라는 의미이다. '그른'을 생각할 때는 다른 상황과의 관계에서 '부적절한' 혹은 '부적합한'이라는 의미이다. 이 점은 사랑은 자신의 부모에 대한 올바른 감정이며, 동정심과 도움은 부당한 고통에 대한 올바른 감정이고 행동이라고 말할 때 아주 분명하다. 옳음과 그름의 이러한 관계적 성격은 어떤 행동유형은 통상 절대적으로 그른 것으로 생각한다는 사실 때문에 가려진다. 그러나 내가 보기에 이것은 단지 모든 상황에 부적합하다는 것을 의미한다.[10]

로스는 브로드가 주장한 옳음의 의미를 그대로 이어받아 도덕적 옳음과 의무의 관계를 정립하고 공리주의 이론을 논박하는 논거를 제시한다. 먼저 로스는 좋음과 옳음의 관계를 '좋은 길'과 '옳은 길'에 비유해서 설명한다. 우리가 '옳은 길'이나 '옳은 열쇠'를 말할 때, 우리가 생각하는 길이나 열쇠는 상황에 적합한 길이거나 열쇠이다. 가령 옳은 길은 A 지

---

[10] C. D. Broad, *Five Types of Ethical Theory*, pp.164-165; Ross, *Foundations of Ethics* (New York: Oxford University Press, 1959), p.51 재인용.

점에서 B 지점에 도착하고자 하는 상황에 적합한 길을 택하는 것이다. 옳은 열쇠는 특별한 잠금 장치를 열려고 하는 상황에 적합한 것이다. 옳음과 좋음의 대조적 의미를 '옳은 길'과 '좋은 길'의 관계와 연관해서 생각해보면 분명하다. 좋음은 그것이 성질 속에서 바뀌지 않고 남아 있는 한, 길에 영구적으로 속해 있는 하나의 속성이다. 옳음은 특수한 상황이나 필요에 따른 상대적인 속성일 따름이다. 좋은 길이 특정 상황의 요구에 부합되지 않고 나쁜 길이 그것에 부합된다면, 좋은 길이 반드시 옳은 길이 아닐 수도 있고, 또 나쁜 길이라도 옳은 길이 될 수 있다.

옳음과 좋음에 대한 구분은 도덕적 상황에도 그대로 적용된다. 가령 자비심과 같은 감정이 선인지 아닌지를 알려면, 그것의 내재적 성질을 검사해보면 알 수 있다. 그러나 어떤 도덕적 감정은 내재적 성질만으로 선한지 악한지를 알 수 없지만, 상황에 따라서 옳고 그른 것을 판단할 수 있다. 가령 친구의 죽음에 대해 슬픈 감정을 갖는 것은 옳은 것이지만, 경쟁자의 성공에 대해 슬픈 감정을 갖는 것은 나쁜 것이다. 그런데 우리가 옳은 길이라고 부르는 것은 전적으로 우리가 바라는 효과나 효용성을 기준으로 삼는다. 그러나 도덕적 옳음은 이런 것과 다르다. 도덕적 옳음은 도덕과 무관한 관점에서 설명될 수 없기 때문이다. 그렇다면 도덕적 옳음의 적합성은 어떤 것인가? 이런 물음에 대해 로스는 도덕적 옳음이나 그름을 규정하는 적합성 혹은 부적합성의 유형은 특수하고 분석될 수 없는 관념이라고 설명한다.

그렇다면 어떤 것이 도덕적으로 적합한 경우인가? 가령 A와 B 두 가지 약속 중에 어떤 약속을 지키든 그것은 약속을 지키는 행위이므로 어느 정도의 적합성을 지닌다. 그러나 A와 B 중 어느 한 약속을 지키면 또 다른 약속을 위반하게 되기 때문에 완전한 적합성은 아니다. 이 경우 '그 상황에서 가능한 최대한의 적합성'을 우리는 옳은 행위라고 부른다. 다른 행위는 옳은 행위로 부를 수 없지만 그러나 어떤 관점에서만 옳을 뿐이다. 로스는 공리적 적합성도 결국 도덕적 적합성의 한 유형으로 본다. 도덕적으로 옳은 행위란, 상황 속에서 다른 가능한 대안보다 인간의 목적을 보다 잘 수행할 수 있는 행위이기 때문이다. 그러나 그는 공리적 적합성이 곧 도덕적 적합성을 규정할 수 없다고 강조한다. 그가 보기에 도덕적 적합성은 오히려 미적 적합성과 유사하다. 어떤 상황하에서 도덕적 행위를 요구하는 방식은 전체적 아름다움이 다른 부분들과의 조화를 요구하는 것과 다르지 않다는 것이다. 브로드나 로스의 관점이 옳다면, 도덕적 적합성은 복합적 성격을 지닌다. 도덕적 속성은 그 안에 적합성의 총체적 속성을 포함하는데 이것은 총체적 아름다움을 만드는 요소의 옳음과 같다.

　도덕 영역 안에서 '옳음'은 감정이나 욕망에도 적용되지만 주로 '의무적' 행위에 사용된다. 그 이유는 오로지 행위만이 감정이나 욕망과 달리 직접 의욕할 수 있기 때문이다. 로스는 도덕적 적합성으로서 옳음을 매우 넓은 의미로 사용한다. 선한 동기에서 비롯된 행위도 도덕적으로 적합한 행위이며, 다른 면에서 보면 다양한 도덕적 요구를 최대한 산출하는 행위도 해당된다.[11] 이런 점에서 로스는 때로는 의무론자로, 때로는 목적론자로 불리기도 한다. 그의 윤리체계를 의무론과 결과론의 절충이론으로 명명하는 것도 이런 관점에서이다. 로스는 약속 지키기, 감은(感恩), 보상, 해악금지 등과 같이 행위자와 연관된 의무를 기본적 의무로 규정한다. 그러면서 또한 결과론에서 주장하는 선을 증진해야 할 의무 같은 행위자 중립적 의무를 인정한다. 이러한 의무들은 직견적 의무로서 하나하나가 옳은 행위이지만 서로 갈등할 수 있기 때문에 조건적 의

11　Ross, *Foundations of Ethics*, p.317.

무이다. 가령 지켜야 할 약속이 다른 사람을 해치는 것일 때 그 약속이 도덕적 적합성을 지니려면 약속을 지키는 것이 남을 해치지 말아야 하는 의무보다 비중이 더 커야 한다. 이러한 비중을 재는 척도는 보다 높은 규칙이 아니라 행위자 개인의 직관적 판단력이다. 그래서 로스는 기본적으로 의무론자이고 직관주의자이다.

2. 유가윤리의 도덕 판단 원리

1) 유가윤리의 도덕원리: 존재론적 의무론 윤리

유가윤리에서 인(仁)은 인간성이며 동시에 도덕성이고 인간의 존재방식이다. 도덕원리로서 인은 사람과 사람들 사이의 관계질서를 규정하는 근거이지만, 그것은 계약적이거나 목적론적인 것이 아니다. 그렇기 때문에 유가윤리의 도덕 개념은 사회적 제약으로서 도덕관념도, 유용성을 예상하는 공리주의 윤리체계도 아니다. 인은 인간의 선천적 본성의 표현이며 조건과 목적이 없는 자연적 노정(露呈)이다. 그러므로 인간이 도덕적인 이유는 개인의 행복이나 사회적 이득을 염두에 둔 공리적 목적이 아니라 인간됨의 실현이다. 우리의 삶의 이상은 도덕적 완전성을 추구하는 것이다. 공자가 말한 도덕적 완전성은 인을 실천하는 것이니, 그것은 자신의 사욕을 버리고 우주의 질서인 공리(公理)에 부합되는 길이다. 공자는 이를 한마디로 '극기복례(克己復禮)'라는 말로 표현했다. 그러므로 유가윤리의 도덕적 이상은 도덕적 완전성을 구현한 군자됨에 있다. 이런 점에서 유가의 도덕은 내재론 윤리이며 도덕적인 이유는 인간존재로서 당연한 의무이다.

사람은 모두 다른 사람의 고통을 차마 내버려두지 못하는 마음을 가지고 있는 것을 알 수 있다. 예컨대 어린아이가 우물 쪽으로 기어가서 빠질지 모르는 장면을 본다면 모두 깜짝 놀라서 가엾고 불쌍하게 여기는 마음이 든다. 이런 마음은 아이를 구하고서 아이의 부모와 친분을 맺기 위한 것도 아니고, 마을 사람들과 친구들의 칭찬을 받으려고 한 것도 아니며, 아이를 구하지 않았다는 나쁜 소리를 듣기 싫어서 한 것도 아니다. 이런 사실로 미루어본다면 가엾고 불쌍히 여기는 마음을 느끼지 못한다면 사람이라고 할 수 없다. 나쁜 짓을 해놓고 부끄러움을 느끼지 못한다면 사람이라고 할 수 없다. 상황에 따라 사양할 줄 모르고 무조건 자기가 많이 가지기를 요구한다면 사람이라고 할 수 없다. 무엇이 옳고 그른지 분별할 줄 모른다면 사람이라고 할 수 없다. 가엾고 불쌍히 여기는 마음은 사랑의 실마리이다. 나쁜 짓을 해놓고 부끄러워하는 마음은 정의의 실마리이다. 상황에 따라 사양하는 마음은 예의의 실마리이다. 옳고 그름을 가리는 마음은 지혜의 실마리이다. 사람은 이러한 네 가지 실마리를 지니고 있는데, 이는 사람이 팔다리를 가지고 있는 것과 비슷하다. 이런 네 가지 실마리를 가지고서도 스스로 인의예지를 제대로 해낼 수 없다고 한다면, 이는 사람이 아니라 스스로 해를 입히는 짓이다. 군주를 인의예지의 길로 끌어갈 수 없다고 한다면, 군주를 칼을 찌르는 것과 다를 바가 없다.[12]

맹자의 사단에 대한 이러한 논지는 의무론 윤리로서 유가윤리의 성격을 잘 규명해준다. 서양윤리에서 의무론 윤리의 전형은 칸트의 윤리체계에서 잘 나타난다. 유가윤리는 서양의 칸트 윤리에 버금가는 전형적인 의무론 윤리의 한 유형이다. 의무론 윤리의 특성은 우선 인식론에서

---

12 『孟子集註』, 「公孫丑 上」 6.

직관주의를 표방한다. 직관주의는 우리가 도덕적 선악, 옳고 그름, 의무, 당위 등을 파악하기 위해 자연이나 경험적 요소에 호소하지 않아도 직접, 그리고 즉각적으로 그것을 자명한 진리로 인식할 수 있다고 주장한다. 직관주의는 도덕적 시비, 선악 등 도덕적 속성은 실재하며, 인간은 그것을 인식할 수 있는 정신적 능력을 지닌 도덕적 존재라는 전제에서 출발한다. 그러므로 우리는 복잡한 도덕적 추론의 과정을 거치지 않더라도 도덕 판단을 즉각 알 수 있다. 인간의 직관이나 도덕적 가치 속성은 그 자체가 스스로를 정당화하기 때문이다. 또한 의무론 윤리는 도덕적 옳고 그름을 겉으로 나타나는 행위의 결과가 아니라 행위자의 내면성을 기준으로 평가해야 한다고 주장한다. 의무론 윤리는 도덕 판단을 행위가 아니라 행위자의 인격, 동기, 의도 등 행위자의 내면에 초점을 둔다. 의무론 윤리에서 도덕 판단의 준거는 행위 내용의 옳고 그름이 아니라 행위자의 도덕성이다. 의무론 윤리는 '옳은 행위'보다는 '좋은 사람'에 관심을 둔다.

유가윤리의 의무론 성격은 도덕적 이상으로 군자를 설명하는 가운데서 잘 드러난다. 군자는 '의를 실천하는 사람'이다. 공자는 "군자는 모든 것에 의를 본질적인 것으로 생각하고, 예로써 그것을 행하며 겸손으로써 태도를 나타내고, 믿음으로써 이루니, 이것이 진실로 군자이다"[13]라고 하였다. 유학에서 의(義)는 의로움, 의로운 행위, 도덕원리 혹은 도덕적 표준, 옳은 것을 행함 등 다양한 의미를 지닌다. 그러나 유학의 도덕적 특성을 가장 잘 드러내는 의는 "이로움을 보면 의를 생각하라[見利思義]"는 맹자의 언명에서 보듯이 '이익에 정반대'되는 개념이다. 풍유란은 의를 '상황의 당위성'으로 설명하는데, 이 경우 의는 정언명령이다. "사

---

13 『論語集註』, 「衛靈公」 17.

회 속의 모든 사람은 그가 해야만 하는 것을 가지고 있고, 그래서 그 자체를 위해서 그것을 해야만 하는데, 왜냐하면 그것을 행하는 것은 옳은 것이기 때문이다."[14]

유학은 인간이 어떻게 도덕적 존재이며 왜 도덕적이어야 하는지 그 근거와 정당화 이유를 인간의 존재론적 지위에 바탕을 둔다. 유학은 인간 본성의 논구를 통해 도덕적 의무의 근거를 구한다. 이 점에서 유가 윤리는 칸트의 의무론 윤리와 구분되는 '존재론적 의무론'으로 명명할 수 있다. 칸트는 의무의 근거를 인간의 본성이나 인간이 처한 환경에서 구해서는 안 되고 오로지 선험적으로 순수이성의 개념에서 구해야 한다고 말한다. 이것은 도덕성이 인간본성에 깊은 뿌리를 둔다는 유학의 가르침과 대립된다. 칸트는 경험적이고 인간학에 속한 모든 것들로부터 전적으로 자유로운 순수 도덕철학을 세워야 할 필요성을 강조한다. 그는 도덕법칙을 조건적·수단적 명령인 '가언명령'과 대립되는 '정언명령'으로 규정하고, 행위의 실질적 내용이나 의도한 결과가 아니라 그 결과가 도출되는 원리와 형식에 관심을 둔다. 이러한 칸트의 도덕법은 인간본성의 구성요소에서 도출되는 것이 아니다. 이런 배경에서 칸트는 의지의 자율성과 목적의 왕국 개념을 도입한다. 그래서 우리는 칸트의 윤리체계를 '형식주의 윤리'라 부른다.

유학사상에서 윤리는 인간이 어떤 양상으로 존재해야 하는지를 설명하는 인간존재의 근본이법이다. 주자는 인간본성이 존재론적 실재와 분리될 수 없다는 점을 다음과 같이 설명한다.

---

14 Fung, Yu-Lan, *A History of Chinese Philosophy*, 2 vols (Princeton: Princeton University Press, 1952), p.42.

하늘과 대지의 마음은 네 가지 덕을 가지고 있다. 『주역』의 말을 빌리면 네 가지 덕은 원형이정(元亨利貞)인데, 그중 제일 처음의 원이 그 모두를 하나로 묶어서 거느린다. 네 가지 덕의 운행은 봄·여름·가을·겨울의 순서로 이루어지는데, 봄에 만물을 낳은 기(氣)가 사계절 중 어디에서도 통하지 않는 경우는 없다. 자연과 비슷하게 사람의 마음도 네 가지 덕을 지니고 있는데, 인의예지(仁義禮知)라고 하며 인이 전체를 포괄한다. 이 네 가지 덕이 드러나서 쓰이면 사랑하고 공경하고 어울리고(합당하고) 옳고 그름을 구별하는 도덕 감정이 생겨나는데, 그중 가엾고 불쌍하게 여기는 마음이 전체를 하나로 꿰뚫는다. 인의 도리는 하늘과 대지가 만물을 낳고 기르는 마음으로 늘 만물과 연결되어 존재한다.[15]

이것은 "하늘이 명한 것을 성(性)이라 하고, 성을 따른 것을 도(道)라 하고, 도를 닦는 것을 교(敎)라 한다"[16]는 『중용』의 언설에 잘 드러나고 있다. 유학, 특히 성리학에서 인간됨의 근거와 소이(所以)는 인의예지이다. 인의예지는 후천적으로 획득되는 성질이 아니라 모든 사람에게 선천적으로 주어지는 인간존재의 형식이다. 그렇기 때문에 본성으로서 인간의 성은 선하지 않을 수 없다. 유학에서 성인(聖人)이 된다고 하는 것은 단순히 개인의 이상적 성품을 구유한다는 것 이상의 의미이다. 성리학자들은 "성인이 되는 것은 성(誠)과 다름없다"라고 말하는데, 가치론적으로 말하면 진실성은 성인이 되기 위해 꼭 필요한 것이라는 의미이다. 그러나 성은 단지 윤리적 이상이 아니라 실제로 존재론적 개념이다.

---

15 『朱熹集』, 「仁說」; 신정근 지음, 『사람다움이란 무엇인가』 (글항아리, 2011), 215쪽 재인용.
16 『中庸章句』 1.

유가윤리의 존재론적 이법은 외적 차원으로서 천형(踐形)에 대한 논지에서도 확연히 드러난다. 모든 물(物)들의 내적 이치가 자연의 이치에서 유래하듯이 모든 물들의 외적 형태도 자연에서 유래한다는 것이다. 모든 물들 중에서 인간의 형태는 천원지방(天圓地方)의 자연 형태를 그대로 모방했다는 것이다. 그러므로 내적 차원에서의 존재론적 이법인 성즉리가 인간존재의 이법이듯이 외적인 차원에서의 존재론적 이법인 천형도 인간존재의 이법이라는 것이다. 다시 말해 인간의 마음은 인의예지가 부여되었기에 인간은 그것을 온전히 회복하여 실현해야 하는 것이고, 외적으로는 인간의 몸이 하늘은 둥글고 땅은 네모난 자연의 모습을 고스란히 전해 받았기에 천지의 질서를 따라서 살아야 한다는 것이다. 그렇다면 모든 물들의 외적 형태가 모두 자연에서 유래함에도 불구하고 왜 오직 인간만이 천원지방의 자연의 모습을 닮았다고 하는가? 이에 대해 퇴계는 천형은 천지의 형태와 인간의 형태가 같다는 사실의 논리를 통해 "인간은 자신에게 주어진 하늘의 이치를 닮아야 한다"는 당위의 논리를 이끌어낸다. 동중서는 천지의 요소와 인간의 요소가 서로 짝하고 있다는 '천인감응설(天人感應說)'을 통해 이를 설명하고 있다. 결국 '외형적 닮음'이라는 존재론적 사실은 '닮아야 함'이라는 당위론적 명제를 함의하는 것이다.[17]

2) 도덕 판단의 준거로서 인과 예

유가윤리에서 인(仁)은 도덕적 이상으로서 도덕적 성품의 구체적 실

---

[17] 방세영, 「주자 예론의 윤리학적 연구」, 한국학중앙연구원 한국학대학원 박사학위 논문 (2005), 34-36쪽.

현이라는 덕성의 의미와 인간의 행위나 성품에 대한 도덕 판단의 원리라는 두 가지 의미를 동시에 지닌다. 도덕 판단의 원리라는 의미에서 인의 기능은 도덕 판단을 위한 성찰적 준거이다. 이 경우 인은 충서(忠恕)의 황금률로 설명될 수 있다. 이것은 도덕행위자로서 나의 관심을 다른 사람에게 확장하는 것을 지도할 수 있는 규칙이며, 도덕적 이상을 실현할 수 있는 도덕(성)의 내적 기준이다. 공자의 제자 증삼이 "우리 스승의 가르침은 우리의 본성에 진실되고[忠], 남에게 그 법칙을 적용하는 것[恕]"[18]이라고 설명한다. "네가 대접받고 싶지 않은 것을 남에게 행하지 말라"[19]는 충서의 실천 원리는 다른 사람에 대한 상호 존중의 규칙이다. 또한 충서의 원리는 도덕적 감정과 태도의 적합성을 결정할 기준이라는 의미에서 도덕성의 내적 기준이다. 인의 실천은 충과 서에 있기 때문에 인은 도덕성의 내적 준거라고 말할 수 있다. 충은 우리가 행위의 도덕원리에 관여하는 성실성을 언급하는 것이고, 서는 이러한 원리에 타인을 배려하는 도덕원리의 성격을 말해준다.

유학에서 인은 도덕적 이상으로서 판단보다는 실천을 위한 개인적 수양이 강조되지만, 그러나 도덕 판단의 원리로서 인의 기능도 이에 못지않게 중요한 의미를 지닌다. 모든 도덕적 평가는 인의 표준 결정에 복종된다는 의미에서 인은 최고의 정당화 원리이다. 물론 인은 도덕의 형식적 원리이기보다는 실천적 원리이다. 실천원리로서 인은 행위 수행의 실제적 원리이다. 공자는 인을 "모든 사람을 사랑하는 것이다"라고 설명한다. 인은 다른 사람의 복지에 대한 애정적 관심이다. 인의 실천적, 심리적 토대는 효와 우애이다. 유가윤리는 인간은 감정, 충동, 욕망을

---

18 『論語集註』, 「里仁」 15.
19 『論語集註』, 「衛靈公」 23.

지닌 존재라는 사실에서 출발한다. 유학에서 인의 도덕성은 실제로 이러한 감정, 충동, 욕망의 사실적 성격을 넘어서 이것에 의미를 부여하는 방식으로 의도된 것이다. 따라서 충서의 황금률로서 인은 이러한 감정에 대한 적합한 태도의 함양을 위한 내적 기준이다. 그 강조점은 도덕적 탁월성의 이상을 실현하는 자기 수양 혹은 도덕적 성품의 확립에 있다. 주자는 자기를 다하는 것이 '충'이고, 자기를 미루어 남에게 미치게 하는 것을 '서'로 설명한다. 이것은 인의 체득이 도덕 판단의 선결요건이라는 의미로 해석할 수 있다. 말하자면 도덕 판단은 논리적 추론에 앞서 자기 자신에 대한 성실성과 진실됨이 우선이라는 의미이다. 유가의 윤리를 전형적인 덕 윤리 또는 존재의 윤리로 규정하는 것도 이런 이유이다. 유가의 윤리는 "이런저런 방식으로 행동하라"는 식이 아니라, 먼저 "이러이러한 인간이 되어라"이다. 유가윤리에서 인은 우리가 구현하려는 정신적 열망이다.

그러나 도덕성의 내적 기준으로서 인의 실현은 도덕성의 외적 기준인 예를 통해서만 표출될 수 있다. 예는 마땅히 지켜야 하는 행위규범이지만 천리(天理)의 발현이므로 함부로 바꿀 수 없다. 예를 "천리의 절문(節文)이며 인사의 의칙(儀則)"[20]으로 규정한 것을 보면, 예는 단순히 도덕행위의 형식만이 아니다. 주자는 절문의 의미를 "절은 등차이고 문은 문채(文彩)이다"[21]라고 부연 설명한다. 주자는 공자가 조정에서 하대부와 말할 때 강직하게 말하고, 상대부와 말할 때 온화하게 말했다는 대화법의 예시를 통해 사회적 지위나 인간관계의 친근에 따라 예의 차등을 설명한다. 말하자면 등차로서 예는 사회적 질서를 위한 규제적 틀

---

20 『論語集註』, 「顔淵」 1. 「學而」 12. (주자주)
21 『朱子語類』 36, 「人傑錄」, 錢穆 編, 『朱子新學案』(臺北: 三民書局, 1971)에서 재인용.

이다. 그러나 예는 단지 무미건조하고 형식적인 틀이 아니라 문채이다. 문채로서 예는 우아하고 아름답고 안정적이다. 이렇게 보면 예는 도덕 규칙이고 행위의 형식이지만 도덕성의 형식과 내용을 다 담고 있다. 예는 내용의 진실성과 형식의 분별성이 조화를 이루지 않으면 안 된다. 공자가 "질(내용)이 문(형식)을 능가하면 야비하고, 문이 질을 능가하면 문서를 꾸미는 관리와 같으니, 문과 질이 고루 어우러져야 군자이다"[22]라고 말한 것도 이런 이유에서이다.

맹자가 예를 사단의 하나인 사양지심에서 연유하는 것으로 보는 반면에, 순자는 후천적인 위(僞)의 핵심으로 예를 이해한다. 그러나 순자도 예의 근원을 천, 지, 인의 삼재(三才)에서 찾는다. 이는 "(예는) 위로는 하늘을 본뜨고, 아래로는 땅을 본뜨며, 그 가운데서 사람을 본받아 만들어졌다. 사람이 더불어 모여 살면서 조화롭게 통일되는 이치가 여기에서 다하게 된다"[23]라는 진술에서 잘 나타난다. 예의 기능은 각자의 몫을 분명히 함으로써 원만한 사회생활을 영위하도록 하는 데 있다. 사람들은 더불어 살 수밖에 없는 사회적 존재이다. 그러므로 예의 일차적 역할은 각자의 위치와 기능을 명분에 맞게 분명하게 나누는 데[明分使群]에 있다. 그 나눔은 사회적 신분의 구별이며 도덕질서로서의 윤리이며 능력에 따른 역할의 구분이다. 또한 예의 기능은 사람들이 갖는 욕구의 경계와 절제의 도를 정하는 일이다. 순자는 인간의 욕구는 생래적인 것이기 때문에 누구든지 이를 추구하기 마련이며, 이 과정에서 다툼과 궁핍이 불가피한 것이기 때문에 무엇보다 먼저 욕구를 절제할 수 있는 표준이 필요하다고 강조한다. 순자에게 예의 기능은 행위규범으로서 규제

---

22 『論語集註』, 「雍也」 16.
23 『荀子』, 「禮論」 33-34.

의 틀을 넘어서서 도덕적 감정이나 정서를 순화시키는 문식(文飾)의 기능을 담당한다. 이는 상례, 제례 등 모든 사회적 의식이 단순히 절차적 도덕규칙이 아니라 내면적 감정과 태도의 표출이 되어야 한다는 것을 지적한 것이다.

이렇게 보면 유가윤리의 도덕 판단의 준거는 내면성의 인과 외면성의 예이다. 내면성의 기준으로서 도덕 판단의 원리는 충과 서이다. 충은 도덕주체의 도덕적 자각 혹은 품성이며 서는 도덕 판단의 기준이다. 자신에 비추어 남의 입장을 판단하라고 하는 도덕 판단의 추론은 동서의 윤리에서 공통적인 황금률이다. 맹자와 순자의 인성론의 차이점에도 불구하고[24], 유가의 윤리관은 기본적으로 인간은 충동과 욕구, 그리고 잠재적 도덕성을 지닌 이중적 존재라는 바탕에서 출발한다. 인이 도덕성의 내적 기준이라는 말은 이러한 본성적 인간의 욕구와 감정을 있는 그대로를 넘어서, 이를 의미 있는 것으로 부여하는 방식을 제시한다는 의미이다. 충서의 황금률이 표명하듯이 인은 이러한 인간의 욕구와 감정에 적합한 태도의 수양을 위한 내적 기준이다. 이것은 도덕적 이상을 실현할 때 도덕적 성품이 우선이라는 의미이다. 그러나 도덕행위자의 내면적 삶을 표현하는 외면적 기준 없이는 도덕적 덕성은 구현될 수 없다. 이런 까닭에 예는 인의 구체적 표현 방식을 규제하는 도덕규범이며 절차이다. 예적 행위의 궁극적 의미는 인에 있지만 예가 아닌 인간의 행위는 규범적 의미를 상실한 단순한 움직임에 지나지 않는다. 그러나 인의 감정과 성향 그 자체만으로는 구체적 실천을 수행하지 못한다.

---

[24] 순자의 인성론을 성악설로 단정하는 것은 순자의 전체 이론체계를 잘못 이해하게 될 가능성이 있으며, 성악설을 순자의 핵심 이론으로 보는 것이 옳지 않다는 반론도 적지 않다. 조긍호, 『유학 심리학』(나남출판사, 1998), 215-219쪽 참고.

이처럼 유가윤리에서 인과 예는 구분해서 논할 수 없다.[25]

서양윤리처럼 유가윤리는 도덕 판단을 논리적으로 연역할 수 있는 도덕추론의 규칙을 명시적으로 제시하지는 않는다. 그러나 인과 예는 감정의 도덕성과 태도, 행위의 적실성을 일치시킬 수 있는 기준이다. 도덕행위는 인의 내적 기준과 예의 외적 기준을 동시에 충족시킬 수 있어야 한다. 이 점에서 유가윤리는 서양윤리에서 논쟁하듯이 도덕성의 본질을 덕이냐 법칙이냐 하는 이분법적 도덕성 개념이 아니다. 서양윤리는 덕의 윤리와 법칙의 윤리를 구분해서 논의해왔다. 그러나 도덕행위에서 덕성과 규칙은 상호의존적이고 보완적 관계이다. 프랑케나의 지적대로 '성품 없는 원칙은 무력하고, 원칙 없는 성품은 맹목'이다. 유가윤리의 특성은 바로 덕의 윤리와 법칙의 윤리를 하나로 묶는 데 있다. 유가의 도덕적 이상으로서 군자는 인과 예로서 도덕성을 온전히 구현한 사람이다. 예는 단지 도덕행위의 사회적 제약이 아니다. 도덕적 삶에서 인을 실현하지 못하는 것은 도덕성의 실질적 실패이지만 예의 규칙을 무시하면 형식적 실패이다. 그러나 예는 단지 도덕행위의 형식만이 아니다. 예는 도덕적 이상을 구체적으로 실현할 수 있도록 하는 사회적 역할의 수행을 정해준다. 우리가 도덕적 의무를 이행한다는 것은 개인적 의무와 사회적 지위에 따른 역할의 수행과 다름없다. 이런 점에서 유가윤리를 '역할의 도덕성'으로 명명할 수 있다. "임금은 임금답고, 신하는 신하답고, 아버지는 아버지답고, 아들은 아들다워야 한다"는 이른바 '정명(正名)'사상은 이 점을 잘 말해준다.

역할의 윤리로서 유가윤리는 도덕적 성품과 행위규칙이 따로 구분될

---

25 Antonio. S. Cua, *Dimensions of Moral Creativity* (University Park: Pennsylvania State University Press, 1978), pp.57-59.

수 없다. 역할의 윤리로서 유가윤리는 도덕철학에 중요한 의미를 준다. 우리가 예적 행위에서 인의 필연성을 주장하는 것은 사회적 역할에 대한 도덕적 태도의 수용을 강조하는 것이다. 이러한 도덕적 관점에서 보면 모든 사회적 역할이 규범적으로 동일한 비중을 갖는 것은 아니다. 반면에 도덕적 감정이나 태도의 표현에서 예의 필요성을 강조하는 것은, 인의 도덕성 실현은 사회적 역할 수행의 의식(儀式)으로서 예에 달려 있음을 인정하는 것이다. 말하자면 인의 도덕성이 그 실제적 효능을 갖게 되는 것은 예의 사회적 맥락 안에서이다. 이렇게 보면 인간이 사회적 존재라는 말은 의식적 존재이며 역사적 존재라는 의미와 다르지 않다.

3) 도덕 판단의 추론: 유추의 원리

유가윤리에서 도덕 판단의 원리는 '추기급인(推己及人)'의 황금률에서 잘 드러난다. 이것은 인간의 본성적 성향이나 욕구체계는 모든 사람이 다르지 않다는 전제에서 제시된 격률이다. 추기급인의 원리는 단순히 논리적 추론이 아니라 실천적 명제로서 자신을 미루어보아 다른 사람을 헤아리라는 것이다. 유학에서는 충서의 도덕성 개념을 통해 이를 설명한다. 충(忠)은 마음의 중심[中+心]이다. 마음이 중심을 잡는다는 것은 심이 자기 본래의 온전한 모습을 지닌다는 뜻이며, 성실성과 진실성의 덕성이 선행되지 않으면 안 된다. 자기 본래의 마음을 다른 사람에게도 한결같이[如+心] 할 수 있어야 남의 마음을 미루어 알 수 있기 때문이다. 다른 사람에 대해 한결같은 마음이 없으면 남의 사정을 알 수 없을 뿐만 아니라 오히려 정반대의 악행으로 나타날 수도 있다.

공자가 "어진 이는 자기가 서고 싶은 대로 남을 세우고, 자기가 이르고 싶은 대로 다른 사람을 이르게끔 한다. 능히 가까운 일상에서 터득하여 미루어가는 것이 인으로 나아가는 방향이라고 할 수 있다"[26]고 한 것도 이것이다. 나와 특별한 관계가 없더라도 내가 먹고 입고 자고 하는 것을 덜어내서 상대도 그렇게 할 수 있도록 하는 것이 바로 사람에 대한 사랑이라는 것이다. 정이천이 "활동과 휴식, 때에 맞는 적절한 행동으로 생명을 기르고, 음식과 의복으로 육체를 기르고, 위엄 있는 태도와 의로운 행동으로 덕을 기르고, 자기의 마음을 미루어 남을 헤아리는 것으로 사람을 기른다"[27]라고 한 것도 이런 이치에서이다. 이러한 언설들은 유가의 도덕 판단이 '유추(類推)'의 원리에 바탕을 두고 있음을 확인해준다.

유가윤리의 도덕적 추론 방식은 맹자의 윤리사상에 잘 나타난다. 맹자의 주된 관심은 도덕적 삶의 정당화나 도덕 판단의 논증보다는 도덕적 삶을 살아갈 수 있도록 하는 동기화에 있다. 그러나 삶의 방식을 변화시킬 수 있는 효과적인 동기화의 수단으로 맹자는 도덕적 이유를 제시한다. 맹자가 사용한 도덕적 추론으로서 '유추'의 개념은 일종의 유비적 논증방식이다. 이것은 상대방이 수용하는 명제와 거부하는 명제가 실제로는 상당히 유사한 것임을 제시함으로써 전자에서 후자로 그 명제를 확대하는 방식이다. 맹자의 이러한 추론방식은 『맹자』 「양혜왕장구 상(梁惠王章句 上)」에서 제나라 선왕을 설득하는 논변에서 잘 나타난다. 맹자는 부국강병의 일념으로 백성의 고통은 아랑곳하지 않는 제선왕에게 제사장에 끌려가는 소의 비유를 들어 백성을 사랑하는 연민의 정을 느끼게 한다. 또 「등문공장구 하(滕文公章句 下)」에서 제나라의 청빈한

---

26 『論語集註』, 「雍也」 28.
27 『近思錄』, 「致知」 3; 이기동 옮김, 『근사록』 (홍익출판사, 1998) 참조.

선비인 진중자(陳仲子)의 예시를 통해서 의로움은 수오지심을 확충하는 것임을 설명하는 것도 이런 방식이다.

맹자의 도덕 추론의 논증 방식은 어떻게 사는 것이 바람직한 것인가, 어떤 유형의 인간이 되어야 바람직한가, 특수한 상황에서 어떻게 행동하는 것이 바람직한가 하는 문제의식으로 설명된다. 맹자가 말한 도덕적 삶의 방식은 인의예지의 삶이다. 도덕적 삶은 사단을 다른 상황이나 대상에 추론해서 도달하게 하고 그래서 사단을 확충하는 것이다. 이러한 논증 방식은 자발적 반응이 사람들의 감정과 태도의 바람직한 변화를 가져오게 한다는 인과적 역할을 인정하는 전제에서부터 출발한다. 맹자가 보기에 사람들이 유사한 상황에 처했을 때 숙고하지 않더라도 유사한 행동을 하게 된다는 것이다. 이는 사람들이 유사한 상황을 보는 것만이 아니라 유사하게 행동하게 하는 내재적 도덕 개념을 지니고 있다는 것이다. 맹자는 인간이 자발적 반응과 태도를 보일 수 있는 자질을 지니고 태어났으므로 이것이 덕의 출발점을 제공한다고 믿는 것 같다.

이러한 도덕 판단의 추론 방식은 『대학』의 '혈구지도(絜矩之道)'의 언설에서 잘 나타난다. '혈(絜)'은 헤아리는 것이고, '구(矩)'는 원래 모진 물건을 만든 방법으로 척도(尺度)를 의미하는데, 그 잣대는 자신의 마음이다. "윗사람을 미워하는 태도로 아랫사람을 부리지 말며, 아랫사람을 미워하는 태도로 윗사람을 섬기지 말며, 앞사람을 미워하는 태도로 뒷사람에게 먼저 하지 말며, 오른편 사람을 미워하는 태도로 왼편 사람을 사귀지 말며, 왼편 사람을 미워하는 태도로 오른편 사람과 사귀지 않는 것, 이것을 척도로써 헤아리는 것이라고 한다."[28] 유학사상 중에서 『대학』의 이 언설은 유가윤리의 도덕 판단 형식이 보편적 성격을 지니고

---

28 『大學章句』10.

있음을 가장 잘 보여주는 대목이다. 이것은 남을 사랑하는 마음이 없이는 자타일리(自他一理)의 이치를 깨달을 수 없다는 논지이지만, 그 추론 과정은 항상 '상대편의 입장'에서 생각하라는 것이다. 도덕 판단에서 우리가 고려해야 하는 대상은 위아래는 물론이고 전후와 좌우의 사람들까지도 포함하라는 것이다. 이것은 칸트가 정언명법의 제일원리로 제시한 '보편화 가능성의 원리'와 유사하면서도 이보다 더 포괄적이고 구체적인 원리라고 할 수 있다.

4) 근사(近思)의 원리

유가윤리는 가까운 사람들 간의 관계의 윤리이며, 도덕 판단의 추론 방식도 가까운 곳에서 생각하는 '근사의 원리'이다. 이것은 일찍이 공자의 "널리 배우고 뜻을 돈독히 하여 절실하게 묻고 가까운 것부터 생각하면, 인은 그 가운데 있다"[29]라는 가르침에서 잘 나타난다. 일상생활의 절실한 물음에 계속 파고들어, 이론으로 머물 것이 아니라 그것을 실천 가능토록 구체화하라는 의미이다. 이것은 도덕인식론과도 밀접히 관련되는 명제이다. 도덕 판단은 자신의 몸에서 가까운 문제에서 출발해야 한다는 것이다. 유학은 왜 자신의 몸에서 가까운 곳에서 출발해야 한다고 하는가? 자신의 가까운 곳에서 출발하면 오히려 이기적이고 편협한 생각을 하는 것이 아닌가? 그런데 공자는 "능히 가까운 데서 체득하여 남을 판단하는 것은 인의 방법이다"[30]라고 하였다. 자기가 하고자 하는 것으로써 다른 사람을 깨우쳐 그가 하려는 것을 알려고 해야 한다는 것

---

29 『論語集註』, 「子張」 6.
30 『論語集註』, 「雍也」 28.

이다. 인이란 내가 어디에 서고 싶다면 상대를 그 자리에 세워주고, 내가 어디에 이르고 싶다면 상대를 그곳에 이르게 하는 것이다. 유가윤리에서 '나'는 도덕행위의 주체이면서 도덕 판단의 준거이다. 자기 자신에게로 돌아가야 인의 본체를 가장 절실한 지점에서 몸과 마음으로 느낄 수 있다. 공자의 논점은 사람이 인을 자신의 가깝고 급한 곳에서 직접 찾을 줄 모르고, 뜬구름 잡듯이 자신과 직접 관련이 없는 고원한 곳에서 찾으려고 한다는 것이다. 퇴계는 장재가 「서명(西銘)」에서 자신을 일컫는 일인칭 대명사로 사용된 단어를 10개로 분석하고, 반드시 자기를 중심으로 삼아서 말한 까닭을 다음과 같이 설명한다.

인이란 하늘과 대지의 만물이 하나의 큰 몸을 이룬다고 하더라도 반드시 제일 먼저 자기로부터 출발해서, 자신이 하나의 원본이 되고 주재자가 되도록 하는 것이다. 그리하여 모름지기 타자와 자아가 하나의 이치로 가장 가깝고 급한 지점에서 서로 엮여 있다는 의미와, 온 가슴에 가득 차 있는 가엾고 불쌍히 여기는 마음이 모든 곳을 꿰뚫어 흘러넘침으로써 막혀서 멈추지 않고 어디에도 빠짐없이 두루 있다는 것을 깨달아야 한다. 이것이 참으로 인의 실체이다. 이러한 이치를 모른다면 뜬구름 잡듯이 막연하게 하늘과 대지의 만물이 하나의 큰 몸을 이루는 것을 인이라고 한다면, 이른바 인의 본체는 한없이 까마득하고 드넓어서 우리의 몸이나 마음과 도대체 무슨 상관이 있겠는가? …… '여(子)' 자와 '오(吾)' 자는 모두 '나'를 가리킨다. 용법은 같지만 의미는 다르다. 예컨대 자공이 『논어』 「공야장」에서 바람직한 윤리적 삶을 위해 "나[我]는 남이 나에게 뭔가 시키는 것을 바라지 않고 나[吾] 또한 남에게 시키는 것을 하지 않으려 한다"의 나[我, 吾]는 모두 똑같이 보편화가 가능한 존재이다. 「옹야」에서 공자가 말한 "내가 어디에 서고 싶다면 상대를 그 자리에 세워주고, 내가 어디에 이르고 싶다면 상대를 그곳에 이르게 한다"의 나[己]는 보편화 가능한 존재이다. 「안연」에서 공자가 안연에게 일러준 "나를 이겨서 예로 돌아간다"의 나[己]는 이기적 존재를 말한다.[31]

유가윤리의 도덕 판단에서 '근사의 원리'는 도덕적 지식의 성격과 밀접하게 연관된다. 유학의 도덕지식은 서양윤리에서 논구하는 것처럼 이론적, 추론적 지식이 아니다. 유학에 말하는 앎은 이성적 사유와 판단으로만 알 수 있는 이론지가 아니라 덕성이 전제된 실천지 개념이다. 그렇기 때문에 '앎' 속에는 이미 '행'이 포함된다. 유학에서 도덕원리나 도덕 판단의 지식은 실천을 위한 동기화나 도덕적 성품 등 행위와 연관되지 않으면 의미가 없다. 만약 도덕 원리나 개념이 인간의 삶을 형성하는 사고방식, 감정, 행위방식의 구성에 도움을 주지 못한다면 그것이 아무리 올바르다고 하더라도 전혀 소용이 없다. 유학의 도덕원리는 개인의 일상생활을 형성하는 중요한 상황과 실천에 초점을 두도록 우리를 실천적으로 안내한다. 한 개인이 도덕 원리와 개념을 자신의 사고방식, 감정, 행위를 통해서 배우고, '스스로 아는 것'을 체득할 수 있어야 진정한 '앎'을 아는 것이다. 그러므로 유학의 도덕적 사유방식은 절실하고 구체적인 것, 자신의 몸에서 가까운 문제에서 시작해야만 행위로 나아갈 수 있다.

주자는 도덕적 앎의 의미를 잘 설명해준다. 도덕적 진리로서 도는 사물의 당연한 이(理)이지만 또한 사람됨의 이이다. 도덕적 진리는 마땅히 그러한 바의 이유와 근거로서 형이상적인 소이연(所以然)의 이와 행위규범으로서 소당연(所當然)의 이를 아는 것이다. 우리가 도덕적일 수 있는 것은 "소이연을 앎으로써 지(志)가 미혹되지 않고, 그 소당연을 앎으로

---

31 『退溪集』 권7, 「西銘考證講義」; 신정근(2011), 앞의 책, 229-231쪽 재인용.

써 행동을 그르치지 않기 때문이다."[32] 도의 인식주체는 머리가 아니라 심(心)이다. 도의 발현이 작위적인 노력에 의한 것이 아니라 자연적인 것은, 도는 사람의 심에 내재하는 것이고 심에서 발현되기 때문이다. 도덕의 진리는 멀리 있는 게 아니라 바로 우리 자신의 마음속에 있다는 의미이다. 사람이 알 수 있고 생각할 수 있고 행할 수 있는 것은 심의 기능이다. 이렇게 보면 유가윤리에서 말하는 도덕지식은 마음의 눈으로 깨달아서 아는 앎과, 배움이나 독서를 통해서 아는 두 가지를 포함한다. 전자는 소이연의 지이고 후자는 소당연의 지이다.

5) 친친(親親)의 원리

이러한 유가윤리의 '근사의 원리'는 오륜으로 표상되는 '친친'의 윤리체계와 직결된다. 친친의 윤리는 우리가 도덕성의 근간으로 인류애를 말하지만 실천적 차원에서 개인적으로 친근한 사람에게 먼저 사랑을 베풀게 되는 것은 당연하다는 주장이다. 부모형제, 인척을 사랑할 수 없는 사람이 남을 사랑할 수는 없기 때문이다. '자비는 가정에서부터'라는 도덕적 언명은 이런 이유에서이다. 유가윤리에서 효제의 덕목이 강조되고 특히 효행을 모든 도덕성의 근본으로 다루는 것도 이것 때문이다. 공자는 가족윤리의 의미를 다음과 같이 설명한다.

부모에게 효도하고 형들에게 공손하면서 윗사람에게 대거리하는 사람은 드물다. 윗사람에게 대거리하기를 반대하면서 혼란을 부추기는 사람은 아직 없었다. 군자는 기초를 다지는 데에 힘쓴다. 기초가 제대로 서면 나아갈 길

---

[32] 『朱熹集』 64, 「答或人」.

[道]이 눈앞에 생기기 때문이다. 효도와 공손은 사람다움의 근본이다.[33]

공자는 가족윤리에 초점을 맞추어 사람다움을 파악하고 있다. 공자는 가족윤리를 인간관계에서 어떤 이유로도 해체될 수 없고 단절될 수도 없는 절대적인 연결이라고 생각하기 때문이다. 가족은 하늘이 맺어준 인연, 즉 천륜(天倫)으로서 결코 떨어질 수 없다. 우리가 효도해야 하는 근본 이유는 부모의 은혜에 보답하는 반대급부적 의무가 아니라 사람됨의 근본을 실현하는 인간으로서 당연한 의무라는 것이다. 공자는 이 관계를 소중하게 여기고 제 역할을 한다면 군신관계나 친구관계에도 적용될 수 있을 것이라고 생각한 것이다. 공자가 보기에 인은 결국 성(性)으로 이어지도록 할 수는 있지만 현실적으로 늘 가족관계에 기반을 두어야 한다. 물론 공자도 보편적 사랑에 관심을 두지 않았던 것은 아니다. 그러나 인을 보편적 사랑으로 연결 짓는 과제는 공자의 몫이 아니었다.

맹자는 "인의 실질은 어버이를 섬기는 것이다"[34]라고 말한다. 맹자도 인은 혈연의 유대에 깊이 뿌리박고 있다는 점을 분명히 밝히고 있으면서도 공자와 달리 인의 보편성 문제에 좀 더 고민했다. 이는 묵자의 비판을 넘어서야 하는 맹자의 고민이기도 했다. 그래서 그는 인이 가족관계에서 출발하지만 결코 보편성을 놓쳐버릴 수 없으므로 그것을 단계적으로 생각한 것이다. 맹자는 그 결론을 바로 "먼저 가족과 친하고, 그리고 다른 사람을 사랑하고 마지막으로 모든 사물을 돌본다[親親而仁民 仁

---

33 『論語集註』, 「學而」2.
34 『孟子集註』, 「離婁 上」27.

民而愛物]"³⁵라는 말로 정식화했다. 이로써 맹자는 가족 사이의 자연스러운 애정에서 시작하여 만물로 넓혀가는 보편적인 사랑을 가능하게 만들었다. 그는 인의 단계를 설득하기 위해서 '할 수 없다[不能]'와 '하지 않다[不爲]'를 구분하였다. 제 부모를 제쳐두고 다른 사람의 부모를 사랑하는 것은 보통 사람으로서는 '할 수 없는' 일이다. 그러나 자기 부모에게 효도하지 않는 것은 '하지 않는' 것이다. 우리가 가족 안에서 자연스러운 감정에 바탕을 둔 사랑을 시작으로 주위 사람과 생명을 가진 모든 것으로 관심을 확장하는 것은 할 수 있는 일이다.³⁶

도덕행위는 성인이나 영웅만이 하는 것이 아니다. 보통 사람도 사단의 도덕심을 발현할 수 있다. 그러나 할 수 있는 쉬운 것에서부터 어려운 일로 차츰 범위를 넓혀나가야만 한다. 맹자는 인을 가장 쉽게 할 수 있는 것으로서 가족 사랑을 예로 든 것이다. 그것은 이기적인 가족 사랑에 빠져서 다른 사람, 다른 것에 관심을 닫으라는 것이 아니다. 가족 사랑은 인의 출발 단계이지 인의 모든 것으로 착각하지 말라는 것이다. 맹자 이래로 유학의 인은 가족 사랑을 출발점으로 하여 궁극적으로 보편적 사상에 뜻을 둔다. 이로써 유학에서 사랑은 가족 사이에 느끼는 자연스러운 애정을 동력으로 삼아서 그 사랑의 적용 범위를 차츰 넓혀가는 지극히 현실적인 전략을 펼친다. 맹자는 「양혜왕 상」에서 이를 구체적으로 설명한다.

나의 어버이를 보살피는 마음으로 다른 사람의 어버이를 보살피고, 나의 아이를 사랑하는 마음으로 다른 사람의 아이에게로 넓혀간다면, 세상살이를

---

35 『孟子集註』, 「盡心 上」 45.
36 신정근(2011), 앞의 책, 187쪽.

손바닥에 올려놓고 마음대로 처리할 수 있다. 『시경』에 이르기를, "자신의 아내에게 법도를 세워서 형제에까지 이르게 하고, 가문과 나라를 잘 다스린다"고 하였으니, 이는 이 마음을 들어서 저쪽에 더한다는 것을 말한다. 그러므로 은혜를 미루어 (넓혀)나가면 온 세상을 지킬 수 있지만, 은혜를 미루어 나가지 못하면 처자식마저 제대로 건사할 수 없다. 옛날 사람들이 다른 사람들보다 크게 뛰어났던 것은 다른 것이 없다. 자신이 할 수 있는 것을 잘 미루어 나갔기 때문이다.[37]

그런데 대부분의 사람은 자신이 할 수 있는 것을 잘 미루어 확장해나가더라도, 자신이 맡은 역할을 가족 안에서 밖으로 확대하는 데에 장애가 있기 마련이다. 가족 사랑에서 보편 사랑으로 넘어가는 과정에는 비약이 있을 수밖에 없는 것도 이런 이유이다. 주자는 인의 실천을 물의 흐름에 비유해서, 효제(孝悌)를 첫 번째 웅덩이, 백성을 두 번째 웅덩이, 애물을 세 번째 웅덩이로 설명한다. 가족 사랑이 최우선인 이유는 첫 번째 웅덩이에 물이 가득 차지 않으면 다음 웅덩이에 물이 고일 수 없기 때문이다.

그럼에도 유가윤리의 '친친의 원리'는 묵자가 비판한 '차별적 사랑'의 문제에 직면한다. 묵자는 유가의 인을 반쪽 사랑[別愛]이라 지칭하고 이를 자신이 내세우는 온전한 사랑[兼愛]으로 바꿀 것을 주장한다.

사람이 다른 사람을 미워하고 서로 해치는 것을 따져보면 너와 나를 가르지 않는 겸애인가, 너와 나를 편 가르는 별애인가? 겸애가 별애를 대신할 수 있는 까닭은 어디에 있는가? 다른 사람의 나라 돌보기를 자신의 나라를 돌보는

---

[37] 『孟子集註』, 「梁惠王 上」 7.

것처럼 한다면 그 누가 자기 나라의 힘을 모아서 다른 사람의 나라를 쳐들어가겠는가! 왜냐? 저를 위하는 것이 나를 위하는 것과 같기 때문이다. 다른 사람의 도읍 돌보기를 자신의 도읍을 돌보는 것처럼 한다면 그 누가 자기 도읍의 힘을 모아서 다른 사람의 도읍을 깨부수겠는가! 왜냐? 저를 위하는 것이 나를 위하는 것과 같기 때문이다. 다른 사람의 집 돌보기를 자기 집안을 돌보는 것처럼 한다면 그 누가 자기 입안의 힘을 모아서 다른 입안을 난장판으로 만들겠는가! 왜냐? 저를 위하는 것이 나를 위하는 것과 같기 때문이다.[38]

본래 사랑을 내세우는 사람은 세상의 이로움을 키우고 세상의 해악을 줄이는 데에 모든 신경을 쓰기 마련이다. 그런데 묵자가 보기에 한편으로 사랑을 외치는데도 다른 한편으로 큰 나라는 틈만 있으면 작은 나라를 공격하고, 강한 자는 약한 자를 겁주고, 있는 자는 없는 자를 모욕하고, 머리가 좋은 사기꾼은 어리석은 자를 속이고, 신분이 귀한 자는 천한 자에게 건방지게 구는 등 세상의 온갖 해악이 자행된다. 세상 사람들이 다른 사람을 미워하고 서로 해치는 이유는 바로 너와 나를 편 가르는 차별애 때문이라는 것이다. 묵자가 보기에 유학의 윤리는 자기의 가까운 사람을 중심으로 이루어지는 차별적 사랑이기 때문에 이런 해악이 생기는 것이다. 묵자는 도덕의 기본원리는 세상에 이로운가 또는 해로운가 하는 공리주의적 보편윤리여야 한다고 주장한다.

한유가 인을 박애로 규정한 것도 이 점과 무관하지 않다. 그는 "널리 사랑하는 것을 인이라 하고, 인을 실행하여 합당하는 것을 의라 하고, 인의로 말미암아 앞으로 나아가는 것을 도라 하고, 자신에게 충분하여

---

[38] 『墨子』, 「兼愛」; 신정근(2011), 앞의 책, 121-123쪽 재인용.

밖에 기대지 않는 것을 덕이라 한다"[39]라고 설명하는데, 이 규정은 묵자에 가깝다고 할 수 있다. 유교에서 인은 보편적인 사랑을 지향하더라도 출발 단계에서는 늘 가족 사랑을 우선시했다. 맹자는 인의 출발점은 가족 사랑에 두고 그 지향은 보편적 사랑에 둠으로써 이 문제를 정리하려고 했다. 이렇게 보면 한유가 인을 박애로 규정한 것은 맹자의 입장을 부정한 것으로 보일 수도 있다. 그러나 한유의 의도는 맹자를 부정하려는 것이 아니라 노자의 도교와 부처의 불교에 대항하기 위한 것이다. 한유는 유교가 도교나 불교와 경쟁하면서 설득력을 지니려면 차별과 배제의 논리를 계속 내세울 수 없다고 여겼다. 한유는 유교의 '친친의 윤리'에 함의된 차별적 사랑을 희석시키기 위해 인을 박애로 표현한 것 같다.

6) 유가윤리의 논점: 보편윤리로서 정당성 문제

그런데 가족윤리의 덕목을 근간으로 하는 '친친'의 유가윤리는 현대 사회에서도 보편윤리로서 무리 없이 작동될 수 있는가? 모든 사람에게 한결같이 적용될 수 있는 보편윤리의 이념은 공평성이다. 공평성의 도덕이념은 행위자 자신의 개인적 친분이나 이해관계의 초월을 요구한다. 서양의 공리주의 윤리는 이러한 공평성의 이념을 잘 구현하고 있다. 공평성의 이념은 "각자는 한 사람으로 계산되고 누구도 그 이상으로 계산되어서는 안 된다"는 공리주의자들의 선언에 잘 나타나 있다. 도덕원리로서 공평성의 이념은 자신과 가까운 사람이나 먼 사람이나, 친밀한 사람이나 모르는 사람이나, 은혜를 입은 사람이나 아니거나 모든 사람들을 공평무사하게 대우하라는 것이다. 이러한 도덕성의 요구에서 보면

---

39 신정근(2011), 앞의 책, 174쪽 재인용.

유학의 친친의 윤리는 논리적 취약점이 드러난다. 유가윤리의 친친의 원리는 논리적 정합성보다는 실현 가능한 행위의 맥락을 강조한 것이기 때문이다.

　유학의 친친의 윤리는 서양의 의무론 윤리에서 말하는 '특별한 의무(special duty)'[40] 개념과 유사하다. 이것은 행위자와의 특별한 관계로 인해 발생하는 도덕적 의무이다. 배우자, 부모, 형제, 친구, 동료 등 자신과 친근한 사람들에게는 공평성을 넘어서 특별한 관심을 갖는 것은 마땅하다는 것이다. 또한 우리는 자신의 행동으로 인해 다른 사람에게 잘못을 범했을 경우 우선적으로 자신의 악행을 보상해야 하고, 또 은혜를 입은 사람에게 보은해야 하는 특별한 의무를 가져야 한다는 것이다. 서양윤리에서 특별한 의무 개념은 의무론 윤리와 공리주의 윤리를 절충하려고 시도하는 이론에서 잘 제시되고 있다. 허치슨(Francis Hutcheson)은 "다른 모든 사람에 대한 보편적 사랑은 거리가 가까울수록 인력(引力)이 증대되고 물체가 서로 접촉하면 강해지는 중력의 법칙"[41]에 비유된다고 말한다. 또한 필드(G. C. Field)는 다음과 같이 설명한다. "우리는 사랑의 역량이 우리 지식의 한계에 의해 제약된다는 것을 알아야 한다. 완전한 의미에서 사랑은 우리가 오직 개인적으로 아는 사람에게만 가능하다. 각자의 개인적 이상은 우리가 개인적으로 아는 사람에 대한 초점의 의미를 전 인류의 모든 사람에게까지 확대하는 것이다."[42] 이러한 논의는 친친의 원리에 근거한 특별한 의무를 지지한 설명이다.

40　이 부분에 대한 상세한 논의는 도성달(2011), 앞의 책, 341–349쪽 참고.
41　Francis Hutcheson, "An Inquiry into the Origin of our Ideas of Beauty and Virtue." A. S. Cua, *Dimension of Moral Creativity* (University Park: The Pennsylvania State University Press, 1978), p.56 재인용.
42　G. C. Field, *Moral Theory* (London: Methuen, 1966), p.153.

가족이나 친구 등 가까운 사람에 대한 특별한 의무의 가장 강력한 논거는 도덕적 직관이다. 가령 자기 아내와 낯선 사람이 함께 물에 빠져 위험에 처했을 때, 자기 아내를 먼저 구하기로 한 결정을 정당화하려면, 자신의 결정이 도덕원리에 합당한지, 다른 사람들이 자신의 행위를 허용할 것인지 등 여러 상황을 고려하지 않으면 안 된다. 또한 병원에 입원한 친구를 방문해야 할 이유가, 친구에 대한 우정이나 감정 때문이 아니라 의무감이나 도덕적 원리에 따른 것이라고 한다면, 그것은 도덕적으로 매력 없는 삭막한 도덕생활일 것이다. 이는 우리가 자기 아내를 먼저 구해야 하고, 친구를 문병해야 하는 것은 도덕원리에 의존하지 않더라도 우리가 느낄 수 있는 도덕적 감정이고 직관이라고 생각하기 때문이다. 이처럼 특별한 의무는 '많은 말이 불필요한 정당화'[43]이다. 또 특별한 의무의 정당화 논거는, 의무의 강도는 친밀성의 유대에 비례한다는 것이다. 우리는 친근한 사람들과 교제활동을 통해서 의미 있는 지속성을 발견하게 되고, 따라서 자신의 정체성을 발견하고 지속시키기 위해 친근한 사람들에게 특별한 관심을 갖는 것은 당연하다는 것이다.

그러나 친친의 원리나 특별한 의무 관념은 전통적 의무로서는 타당할지라도 세계화 시대의 보편윤리로서는 정당성을 상실한다는 비판이 만만치 않다. 대부분의 공리주의자들은 '친근한 사람'에 대한 특별한 의무가 도덕 판단의 기준이 되는 공평성의 원리에 부합되지 않는다고 주장한다. 공평성의 이념은 공리주의든 의무론이든 모든 도덕이론이 반드시 지켜야 하는 도덕의 기본적 원리이다. 공평성의 요구에서 보면 행위자는 어떤 경우에도 중립적이어야 한다. 그런데 행위자와 특별한 관계

---

[43] Bemard Williams, *Moral Luck* (Cambridge University Press, 1981), p.18; 피터 싱어 지음, 김희정 옮김, 『세계화의 윤리』(아카넷, 2002), 210쪽 재인용.

에 있는 사람의 요구에 우선권을 둔다는 것은 공평성의 원리에 반하는 것이다. 친근한 사람에 대한 의무는 친근하지 않은 사람에 우선하고, 보다 친근한 사람에 대한 의무는 덜 친근한 사람보다 우선한다는 행위의 준칙을 적용한다면, 이는 행위자 중심의 도덕률이지 보편화 가능성의 도덕률이 아니다. 오늘날의 보편윤리의 도덕원리는 모든 사람들을 공평무사하게 대우하라는 정의의 원리를 근간으로 하고 있다. 그러나 가까운 사람에 대해 특별한 의무감을 느끼게 하는 것은 도덕원리 이전에 정서적 유대나 개인적 친밀감에서 오는 정의적 요소이다. 이렇게 보면 특별한 의무에 대한 공리주의자들의 비판은 옳다.

그런데 서양윤리가 로고스(logos) 문화에 토대를 둔다면 유가윤리는 파토스(pathos) 문화의 산물이다. 말하자면 유가윤리는 행위의 옳고 그름에 대한 합리적 원리보다는 행위자의 동기나 성품 등 정의적(情誼的) 요소에 더 비중을 둔다. 사람은 도덕적으로 옳은 행위를 행하기보다는 도덕적으로 선한 사람이 되기를 바란다. 가까운 사람에 대한 의무가 설사 모든 사람을 공평무사하게 대해야 한다는 정의의 원리에 어긋나고, 그래서 도덕적으로 그른 행위일지라도 특별한 의무를 위반하면 나쁜 사람이라는 평가를 받게 되는 것도 이런 이유 때문이다. 공리주의자들의 논증은 한마디로 '선한 사람'보다는 '옳은 행동'을 하라는 식이다. 합리성보다는 합정성(合情性)에 비중을 두는 유가적 사고에 익숙한 사람들은 정의의 이름으로 특별한 의무 관념을 거부하기 어렵다. 혹자는 유가의 이러한 정의적 관습이 가족이기주의나 정실주의와 같은 사회적 부도덕이나 부정부패를 낳게 되었다고 주장한다. 그러나 이러한 사회적 병리 양상들을 친친을 강조하는 유가윤리의 전통으로 보는 것은 잘못이다. 유학의 근본원리로서 인의 이념은 보편적 사랑인 인류애이기 때문이다.

유학자들이 보기에 보통 사람들이 인류의 복지에 직접 관심을 갖는 것이 논리적으로 불가능한 것은 아니다. 그러나 문제는 우리가 어떻게 이것을 실제 행동에서 성공적인 결과를 가져올 것인가 하는 점이다. 실제 생활에서 우리의 행위 범위는 우리의 친근한 관계와 문화적 환경에 의해 제약될 수밖에 없다. 인류애의 실현은 이러한 친근성과 친근한 행위 맥락을 확대하는 것, 즉 도덕적 상황과 대상의 범주 모두를 확장하는 것이다. 유학의 통찰력은 도덕적 탁월성의 이상을 실현하는 것이지 도덕원리의 정당성을 논구하려는 데 있는 것이 아니다. 타인에 대한 우리의 관심을 확대하는 것이 가능하므로 실제로 인의 실질적 성격은 타인에 대한 적극적이고 확대된 관심이다. 그러므로 인의 도덕원리는 자기중심적 이익보다는 타인에 대한 관심으로 확대될 수 있다. 그런데 서양윤리에서 공평성의 이념은 우리가 하지 말아야 할 행위이거나 반드시 해야만 하는 행위에만 적용되는 정의의 원리이다. 남을 도와야 할 선행의 의무는 칸트의 의무 개념에서 보면 '불완전 의무'이다. 선행의 의무는 행위자가 선택할 수 있는 도덕적 의무이다. 가령 모든 사람에게 똑같이 선행을 베풀 수 없는 도덕적 딜레마 상황에서 행위자는 대상을 선택할 수 있다. 그 선택의 대상이 자기 가족과 다른 사람인 경우에 자기 가족을 선택한다고 도덕적으로 비난할 수 없다. 자기 가족을 제쳐두고 다른 사람을 위해 선행을 베풀라는 요구는 도덕적 의무를 넘어선 행위이다. 맹자가 '할 수 없는 행위'와 '하지 않는 행위'를 구분한 것도 이런 의미이다. 이런 논점에서 보면 유가윤리는 현대 사회에서도 보편윤리로서 장애 없이 작동될 수 있을 것으로 본다.

3. 요점과 비교 논점

　서양윤리학은 도덕판단의 논리적 명제들을 규명하고 검증하는 도덕적 추론을 중시한다. 서양윤리학의 이러한 관심은 도덕적 실천의 방법론이나 수양론에 비중이 있는 것이 아니라 인식론에 있기 때문이다. 도덕적 추론은 어떤 행동이 도덕적으로 옳고 그른 것인가를 판단하려면 그 이유와 근거를 제시해야만 한다. 다시 말해 그 행동을 옳은 행동으로 만드는 것이 무엇인가에 대한 논증이 있어야 한다. 마찬가지로 "우리는 어떤 도덕적 의무를 지는가?"라는 물음은 도덕적 의무의 근거가 무엇인가에 대한 답이 선행되어야만 한다. 윤리학에서는 이러한 도덕지식을 도덕적 추론 혹은 정당화론이라고 한다. 목적론 윤리와 법칙론 윤리의 명확한 차이는 이러한 정당화론에서 명확히 드러난다. 목적론은 행위의 결과가 '추구하려고 하는 것'을 성취했느냐의 여부로 도덕적 옳고 그름의 기준으로 삼는다. 반면에 법칙론 혹은 의무론은 행위의 방식이 도덕법칙 혹은 원리의 일치 여부에 따라서 도덕적 옳고 그름을 판단한다.

　목적론 윤리체계에서 도덕 추론의 근거는 행위의 결과이고, 그 잣대는 유용성이다. 공리주의 윤리는 바로 유용성의 원리를 도덕적 옳고 그름이나 의무의 척도로 세운다. 이 경우 유용성이란 우리가 추구하는 최고의 목적, 즉 내재적 가치를 실현하는 데 유용한 결과를 말한다. 공리주의 윤리는 내재적 가치를 무엇으로 볼 것인가에 따라 쾌락주의적 공리주의, 이상주의적 공리주의, 선호만족의 공리주의 등으로 세분된다. 그러나 공리주의에서 어떤 행위가 도덕적으로 옳은지 그른지를 결정하는 궁극적 표준은 그 행위 결과의 유용성이다. 이런 점에서 공리주의 윤리는 결과론이지만, 추구하고자 하는 결과적 선이 오로지 행위자 개인을 위한 선이 아니라 자신을 포함한 모든 사람의 동등한 선이다. 공리주의 윤리가 제시하는 '최대 다수의 최대 행복'의 원리는 바로 이 점을 표방하고 있는 것이다.

의무론 윤리의 기본원리는 보편화 가능성의 원리이다. 의무론 윤리는 도덕적 의무의 근거가 되는 도덕법칙을 세우는 데 관심이 있다. 이런 점에서 의무론은 법칙론이다. 도덕성 혹은 도덕적임이란 행위의 결과에 있는 것이 아니라 행위자의 도덕적 동기로서 의무감의 이행 여부에 있는 것이다. 대표적 의무론자인 칸트의 경우에 도덕적 선은 선의지에 있다. 그가 '정언명법'으로 규정한 도덕법칙은 선의지를 판명할 수 있는 기준이다. 도덕법칙은 모든 사람에게 일관성 있게 보편적으로 적용되고 수용될 수 있어야 한다는 것이 보편화 가능성의 첫 번째 조건이다. 이 경우 다른 모든 사람들은 약속을 잘 지켜줄 것을 기대하면서 자신은 거짓 약속을 하는 경우는 전형적으로 비도덕적 유형이다. 보편화 가능성의 두 번째 원리는 자신의 의지에 의해 스스로에게 부과하는 도덕규칙이어야 한다는 것이다. 우리가 도덕적이어야 할 의무의 원천은 바로 자신의 의지이다. 때문에 도덕은 외재적 제약이 아니라 스스로가 자신을 구속하는 것이다. 보편적 입법자가 되려면 자신의 성향이나 욕구가 아닌 의지의 자율성에 따르지 않으면 안 된다. 또한 보편화 가능성은 인간존엄성의 원리를 포함한다. 자기 자신이나 타인의 인간성을 단지 수단으로 대해서는 안 되고 항상 목적으로 대해야 한다는 것이다. 인간은 그 자체가 목적이므로 어떤 물질적 가치로 평가될 수 없으며, 따라서 무조건적이고 절대적 가치를 지닌다. 인간은 모든 사람 각자가 인격적 존재이다. 이렇게 보면 의무론 윤리가 상정하는 궁극적 목적은 인간 존엄성 혹은 인격적 자아실현이라 할 수 있다.

그런가 하면 서양윤리학의 이러한 전통적인 목적론/법칙론의 이분법적 정당화론에 대한 대안적 모색이 현대 윤리학자들에 의해 새롭게 제기된다. 현대 의무론자들이 주축을 이루는 이러한 접근법은 이른바 절충주의 윤리이론이다. 그 선두자 격인 프리차드(H. A. Prichard)는 현대 윤리학의 오류를 제시하는 가운데 결과론 윤리와 의무론 윤리의 결함을 지적한다. 행위 그 자체가 선하기 때문에 옳은 것이라는 의무론은 도덕 행위에서 동기를 지나치게 강조함으로써 옳음의 본질을 해칠 수 있다는 것이다. 가령 우리가 채무를 변제하는 동기는 반드시 도덕적 의무감이 아니더라도 우리가 해야 할 바를 수행하면 옳은 것으로 보아야 한다는 것이다. 그는 도덕적 행위는 과학적 행위처럼 추론의 결과도 아니며, 과학적 법칙처럼 일반화할 수도 없다고 주장한다. 도덕적 옳음은 다른 사람과 관계되는 방식에 의거해서 주어진 상황에서 일정한 사태를 발생시키는 데 있다는 것이다.

  이러한 절충론은 '조건적 의무론'을 제시한 로스(W. D. Ross)가 명확히 제시했다. 그는 기존 윤리학이 행위규범을 확립하려는 것은 무의미하다고 주장한다. 왜냐하면 도덕철학에 무지한 일반 사람들도 이미 스스로 해야 할 바를 알고 있기 때문이라는 것이다. 그가 말한 '도덕적 적합성(moral suitability)'은 행위의 결과뿐만 아니라 동기까지 포함한다. 도덕적 의무란 그것이 다른 의무와 상충되지 않을 때는 칸트가 말한 절대적 의무이지만, 서로 상충되는 의무의 경우에는 조건적 의무일 수밖에 없다. 이 경우 도덕적 상황에 직면하여 그로 예상되는 결과의 적절성이 도덕적 의무가 된다. 그런데 우리는 이것이 무엇인지 일반화하지 않아도 직관적으로 알 수 있다는 것이다. 프랑케나가 도덕의 원리로서 공리의 원칙과 정의의 원칙을 결합하여 '정의의 원칙'과 '선행의 원칙'이라는 절충적 의무론을 제시한 것도 이러한 관점과 크게 다르지 않다고 할 수 있다.

동서양을 막론하고 윤리학은 실천학문이다. 그러나 서양윤리학에서 실천학의 의미는 유가윤리학이 말하는 도덕적 실천의 수양론이 아니라, 도덕적 실천의 원리와 지식론이다. 이런 점에서 유가윤리와 서양윤리는 도덕적 앎의 의미가 서로 다르고 도덕의 본질에 대한 이해방식도 다르다. 그 근본적 이유는 철학적 사유방식의 차이점에 있는 것 같다. 서양적 사유방식은 분석적이고 이원론적이지만 유가적 사유방식은 종합적이고 전일적이다. 그러나 윤리학의 근본적 물음에 대한 해명은 동서윤리학이 추구하는 한결같은 테마이다. 윤리학의 본질적 문제에 대한 문제의식은 동서윤리가 다르지 않다. 단지 서양학은 윤리학, 심리학, 교육학 등으로 세분화되기 때문에 행위론이나 실천적 방법론은 심리학이나 도덕교육의 몫이다. 반면에 유가의 윤리학은 도덕철학, 심리학, 도덕교육론이 하나로 묶여 있다. 그래서 서양윤리학은 지식론이고 유가윤리학은 실천론 중심인 것처럼 보인다. 유가윤리학에서 도덕인식론, 정당화론, 행위론을 따로 구분해서 말하기 어려운 것도 이 때문이다.

　　서양의 윤리학이 "도덕적 삶이란 무엇이며 도덕지식을 어떻게 알 수 있는가" 하는 도덕인식론에서 출발했다면, 유학의 윤리사상은 "인간은 왜 도덕적 존재이며 어떻게 도덕적일 수 있는가" 하는 도덕적 실천에 초점이 있다. 말하자면 서양윤리학은 도덕적 삶의 이상과 원리에 관한 도덕적 사유가 도덕행위의 선결요건이라는 인식이 지배적이다. 그래서 윤리학에서 도덕지식론의 본래적 의미는 도덕적 진리란 무엇이며 그것을 어떻게 알 수 있는가 하는 인식론이다. 소크라테스 이래로 서양윤리학은 도덕적 진리에 대한 탐구를 "인간실존의 궁극적 목적이 무엇인가"에 대한 물음에서 출발한다. 이 궁극적 목적이 바로 도덕적 완전성을 성취하기 위한 절대적 기준이며 도덕적 선/악, 시/비, 정(正)/사(邪), 도덕적 당위와 책무, 행위준칙을 결정하는 준거이다. 그런데 도덕적 진리의 인식은 과학적 진리와는 달리 경험적 검증이 불가능하기 때문에 사변적 추론에 의존할 수밖에 없다. 도덕적 선이나 옳음, 의무와 당위의 근거와 이유에 대한 도덕적 추론이 도덕지식론의 핵심인 이유도 여기에 있다.

서양의 도덕진리론은 인간이 궁극적으로 실현해야 할 목적으로서 '그 자체로서 가치로운 것', 즉 내재적 가치가 무엇인가에 대한 가치론이다. 가치실재론은 플라톤이 내재적 가치의 선험성과 절대성을 주장하는 '이데아'를 논거로 하고 있다. 도덕진리인 선의 이데아는 감각이나 경험으로 알 수 없고 오로지 엄격한 사유에 의해서 알 수 있는 '에피스테메(episteme)'이다. 셸러(Max Scheler) 등 가치실재론자들이 말하는 '가치질(價値質)' 관념은 플라톤적 사유에 그 뿌리를 두고 있다고 할 수 있다. 가치질은 담지자인 가치물로부터 독립적으로 나타나는 실질적 성질이며 이는 직관적으로 알 수 있다는 것이다. 가치의 우열이나 높고 낮음은 인식자의 능력이나 성향에 따라 나타나는 욕구와 감정에 의해 달라지는 것이 아니다. 말하자면 가치질은 경험론자들이 말하는 것처럼 욕구의 절박성에 따라 높은 가치로 인식되는 것이 아니라는 것이다. 가치질은 사상(事象)이 변하더라도 불변적이다. 이는 푸른 콩에 붉은색을 칠해도 푸른색의 본질이 변하지 않듯이, 또한 친구가 배신했다고 우정의 가치가 달라지지 않는 이치와 같다. 우리가 도덕적 선을 실현하려면 '어떻게' 욕구할 것인가 이전에 '무엇을' 욕구할 것인가에 먼저 관심을 가져야 한다는 것이다. 따라서 도덕지식이란 도덕적 선이 무엇이며 그것을 스스로 알게 하는 '가치감'을 계발하는 것이다. 이것은 "도덕적 가치로서 선과 악을 담지하는 인격"[44]의 계발과 다름없다. 도덕지식은 어떤 가치가 보다 높은 가치인가 하는 가치서열을 감지하고 왜 정신적·종교적 가치가 유용성의 가치 위에 있고, 유용성이 감각적·쾌락적 가치보다 우위인가를 밝힌다.

그런가 하면 유가에서 도덕적 진리로서 도는, 마치 플라톤의 이데아와 같이 추론적 이성으로 알 수 있는 이론지의 대상이 아니라 초월적 실재이다. 노자의 언설대로 도라고 말할 수 있는 것은 항상 실재하는 도가 아니다. "도는 형상이 없으며 행함으로써 사태에 나타나는 것"[45]이므로 행위를 통해서 알 수 있을 뿐이다. 유가의 사유체계에서 본래 도는 도덕적 진리로서만 말하는 것이 아니다. "하늘이 명한 것을 성이라 하고, 성을 따르는 것을 도라 하고, 도를 닦는 것을 배움이라 한다"[46]는 『중용』의 언설이 잘 말해주듯이, 모든 존재는 도를 가지고 있다. 말하자면 도란 사람뿐만 아니라 존재하는 모든 것의 존재 근거이며 이유이다. 사람에게 도는 인간관계의 윤리적 도와 생리적 도가 있다. 주자가 "기거함에는 기거하는 도가 있고, 마시고 먹는 데에도 마시고 먹는 도가 있다"[47]라고 한 것도 이것이다. 그러나 도덕적 진리로서 도는 윤리적 도이다. 말하자면 도는 일용사물에 있어서 마땅히 행해져야 할 도리이지만, 인간의 행위에 있어서 도는 심에 있기 때문에 인간만이 도를 지니고 알 수 있다.

도덕의 진리로서 공자는 도를 언급하지만 도가 무엇인지를 설명하지 않았다. 공자는 도덕적 삶의 이상과 원리를 가지고 말했지만 이를 형이상학적 도덕철학으로 논하지 않았다. 맹자는 왜 인간이 도덕적이어야 하고 도덕적일 수 있는지에 대한 근거와 이유를 인성론으로 해명

---

44 막스 셸러 지음, 이을상·금교영 옮김, 『윤리학에 있어서 형식주의와 실질적 가치윤리학』(서광사, 1988), 60쪽.
45 『朱子語類』 6, 『朱子新學案』 제1책, 345쪽에서 재인용.
46 『中庸章句』 1.
47 『論語或問』, 「衛靈公」.

하지만 그 역시 마찬가지이다. 유가윤리의 윤리학적 체계는 신유학으로 불리는 송대의 철학자들에 의해 이론적 틀이 갖추어진다. 주자는 도를 성(性), 심(心), 이(理)와 깊은 연관 속에서 논구한다. 도는 성이고 성이 곧 도이므로 이 둘은 일체이다. 그러나 도와 성은 일체이면서 동시에 같은 것은 아니다. "성은 사람에게 부여된 내용이지만 도는 사물에 마땅히 그러한 이이다"[48]라는 언설은 성은 도보다 구체적이고 현실적임을 말해준다. 그러므로 '성을 따르는 것'을 도라고 한 것은, 물의 존재의 본성을 이루는 근본으로서 이(理)를 따르는 것이 된다. 도와 성이 일체이면서 다른 것처럼 도와 이의 관계는 절대적인 것이지만 그대로 동일한 것은 아니다. 도의 개념은 개개의 물에 있는 이의 개념보다 포괄적이고 심오하다. 이(理)는 궁극적인 것이지만 세세한 것이며 정밀한 것이다. 이(理)를 따르는 도는 인위적이고 작위적인 것이 아니라 극히 자연적인 발현인 것은 당연하다. 도는 사물의 당연한 이이지만, 또한 사람됨의 이이다.

그런데 사람은 나면서 누구나 균등한 성을 지니기 때문에 사람의 도는 하나이고 불변적인 것이다. 유가윤리에서 도가 도덕행위에 있어서 모든 사람에게 동일한 도덕적 진리인 까닭은 이것이다. 진리가 진리인 것은 그것이 만고불변의 옳음인 것이기 때문이다. 도는 마땅히 그러한 바의 이유와 근거로서 형이상적인 소이연(所以然)의 이와 행위규범으로서 소당연(所當然)의 이를 아는 것이다. 우리가 도덕적일 수 있는 것은 "소이연을 앎으로써 지(志)가 미혹되지 않고, 그 소당연을 앎으로써 행동이 그르치지 않기 때문이다."[49] 주자의 이러한 언설은 도덕지의 의미

---

48 『朱子文集』 56; 『朱子新學案』 제1책, 442쪽.
49 『朱子文集』 64, 「答或人」.

와 성격을 잘 말해준다. 그런데 도의 인식주체는 머리가 아니라 심이다. 도의 발현이 작위적인 노력에 의한 것이 아니라 자연적인 것은 도는 사람의 심에 내재하는 것이고 심에서 발현되기 때문이다. 도덕의 진리는 멀리 있는 게 아니라 바로 우리 자신의 마음속에 있다는 의미이다. 공자가 "사람이 도를 넓히는 것이지 도가 사람을 넓히는 것이 아니다"[50]라고 한 것도 이런 이치이다. 사람이 알 수 있고 생각할 수 있고 행할 수 있는 것은 심의 기능이다. 이러한 논거는 맹자가 말한 인간이 본래적으로 갖추고 있는 사단의 본성론과 양지양능론에서 나온다. 이렇게 보면 유가윤리에서 말하는 도덕지는 마음의 눈으로 깨달아서 아는 앎과 배움이나 독서를 통해서 아는 두 가지를 포함한다. 전자는 소이연의 지이고 후자는 소당연의 지이다. 이는 장재가 말한 '덕성지'와 '견문지'의 구분을 보다 상세화한 것이다. 플라톤 식으로 말하면 전자는 '노에시스'이고 후자는 '디아노이아'의 앎이다. 아리스토텔레스는 이를 '이론지'와 '실천지'라고 명명한다.

이렇게 보면 유가의 도덕지는 근세 서양윤리에서 논구하는 논리적이고 추론적 지식이 아니다. 유가의 앎은 이성적 사유와 판단으로만 알 수 있는 이론지가 아니라 덕성이 전제되지 않으면 안 된다. 그렇기 때문에 '앎' 속에는 이미 '행'이 포함된다. 소크라테스가 지행합일을 말한 것도 이런 관점과 크게 다르지 않다. 물론 소크라테스에 있어서 앎의 대상은 인생의 진정한 목적을 아는 것으로, 유가에서 말하는 '도'와는 거리가 있다. 그러나 플라톤은 이것을 '이데아'로 설명한다. 플라톤이 말하는 선 이데아는 유가의 도와 매우 흡사하다. 유가의 도나 플라톤의 선 이데아는 감각지의 영역이 아니다. 이 말의 의미는 온갖 감각

---

50 『論語集註』, 「衛靈公」 28.

적 욕구를 조절할 수 있고 절제의 덕을 지닌 사람만이 이것을 알 수 있다는 뜻이다. 유가에서는 이런 사람을 성인이라 하고 플라톤은 철인이라 했다. 그래서 유가에서는 내성외왕(內聖外王)을, 플라톤은 철인왕(哲人王)을 도덕적 이상통치의 모델로 제시한다.

3장
도덕인식론

서양윤리학의 본령은 도덕적 진리란 무엇이며 그것을 어떻게 알 수 있는가 하는 도덕인식론이다. 윤리학이 하나의 '학(學)'으로서 성립하려면 무엇보다도 도덕인식론에서 확고한 이론을 정립해야만 하기 때문이다. 서양윤리에서 인식론 논쟁의 가장 큰 쟁점은 도덕적 선악, 행위의 옳고 그름에 대한 지식이 실재하느냐 아니냐 하는 실재성 논쟁이다. 또 다른 쟁점은 만약 도덕지식이 실재한다면 그것을 어떻게 알 수 있는가 하는 인식의 방법론 논쟁이다. 메타윤리에서 전자는 인식주의 대 비인식주의 논쟁으로, 그리고 후자는 직관주의 대 자연주의 논쟁으로 대립된다. 한편 유가윤리에서 도덕인식론 논변은 서양윤리처럼 도덕진리의 실재성 논쟁이나 방법론 논쟁이 아니다. 유가윤리에서 도덕적 진리는 우주자연의 이치에서 나오는 것이므로 천도(天道)가 곧 인도(人道)이다. 즉 자연법칙이 바로 도덕법칙이기 때문에 도덕인식론에서 실재성 논쟁은 무의미하다. 또한 이러한 형이상학적 체계에서 그것을 인식하는 것은 당연히 인간의 직관이므로, 직관주의 대 자연주의 논쟁은 불필요하다. 유가윤리의 도덕인식론의 요점은 인식의 주체인 심(心)의 권능과 기능에 관한 논변이다. 그리고 유가윤리의 도덕인식론에서 중요한 테마는 '격물치지(格物致知)'와 '거경함양(居敬涵養)'이라는 인식의 방법론과 관련된 문제이다.

1. 서양윤리의 도덕인식론

1) 인식주의

도덕인식론은 크게 인식주의와 비인식주의로 구분되고 인식주의는 다시 직관주의와 자연주의로 세분된다. 메타윤리의 도덕인식론에서 가장 중요하고 근본적인 쟁점은 "도덕 판단이나 특성들이 윤리와 무관한 속성들로 분석될 수 있는가?" 하는 점이다. 윤리와 무관한 특성들로 완전하게 분석될 수 있다고 주장한 이론은 자연주의 이론이고, 이를 부정하는 이론은 비자연주의 혹은 직관주의 이론이다. 자연주의 이론은 도덕 판단을 경험적 탐구를 통해서 정당화할 수 있다고 보고, 가치 혹은 당위를 사실 혹은 존재로부터 도출하고, 그 의미를 정의하려는 이론이다. 비자연주의는 윤리적 속성을 인식하는 것은 자명하므로 증명을 필요로 하지 않는다는 입장이다. 도덕인식론에서 직관주의와 자연주의 논쟁은 도덕적 선악, 옳고 그름, 의무, 책임 등 도덕 판단 전반에 해당된다. 먼저 직관주의 이론을 살펴보자.

(1) **직관주의 윤리**[1]

직관주의는 우리가 도덕적 선악, 옳고 그름, 의무, 당위 등을 파악하기 위해 자연이나 경험적 요소에 호소하지 않아도 직접, 그리고 즉각적으로 그것을 자명한 진리로 인식할 수 있다고 주장한다. 직관주의에서 말하는 인식의 방법으로서 직관은 본능처럼 인간이 가지고 태어나는 본유적인 능력이 아니라, 교육이나 훈련을 통해 계발되는 지적 능력이다. 우리가 감각을 통해서 대상을 파악하듯이, 우리는 직관적 능력을 통해서 도덕적 옳고 그름이나 선악을 직접적이고 즉각적으로 알 수 있다. 우리는 보고, 만지고, 듣고, 맛을 보고, 냄새를 맡는 오감을 통해서 대상을 직접, 그리고 즉각 파악한다. 그렇다면 도덕적 진리를 즉각적으로 인식하는 직관적 기능을 수행하는 것은 무엇인가? 버틀러(Joseph Butler)는 "인간의 도덕적 자질은 그것이 양심으로 불리든 도덕적 이성이나 신적 이성으로 혹은 도덕감이나 아니면 합리적 감정이나 심정적 지각으로 이해되든, 어떤 행동을 시인하고 비난하는 기능을 발휘하는 것"[2]이라고 설명한다. 이렇게 보면 직관은 인간의 고유한 정신적 능력으로서 도덕적 인식능력을 통칭하는 개념이다.

그런데 우리는 복잡한 도덕적 추론의 과정을 거치지 않더라도 어떻게 도덕 판단을 즉각 알 수 있는가? 직관주의자들은 그 이유를 '자명성'으로 설명한다. 데카르트의 논지에 의하면, 도덕적 특성은 '명백하고 분명하게 참된 것'[3]이므로 의문이나 논쟁의 여지가 없이 분명한 것이다. 가령 우리가 "약속을 어기는 것은 도덕적으로 그르다"라는 도덕 판단을 할 수 있는 것은, '그르다'는 말이 '약속을 어김'으로 정의될 수 있기 때문이 아니다. 복잡한 언어 분석이나 논리적 추론을 하지 않더라도 우리가 어느 단계의 도덕 발달에 이르게 되면 약속을 어긴다는 사실적 속성

---

1 도성달, 『윤리학, 그 주제와 논점』(한국학중앙연구원출판부, 2011), 216-231쪽 참고.
2 Joseph Butler, "Of the Nature of Virtue," *The Analogy of Religion* (London, 1736); William S. Sahakian, *Ethiss* (New York: Harper & Row, 1974), p.96 재인용.
3 William K. Frankena, *Ethics* (New Jersey: Prentice-Hall, Inc., 1973), p.102.

과 그릇됨의 가치속성 간의 필연적 연관성을 저절로 알게 된다는 것이다. 이처럼 도덕적 판단은 자명한 것이므로 논리적이거나 심리학적 논증으로 정당화될 필요가 없다. 인간의 직관이나 도덕적 가치 속성은 그 자체가 스스로를 정당화하기 때문이다. 요컨대 직관주의의 기본 명제는 첫째, 인간은 오감에 비유될 수 있는 직관이라는 독특한 정신적 능력을 지니고 있다는 것, 둘째 '좋음'이나 '옳음' 등의 도덕적 특성은 불변적 속성으로서 실재한다는 것, 셋째 도덕적 가치 속성에 대한 검증은 경험적 방법이 아닌 인간의 정신적 능력에 의존해야 한다는 것, 넷째 그러므로 도덕적 옳음은 외면적으로 나타나는 행위의 결과가 아니라 행위자의 내면성을 기준으로 평가해야 한다는 것 등이다.

이러한 직관주의 윤리는 상식의 윤리와 상통한다. 우리는 행위의 결과를 따지지 않더라도 상식에 비추어 자명하게 옳은 것과 그른 것을 분별할 수 있다고 생각한다. 상식의 윤리는 도덕 판단의 대상을 행위가 아니라 인격, 동기, 의도 등 행위자의 내면에 초점을 둔다는 점에서 의무론적 규범윤리를 표방한다. 시즈윅이 모든 윤리학의 방법은 적어도 하나의 직관을 포함할 수밖에 없다고 주장한 것도 이런 맥락이다. 상식의 도덕과 관련해서 시즈윅은 직관주의가 지닌 함정을 잘 지적하고 있다. 상식의 윤리는 '독단적 직관주의'이기 때문에 도덕 판단의 근거로서 다음과 같은 위험성이 있다. 첫째, 우리는 강한 충동을 진정한 지적 통찰과 혼동하기 쉽고 또한 자신이 감정적으로 싫어하는 것을 도덕적으로 나쁜 것, 그른 것으로 판단하기 쉽다. 둘째, 우리가 몸담고 성장해온 사회의 관습과 여론에 근거한 규칙들이 도덕적 공리의 외양을 가질 수 있다. 우리는 예의나 관행이 금하는 것을 직관적으로 안다고 생각한다. 그러한 규칙들은 분명히 외부로부터 강제된 것으로서 대체로 이성적 정당화가 결여된 것들이다. 그래서 상식의 도덕은 절대적 의무로 설정된

규칙들이 상호 충돌을 일으킬 때, 더 이상 자명하지 않게 된다.

직관주의 윤리이론은 플라톤의 도덕 이념을 이어받은 17세기 영국의 케임브리지 대학의 도덕철학자들을 중심으로 활발하게 전개되었다. 고전적 직관주의로 불리는 그들은 도덕법이란 신의 속성에서 유래된 것이므로 영원불변한 것이며 절대적인 것이라고 주장한다. 옳고 그른 것의 기준으로서 도덕법은 모든 이성적 존재들이 직관적으로 알 수 있다. 그들은 직관의 개념을 인간의 합리성으로 이해한다. 그들 가운데서 커드워스(Ralph Cudworth, 1617-1688)는 가장 뛰어난 고전적 직관주의 윤리학자이다. 그는 도덕적 선은 신이라도 자의적으로 바꿀 수 없는 속성을 지닌 영원불변의 속성을 지닌다고 설명한다. 프라이스(Richard Price, 1723-1791)가 도덕법을 영원불변의 원리로 보고 이성에 의해 그것을 직관적으로 알 수 있다고 주장한 것은 커드워스와 같은 입장이다. 그는 이성적 존재인 인간의 정신에 내재하는 힘에 의해 도덕법이 직접 지각되지 않는다면, 우리는 자명한 진리인 옳음에 대해 영원한 장님이 되고 만다고 주장한다. 프라이스의 이론에서 크게 주목되는 것은 '옳음'의 개념을 정의 불가능한 것으로 규정한 점이다. 그는 옳음은 단순 개념이기 때문에 우리의 마음속에 있는 어떤 즉각적인 힘에 의존하지 않고서는 파악할 수 없다고 주장한다. 고전적 직관주의 윤리를 완성한 사람은 마티노(James Martineau, 1805-1900)이다. 그는 도덕적 옳고 그름은 겉으로 나타난 결과와 무관하게 도덕의식 혹은 도덕적 자질에 의해 직관된다고 주장한다. 도덕이란 본질적으로 특별한 행위라기보다는 한 인격의 선한 의도, 성향, 동기이기 때문이다. 그래서 그의 직관주의 윤리는 인격적 직관주의로 불리기도 하는데, 도덕이 인간에게만 의미를 갖는 것도 이런 이유이다. 도덕이 그 자체로서 의미를 지니는 것은 행위의 실현이 아니라 그것을 수행하는 사람 때문이다. 다시 말해 도덕성의 여부는 행위에 있는 것이 아니라 행위자의 인격에 있는 것이다. 그러므로 도덕의 본질은 '행함(doing)'의 문제가 아니라 '존재(being)'의 문제이며, 도덕법칙은 "이렇게 하라"가 아니라 "이렇게 되라"는 형식으로 표현되어야 한다고 주장한다.[4]

한편 의무론적 직관주의자들은 도덕적 옳고 그름의 원리나 그것에 대한 인식론 논쟁보다는 '도덕적 의무'에 대한 이론을 정립하는 것에 초점을 둔다는 점에서 고전적 직관주의자들과 구별된다. 칸트 이외의 대표적인 의무론적 직관주의 윤리이론가는 프리차드(Harold Arthur Prichard, 1871-1947)이다. 그는 도덕적 옳은 행위, 즉 도덕적 의무를 증명하고자 하는 것은 오류임을 밝히려고 한 사람이다. 그는 특정한 행위의 옳음에 대한 지각이나 도덕적 의무에 대한 감각은 파생적인 것이 아니라, 직접적인 것이므로 직관적으로 인식되어야 한다고 주장한다. 행위의 옳음은 산출된 선에 의해 정의될 수 없고 그 자체로 독특한 것이기 때문이다. 프리차드가 보기에 도덕적 의무의 근거는 자신에게 행복이나 이득을 주기 때문도 아니고, 행위 자체가 내재적으로 선한 것이기 때문만도 아니다. 우리가 행위의 옳음이나 의무를 도덕적 사고를 통해서 인식하게 되는 것은 논증에 의해 지각되는 것도, 행위의 결과로서 생기는 선도 아니라는 것이다. 프리차드의 윤리이론은 칸트 의무론에 가장 가깝지만 '도덕적 옳은 행위'와 '도덕적 선한 행위'를 구분한 점에서 특별히 주목된다. 그는 옳은 행위의 옳음은 전적으로 행위 그 자체에 있지만, 반면에 행위의 내재적 선은 행위자의 동기에 있다고 주장한다. 즉, 도덕적으로 선한 행위가 선한 까닭은 단지 그것이 옳은 행위이기 때문이 아니

---

4 James Martineau, *Types of Ethical Theory* (Oxford: Clarendon Press, 1891); William S. Sahakian(1974), 앞의 책, p.100에서 재인용.

라, 옳다는 이유에서 행한 것, 즉 의무감에서 행한 옳은 행위이기 때문이라고 주장한다.

의무론적 직관주의 윤리 계보에서 주요한 위치를 차지하고 있는 학자는 로스(William David Ross, 1877-1971)이다. 로스는 도덕적 옳음을 도덕과 무관한 용어로 환원할 수 없다고 규정한 점에서 철저한 무어주의자이다. 그러나 그는 옳음에 대한 독특한 이론을 통해 무어의 공리주의 행위이론과 구별되는 새로운 이론을 제시한다. 그가 도덕적 옳음의 특성을 '도덕적 적합성'으로 규정한 것이 그것이다. 어떤 행위가 도덕적으로 옳다는 것은 그 행위의 결과가 최대한의 선을 가져오기 때문이 아니라 상황에 적합하기 때문이라는 것이다. 그는 이것을 '좋은 길'과 '옳은 길'에 비유해서 설명한다. 가령 옳은 길은 한 지점에서 다른 지점에 도착하고자 할 때, 그 상황에 적합한 길이다. 그 길은 포장되지 않은 울퉁불퉁한 나쁜 길일 수 있지만 옳은 길이다. 좋은 열쇠와 옳은 열쇠의 관계도 마찬가지이다. 옳은 열쇠는 특별한 잠금 장치를 열려고 하는 상황에 적합한 열쇠이다. 길이나 열쇠의 '좋음'은 그것이 다른 성질 속에서 바뀌지 않고 남아 있는 한 길이나 칼에 영구적으로 속해 있는 하나의 속성이다. 그러나 '옳음'은 특수한 상황이나 필요에 따른 상대적인 속성일 따름이다. 좋은 길이 특정 상황의 요구에 부합되지 않고 나쁜 길이 그것에 부합된다면, 좋은 길이 반드시 옳은 길이 아닐 수도 있고, 또 나쁜 길이라도 옳은 길이 될 수 있다. 그러나 그가 말하는 적합성 개념은 어느 정도는 행위의 결과와 행위자의 동기를 포함한 것으로 봐야 한다. 이런 점에서 그의 윤리이론은 밀의 공리주의와 칸트의 의무론의 중간적 위치인 절충주의라고 할 수 있다.

직관주의 윤리이론 중에서 무어(George E. Moore, 1873-1958)는 현대 직관주의 윤리의 중심인물로 자리매김된다. 무어는 『윤리학 원리

(*Principia Ethica*)』에서 쾌락주의를 비롯한 자연주의 윤리의 오류를 논박하는 과정에서 직관주의 관점을 분명히 제시한다. 그의 직관주의 이론은 '선'의 의미 분석에서 시작한다. '선하다'는 말은 '노랗다'는 말처럼 단순 개념이므로 여러 가지 말의 의미로 합성될 수 없다. 노란색을 보지 못한 사람에게 노란색이라는 말의 개념을 기술하거나 분해하거나 연역을 통해서 전달할 수 없듯이, 선하다는 말의 개념 또한 이와 마찬가지이다. 이런 말은 개념 정의 자체가 불가능하다. 정의는 단순하고도 요소적인 개념으로 결국 환원하는 것이기 때문이다. 선 개념은 사유를 매개로 해서 인식될 수 없으며, 그 대상은 항상 매개 없이 직접적으로 인식되지 않으면 안 된다는 것이다. 선이 단지 직관적인 방식으로만 인식되어야 한다면, 그것은 자연과학적으로 확인되는 사태를 통해서는 매개되지 않은 독자적 내용으로서 인정되어야 한다. 무어의 직관주의 윤리의 가장 큰 공적은 이처럼 선은 매개 없이 직접 파악될 수밖에 없다는 것을 논구한 점이다. 무어는 이를 위반하고 있는 두 가지 형식을 진화론 윤리와 쾌락주의라고 지적한다. 그는 이들 윤리를 자연주의 윤리로 명명하고 자연주의 윤리가 왜 오류인지를 규명한다. 그는 선의 속성을 '윤리와 무관한 개념'으로 분석하려고 시도하는 윤리를 모두 자연주의 윤리로 명명한다. 자연주의 윤리가 선을 자연적 대상의 속성으로 파악하고 윤리학을 자연과학이나 심리학과 같은 경험과학의 방법으로 다룸으로써 '자연주의적 오류'를 범하고 있다는 것이다. 그는 특히 쾌락주의의 오류를 논증하는 가운데 그 유명한 '열린 물음의 논쟁'을 제기한다. 쾌락주의의 오류를 논증하는 무어의 '동의어 테스트'는 오늘날 많은 논란이 있지만, 그러나 현대 메타윤리에서 직관주의가 활기를 띠게 된 것은 그의 공적이다.

(2) 자연주의 윤리이론[5]

윤리학에서 자연주의라는 말은 다양한 의미로 사용된다. 그 의미의 다양성은 기본적으로 '자연적'이라는 말을 이해하는 방식에 있다. 고대 그리스의 철학자들은 도덕은 자연적인 것인가 아니면 사회적 관습의 산물인가 하는 논쟁을 벌였다. 플라톤은 선이란 인간의 의도, 목적, 욕구·욕망과 관계없이 그 자체로 이미 존재하는 것으로 보았다. 선은 그 자체로 존재하며 선악의 구분은 인위적인 것이 아니라 자연적이라는 것이다. 어떤 대상이 선인 까닭은 그 안에 선의 속성이 있기 때문이다. 또한 아리스토텔레스는 윤리의 특성을 엄격하게 인간의 자연성, 즉 인간 본성에 두고 있기 때문에 그의 윤리를 자연주의 윤리로 부르기도 한다. 뿐만 아니라 스토아학파가 도덕의 원리를 자연의 법칙으로 본 것이나 버틀러가 덕스러운 행위를 사물의 본성, 즉 자연성에 일치하는 것으로 규정한 것도 자연주의 윤리의 한 유형으로 볼 수 있다. 이러한 자연주의 개념도 메타윤리의 한 유형으로 볼 수 있지만 그것은 인식 방법론으로서 자연주의 윤리와는 다르다.

윤리학에서 자연주의라는 용어는 엄격한 의미에서 메타윤리를 지칭하는 개념이다. 자연주의 이론은 옳음의 개념을 윤리와 무관한 용어로 그 의미를 정의할 수 있다는 입장이다. 이를테면 옳음이란 생명을 증진하는 것, 공동체의 시인을 얻는 것, 쾌락을 증진하는 것 등이 그것이다. 자연주의에서 핵심 개념은 자연주의적 세계관을 이해하는 방식이다. 자연주의적 세계관은 초자연적인 것에 대한 믿음을 거부하고 철저하게 과학에 기반을 둔 세계관을 신봉한다. 메타윤리에서 자연주의는 도덕적 선, 옳음, 의무, 당위는 과학에 기초한 자연적 세계관과 부합할 수 있다

---

[5] 도성달(2011), 앞의 책, 232-257쪽 참고.

는 입장이다. 자연주의는 선, 인간의 성품, 행위의 옳고 그름이나 의무 등은 자연적 속성을 지니며, 그래서 과학에 의한 경험적 방법으로 그 속성들을 탐구할 수 있다고 본다. 이것이 자연주의 개념에 대한 표준적 정의이다.

 자연주의 윤리는 진화론적 자연주의, 심리학적 자연주의, 인과론적 자연주의로 세분된다. 먼저 진화론적 자연주의를 알아보자. 진화론 윤리의 기원은 다윈의 자연선택 이론에서 비롯된다. 이 이론은 자연과정을 진화로 보는데, 진화는 낮은 단계에서 높은 단계로 발전되어간다는 것을 의미한다. 진화론자들의 논점은 진화의 과정은 우리가 발전하고 있는 방향을 가리키는 것이며, 그러므로 이러한 사실은 우리가 발전해야 할 방향을 제시하는 이유라는 것이다. 이처럼 다윈의 생물학적 진화이론은 인간의 신체적 본성을 토대로 도덕원리와 인간의 도덕의식을 설명한다. 생물학적 진화론이 윤리학적 진화론으로 자리 잡게 된 것은 스펜서(Herbert Spencer, 1820-1903)의 공적이다. 그는 윤리의 의미를 생존차원에서 설명한다. 전 인류가 보다 더 오래 살고 보다 충만한 삶을 살기 위해서는 사회적, 물리적, 생물학적 환경에 잘 적응하는 적절한 방법이 필요한데, 윤리란 바로 그 방법을 모색하는 것과 다름없다. 생명은 근본적 가치를 지니며 최고선은 바로 생명의 연장이다. 그러므로 생명에 이익이 되는 행위는 도덕적으로 좋은 것이고 옳은 행위이며, 해로운 것은 부도덕한 행위이다. 삶에 더 잘 적응하는 삶일수록 더 도덕적인 삶을 살아가게 된다. 그는 '좋음'이라는 말은 보다 진화된 행위이고, '나쁨'이라는 말은 비교적 덜 진화된 행위라고 주장한다.

 스펜서의 이론은 진화론 윤리를 쾌락적 공리주의와 연계시킴으로써 윤리학계에 적지 않은 관심과 시사점을 주었다. 그러나 그의 이론은 윤리학의 기본 원리에 대한 정당화의 논거를 제시하지 못함으로써 스펜서 이후 진화론 윤리는 거의 쇠퇴하였다. 그런데 오늘날 진화론 윤리가 다시 관심을 끄는 것은 새로운 유형의 진화론이 등장하여 윤리학에 큰 영향을 주고 있기 때문이다. 그것은 바로 생물학, 사회학, 심리학 등 다양한 영역에서 연구되는 진화생물학이다. 이 중에서 사회생물학자들은 생물학이 인간본성과 윤리학에 대한 경험적 토대를 제공한다고 주장한다. 윌슨(Edward O. Wilson, 1929~)은 사회생물학을 "인간을 포함한 모든 생물의 사회적 행동의 생물학적 원리에 관한 체계적 연구"[6]라고 정의하고, 사회생물학이 사회 전체의 생물학적 특성에 관한 일반 원리를 도출하여, 그것을 인간의 사회 조직에 구체적으로 적용할 수 있다고 제시한다. 새로운 형태의 진화론 윤리는 도덕법칙은 형이상학이나 초자연적 원리가 아니라 인간의 생물학적 본성이라는 과학적 사실에 근거를 두어야 한다고 강조한다. 이러한 주장은 무어가 제기한 '자연주의적 오류'에 강력한 도전이다. 윌슨의 논지가 메타윤리에서 자연주의 윤리와 비자연주의 윤리 간에 뜨거운 논쟁을 불러일으키고 있는 것도 이런 이유이다.

다음으로 심리적 자연주의 이론은 도덕적 옳고 그름을 행위자 혹은 판단자의 태도 혹은 반응이라는 심리상태로 규정한다. 어떤 행위나 사태에 대해 시인하는 반응을 보이면 그것은 옳은 것이고, 비난하면 그른 것이다. 심리적 자연주의 이론은 행위자 개인의 태도를 기준으로 하는 개인적 반응이론과 다수자나 집단의 태도를 기준으로 하는 사회적 반응이론으로 나누어진다.[7] 먼저 개인적 반응으로서 심리적 자연주의는 내가 어떤 행동을 관찰할 때, 시인의 감정이 생기면 그것은 옳은 것이고

---

[6] Edward O. Wilson, *On Human Nature* (Cambridge: Harvard University Press, 1978); 이한음 옮김, 『인간본성에 대하여』(사이언스북스, 2001), 42쪽.
[7] 브로드(C. D. Broad)는 심리적 자연주의 이론을 공적 태도이론과 사적 태도이론으로 구분한다.

비난의 감정이 생기면 그른 것이 된다. 개인적 반응이론은 어떤 대상이나 행위를 좋고 나쁘거나 옳고 그른 것으로 만드는 것은 자신의 감정이라는 것이다. 그러므로 개인적 반응으로서 도덕을 보게 되면, 좋고 나쁨이나 옳고 그름은 대상 그 자체에 본래적으로 존재하는 객관적 속성이 아니라 개인의 감정에 따라 상대적인 것이다. 사회적 반응으로서 심리적 자연주의 이론은 도덕적 가치를 집단 혹은 다수자의 감정과 동일시한다. 우리가 어떤 대상에 대해 좋다 나쁘다, 옳다 그르다 등의 도덕 판단을 내리는 것은, 그것에 대해 우리가 갖고 있는 호의적 혹은 비호의적 감정의 표출이라는 것이다. 이런 유형의 이론은 도덕적 옳음의 기준을 사회적 시인으로 삼는 흄의 윤리이론에서 전형적으로 나타난다. 흄은 기본적으로 도덕적 가치를 이성이나 논리가 아니라 감정 혹은 정서의 문제로 생각한다.

  흄의 입장에서 보면 도덕은 정서로 환원되는 것으로서 이성이 아니라 감정이므로 이성적으로 논쟁할 수 없다. 어떤 사람은 노란색을 좋아하고 또 어떤 사람은 노란색을 싫어하는 것에 대해 좋고 나쁨이나 옳고 그름을 논쟁할 수 없듯이, 도덕 판단도 이와 마찬가지라는 것이다. 그렇다면 흄이 보기에 도덕은 전적으로 개인적 감정의 문제로서 보편타당한 규범이 될 수 없는 것일까? 흄은 도덕규범의 보편타당성을 인정하는데, 그 근거는 특정한 개인의 감정이 아니라 한 사회나 집단이 공통으로 갖는 감정이다. 그가 도덕을 '사회적 시인'으로 규정할 수 있는 것은 인간이 공유하는 동정심이라는 이타적 감정, 즉 보편적 인간애를 전제하기 때문이다. 이기적 감정은 개인적 시인을 얻을 뿐이지 집단에 의해 공유되는 것이 아니므로 윤리의 기초가 될 수 없다. 그러므로 도덕적 선으로 시인되는 것은 인간애를 촉발하는 감정이며, 옳은 행위를 결정하는 것은 개인적 의견이 아니라 집단의 시인이다. 결국 도덕적 가치의 기준은 사회적 시인이다.

다음으로 인과론적 자연주의 이론은 도덕적 옳고 그름의 본질을 행위의 결과로 환원함으로써 경험에 의해 그 속성을 검증할 수 있다는 관점이다. 물론 결과론 윤리가 모두 자연주의는 아니다. 앞에서 논의한 심리적 자연주의가 도덕의 보편성을 인정하지 않는 주관주의적 자연주의라면, 이것은 그 보편성을 주장하는 객관주의적 자연주의이다. 결과론적 자연주의는 자연현상에서 자연법칙의 인과율처럼, 도덕법칙도 인과율에 지배되므로 객관적이고 보편적이라는 것이다. 이 유형에 속하는 윤리이론은 쾌락주의적 이기주의와 쾌락주의적 공리주의이다. 전자는 행동을 옳게 만드는 것은 최대한의 개인적 선을 산출하는 것이고 후자는 최대한의 일반적 선을 산출하는 것인데, 모두 쾌락은 그 자체의 유일한 선이라는 교의를 전제로 한다. 그런데 공리주의자라고 모두 결과론적 자연주의자는 아니다. 공리주의자 중에서도 최대한의 쾌락을 선으로 규정한 벤담이나 밀은 자연주의 윤리이다. 그러나 옳음의 의미를 '최대한의 선의 산출'로 규정한 라슈달(Hasting Rashdall, 1859-1924)이나 무어는 결과론자이지만 자연주의자는 아니다. 시즈윅은 옳음과 당위에 관해서는 자연주의자가 아니지만, 선에 대해서는 자연주의 입장을 보이고 있다. 시즈윅은 모든 행복은 선이며 행복 이외의 그 어떤 것도 선이 될 수 없다고 주장한다.

2) 비인식주의, 규정주의(descriptivism)[8]

도덕적 진리에 대한 가장 강력한 도전은 도덕판단을 단순한 감정의

---

[8] 도성달(2011), 앞의 책, 258-278쪽 참고.

표현이거나 역동적인 도구에 불과하다고 보는 비인식주의이다. 비인식주의는 무엇이 좋고 나쁘며 옳고 그르며, 바람직한가에 대한 도덕판단은 그 진위가 판명될 수 있는 인식적 주장이 아니라는 것이다. 따라서 비인식주의에서 보면 도덕판단이란 개인의 감정이나 태도의 표명에 불과하므로 옳고 그름에 대한 진위의 판별이 불가능하며 도덕적 지식과 같은 것은 없다. 비인식주의는 정의주의(emotivism)와 명법주의(imperativism)의 두 유형으로 세분된다. 이 두 유형의 차이는 도덕적 진술의 주된 언어적 기능을 어떻게 인식하는지에 있다. 정의주의자는 도덕 진술의 기능은 감정을 증명하거나 표명하는 것으로 본다. 명법주의자는 도덕진술의 언어적 기능은 그 진술을 듣는 사람의 행위를 지시하거나 적어도 행위에 영향을 미칠 수 있는 감정적 반응을 불러일으키려는 것이라고 주장한다. 그러나 이 두 이론은 명확하게 구분되는 것이 아니어서 논자에 따라서 이 둘을 합쳐서 '정의-명법주의'로 부르기도 한다.

먼저 정의주의는 도덕적 진술이란 단지 자신의 감정을 표명하는 것이지 진위에 관한 어떤 주장도 하는 것이 아니라는 주장이다. 정의주의는 논리실증주의의 분석적인 방법론을 윤리학에 적용하는 비교적 새로운 이론이다. 논리실증주의는 완성된 철학체계의 이름이 아니라 하나의 철학적 태도 내지 방법을 가리키는 이름이다. 그 방법은 과학이 사용하는 개념과 명제들을 논리적으로 분석함으로써 그 의미를 명백하게 하는 것이 철학적 탐구의 기본이라는 신념에 출발점을 둔 것이다. 논리실증주의자들은 오직 '의미 있는 명제들'만이 분석의 대상이 되는데, 그것은 자연과학의 명제들처럼 그 진위를 경험적으로 검증할 수 있는 명제이거나 논리학이나 수학처럼 그 진위를 분석적으로 밝힐 수 있는 명제들이라고 한다. 논리실증주의에서 보면 형이상학이나 윤리학은 철학적 연구의 대상이 아니다.⁹ 논리실증주의를 대표하는 학자는 카르납(Rudolf Carnap)과 에이어(A. J. Ayer)이다.

다음으로 명법주의는 스티븐슨(Charles Leslie Stevenson, 1908-1979)이 그의 고전적인 저서 『윤리학과 언어(Ethics and Language)』에서 윤리적 명제에서 사용되는 언어분석을 통해 제시한 메타윤리이론이다. 명법주의는 일상생활에서 사용되는 언어의 기능이나 용법을 분석하는 일로부터 시작한다. 언어는 첫째 어떤 주장을 하거나 사실을 알리기 위해 사용되는데, 이 경우에만 말하는 것이 참인지 거짓인지를 물을 수 있다. 둘째, 언어는 우리의 감정을 표현하기 위해 사용되는데, 사실을 표현하는 문장도 경우에 따라서는 감정을 표현하는 기능을 할 수도 있다. 언어의 셋째 기능은 타인의 감정을 불러일으켜 태도나 행동을 바꾸려는 역동적 기능이다. 스티븐슨에 의하면, 도덕 판단은 둘째와 셋째 기능에 속한다. 도덕적 진술은 진위가 밝혀질 수 있는 어떤 주장을 하는 것이 아니라 자신의 태도를 표명하여 듣는 사람에게 자신과 똑같은 태도를 갖게 하려는 것이다.

한편 규정주의는 헤어(Richard M. Hare, 1919-2002)가 제시한 메타윤리 분야의 새로운 이론이다. 그는 기본적으로 윤리학을 '도덕의 언어에 관한 논리적 연구'¹⁰로 보고 언어 분석을 그의 윤리학 연구의 주제로 삼는다. 그가 보기에 도덕적 언어에 대한 잘못된 이해 때문에 이론은 물론 실천에서도 불필요한 혼란이 생기게 되었으니, 도덕적 언어에 대한 올바른 이해가 윤리학에서 가장 중요한 과제라는 것이다. 헤어에 의하면, 모든 언어는 기술적 언어와 규정적 언어로 구분되는데, 도덕적 언

---

9   김태길, 『윤리학』(박영사, 1983), 220-221쪽.
10 R. M. Hare, *The Language of Morals* (Oxford: Clarendon, 1952), 서문, p.i.

어는 우리가 무엇을 해야 할지를 말해준다는 점에서 행동을 지도하는 규정적 기능을 수행한다. 규정적 언어로서 도덕적 진술은 명령문과 가치판단으로 나누어지고, 가치판단은 다시 도덕적 부분, 도덕과 무관한 부분으로 세분된다. 헤어의 연구는 명령문을 분석하는 데서 시작한다. 헤어에 의하면, 자연주의자들은 도덕진술의 명령적 발언을 일종의 사실판단으로서 직설적인(indicative) 발언으로 옮겨놓을 수 있다고 보는데, 정의주의자들은 명령문을 단순히 말하는 사람의 감정이나 소망을 나타내는 것이므로 그 의미를 찾을 수 없다고 봄으로써 이 양자는 모두 오류를 범하고 있다. 예컨대 자연주의자는 "문을 닫으시오"라는 명령문을 "나는 당신이 문을 닫아주기 바란다"는 발언자의 어떤 심리적 상태를 표현하는 것으로 본다는 것이다. 반면 정의주의자들은 명령문의 의미를 '어떤 것을 하라고 누구에게 말하는 것'으로 보지 않고 '어떤 것을 하라고 누구에게 시키는 것'으로 잘못 받아들이고 있다는 것이다.[11]

도덕적 추론을 지배하는 논리적 규칙은 도덕판단의 규정성과 보편화 가능성이다. 규정성은 도덕 판단의 본질적 기능인데, 이것은 '행동을 이끄는 것(action-guiding)'으로서 일종의 명령과 같다. 도덕 판단은 적어도 "나는 무엇을 해야 하는가?" 하는 물음에 대해 "우리에게 무엇을 해야 하는지"를 알려주는 기능을 한다. 규정성은 도덕 언어의 논리이기 때문에 도덕 판단이나 도덕원리의 필수적 요소이다. 다시 말해 규정적 힘을 지니지 않은 도덕 판단은 더 이상 도덕 판단이 아니다. 보편화 가능성이란, 도덕 판단이 어떤 상황에 대한 사실을 근거로 내려져야 하는 것이므로, 동일한 상황하에서는 동일한 도덕 판단을 내려야 한다는 요구이다. 이것은 수적인 차이, 가상적인 것과 현실적인 것의 차이, 관

---

11 R. M. Hare(1952), 앞의 책, pp.15-16.

련 당사자들의 역할의 차이 등을 도덕과 무관한 것으로 간주하라고 요구한다. 이런 이유로 그의 보편화 가능성 명제는 관련 당사자들의 개인적 욕구나 취향을 제대로 다루지 못하고, 또한 그 원리가 너무 단순하기 때문에 복잡하고 구체적인 상황에 도덕 지침으로 작동되기 어렵다는 등의 비판을 받는다.[12] 그럼에도 그의 보편화 가능성 논제는 도덕적 추론 과정에서 논리적 일관성을 추구함으로써 도덕적 추론의 합리성을 강화하는 데 결정적 역할을 한다. 헤어의 도덕 판단의 추리 논의에서 가장 돋보이는 것은 도덕 판단의 '규정적 결론'의 타당성을 설명하는 부분이다. 사실 판단이 아무리 다양하고 정확한 것일지라도, 사실 판단만으로는 도덕 판단의 충분한 근거가 될 수 없다. 우리는 흔히 사실 판단에서 도덕 판단이 추리된다고 상식적으로 생각한다. 가령 "거짓말을 하면 신뢰를 잃게 된다"에서 "거짓말을 하지 말아야 한다"는 도덕 판단이 가능하다고 생각하기 쉽다. 그러나 이러한 판단의 전제에는 "신뢰를 유지하는 것은 좋은 것이다"라는 헤어가 '원리'라고 지칭하는 대전제가 있어야 한다. 도덕적 추론은 삼단논법의 형식, 즉 원리에 대한 진술인 대전제, 상황에 대한 사실적 진술인 소전제, 그리고 도덕 판단이라는 결론의 형식으로 제시된다.

헤어에 의하면, 도덕적 결정과 선택은 결국 원리를 근거로 해서 정당화되는데, 그 원리는 우리 스스로가 받아들이기로 결정한 것이다. 문화권에서 원리를 도출하더라도 자신의 것으로 채택하기 위해 원리에 대해 결단해야 한다는 것이다. 그 결단은 주사위를 던지듯이 아무 길이나 닥치는 대로 택하는 것이 아니라, 자신이 취할 수 있는 대안들의 결과를

---

[12] 류지한, 「헤어(R. M. Hare)의 합리적 비기술주의의 도덕 추리론에 관한 연구」, 서울대학교 박사학위논문(1999), 112-116쪽 참고.

비교해서 택하는 결단이다. 이런 점에서 결단은 숙고를 거친 행위이며 어느 하나의 결단에만 그치는 것이 아니라 행위의 원리에 관한 결단이다. 그런데 헤어는 원리에 대한 결단은 결국 삶의 방식의 문제이고, 전체적으로 볼 때 한 삶의 방식이 다른 삶의 방식보다 더 낫다는 것을 보여줄 수 있는 추론은 없다고 믿는 것 같다. 이 점에서 그는 여전히 도덕적 진리의 인식에 확신이 없는 것 같다.

2. 유가윤리의 도덕인식론

1) 직관주의 원리

서양윤리학의 메타윤리 기준에서 보면 유가윤리는 전형적으로 직관주의 윤리를 표방하는 이론이다. 직관주의는 도덕적 속성이란 불변하는 가치로서 실재하는 것이며, 인간은 그것을 인식할 수 있는 정신적 능력을 지닌 도덕적 존재라는 전제에서 출발한다. 직관주의는 우리가 도덕적 진리를 인식하기 위해 경험적 요소에 호소하지 않아도 직접, 그리고 즉각 그것을 자명한 진리로 인식할 수 있다고 주장한다. 그러나 직관은 본능과는 달리, 인간에게 잠재하는 능력이긴 하지만 교육과 삶의 경험을 통해서 배양하는 것이다. 이러한 능력을 배양하기만 하면 도덕적 진리의 실재는 인식될 수 있다. 이것이 직관주의 윤리의 개념이다.

유가윤리에서 직관주의 개념도 이와 유사하다. 유가윤리에서 직관의 주체는 심(心)인데, 심의 지각 기능에는 도덕적 직관 능력도 포함된다. 이것이 바로 '양지(良知)'이다. 양지는 옳고 그름을 즉각적으로 아는 마음의 지각 기능이다. 일찍이 맹자는 인간이 생각하거나 학습하지 않아도 알 수 있는 도덕적 직관으로서 양지양능을 제시했다.

> 사람이 배우지 아니하여도 능한 것은 양능이요, 생각하지 않고도 알 수 있는 것은 양지이다. 양능은 모두 말미암는 이유가 없으니, 그것은 바로 하늘에서 나온 것으로서 인간에 매여 있지 않다.[13]

양지양능은 학습이나 사유를 필요로 하지 않는 직관적인 앎이다. 그러나 주자는 유학의 인식론에서 감각이나 양지의 직관보다는 생각하는 능력을 강조한다. 생각하는 기능은 논리적 성격을 띠는 추리(推理)와 반성적 성격을 띠는 사려(思慮)의 기능으로 세분된다. 추리 기능 중에서 특히 유추가 중요한데, 이미 이해한 것에서 추리해나가면 모든 사물의 궁극적 이치를 알 수 있기 때문이다. 인간은 감각이나 도덕적 직관으로 곧바로 알 수 있는 것이 있다. 유추란 이처럼 곧바로 이해한 것을 근거로 추리하여 아직 접하지 않은 일도 파악할 수 있는 방법이다. 유추하면 사태에 대해 막히거나 도약하지 않고, 단계적으로 그 이치를 알 수 있다는 것이다. 우리가 가령 열 가지 일을 모두 궁구하지 않아도 7-8건을 바르게 이해했다면, 나머지는 유추하여 그 이치를 알 수 있다. 그 이유는 사물의 다양성에도 불구하고 '스스로 그쳐서는 안 되는[自不容已]' 일정한 준칙이 있기 때문이다. 이렇게 보면 유추는 사물의 표면적 현상이 아닌 그 이면의 이치나 원리를 파악하는 원리라고 할 수 있다.

유가윤리에서 직관주의 이념은 왕양명의 사상에서 가장 명료하게 드러난다. 양명은 『대학』에서 말하는 치지(致知)에서 지는 맹자가 말한 양지이며, 그래서 치지는 치양지라고 주장한다. 양지는 환경과 교육에 의

---

[13] 『孟子集註』, 「盡心 上」 15.

지하지 않은 것으로, 사람이 자연스럽게 지니고 있는 도덕의식과 도덕 감정을 가리킨다는 것이다. '배우지 않고도'라는 말은 선험성을 나타내고, '사려하지 않고도'라는 말은 직관성을 나타낸다. 양명은 이 부분을 이렇게 설명한다.

> 마음으로 자연히 알 수 있다. 아버지를 보면 자연히 효도를 알게 되고 형을 보면 자연히 공경을 알게 되며, 어린아이가 우물에 들어가는 것을 보면 자연히 측은함을 알게 된다. 이것이 바로 양지이며, 쓸데없이 밖에서 구할 필요가 없다.[14]

여기서 '자연'이라는 말은 양지가 외부에서 얻어지는 것이 아니라 주체가 본래부터 지닌 내재적 특징임을 뜻한다. 양명은 양지에 '시비지심'의 의미가 있음을 특히 강조한다. "네 양지가 네 자신의 준칙이다. 네 생각이 머무는 곳이 옳으면 바로 옳음을 알고 그러면 바로 그름을 아니, 양지를 조금도 속일 수 없다." "시비지심은 지(知)이거나, 시비지심은 사람들이 모두 지니고 있다는 맹자의 말은 바로 이것이다."[15] 양명이 보기에 양지는 내재적인 도덕 판단과 도덕 평가의 체계이다. 양지는 의식 구조 속에서 하나의 독립된 부분이며, 의념 활동을 지도·감독·평가·판단하는 작용을 한다고 보기 때문이다. 선험적 원칙으로서 양지는 '옳고 그름을 알고', '선악을 안다'고 표현될 뿐만 아니라 '선을 좋아하고 악을 싫어한다'고 표현되기도 한다. 이렇게 보면 양지는 도덕이성인 동

---

14 정차근 역주,『傳習錄』(평민사, 2006), 39쪽.
15 『陽明全書』권5; 진래 지음, 안재호 옮김,『宋明性理學』(예문서원, 1997), 391쪽 재인용.

시에 도덕감정이다.

양지는 우리에게 어떤 것이 옳고 어떤 것이 그른지를 지시해줄 뿐만 아니라, 우리로 하여금 옳은 것을 '좋아하고' 그른 것을 '싫어하도록' 이끌어준다. 이런 점에서 양지는 도덕의식과 도덕감정이 모두 통일되어 있는 관념이다. 양지는 선험적인 성질을 가지고 있을 뿐만 아니라 보편적인 품격도 지니고 있다. 양명은 "성인부터 보통 사람에 이르기까지, 한 사람의 마음에서부터 온 세상의 원대함에 이르기까지, 태고 때부터 만세 뒤에 이르기까지 다름이 없다. 이 양지란 천하의 큰 근본을 말하는 것이다"[16]라고 주장한다. 양지는 사람에게 내재하는 준칙으로서, 모든 사람들에게 고유하며 전부 동일하다. 우리에게 양지는 도덕 실천의 나침반이다. 그는 주자 등 성리학자들이 말하듯이 치지(致知)는 지식을 확충하라는 말이 아니라, 내 마음의 양지를 실현하라는 말일 따름이라고 설명한다. 무엇을 어떻게 해야만 따뜻하게 해드리고 시원하게 해드리는 예절인지를 알고, 무엇을 어떻게 해야 봉양의 마땅함인지를 아는 것이 지이다.

그러나 이것은 아직 치지의 단계는 아니다. 그 앎을 지극히 하여 따뜻하게 해드리고 시원하게 해드리는 일을 실행하고, 무엇을 어떻게 해야만 봉양의 마땅함인지를 알고, 그 앎을 지극히 하여 봉양을 실행해야만 비로소 치지라고 말할 수 있다. 그가 "치지는 반드시 실행해야 한다. 실행하지 않는다면 분명 치지가 아니다"라고 지행본체가 하나임을 강조한 것도 이런 의미이다. 그가 보기에 도덕의식은 외부에서 찾을 필요가 없다. 인간은 선험적인 도덕 지식을 지니고 있다. 따라서 학문의 관건은 이러한 지식에 의지하여 도덕을 실천하는 데 있다. 그가 "알면서

---

16 『陽明全書』 권8; 진래(1997), 앞의 책, 391쪽 재인용.

도 실행하지 않는 사람은 없고, 알면서도 실행하지 않는 것은 아직 알지 못한 것이라"고 한 것은 이런 취지에서이다.

2) 인식의 원리

그러면 유학에서 말하는 지각 원리는 무엇인가? 유학에서 보면 지각을 담당하는 본성이 지성[智]이다. 이 경우 지성은 사실 인식으로서 지각과 도덕적 시비지심의 가능 원리이다. 인간의 지성에는 음양(陰陽), 동정(動靜), 고하(高下), 대소(大小) 같은 대대(待對) 형식이 함축되어 있다. 그렇기 때문에 이것으로써 대상을 감각적으로 지각하고 그 원리인 소당연지칙(所當然之則)도 인식할 수 있다는 것이다. 현상계 사물들은 상대되는 성격을 띠지 않을 수 없는데, 높음과 낮음, 큼과 작음 등은 모두 이러한 상대성의 예가 된다. 사물의 상대되는 까닭은 이(理) 때문에 생긴다. 따라서 사물의 본성은 상대됨을 일으키는 이와 관련된 것이고 구체적으로는 대대의 형식이라 할 수 있다. 주자는 이것을 '느껴서 통할 수 있는 원리[感通之理]'로 설명한다.[17] 이는 대대의 형식이 외물을 감각하고 그 원리를 지각할 수 있는 원리라는 점을 의미한다. 주자는 인간의 지성에 음양, 동정, 고하, 대소 같은 대대 형식이 함축되어 있기 때문에 이로써 대상을 감각적으로 지각하고 그 원리인 소당연지칙도 인식할 수 있다고 보는 것이다.

이러한 대대 형식은 동정과 음양에만 국한되는 것이 아니다. 마음의 지성에는 수많은 선천적 대대 형식이 함축되어 있어서 사물을 추리하고 궁리하여 그 소당연지칙을 인식할 수 있도록 한다는 것이다. 선천적 대

---

[17] 『朱子語類』 권72; 김우형, 『주희철학의 인식론』 (심산, 2005), 228쪽 재인용.

대 원리 중에서도 특히 감응의 원리는 인과성에 대비되는 동양적 사유의 특징을 나타낸다. 이러한 유학의 사유방식에서 보면 일체의 현상을 감응적 관계로 파악할 수 있다. 자연세계의 변화와 인간 행위, 사회의 변화 일체는 모두 자극[感]과 반응[應]의 형식으로 포괄할 수 있다는 것이다. 자연과 인사의 변화는 자극과 이에 대한 반응의 연쇄작용으로 패턴화된다는 것이다. 인간의 마음에 내재된 감응의 원리로써 현상 세계를 감응 패턴으로 인식하게 된다.

도덕법칙의 근거와 그 소이연지고(所以然之故)를 인식하는 것도 이와 마찬가지라는 것이다. 도덕법칙의 근거 또한 인간 본성의 내용에 해당되기 때문이다. 주자에 의하면, 사물의 소이연지고의 내용은 외물의 격물로부터 알 수 없으며 오로지 내면의 본성을 통해서 파악해야 한다. 소당연지칙은 물리의 표면적인 측면이고 소이연지고는 이면적인 측면으로 구분되고, 이면적인 것은 오로지 나의 내면에서 은밀하게 파악해서 깨달아야 하는 것이다. 이면의 소이연지고는 사물의 본성이 되고 그것은 경험적 격물의 한계를 벗어나 있기 때문이다. 그래서 사람의 본성은 나의 내적 본성에 대한 탐구를 통해 간접적으로 유추할 수밖에 없는 것이다. 주자의 언설대로 하면 "표면은 사람과 만물이 함께 말미암는 것이고, 이면은 내 마음이 홀로 얻는 것이다."[18] 이 말은 가령 "자식은 부모에게 효도해야 한다"는 것은 모든 인간에게 적용되는 보편적 당위준칙이고, 소이연지고의 내용은 스스로 추리하고 자각하여 알 수 있다는 의미이다. 사물의 본성은 서로 다르지만 모두 근원적 일리(一理)를 함축하고 있으므로, 나의 본성에 있는 일리와 동일하다. 그러므로 소이연지고로부터 나의 본성을 궁리함으로써 사물의 본성에 함축된 일리도

---

[18] 『朱子語類』 권16; 김우형(2005), 앞의 책, 236쪽 재인용.

밝힐 수 있다는 것이다.

  모든 사물에는 현상적 소당연지칙과 그 이면의 근거로서 소이연지고가 있는데, 소당연지칙을 파악하는 데에만 머물러서는 안 되고 반드시 그 근거인 소이연지고까지 이해해야 한다. 그런데 소이연지고를 파악하는 단서가 바로 측은지심이라는 인간본성이다. 이것은 보편적 도덕법칙이다. 어린애가 우물에 빠지는 것을 보면 측은지심이 생겨 '바꿀 수 없는 도리'로서 인을 밝힐 수 있다. 이것을 확장하면 사단의 발현에 근거하여 본성의 인의예지를 추리할 수 있다. 인간에게는 지각기능이 있어서 알지 못함이 없지만 단지 이익과 욕심에 어두워져서 앎을 지극히 할 수 없다는 것이다. 앎을 지극히 하기 위해서는 사단을 정확히 이해해야 한다. '앎을 지극히 안다'는 것은 사단이 있다는 것을 넘어서 그것의 근거로서 인의예지가 인간본성에 있음을 분명하게 자각한다는 뜻이다. 인간에게 사단이 발현한다는 것을 아는 것은 보편적 도덕법칙인 소당연지칙을 인식하는 것이요, 그것의 근거로서 본성에 인의예지가 있음을 아는 소이연지고의 깨달음이다.

3) 인식의 주체로서 심

  유학에서는 사물에 대해 인식하고 반응하는 주체를 심으로 규정한다. 사람의 지각으로서 마음은 자신을 주재하고 만물에 반응하는데, 이러한 마음의 구조와 기능을 '허령지각(虛靈知覺)'이란 말로 표현한다. 허령지각에서 '허령'은 텅 비어 있으면서 신령한 능력을 가진 심기(心氣)를 표현하는 말이다. 주자는 "심은 기의 정상(精爽)이다"[19]라고 말한다. 마

---

[19] 『朱子語類』 권5; 김우형(2005), 앞의 책, 138쪽 재인용.

음은 형체를 가지지 않지만, 보고 들은 것에 관계되는 형태적 이미지나 자취를 가진다. 마음은 눈과 귀가 보고 듣도록 하는데, 이것이 바로 마음의 지각기능이다. 그러므로 지각은 마음이 가진 핵심적 기능인데, 마음은 허령한 기로만 되어 있는 것이 아니라, 그 안에 본성, 즉 이를 내포하고 있기 때문이다. 심은 본성의 원리를 신묘하게 운용하여 '정(情)'을 일으켜 지각기능을 한다.

성(性)은 단지 이(理)이고 정(情)은 그 이가 유출하여 운용된 곳이며, 마음의 지각은 이를 갖추어 이 정을 행하는 것이다. 지(智)로서 말하면, 옳고 그름을 아는 까닭의 이는 지(知)이고 성이다. 옳고 그름을 알아서 옳고 그르다고 하는 것은 정이다. 이 이를 갖추어 그것이 옳고 그름을 깨닫는 것은 마음이다.[20]

어떤 일의 옳고 그름을 알아서 변별하는 '시비지심'은 옳고 그름을 알 수 있는 원리니 성이 가진 지이고, 옳고 그름을 알아서 옳고 그르다고 말하는 정신적 상태는 정이고, 그것을 깨닫는 주체는 마음이라는 것이다. 이러한 일련의 과정이 지각기능이다. 지각기능에 의해 인간은 대상을 인식하고 파악한 뒤, 그것에 대해 좋고 싫음의 생각과 어떻게 하겠다는 의도를 갖게 되어 그것에 따라 대상에 반응하게 된다. 따라서 지각에 의한 느낌과 생각에 따라 수반되는 의향[意]은 마음의 기능과 작용의 전체이다. 그렇다면 구체적으로 마음의 지각기능은 어떻게 가능한 것일까? 마음의 기는 혼백(魂魄)이라는 두 가지 기능으로 구성되는데, '혼'은 사고하는 기능을 담당하고, '백'은 변별과 기억의 기능을 담당한다. 시각, 청각 등 오감의 감각기관이 외물과 접할 때 기억을 통해서 느

---

20 『朱熹集』 권55, 「答潘謙之」 1; 김우형(2005), 앞의 책, 139쪽 재인용.

낀 것을 변별함으로써 감각이 성립된다. 혼은 이렇게 감각된 것을 다시 생각하고 계획함으로써 사물의 이치를 알아낸다. 지각은 이러한 감각과 사유라는 구체적인 두 가지 기능을 갖는다.

그런데 유학은 인간의 마음을 인심(人心)과 도심(道心) 두 가지로 말한다. 이 말은 본래 "인심은 위태롭고 도심은 미미하니, 정밀히 하고 한결같이 하여야 그 중(中)을 잡을 수 있다"[21]는 『상서(尙書)』에 나오는 말이다. 인간의 마음에서 '허령지각'이라는 구조와 기능은 하나이고 동일하지만, 인심과 도심의 구분이 생기는 이유는 지각된 내용 때문이라는 것이다. 주자의 설명에 의하면, 인심은 형기(形氣)에서 생기고, 도심은 성명(性命), 즉 본성과 천명에서 근원한다. 귀나 눈의 욕구로부터 지각한 것이 인심이고, 의리로부터 지각한 것이 도심이다. 다시 말해 눈, 귀와 같은 감각기관에 의해 지각한 것이 인심이 되고, 양지에 의해 도덕적 의리를 기준으로 옳고 그름을 즉각적으로 판단하는 것이 도심이다. 그런데 성인은 발현된 인심이 곧바로 도심의 주재(主宰)를 받지만, 보통의 사람들은 인심이 도심을 누르고 인욕으로 변하기 쉽기 때문에 지각된 것을 주재하는 사유가 필요하다. 물론 인심 자체는 악이 아니지만 인심은 대상을 소유하려는 욕심에 빠지기 쉽다. 또한 양지에 의해 생기는 도심도 순간적이고 즉각적인 것으로서 미미하다. 인심이 인욕에 빠지지 않고 도심의 명령을 따르도록 의지를 생기게 하는 사유 기능이 중요한 것은 이런 이유이다. 그 사유 기능의 첫 번째는 도덕적 원리, 즉 의리를 인식하고 그것을 지키는 것이다.

또한 유학의 인식론에서는 인식주체로서 "심은 성과 정을 통섭한다"는 심통성정설(心統性情說)을 주장한다. 성은 마음이 모든 이치를 함축

---

21 김우형(2005), 앞의 책, 146쪽 재인용.

하고 있는 마음의 본체이고, 정은 마음의 움직이는 작용으로서 사단칠정이 그것이다. 그러나 성과 정은 마음의 움직임이 일어났는가[已發], 아직 일어나지 않는가[未發] 하는 시간적 계기에서 고요한 본체와 움직이는 작용의 두 측면을 구분한 것일 뿐, 미발의 성과 이발의 정이 일정한 구역으로 갈라져 있는 것은 아니다. 실제로 마음은 이러한 두 측면을 가진 '한 덩어리'일 뿐이다. 마음이 성과 정을 '통'한다는 말은 마음은 성과 정을 겸하고 포괄한다는 구조적 의미와 성정을 주재하고 운용한다는 기능적 의미를 갖는다. 이처럼 복합적 성격을 가진 인간의 마음을 아는 것이 도덕인식론의 요체이다. 마음의 인식은 본심의 묘, 즉 본래 심의 뛰어난 기능을 알아야 하고, 심의 미발과 이발의 양면성을 알고, 마음의 동정을 관통하는 존심의 노력과 체험이 요청되는 앎이다.[22] 심의 인식은 심의 지각기능만이 아니라 심의 도덕적 내용으로서 이(理)를 궁구하지 않으면 안 된다. 심과 이는 일체이지만 심을 보존하지 않으면 어둡고 혼란해져서 이를 궁구할 수 없다. 주자가 학문의 방법으로서 식심(識心)→존심(存心)→(종국적) 궁리(窮理), 식심→(과정으로서) 궁리→진심이라는 두 가지 과정을 말한 것도 이런 것이다. 이 두 가지 경우에서 '궁리'나 '진심'은 모두 지의 궁극으로서 일치한다. 또한 궁리와 존심은 지의 궁극이지만, 이때의 앎은 관념적 지가 아니라 실천적 지이기 때문에 부단한 공부와 수련이 요구된다. 존심과 궁리는 서로 맞물려 있는 치지의 양 바퀴의 관계이지만 주자가 보기에는 존심이 먼저이다. "심은 모든 이(理)를 포함한다. 모든 이는 인심에 갖추어져 있다. 존심할 수 없다면 궁리할 수 없다. 궁리할 수 없으면 진심할 수 없다"[23]고 한 것도 이

---

22 오호하마 아키라 지음, 임헌규 옮김, 『주자의 철학』(인간사랑, 1997), 175쪽.
23 『朱子語類』 9, 「陽錄」; 『朱子新學案』 제2책, 12쪽.

런 뜻이다.

그런데 "심은 잡으면 보존되고 놓으면 잃어버려서 나가고, 들어오고 나감이 정해진 때가 없어서 그 방향을 알 수 없는 것"[24]이기 때문에 본래의 마음을 유지하기 어렵다. 그래서 존심의 방법으로서 '주일무적(主一無適)'과 '비례물동(非禮勿動)'을 말한 것이다. 정이천은 주일을 '경'으로서 심의 본래성을 보존하고 주체성을 기르는 것이라 했다. 이것은 항상 두려워하고 삼가하여 기가 제멋대로 흐르지 않게 하는 것이다. 그런데 사람은 항상 경하기가 어렵기 때문에 사물의 이치와 근거를 되묻고 깨닫는 성찰이 요구된다. 유가의 도덕인식론에서 앎은 사물의 이를 구명하는 것으로, 주자의 격물설은 앎의 대상과 방법을 설명해준다. 모든 존재는 존재 근거와 존재 이유와 존재 가치를 규정하는 하나의 이가 있으며, 이것을 궁구하여 그 궁극 지점을 이르는 것이 이른바 격물(格物)이다. 격물을 통해서 지적 완성을 이루는 것이 치지의 단계이고, 그 요체는 지선(至善)의 내용과 그 실행 방법까지도 알아야 하는 것이다. 그런데 격물의 방법은 가까운 몸의 절실함에서 시작해야 하므로 자신의 성정을 구하는 것을 먼저 해야 한다. 이런 이유로 격물궁리는 덕성의 함양과 맞물려 있고, 치지는 거경(居敬)과 병행하지 않으면 안 된다. 격물은 물의 이를 구명하고, 그 궁극지점에 도달하는 것이다. 말하자면 격물은 그 개별적 물에서 그 이를 구명하기를 다하는 것 자체를 말하고, 치지는 사물의 이의 추구를 회득(會得)하는 것이다. "격물은 지적 행위 자체이고, 치지는 지적 완성이다."[25]라는 말은 이런 의미에서이다.

이러한 앎과 행위 의지의 기체는 바로 심이다. 심은 실재에 대한 앎

---

24 『孟子集註』, 「告子 上」 8.
25 오오하마 아키라(1997), 앞의 책, 257쪽.

의 맥락이며 모체로서 지를 정당화할 뿐만 아니라, 이의 일치를 아는 데 필요한 철저하고 포괄적인 이해로서 치지를 제공해준다. "배움은 마음의 깨달음을 귀하게 여기는 것이다"라는 장재의 말도 이런 의미이다. 이렇게 보면 이에 대한 앎은 두 차원으로서, 첫째는 물의 이와 그 상호관계를 아는 것이며, 둘째는 이의 통합과 일치의 맥락을 제공하는 성을 아는 것이다. 전자는 치지이고 후자는 함양이다. 이 양자는 인간본성을 실현하는 데 필수적이다. 유가에서 도덕적 앎은 인간본성의 실현에 존재론적 의미와 실천적 효능을 지니지 않으면 안 된다. 다시 말해 유가적 앎은 행위의 자유를 제공하고, 행위자 스스로 얻음으로써 스스로를 변형시키는 힘이며, 또한 모든 물의 조직화와 조화의 중심(체)이어야 한다. 유가의 도덕철학에 있어서 이에 대한 앎은 도덕적, 형이상학적 가치를 부여하는 방식으로 인식되고 규정된다. 이런 점에서 앎은 단지 경험적이고 객관적 지식이 아니라 초경험적이고 형이상학적 지이며, 또한 개별적 자아를 변형하고, 움직이고, 조직화하고, 존재론적으로 자아를 풍부하게 하는 것이다.[26] 이처럼 자기 변형적 지식은 개념적 지식이나 학식과는 다르다.

4) 인식의 대상

유학의 인식론에서 지각의 대상은 '물(物)'이다. 물은 한마디로 자연계 만물과 인간 관련 인사(人事)를 포괄하는 모든 대상이다. 이처럼 유학에서 지각의 대상으로서 '물' 개념은 인사와 만물을 포괄하는 모든 대

---

[26] Chung-Ying Cheng, "Method, Knowledge and Truth in Chu Hsi," *Journal of Chines Philosophy* Vol. 14, No. 2(June 1987), pp.135-136.

상을 의미한다. 사물은 기로 되어 있으므로 감각경험이 가능하다. 소리와 색깔, 모양과 형상 등 감각 가능한 형이하의 존재가 물이다. 이 점에서 인간도 넓은 의미에서 물에 포함될 수 있다. 그러므로 인사도 자연물과 같이 동일한 감각과 사고 기능으로 지각할 수 있는 대상이다. 모든 사물은 형이하의 기(氣)와 형이상의 이(理)로 구성되는데, 지각의 궁극적 목표는 바로 형이상의 이이다. 그리고 형이상의 이는 사리(事理)와 물리(物理)로 구분해서 말할 수 있지만, 인사와 만물이 사물로 통칭되는 것처럼 사리는 물리로 수렴된다. 사물이라는 말이 단지 외물만 지시하는 것이 아니라 마음 내부의 일도 지시한다는 의미이다.

그렇다면 인식 주체로서 심이 자신의 마음을 대상으로 탐구하는 것이 가능한가? 주자는 내부에 대한 격물의 가능성을 주장한다. 내부와 외부는 모두 격물의 대상이 될 수 있으므로, 지각 대상에 있어 내외의 구분은 의미가 없다. 다만 내부의 격물은 덕성지(德性知)를 얻는 것이고, 외부의 격물은 견문지(見聞知)를 얻는 것이다. 내부의 탐구가 자신에게 좀 더 절실하지만, 그러나 일리(一理)의 인식에 이르기 위해서는 외부를 배제하지 않고 모두 탐구해야 하는 것이다. 말하자면 외물의 견문지와 내부의 도덕적 덕성지는 상호 보완적 관계에 있다. 그렇지만 외사의 격물은 사물에 대한 객관적·과학적 탐구로서 외면적 지식을 얻는 것이지만, 내사의 격물은 인간 본성에 대한 철학적·형이상학적 지식으로 이어진다. 따라서 외부와 내부의 격물은 그 방법과 차원이 실질적으로 다르다. 그리고 외물에 대한 객관적인 탐구는 궁극적으로 본성에 관한 형이상학적 탐구에 근거하는 것이다. 그러므로 유학의 인식론에서는 내부의 격물을 더 중시한다. 성정(性情)에 대한 형이상학적 탐구로서 내면의 탐구가 외물의 탐구보다 더 중요하다면, 격물치지에서 의식의 관찰과 이것에 의한 반성적 깨달음이 중요한 것은 당연하다고 생각된다.

그런데 주자는 의식의 관찰을 강조한 호남학파의 이발찰식법(已發察識法)[27]과 불교의 반성적 깨달음인 관심법을 거부한다. 그는 불교의 관심법이나 호남학파의 이발찰식법은 주체가 자신을 지각하려는 것이므로, 이는 마치 "눈이 자신의 눈을 볼 수 있다"고 하는 것처럼 잘못된 주장이라고 논박한다. 성정을 격물한다는 것은 의식의 관찰법과도 다르고 사물의 객관적 격물과도 다르다는 것이다. 그것은 마음과 성정, 그리고 지각 작용 자체를 마치 객관적인 것처럼 가정하여 탐구한다는 것이다. 이는 주체가 스스로를 대상으로 삼아 탐구하는 점에서 지각 기능과 능력을 뛰어넘은 일종의 초월적 성격을 지닌다는 의미이다. 주자가 인식의 대상으로서 소이연(所以然)의 지와 소당연(所當然)의 지를 구분한 까닭이 바로 이것이다. 유학의 인식론에서 소당연지고와 소당연지칙을 지각하기 위한 방법이 곧 격물치지이다.

> 천하의 사물에 이르면, 반드시 각각 소이연지고와 소당연지칙이 있으니 이른바 이(理)이다. 사람은 알지 못함이 없으나, 혹 그 정조(精粗)·은현(隱顯)으로 하여금 끝까지 궁구하여 남김이 없도록 하지 못하면, 이는 궁구되지 못하고 앎에도 반드시 가려짐이 있게 되어, 비록 억지로 그것을 지극히 하려고 하지만 역시 지극히 할 수가 없다. 따라서 앎을 지극히 하는 방도는 일에 즉(卽)해서 이를 살펴 사물에 격(格)하는 것에 달려 있다.[28]

---

[27] 이발찰식법은 마음을 보존하고 기르는 것에 앞서 발현된 이발(已發)의 의식을 관찰함으로써 본체인 인을 인식하고 자각할 수 있다는 호남학파의 학설이다. 이에 대해 주자는 인의 본체는 곧바로 인식할 수 없으며, 단지 실천을 통해 자득할 수밖에 없는 것이기 때문에 인을 행하기 위해서는 먼저 인의 본체를 인식해야 한다는 호남학파의 이론은 잘못이라고 주장한다. 이 부분에 대한 상세한 논의는 김우형(2005), 앞의 책, 108-122쪽 참고.
[28] 『大學惑問』11.

소이연과 소당연의 개념을 정확하게 이해하려면 소이연에 포함된 능연(能然), 필연(必然), 당연, 자연의 개념을 알아야 한다. 먼저 능연은 예를 들어 측은지심이 일어날 수 있는 까닭은 마음에 그것이 일어날 수 있는 원리가 있기 때문인데, 즉 어떤 사태가 일어나기 위해서는 그렇게 될 수 있는 가능성의 원리가 그 안에 존재해야 한다는 것이다. 능연은 소이연의 실현될 가능성을 나타내는 개념이다. 필연은 예를 들어 어린애가 우물에 들어가는 것을 본 자는 반드시 측은해하기 마련인데, 이는 인간의 마음이 살아있는 것이고, 그 감응(感應)의 원리가 이와 같아서 그만두려 해도 그칠 수 없는 것이다. 이것은 마음의 본질을 논리적으로 규정한 것으로 필연은 사물의 본질이나 본성으로서 소이연의 필연성을 나타내는 개념이다. 당연은 어린애가 우물에 들어가는 것을 보고 마땅히 그를 측은해야 하는 것이니, 그렇게 하지 않으면 천리에 어긋나고 사람이 아닌 것이다. 당연은 소이연의 규범성을 나타낸다. 당연에는 객관적이고 전체적인 것으로서 법칙 그리고 주관적이고 세부적인 준칙(準則)이 있다. 어린애가 우물에 빠짐을 측은해하는 까닭은 모두 천리의 참됨이 유행하고 발현하여 자연히 그러한 것이지, 조금도 인위가 그 사이에 간여한 것은 아니다. 이는 인간본성의 자연스러움을 말하는 것이니 소이연의 자연성을 나타내는 개념이다. 이 중에서 능연과 필연은 소이연을 논리적으로 규정한 것으로 일에 앞서 존재하는 것이며, 자연은 사태와 이(理)를 관통하는 자연적 측면을 나타내는 것이며, 당연은 규범적 성격을 말한다.

요컨대 소당연지칙은 소이연의 네 가지 의미 중에서 '사태에 나아가서' 말해야 하는 당연의 법칙을 의미한다. 그리고 나머지 셋은 그 이면의 근거로서 소이연지고로 통합된 것이다. 또한 소당연지칙은 인간의 도덕규범이나 준칙만을 가리키는 것은 아니며, 자연 사물의 법칙도 포함된다.

5) 유가윤리의 인식론적 논점

유학의 사유방식은 "모든 인간에게는 지적 직관 능력이 부여되어 있다"라는 명제에서 출발한다. 장재는 이 명제를 다음과 같이 설명한다.

인간의 마음을 확대함으로써 인간은 이 세상의 모든 사물 속으로 들어갈 수 있다. 어떤 사물이든 아직 안에 들어오지 않은 것은 인간의 마음 밖에 있는 것이다. 보통 사람의 마음은 보고 듣는 협소한 것에 한정되지만 성인은 보고 듣는 것에 속박되지 않는다. 보고 듣는 것을 통해서 얻는 지식은 사물을 접해서 얻는 지식이다. 그것은 도덕적 본성을 통해서 얻는 지식이 아니다. 자신의 도덕적 본성을 통해서 얻는 지식은 보고 듣는 것에서 유래하는 것이 아니다. 인간이 이 세계의 모든 물에 들어갈 수 있고, 그래서 보고 듣는 감각적 지각 없이 도덕본성을 통해서 지식을 얻을 수 있다.[29]

인간이 지적 직관을 통해서 사물의 본질을 인식한다고 하는 것은 인간은 본래 직관을 지닌 존재라고 하는 존재론적 접근이다. 이러한 접근법은 기본적으로 인간의 내적 능력으로서 지적 직관을 당연한 것으로 받아들이는, 뚜 웨이밍의 표현을 빌리면 '유학의 단순하고 쉬운' 방법이다.[30] 이러한 주장은 서양철학의 비판적 사유방식, 특히 칸트의 직관

---

[29] Chan Wing-Tsit (ed.), *A Source Book in Chinese Philosophy* (Princeton University Press, 1957), p.515.
[30] Tu Wei-Ming, "Neo-Confucian Ontology: A Preliminary Question," *Journal of Chinese Philosophy* 7(1980), p.107.

주의 윤리에서도 수용되기 어렵다. 그러나 뚜 웨이밍의 논지에 의하면, 칸트의 경우 인간본성에 대한 물음은 실제로 앎의 문제(인식론), 행위의 문제(심리학), 소망(신학)의 문제에서 비롯되지만 '인간은 무엇인가' 하는 인간학의 물음이 제기되어야만 이 문제에 제대로 답할 수 있다는 것이다. 유학 사상의 지배적 관점은 인간과 하늘의 절대적 통일이라는 관점에서 인간성의 실현이다. 그래서 유학의 중심 문제는 "어떻게 나는 진정한 자아를 알 수 있는가?" 하는 것이다. 달리 말하면 나의 진정한 자아를 표명하고 우주의 통일에 동참하는 방식으로서 나는 어떻게 지적 직관을 위한 역량을 개발할 수 있을까 하는 문제이다. 이것은 '지적 직관의 존재론적 가능성'을 묻는 것이다.

유가윤리의 인식론에서 인식의 주체는 인간의 심이며, 그 출발점과 정당화의 기반은 사태에 대한 '자가입론(self-presenting)'이다.[31] 자가입론은 사태가 발생하게 되면 그 사람은 필연적으로 그것을 진리로 받아들인다는 것이다. 이것은 자신이 스스로의 마음에 대해 제안한 것이기 때문에 그것을 진리로 수용하는 직접 증거는 마음이다. 이것은 마음이 진리를 인식하고 보존할 수 있는 능력이 있다는 존재론적 의미를 전제로 한다. 유가의 인식론은 실재와 진리에 대한 심의 역량을 이러한 자가입론 방법으로 설명한다. 천리 혹은 이(理)는 누구든 배움에 들어서기만 하면 그 사람에게 스스로 제시되기 마련이다. 실제로 유가의 성리학은 이란 이미 물이나 인간의 마음에 내재하고 있음을 제시한다. 궁리는 단지 마음속에 내재하는 이를 갖기 위한 배움의 노력일 뿐이다. 이는 마음이 욕구와 편견의 장애를 받지 않고 배움을 지속함으로써 그 스

---

[31] Roderick Chisholm, *Theory of Knowledge* (New Jersey: Prentice Hall, 1977), p.22.

스로 자연적으로 나타난다. 그러므로 학문은 단지 이의 자가제시를 위한 방법일 뿐이다. 이가 스스로 제시되면 인식하는 것이고, 그렇지 못하면 알지 못하게 된다. 그러므로 진리의 인식은 자연적이고 자발적이다. 왜냐하면 우리가 진리를 아는 것은 이가 자기 스스로 제시하는 것이기 때문이다. 이것은 또한 영각(靈覺)이라 부르는 마음의 예민한 이해력의 반영이다.

그런데 우리가 '자가입론'의 방식을 받아들이려면 "모든 진리를 증명할 수 있는 존재가 있을 뿐 아니라 우리도 그런 존재와 같을 수 있다"는 주장이 논증되어야 한다. 뚜 웨이밍에 의하면, 유가의 도덕철학과 형이상학적 방법론은 이를 해명해준다. 유가의 심성론에서 보면 이의 궁극적 앎을 얻는 데 나의 마음은 성인의 마음과 같고, 그리고 배움의 목적은 개인의 마음을 천지지심 혹은 성인의 마음과 일치시키는 것이다. 또한 모든 진리를 증명할 수 있는 그런 존재가 존재하는가에 대한 물음에 대해 유학은 천지지심이 바로 그런 존재라고 대답한다. 그러나 그 존재를 증명하는 방법은 스스로 알고 깨우치는 '자기 스스로 아는' 인식일 뿐이다. 유가윤리의 인식론에서 이것은 인식을 위한 출발점이면서 또한 모든 지식의 토대와 정당성을 제공하는 방식이다. 그렇지만 이것은 인간의 마음은 진리를 인식하고 진리를 보전할 수 있는 역량을 가지고 있는 그런 존재라는 전제에서만 의미를 지닌다.

다음으로 유가윤리의 인식론에서 가장 큰 쟁점은 형이상학적 윤리의 '자연주의적 오류' 가능성 문제이다. 이것은 무어가 『윤리학 원리』에서 형이상학 윤리는 근본적으로 자연주의적 오류를 지닌다고 주장한 데서 비롯된다. 형이상학적 명제란 지각의 대상이 아닌 것, 즉 초자연적이고 초감각적인 것의 존재에 관한 주장이다. 형이상학은 존재에 대해 자연의 일부분이 아닌 것들에 관한 지식을 추론을 통해서 획득하려고 하는 것이다. 형이상학의 가장 현저한 특징은 비자연적 존재에 관한 진리를 증명하겠다는 선언이다. 형이상학적 윤리학의 특징은 완전한 선은 존재하지만 그것은 자연계에 있는 어떤 것이 아니며, 초감각적 실재에 의해 갖는 어떤 특징을 가진다는 것이다. 형이상학적 윤리는 플라톤의 이데아 개념, 스토아 윤리, 칸트의 목적의 왕국 개념, 그리고 도덕의 궁극적 목적은 진정한 자아를 실현하는 것으로 보는 자아실현의 윤리 등에서 나타난다.

그런데 형이상학 윤리의 명제는 "무엇이 실재인가" 하는 물음은 "무엇이 선인가" 하는 물음과 논리적 연계성을 갖는다고 주장한다. 형이상학 윤리가 자연주의 오류에 기반을 두는 것은 "실재는 이런 성격이다"라는 명제에서 "이것은 내재적 선이다"라는 명제를 끌어낼 수 있다고 주장한다는 점이다. 가령 스토아학파는 자연에 따르는 삶을 완전한 선으로 규정하는데, 그들은 비자연적으로 존재하는 것, 즉 초감각적 실재를 지니는 것은 완전한 선으로 규정하기 때문이다. 무어가 보기에 도덕적 이상을 신과의 합일에 둔 스피노자, 목적의 왕국을 언급한 칸트, 이상적 자아를 말한 자아실현의 윤리는 모두 자연주의적 오류를 지닌다. 그들은 실재는 초자연적인 것이고, 실재하는 것은 내재적 선을 지니는 것이므로 도덕적 의무도 이러한 선을 실현하는 것으로 본다는 것이다. 그러나 무어에 의하면 이러한 주장은 밀(J. S. Mill)이 '바람직한(desirable)'을 사람들이 실제로 '바라는 것'으로 규정한 것처럼 자연주의적 오류를 범하고 있다는 것이다. 무어의 논지에서 보면 '윤리와 무관한' 용어로 규정한 윤리적 명제는 모두 자연주의적 오류를 지닌다.

유가윤리는 인간의 윤리적 가치를 형이상학적 전제 안에서 존재론적으로 확보하려는 전형적인 형이상학 윤리 체계이다. 선진유가(先秦儒家)들은 인간의 도덕성 회복을 통해 이상사회를 구현하려면 인간을 도덕적 존재로 규정해야만 했다. 그들은 "인간의 본성은 무엇인가"라는 존재론적 물음을 통해서, 모든 인간은 인(仁)이라는 가장 기본적인 도덕성을 지니고 있는데, 이것은 인간에게 선천적으로 주어진 것으로 간주한다. 선진유가들은 인간의 도덕적 본성의 논거를 고대로부터 내려온 "인간은 생명을 천으로부터 받은 것이다"라는 사상에 두고 있다. 그래서 유가의 윤리사상은 한 마디로 "천도를 본받아 인도를 세운다[法天道, 立人道]"는 사상 체계이다. 선진 유가들은 천(天)을 생산적 역량을 갖춘 만물의 모태일 뿐만 아니라, 선하고 정의로운 성격을 소유하고 있는 존재로 상정한다. 유가의 전통에서 성과 명의 관계는 "하늘이 명한 것을 성이라 하고, 성을 따르는 것을 도라 한다"는 『중용』의 언명에서 잘 나타난다. 천의 선한 성격이 인간에 내재된 것이 바로 성이라는 것이다. 인간을 도덕적 존재로 정치시켜 인간의 도덕성을 보편적이고 선험적인 것으로 규정한다. 따라서 천이 지닌 일정한 규율은 인간사회의 규범이 되는 것이고, 자연 질서가 곧 인간사회의 도덕질서가 된다.

선진유가들이 인성론의 근거를 형이상학적으로 정당화한 것이 신유학의 이기론이다. 이(理)는 모든 존재의 궁극적 근원이다. 총체적으로 말하면 이는 우주의 형성 원리이고, 개별적으로 말하면 개개의 사물들의 존재원리이다. 이는 안치할 수 있는 방향과 장소도 없고 형체나 지위도 없지만 시공을 초월하여 언제 어디에도 절대적으로 존재할 뿐만 아니라 만물에 선재(先在)한다. 이가 있어야 사물이 존재하는 이치는 마치 초목에 씨앗이 있어야 비로소 초목이 생기는 것과 같은 것이다. 또한 이는 만물의 주재자(主宰者) 혹은 사물의 존재 양식을 통제하는 원리이다. 이는 만물이 '그렇게 될 수 있도록 하는 존재자[所以然者]'이다. 뿐만 아니라 이는 '마땅히 그렇게 해야만 하는 법칙[所當然之則]'을 가지고 있다. 또한 이는 선 자체이며 모든 선의 근원이며 표준이다. 이처럼 초월적, 내재적 존재로서 이가 인간에게 내재되어 나타난 것이 인성이다. 그러므로 인간의 본성은 선하고 인간은 도덕적 존재이다. 신유학자들은 도덕행위의 당위성을 인간 존재의 근원에 합치시킨다. '성즉리'의 논변은 바로 존재와 당위를 일치시키는 명제이다. 인간의 본성이 이(理)이기 때문에 인간의 도덕 행위가 본성에 따르는 것은 자연 필연적이다. 그렇게 되어야 하는 까닭[所以然之故]인 '존재의 법칙'에서 그렇게 해야만 하는 법칙[所當然之則]인 '당위의 법칙'이 나오는 것은 지극히 자연스럽고 필연적인 것이다.

그런데 무어가 형이상학 윤리를 자연주의적 오류의 유형으로 규정하는 논거는 윤리적 전제를 '윤리와 무관한' 개념으로 규정함으로써 연역적 오류를 범한다는 것이다. 윤리판단은 '마땅히 해야 한다'는 당위의 명령이므로 윤리적 결론을 윤리와 무관한 전제에서 추론할 수 없다는 것이다. 그래서 비자연주의 인식론자들은 "존재에서 당위를 도출할 수 없다"는 기본명제를 제시한다. 사실판단에서 가치판단을 연역할 수 없는 이유는 사실판단을 주장하면서도 그로부터 도출되는 가치판단을 부정하는 것에는 아무런 모순이 없기 때문이다. 그래서 그들은 도덕추론의 규칙을 도덕원리(대전제)-사실판단(소전제)-도덕판단(결론)이라는 삼단논법의 형식으로 규정한다. 이렇게 보면 유가윤리의 도 혹은 지선(至善)의 개념은 윤리와 무관한 전제에서 규정한 자연주의적 오류의 유형이고, 따라서 사실에서 가치를 도출하는 연역적 오류를 범한다고 할 수 있다.

그러나 유가윤리의 존재/당위 논쟁은 서양윤리에서 말하는 메타윤리의 논법으로 설명하기 어렵다. 유가윤리에서 사람이 사람일 수 있는 까닭은 사람의 존재 원리 때문이다. 임금이 임금답고, 신하가 신하답고, 부모가 부모답고, 자식이 자식답지 않으면 임금이 아니고 신하가 아니

고 부모가 아니고 자식이 아니다. "인하지 않으면 인간이 아니다[不仁而
非人也]." '사람됨'이라는 인간의 존재법칙이 '사람다움'이라는 행위 규범
의 근거이다. 그러므로 유학사상에서 존재의 원리 안에는 이미 당위의
근거와 법칙이 내재하고 있는 것으로 봐야 한다. 유학사상에서 존재의
원리로서 소이연지고와 당위의 원리로서 소당연지칙이라는 존재와 당
위의 합일구조를 정립한 것으로, 그 궁극적 목적은 "인간은 마땅히 도
덕적이어야 한다"는 당위의식에 있는 것이다. 인간이 도덕적이어야 하
는 이유는 인간은 도덕적인 존재이기 때문이다. 이렇게 보면 서양윤리
학에서 제기하고 있는 메타윤리의 자연주의적 오류 논쟁을 유가윤리의
형이상학적 체계에 그대로 적용하기 어렵다.[32]

3. 요점과 비교 논점

서양윤리학은 선악, 옳고 그름, 의무에 대한 인식론적 지식을 우선으
로 삼는다. 서양윤리에서 다양한 윤리학설이나 이론의 분파들은 실상
도덕인식론에 대한 차이점에 다름 아니다. 서양윤리학에서 도덕인식론
의 문제는, 최고선의 규준을 어떻게 규정할 것인가 하는 도덕적 진리의
존재양식에 대한 논의에서 시작한다. 목적론적 윤리체계는 도덕적 최고
선을 우리가 궁극적으로 실현해야 할 목적에 두고, 법칙론적 윤리는 우
리가 마땅히 따라야 할 법칙에 둔다. 메타윤리 이론에서 선악, 도덕적
옳고 그름의 인식 근거를 인간의 직관으로 보는 인식론은 직관주의를
주장한다. 직관주의자는 대체로 도덕적 진리의 절대성과 불변성을 전제

---

[32] 이 부분에 대한 상세한 논의는 도성달(2011), 앞의 책, 248-257쪽 참고.

로 한다. 도덕적 진리는 사람의 인식태도나 방식에 의해서 달라지는 것이 아니라 본질적 속성이 있다는 것이다. 이러한 가치속성은 경험적 속성이 아니기 때문에 감각적 경험으로 검증될 수 있는 것이 아니다. 그것은 오로지 직관과 자명성(self-evidence)으로 알 수 있을 뿐이다. 그러나 직관은 본능과는 달리, 인간에게 잠재한 능력이긴 하지만 교육과 삶의 경험을 통해서 배양하는 것이다. 이러한 능력을 배양하기만 하면 도덕적 진리의 실재는 인식될 수 있다. 이러한 직관주의 전통은 플라톤의 도덕인식론에 그 토대를 두고 있다.

플라톤의 윤리적 직관주의는 17세기 영국의 케임브리지학파의 플라톤주의자들에게 이어진다. 이들은 홉스 식의 자연주의적 윤리관이나 무신론을 공격하면서 플라톤의 이상주의에 기초하여 도덕원리가 생득적 관념임을 내세운다. 이들 직관주의자는 인간의 이성을 근거로 도덕적 진리가 '옳은 것'임을 인식할 수 있고, 또 그것을 선택하는 이유는 '옳은 것이기 때문'이라는 의무론자들이다. 이러한 직관주의 인식론에 바탕을 두고 있는 것이 칸트윤리학이다. 칸트윤리학의 핵심은 도덕인식론보다는 도덕성 혹은 도덕적임의 보편적 원리를 확립하는 데 있다. 그러나 그가 도덕형이상학이라 명명하는 도덕의 궁극적 기준은 선의지이다. 그의 표현대로 하면 도덕적 인간은 선의지의 인간이다. 선의지의 인간은 도덕적 동기가 오로지 의무 자체를 위해 순수해야 한다. 다시 말해 자신의 이익을 염두에 두지 말아야 할 것은 물론이려니와 '옳은 것이기 때문에' 행해야 한다는 것이다. 그래서 칸트윤리학에서 "왜 도덕적이어야 하는가?"라는 도덕의 궁극적 물음에 대한 답변은 "그것이 인간의 의무로서 마땅히 해야 하는 것"이기 때문이다. 인간이 도덕적일 수 있다는 것은 실천이성 혹은 이성적 의지의 소유자이기 때문이다. 그가 말하는 도덕적 의무로서 최고의 선은 초경험적이고 초감각적인 실재이다. 그는 그것이 무엇인가에 대해서는 말하지 않는다. 그러나 그가 말하는 목적의 왕국은 인간존엄성이 구현되는 도덕적 세계질서이다. 도덕적 존재로서 인간은 그 자체로서의 목적이기 때문에 절대적 가치, 즉 존엄성을 갖는다. 그러므로 인간의 의무는 도덕적 자기완성과 타인의 행복이다. 그래서 칸트윤리학에서 최고의 선은 도덕의지와 덕의 결합이다.

반면, 자연주의 인식론자들은 도덕판단의 근거와 정당성을 경험적으로 증명하려고 한다. 자연주의자들은 도덕적 지식도 감각적 지각으로 획득될 수 있는 일종의 경험적 지식이기 때문에 과학적 귀납법으로 추론될 수 있다고 주장한다. 이러한 입장은 기본적으로 도덕적 진리의 실재를 인정하지 않을 뿐 아니라 인간의 도덕적 인식능력을 불신한다. 이를테면 도덕적 옳고 그름이란 상대적이며, 인간의 양심이나 도덕감이란 것도 교육이나 사회적 체험의 산물이므로 도덕 판단의 권위를 인정할 수 없다는 것이다. 자연주의 인식론자들은 근세의 과학적 사고의 영향으로 이른바 '윤리학의 과학화'를 시도하려는 입장에서 출발한다. 자연주의자들의 논점에 충실하게 되면 가치를 일종의 사실로 간주함으로써 가치판단과 사실판단을 구분할 수 없다는 문제가 제기된다. 무어가 도덕인식론에서 '자연주의적 오류'를 지적한 것은 이 점이다.

자연주의자들 중에서도 공리주의자들처럼 사람들의 태도가 아닌 행위의 결과로서 판단하는 입장은 객관주의적 자연주의자들이다. 가령 고통은 악이고 쾌락은 선이며, 최대의 행복을 산출하는 행동은 도덕적으로 옳은 행위라는 식이다. 그런가 하면 도덕적 옳고 그름을 그 사회의 구성원들이 시인하거나 비난하는 태도로 결정할 수 있다는 입장은 주관주의적 자연주의자들이다. 흄이 사회적 견해로써 윤리를 규정한 것이 그 한 예이다. 흄은 도덕적 가치를 이성이나 논리가 아니라 감정 혹은 정서로 환원될 수 있는 주관적 가치로 파악한다. 그러나 그는 감정에도 일종의 보편성이 있으므로 도덕적 가치의 기준은 개인적 감정이 아닌 사회적 시인이 되어야 한다고 주장한다. 그가 사회적 시인의 감정으로서 '공감'을 말한 것은 이것이다. 주관주의적 자연주의의 전형은 윤리적 상대성을 주장한 웨스터마크(E. Westermarck)이다. 그는 "도덕의식은 결국 감정에 바탕을 두고 있으므로 도덕 판단은 객관적 타당성이 없고, 도덕적 가치는 절대적인 것이 아니라 감정에 따라 상대적이다"[33]라고 주장한다.

한편 메타윤리학자들 중에서 도덕적 진리의 인식을 부정하고 도덕적 판단은 인식적 주장이 아니라는 비인식주의를 견지하는 학파가 있다. 정의주의(emotivism)로 명명되는 그들은 도덕 판단이란 개인의 감정이나 태도의 표명에 불과하므로, 도덕적 옳음이나 의무에 대한 진위 판별이 불가능하며, 따라서 도덕적 지식과 같은 것은 없다고 주장한다. 그들의 주장은 도덕문제는 개인적 기호나 선호의 문제와 다름없으며, 어떤 도덕 판단도 잘잘못이 없다는 것이다. 비인식주의자들은 진리란 오직 관찰과 실험으로만 검증될 수 있다는 실증주의적 사조에 영향을 받아 도덕적 지식을 부정하게 된다. 이러한 극단적 윤리 주관주의는 윤리학의 학문적 지위를 흔들어놓는 결과를 가져왔고, 당시의 윤리적 회의론이나 윤리상대주의 경향을 낳게 하는 데 결정적 영향을 미친다. 일찍이 소크라테스는 당시 소피스트들의 윤리상대주의나 회의론에 맞서 도덕적 진리를 설파하기 위해 죽음을 무릅썼다.

서양의 도덕 인식의 방법론으로서 메타윤리학은 도덕적 실천을 직접 목적으로 하는 것도 아니요, 행위의 규범체계를 정립하는 데 관심이 있

---

[33] Edward Westermarck, *Ethical Relativity* (Westport: Greenwood Press, Publishers, 1970), p.15.

는 것도 아니다. 메타윤리학자들은 도덕적 언명의 개념이나 논리성을 추구한다. 말하자면 서양윤리학에서 도덕인식론은 윤리학의 학문적 기반을 세우기 위한 메타윤리학적 논변에 치중하고 있다. 윤리학을 '학으로서의 윤리학'과 '삶의 기술로서의 윤리학'으로 구분한다면, 서양의 인식론은 전자에 목적을 둔다. 반면 유가의 지식론은 유학자들의 지적 호기심을 충족시키기 위한 지적 유희가 아니라 실천적이고 가치론적 의미를 탐구한다. 그것은 자아실현을 위한 인생의 참 목적과 가치에 대한 앎이며, 총체적 진리와 자아의 참된 인식과 관련된 앎이다. 그래서 앎의 초점은 인간성의 가치와 자아실현에 있으며, 이것을 알 수 있는 능력은 바로 인간본성 안에 있다는 것이다. 선에 대한 본래적 앎이라는 의미로 맹자는 그것을 '양지'라 했고, 덕성과 연관된 앎의 의미에서 공자는 '지인' 혹은 '지덕'이라 했다. 그래서 유가의 도덕인식론은 철저한 윤리 직관주의이다.

 서양적 틀에서 보면 유가윤리의 인식론은 전형적인 직관주의이다. 유가윤리에서 말하는 직관의 소재지는 바로 인간의 심이다. 유가적 사유방식은 이성과 감성을 구분하는 이분법적 체계가 아니다. 마음은 인간의 지·정·의의 근원으로서 도덕 판단과 행위의 배경이며 모체이다. 주자가 "마음은 사람의 신명(神明)으로서 모든 이치를 갖추고 만사에 응한다"[34]고 한 것도 이것이다. 또한 "마음은 능히 생각할 수 있어서 생각하는 것으로서 직능을 삼는다."고 한 것도 마음의 판단능력과 행위능력을 이른 언설이다. 그러나 지각기능으로서 마음은 사물의 감각적 속성을 지각하는 인심과 도덕적 의식을 지각하는 도심이 있다. 지각이 이목의 욕구를 따르면 곧 인심이고 의리를 따르면 도심이다. 도덕적 존재에

---

[34] 『孟子集註』, 「盡心 上」 1.

서 인간의 지위는 도덕적일 수 있는 가능태이지 현실태로서 인간을 말한 것은 아니다. 말하자면 인간은 육체적 욕구와 도덕적 지향성을 필연적으로 지니게 되는 이중적 존재이다. 칸트 식으로 말하면 신의 형상을 닮고자 하는 '본체적 자아'와 욕구를 추구하고자 하는 '현상적 자아'가 인간의 본래 모습이다.

유가윤리에서 도덕인식론의 문제는 인간은 본성적으로 어떤 존재인가 하는 존재론적 물음에 대한 해명에서 출발한다. 그 발상의 시원은 『주역』의 태극이론에서 인간의 도덕성의 근거를 논구하는 것이다. 도덕성으로서의 인의 존재 근거는 만물을 낳고 기르는 천지지심에 있다. "인은 곧 천지의 물을 낳는 심으로서 인간에 내재하는 것"[35]이다. 천지의 마음은 원, 형, 이, 정이라는 사덕이 있어서 춘하추동의 사계절을 낳게 한다. 천지지심의 생의(生意)에 의해 사람의 심에도 인의예지의 사덕이 본래적으로 갖추어져 있다. 인간의 도덕성에 대한 존재론적 설명은 주돈이가 자연법칙과 도덕법칙을 연결시킨 우주구조론에 근원을 둔다. 이런 점에서 유학자들의 우주론은 자연철학이 아니라 도덕적 우주론(moral cosmology)[36]이다. 주자는 음양오행의 우주론을 인간의 도덕성과 연결시킨다. 목화토금수의 오행이 인의예지신이라는 인간의 오상으로 연결되는 설명에는 논리적 필연성이 결여되어 있다. 유학자들은 심을 매개로 이것을 설명한다. 기와 성은 나면서부터 얻는 것이지만 물과 사람의 성은 기의 품부된 바가 다르기 때문에 그 성이 다르다. 그 성의 차이가 바로 인간을 다른 존재자와 구분 짓는 도덕성이다. 또한 사람들

---

35 『朱子語類』 6; 『朱子新學案』, 345쪽.
36 John Borthrong, "CHU HSI'S Ethics: JEN and CH'ENG," *Journal of Chiness Philosophy* Vol. 14 No. 2(1989), p.62.

간에도 기질의 품부에 따라 도덕성의 우열과 현우의 차이가 있다. 그래서 유가윤리의 궁극적 목표는 이 혼탁하고 막힌 보통 사람들의 기질지성을 변화시키기 위한 도덕적 실천이요 도덕교육이다.

공자는 성을 안다고 명시하지는 않았지만, 사람이 무엇을 할 수 있는가에 대한 여러 가지 언설을 통해서 인간본성에 대한 이론 이전의 앎을 암시하고 있다. 공자가 "인이 먼 것이냐, 내가 인을 하려고 하면 인은 이르는 것이다"[37]라고 한 것도 인간본성 안에 이미 도덕성이 있음을 말한 것이다. 인이란 마음의 덕이니 밖에 있는 것이 아니므로, 하고자 마음만 먹으면 저절로 이르는[至] 것이니 멀리 있는 것이 아니라는 의미이다. 인간에게는 선을 인식할 수 있을 뿐만 아니라 그것을 실천할 수 있는 자유로운 권능이 부여되었다. "사람이 도를 넓히는 것이지 도가 사람을 넓히는 것이 아니다"라고 한 것도 이런 의미이다. 도는 모든 선을 포괄하는 총체적 진리이지만 이것은 사람들의 본성 안에 있다. 말하자면 인간에게는 존재론적으로 도를 실현할 수 있는 특수한 능력이 부여되었고, 본성에 따르기만 하면 그렇게 할 수 있는 존재이다. 우리가 앎을 추구하는 이유는 심을 함양함으로써 궁극적으로 도와 합일을 이루어 자신의 본성을 실현하기 위한 것이다. 공자나 맹자는 도덕의 형이상학을 논하는 도덕철학자라기보다는 도덕적 실천을 인도하는 도덕교사로서 도덕을 말했다. 맹자는 인간본성을 성선으로 규정함으로써 인간 도덕성의 근거와 도덕적 삶의 정당화에 대한 추론의 논거를 제시했다. 유가윤리는 송대의 유학자들에 이르러 도덕철학, 곧 윤리학으로서 완전한 체계를 잡게 된다.

---

37 『論語集註』, 「述而」 29.

4장
도덕행위의 동인(動因)

서양윤리학의 핵심 테마는 도덕적 선악, 시비, 의무, 당위, 책임 개념이다. 그러므로 서양윤리학에서 "왜 도덕적으로 행동하게 되는가?" "지와 행은 어떤 관계인가?" 하는 등 행위의 문제는 도덕철학보다는 도덕심리학의 주제에 더 적합하다. 서양윤리학에서 도덕행위의 동인(動因) 문제는 도덕행위에서 이성과 감정의 역할과 관련된다. 플라톤을 시조로 하는 이성주의 윤리관에서 보면 도덕 판단은 물론 도덕행위에서 결정적 역할을 하는 것은 이성이므로, 이성적이면 곧 도덕적이라는 것이다. 이성주의 윤리 반대편에는 주정주의(主情主義) 윤리가 있다. 주정주의 윤리는 고대 그리스의 프로타고라스학파에서 비롯되지만, 동인론과 관련해서는 흄 사상이 이를 대표한다. 서양윤리에서 도덕행위의 동인론은 흄과 칸트의 사상으로 대립된다.

유가윤리에서 도덕행위의 동인론은 서양윤리처럼 이성과 감정의 문제가 아니다. 유가사상에서는 이성과 감정을 구분해서 논하기 어렵기 때문이다. 유학의 핵심 사상인 이기론을 반드시 이성과 감정의 대립 개념으로만 볼 수 없다. 유가윤리에서 도덕행위 주체는 심(心)이다. 심은 이성적 요소, 감정적 요소, 의지적 요소를 모두 지니고 있다. 유가윤리에서 도덕행위의 동인 문제는 심을 어떻게 다스리는가 하는 문제에 달려 있다. 그래서 유가윤리에서 도덕행위의 동인론은 사단칠정, 인심·도심의 주제와 관련된다. 그리고 지와 행의 문제는 유가윤리의 본령이다. 유학의 인식론이나 형이상학 체계도 결국 도덕적 실천을 위한 예비적 단계에 지나지 않는다. 유학자들은 제대로 알면 도덕행위로 연결된다는 '지행합일론'을 신봉한다. 그러나 '앎'의 의미와 형식이 매우 다양하다. 지행론은 유가윤리가 윤리학 체계에 가장 공헌할 수 있는 부분이다.

1. 서양윤리의 도덕행위 동인론

1) 도덕행위의 동인으로서 이성: 칸트[1]

어떤 사람은 "우리가 생각하지 않고서도 본성적으로 옳은 것을 행하고 그른 것을 피할 수 있는 능력을 갖추고 있다"고 생각한다. 이러한 생각에는 "옳은 것을 행하고 나쁜 것을 피하기 위해서는 본성, 충동, 본능을 따르는 것 이외에는 달리 할 게 없다"는 의미를 담고 있다. 본성이거나 신이 인간에게 행위 이전에 양심의 자극을 심어주었고, 그래서 양심의 경고를 무시하게 되면 양심의 가책이나 죄의식을 느끼게 되므로 옳은 행위를 하게 마련이라는 것이다. 이런 경우 우리는 본성적으로, 혹은 저절로 옳고 그른 것을 알고 행하기 때문에 사회 안에서 교육과 훈련을 받을 필요가 없다. 그런데 도덕적임은 단지 본성을 따르기만 하면

---

[1] 도성달, 『윤리학, 그 주제와 논점』(한국학중앙연구원출판부, 2011), 415-421쪽 참고.

되는 것인가? 본성에 따른다는 것은 무슨 의미인가? 이성을 따르면 본성을 따르는 것인가?

　소크라테스 이래로 서양윤리학의 전통은 윤리적 지성주의이다. 이것은 "누구든지 도덕적 옳고 그름에 대한 올바른 지식을 갖기만 하면 아는 바대로 실천한다"고 하는 소크라테스의 도덕지식론을 모체로 하고 있다. 그러나 플라톤에 이어 아리스토텔레스의 윤리학은 여전히 이러한 지성주의에 뿌리를 두면서도, 도덕지(道德知) 성격을 이론지와 실천지 개념으로 구분함으로써 도덕적 실천에 있어서 이성과 정념의 관계를 밝혀 주고 있다. 도덕지는 영리함과 같은 이론적 덕에 의해서 얻어지는 것이 아니라 욕구와 감정을 절제하고 지배할 수 있는 윤리적 덕을 선결요건으로 한다는 것이다. 말하자면 인간의 비도덕성은 지적 판단력이나 우둔함의 문제가 아니라 자신의 정념을 통제할 수 있는가 하는 덕의 문제라는 것이다. 아리스토텔레스는 지와 행의 불일치를 인정한다. 그는 "윤리적 덕은 선택에 관계된 성품의 상태이며 선택이란 숙고한 욕구이므로 좋은 선택을 하려면 이치도 옳아야 하지만 욕구도 바른 것이어야 한다.…… 합리적 선택은 욕구적 이성이거나 혹은 이성적 욕구이다"[2]라는 표현으로 이 점을 설명하고 있다. 이 점은 도덕적 자질의 이성적 측면과 감정적 측면을 강조할 뿐만 아니라 이 양자의 불가분한 관련성을 잘 말해주고 있다. 그러나 이성주의 윤리학의 전통은 인간의 정신적 구성요소인 감성, 이성, 욕구 가운데서 도덕성의 요체는 이성이라는 것을 강조한다.

　서양윤리학에서 도덕행위의 동인으로서 이성을 강조하는 가장 전형

2　Aristoteles, *The Nicomachean Ethics* (Cambridge: Harvard University Press, 1999), 1139b.

적인 사상은 칸트 윤리이론이다. 칸트가 도덕의 위치를 확립하는 데 있어서 도덕법을 가언적이 아니라 정언적으로 규정한 것은, 인간은 항상 이성과 욕구의 대립으로 갈등하는 존재임을 전제로 하는 것이다. 그 자신의 표현대로 하면 인간은 항상 신적 이상을 닮으려고 하는 '본체적 자아(noumenal self)'와 본능적 욕구를 추구하는 '현상적 자아(phenomenal self)'라는 이중적 존재자이다. 칸트가 보기에 인간은 이성과 욕망이라는 상호 대립되는 두 가지 힘으로 움직이게 마련이라는 것이다. 의지가 강한 사람이란 이성이 욕구보다 강한 사람이며, 반대로 의지가 약한 사람은 욕구가 강력하여 이성의 명령에 반하는 사람이라는 것이 이성주의 윤리관의 전통이다. 칸트의 경우도 이러한 윤리학적 전통에 입각해서 도덕행위를 설명한다. 인간의 행위에서 이성과 욕구 간의 갈등은 마치 서로 반대 방향으로 작동하는 바퀴와 같아서 보다 강한 방향으로 움직이게 되어 있다.

책임의 개념은 이러한 갈등의 관점에서만 설명될 수 있다. 칸트가 보기에 오직 한쪽 방향으로만 움직이는 존재는 갈등관계가 없으므로 도덕 개념도 성립하지 않는다. 그러한 존재자는 어떤 노력이나 유혹에 대한 저항 없이도, 심지어 아무런 사고를 하지 않더라도 본성적으로 도덕적이다. 그러므로 오로지 이성에 따르는 '신성한 의지'의 소유자는 도덕적일 수 없다. 왜냐하면 그런 존재는 어떤 도덕적 의무를 지닐 수 없으며 이성이 명하는 바에 따라 자동적으로 행하게 되기 때문이다. 반면에 오로지 욕구의 인과에 따르기만 하는 존재도 도덕적일 수 없다. 그런 존재는 이성에 합치되는 행동을 할 수 없기 때문이다. 이성과 욕구 양쪽에 복종하는 존재라도 이성이 욕구보다 강력한 경우에만 도덕적일 수 있다. 칸트가 도덕의 명법을 정언적인 것으로 규정하고, 결과와는 무관하게 가언적인 것은 도덕과 무관한 것(nonmoral)으로 단정한 것도 이런 점에서이다. 말하자면 가언명법은 욕구의 실현이라는 목적을 실현하기 위한 경험적 조건을 제시하는 것에 지나지 않는다는 것이다. 이 경우에 이성은 욕망의 노예이다.

이런 점에서 흄이 주장한 "이성은 욕망의 노예이며 노예이어야 한다"는 명제는 정당하다는 것이다. 가언명법의 힘은 이성에서 나오는 것이 아니라 누가 어떤 목적을 바라느냐 하는 사실에 있다. 그것은 우연적이고 조건적이며 또한 사람이나 시간에 따라서 다양하다. 그러므로 가언명법은 보편적 타당성을 상실하는데 그 이유는, 어떤 임의의 목적을 달성하기 위해서만 필요한 것은 그 자체가 조건적인 것이며, 우리가 목적을 포기함으로써 언제나 법칙에서 자유로울 수 있기 때문이라는 것이다. 칸트는 도덕행위에서 의지를 이렇게 설명한다.

> 의지란 어떤 법칙에 일치하는 행동을 하기 위한 그 자체의 결정 능력으로서 사고이며, 그런 능력은 오로지 합리적 존재에서 발견할 수 있다. 자기결정성의 객관적 근거로서의 의지에 봉사하는 것은 목적이다.…… 욕망의 주관적 근거는 인센티브이지만 의지의 객관적 근거는 동기이다. 그래서 인센티브에 달려 있는 주관적 목적과 동기에 달려 있는 객관적 목적의 구분은 모든 합리적 존재에게 타당하다. 실천적 원리는 모든 주관적 목적을 버릴 때 형식적이다.[3]

칸트는 정언명법과 가언명법의 구분을 통해서 이성이 단순히 정념의 노예로서 작동되는 경우와 주인으로서 작동되는 경우를 세분화한다. 정

---

[3] Immanuel Kant, *Foundations of the Metaphysics of Morals* (New York: Macmillan Publishing Company, 1990), p.44.

언명법에 적용되는 도덕적 이성일 경우에는 이성이 정념의 주인이다. 그러나 가언명법이 적용되는 목적-수단의 이성일 경우에는 이성은 정념의 노예이다. 그런데 이성이 정념의 주인이며 노예라는 이러한 명제는 목적-수단의 이성과 도덕적 이성이라는 전혀 다른 두 가지 유형의 이성이 있다는 사실 때문이 아니라는 게 베이어(K. Baier)의 주장이다. 그는 오히려 전혀 서로 다른 두 가지 의미의 '정념의 노예'와 '정념의 주인'이 있다는 사실 때문이라고 주장한다. 이 두 가지 의미는 목적-수단의 이성과 도덕적 이성에 똑같이 적용된다.

도덕적 이성뿐만 아니라 목적-수단의 이성도 정념과 갈등을 일으킬 수 있다. 가령 갑돌이가 갑순이의 사랑을 받는 것이 목적이라면 그 목적을 위해 좋은 것이거나 필요한 수단을 강구해야 한다. 그녀의 애정을 회복하려면 한동안 그녀에게 무관심해야 한다는 걸 안다고 하자. 이런 상황에서 갑돌이는 그녀에게 무관심하기 위해 목적-수단의 이성을 갖는다. 그리고 다른 이유가 없는 한, 갑돌이는 그녀에 대한 열정이 목적-수단의 이성에 반대할지라도 그녀에게 무관심해야 한다. 만약 갑돌이가 열정, 정념에 굴복하여 그녀를 사랑스럽게 대해준다면 이 경우 이성은 정념의 노예이다. 그녀를 무관심하게 대한다면 이 경우 이성은 정념의 주인이다. 요컨대 이성이 정념의 주인인가 노예인가 하는 것은 사람이나 상황에 따라서 다르다. 그러므로 이 문제에 대해 미리 답을 내릴 수는 없다.

베이어에 따르면 이성이 정념의 주인인가 노예인가 하는 것의 또 다른 의미가 있다. 그런데 흄과 칸트는 이에 잘못 대답하고 있다는 것이다. 흄은 이성이 정념의 노예이며 또한 노예여야만 한다고 주장하고, 칸트는 목적-수단의 이성은 정념의 노예이지만 그러나 도덕적 이성은 정념의 주인이어야 한다고 주장한다. 어떤 이성이든 이런 의미에서 이성은 정념의 주인이며 또한 주인이어야만 한다. 이럴 경우 이성이 정념의 주인(혹은 노예)이 된다는 것 또는 정념을 통제하는 (혹은 정념에 의해 통제되는) 기능을 한다는 의미이다. 어떤 유형의 이성이든 우리는 항상 이성을 따라야만 한다. 따라서 이성은 항상 욕망의 주인이어야 하며 항상 욕망을 통제하는 기능을 갖는다. 칸트는 목적-수단 이성일 경우에는 왜 항상 이성에 복종해야 하는지를 설명하기 어렵지 않다고 보았다. 이 경우 이성은 단지 하고자 하는 목적의 수단을 고안하는 것이므로 이성과 욕망 간에는 갈등이 없으며, 따라서 이성을 따르는 것은 항상 욕망을 따르는 것으로 보았기 때문이다. 그러나 정언명법의 경우에 어떻게 이성을 따르게 되는지를 설명하기 쉽지 않다. 정언명법은 욕망에 대립되는 행동을 요구하는 것이기 때문이다. 앞에서 본 것처럼, 목적-수단의 이성도 갈등관계를 일으킬 수 있다. 문제는 이성이 현재의 강력한 성향과 갈등을 일으킬 때 어떻게 이성을 따를 수 있는가 하는 것이다. 이성이 어떻게 옳은 행동을 결정하고 행하게 하는가 하는 문제를 해결하는 칸트의 해법은 두 가지 방식이다. 가언명령을 따를 경우에는 욕망에 의해 추진되지만 정언명령을 따를 경우에는 이성에 의해 행하게 된다는 것이다. 가언명령의 경우 이성은 사람에 따라서 다양한 경험과 인간본성의 조건에 의존하기 때문에 무엇을 해야 할 것인가에 대한 보편적 타당성을 찾을 수 없다. 도덕명령이 보편적 구속력을 가지려면 가언적이 아닌 정언적이어야 하며 이는 모든 조건이나 경험과는 무관한 순수이성에 기초한 것이 되어야 한다는 것이다.

 그러나 이러한 칸트의 주장은 개인이 원하는 것과 상관없이 옳고 그른 것을 결정할 수 있어야 한다는 말과, 인간의 보편적 욕망과 무관하게 옳고 그른 것을 판단할 수 있어야 한다는 말을 구분하지 못한 데서 비롯되었다는 것이다. 베이어가 보기에 칸트는 이성이 욕망보다는 더 차원이 높고 권위가 있다고 생각했기 때문에 이런 구분을 하지 못했다는 것이다. 칸트의 윤리체계는 "인간의 이성은 모든 욕망뿐만 아니라 인간의 모든 성향이나 본성적 기질과도 갈등을 갖는다."[4] 그는 이 점을 『도덕형이상학의 원리』에서 분명히 제시하고 있다. 그러나 이것은 이성에 대한 정확한 인식이 아니라는 것이다. 이성은 보다 고상하고 차원 높고 권위 있는 욕망이 아니다. 우리는 이런저런 욕망을, 심지어 어떤 욕망도 갖지 않은 사람을 상상할 수 있다. 그런가 하면 실천이성은 없지만 욕망을 지니고 있는 사람을 상상할 수도 있다. 그래서 우리는 욕망에서 분리된 보다 높은 지평의 모델에서 이성을 생각하려는 경향이 있다. 그러나 실천이성을 갖고 있으면서 어떤 욕망도 갖고 있지 않는 존재를 상정할 수 없다. 인간은 욕망이 없으면 실천이성도 없다. 그래서 칸트의 신성한 의지(holy will) 개념은 난센스라는 게 베이어의 주장이다.

"내가 무엇을 해야 할 것인가"의 물음에는 보다 차원 높은 욕망이 아니라 단순히 자기 자신과 다른 사람들의 현재와 미래의 전반적 욕망에 대한 포괄적 의미를 담고 있다. 이유를 따름에 있어서 우리는 보다 차원 높고 세련되고 권위를 지닌 욕망이라 하더라도 분리된 욕망이 아니라 일상적인 보편적 욕망을 따르는 것이다. 보편적 욕망은 현재의 것이든 미래의 것이든 혹은 자신의 것이든 타인의 것이든 가장 만족할 만한 욕망에 비중을 두는 것이다. 이성의 특징적 권위는 이성이 제시하는 욕망의 특수한 성격에 있는 게 아니라 당장 직접 느낄 수 없는 다른 요구들을 밝혀준다는 데 있다. 이성 그 자체는 구매자가 아니다. 이성은 보다 좋은 제안을 하지 못하면서도 현재의 구매자를 거부하게 한다. 이성

---

[4] Immanuel Kant(1990), 앞의 책, p.52.

은 만들어질 수 있는 보다 좋은 제안들을 단지 우리에게 말해줄 뿐이다.[5]

실천이성에는 우리가 흔히 말하는 의지가 포함되어 있는 것이 사실이다. 또한 항상 이성을 따르는 의지를 갖게 하는 것이 이상이라는 것도 사실이다. 그러나 이것이 우리의 이상은 오직 실천이성만을 따르는 신성한 의지라는 것을 의미하는 것은 아니다. 왜냐하면 신성한 의지는 그 개념에서 모순되기 때문이다. 우리가 통상 의미하는 의지는 현재의 강력한 성향에 저항함으로써 그것의 반대 방향으로 행동할 수 있는 능력이다. 의지력이란 육체적 피로나 고통, 공포 등을 무릅쓰고 이성이 결정한 행동 방향을 추구하려는 힘이다. 의지력은 쾌락이나 이득, 명예, 명성의 유혹과 위협이나 여타의 심리적 압력에도 불구하고 이성의 행동 노선을 추구하는 데 있다. 칸트가 의지와 이성을 동일시한 것은 정당하다. 의지의 중요한 활동, 즉 성향에 저항하는 능력은 욕망에 반대하여 이성을 따를 때 생기는 것이기 때문이다. 그러나 칸트가 의지의 개념을 이성과 욕망이라는 두 유형의 근육에 의해 움직이는 팔과 같은 것으로 본 것은 부적절하다. 이성과 욕망은 결코 분리된 근육이 아니기 때문이다. 욕망이 없다면 생물체는 이성이나 실천이성을 가질 수 없다. 실천이성은 "무엇을 해야 할 것인가"에 답을 주기 위해 숙고할 수 있는 능력인바, 욕망이 없다면 찬반의 비중을 따질 것이 없고 따라서 숙고할 이유가 없기 때문이다.

실천이성이 욕망과 분리될 수 없다는 걸 알게 되면, 옳고 그름은 특정 개인이 특수한 상황에서 원하거나 바라는 것과 무관하다는 주장과

---

[5] K. Baier, *The Moral Point of View* (Ithaca: Cornell University Press, 1694), pp.294-295.

모든 인간이 바라는 것과 무관하다는 주장과는 구별된다는 것을 알 수 있다. 도덕적 관점에서 이성은 살인을 거부하지만 그러나 그것은 살기를 바라는 것이 인간본성의 일부분일 때만이, 또한 생명이 다른 모든 욕망 충족의 전제가 되기 때문이다. 만약 인간본성이 달리 구성되었다면 이성은 살인을 거부하지 않을 것이다. 객관적이고 보편적으로 타당한 도덕이 되기 위해, 실천이성이 부여된 모든 생명체에 가능한 옳고 그름의 행동 노선이 꼭 필요한 것은 아니다.

2) 도덕행위의 동인으로서 감정: 흄[6]

우리의 도덕적 경험에서 가장 두드러진 사실은 이성 즉, 도덕성의 요구와 욕구 간의 갈등 관계이며 도덕적임은 욕구에 대한 이성의 지배라는 이러한 가설을 흄(David Hume)은 명백히 거부한다. 그는 "이성만으로는 의지의 활동에 동기가 될 수 없으며 이성은 의지의 방향에 있어서 결코 정념에 반대되는 것이 아니다"[7]라고 주장함으로써 이 점을 분명히 하고 있다. 흄의 도덕행위론을 이해하기 위해서는 그의 인성론을 먼저 알아볼 필요가 있다. 흄이 보기에 우리의 인식이란 합리주의자들의 이론처럼 인간의 본유관념에서 생기는 것이 아니라 지식은 경험에서 유래한다. 흄은 인간의 본성을 오성(understanding)과 정념(passion)으로 파악한다. 인간의 정신은 본래 어떤 관념도 내포하지 않은 백지상태이지만 대상이 인간의 감각에 와 닿을 때 인상(impression)이 생기고, 대

---

6 도성달(2011), 앞의 책, 410-414쪽 참조.
7 David Hume, *A Treatise of Human Nature* (Oxford: Oxford Clarendon Press, 1981), p.413.

상이 사라진 후에도 마음속에 남아 있는 인상의 희미한 이미지가 관념 (ideas)이며 인식은 대상에 대한 인상이나 관념과 다름없다. 흄은 『인성론』에서 인상을 감각적인 것과 반성적인 것으로 구별하여 '반성의 인상'을 이렇게 설명한다.

> 어떤 인상이 감각에 충격을 주면 우리는 목마름과 배고픔, 쾌락과 고통의 감각을 갖게 된다. 처음의 인상은 그것이 사라진 후에도 마음속에 남아 그에 상응하는 관념을 형성한다. 쾌락과 고통의 관념이 다시 영혼에 되돌아왔을 때 욕망과 혐오, 희망과 공포 등의 새로운 인상을 일으키는데 이것을 반성의 인상이라 한다.[8]

흄이 보기에는 인간정신의 다양한 현상과 원리들은 바로 인상의 반영인 관념과 관념의 결합이라는 연합작용의 결과이며, 인간이 동일한 사고방식을 하게 되는 것도 이 연상원리에 의한 관념의 형성이 반복적 경험과 습관으로 고정되기 때문이라는 것이다. 그러므로 인간의 신념이란 것도 이와 마찬가지로 습관과 상상력의 작용을 통해 형성된 인상과 다름없음으로 그것을 이성적으로 논증하려는 것은 잘못이라고 주장한다.

또한 그는 인간의 정념을 원초적인 것과 2차적인 것으로 구분하였는데, 전자는 인간의 본능으로서 자연적 욕구이며 후자는 쾌락과 고통에 수반하는 정념이다. 흄의 인성론에서 정념에 대한 논의는 다소 애매하여 학자들 간에 개념 구분에 대한 논란이 있긴 하지만 그가 정념의 기원을 감각의 인상인 쾌락과 고통에 두고 있는 것은 분명하다. 다시 말하면 쾌락이란 인간의 자연적 욕구(예컨대 애정, 적대감, 갈증 등) 가운데서

---

8 David Hume(1981), 앞의 책, pp.7-8.

우리에게 만족감과 시인을 불러일으키는 감정이며, 반대로 불만과 비난의 감정을 주는 것이 고통이라는 것이다. 그러므로 인간정신의 작용원리는 쾌락과 고통의 정념이며 인간의 의지란 쾌와 불쾌의 직접적인 결과로 나타난다는 것이다. 이렇게 보면 흄은 의지도 정념의 한 부분으로 보는 것 같다. 그는 "의지란 새로운 신체적 운동이나 정신적 인식을 의도적으로 하고자 할 때 느끼고 의식하는 내적 인상과 다름없다."[9]라고 설명한다. 그래서 하나의 의욕수준으로서 의지가 행위를 유발시키는 매개체가 바로 쾌락과 고통, 즉 정념이라는 것이다. 이런 점에서 흄은 의지의 원천을 이성으로 파악하는 이성주의적 윤리관을 전면 거부한다.

> 이성은 인간의 행위를 낳는 어떠한 본래적 영향력을 행사하지 못한다. 이성을 인간의 정념과 대립시키는 것도 잘못이다. 정념과 이성의 갈등이라고 말하는 것도 이치에 맞지 않는다. 이성은 정념의 노예이며, 또한 노예여야만 하고 정념에 봉사하고 복종하는 것 이상의 어떤 위치도 가질 수 없다.[10]

이뿐만 아니라 흄에 있어서 도덕판단의 준거 또한 쾌·불쾌이다. 다시 말하면 도덕적 선 혹은 덕은 쾌락을 낳는 행위의 결과이며 악 혹은 부덕은 고통이다. 흄이 이성주의 윤리의 전통에 맞서서 이른바 영국의 '도덕감(moral sentiment)'학파의 대열에 서게 되는 것도 이 때문이다. 흄에게 이성이란 논증적 지식과 인과적 지식을 주는 역할밖에 못한다. 이성이 인간의 행위에 영향을 미치는 경우는 어떤 대상의 존재를 알려줌으로써 정념을 불러일으키게 하는 경우이거나 인과적 지식을 제공하여

---

9 David Hume(1981), 앞의 책, p.401.
10 David Hume(1981), 앞의 책, pp.414-415.

정념을 적절하게 발휘하게 하는 수단을 제공하는 경우라는 것이다. 다시 말하면 이성은 인과적 지식과 다름없음으로 행위의 결과를 알지 못할 뿐 아니라 행위의 목적에 관한 아무런 지식도 제공하지 못한다는 것이다. 그가 도덕은 이성에 근거하는 것이 아니라고 주장하는 것은 이런 이유이다.

흄에게 도덕성이란 판단되는 것이 아니라 느껴질 뿐이다. 그러나 도덕감은 본능적 충족에 따른 쾌·불쾌의 감정이 아니라 유용한 인격 혹은 행위에 관한 관념에서 유발되는 느낌이다. 도덕적으로 선하다거나 악하다고 말하는 감정이나 정서를 일으키는 것은 우리의 특수한 이해와는 관계없이 일반적으로 고려될 때뿐이다. 그가 도덕의 보편성을 확립하고자 했을 때 봉착한 문제는 바로 도덕감의 주관성 문제이다. 흄이 도덕을 개인 감정에 따라 좌우되는 주관적 감정의 문제가 아니라 객관적 가치를 지닌 보편적 원리로 제시하려 한 것도 이 점이다. 그는 도덕의 보편적 원리의 근거를 '사회적 시인'과 '사회적 비난'에서 찾는다. 흄에 의하면, 도덕이라는 개념 속에는 모든 인간에게 공통되는 감정이 있는데 이것이 모든 사람들이 어떤 행위에 대해서 동일한 견해를 갖게 하거나 합의를 가능케 해준다. 또한 이러한 도덕 감정이 어떤 행위가 규칙에 일치하거나 불일치하는 데 따라서 칭찬이나 비난을 가져오게 한다는 것이다. 이러한 도덕적 시인과 비난을 낳게 하는 도덕감의 원천은 인간의 동정심(sympathy)이다. 말하자면 도덕이 보편적 가치를 지닐 수 있는 것은 개인적 호오 감정이 아니라 집단적으로 공유하는 사회적 호오 감정이라는 것이다.

흄의 윤리사상을 반이성주의이며 경험주의로 보는 것도 이런 까닭이다. 특히 그의 윤리학이 전통적 윤리이론에 대립되는 것은 이성주의 윤리관에 대한 정면 거부이다. 그가 보기에 이성의 힘이란 행위의 목적을 밝혀주지 못할 뿐만 아니라 의지의 동인이 될 수 없다. 그는 『윤리학 원리 탐구(An Inquiry Concerning the Principle of Morals)』에서 이 점을 다시 강조한다.

> 이성과 기호(taste)의 경계나 위치는 쉽게 확인된다. 전자는 진위에 관한 지식을 전달해주며 후자는 미와 추, 덕과 악덕의 감정을 준다. 전자는 본성 그대로의 대상을 가감 없이 발견하지만 후자는 생산적 능력을 가지고 내적 감정을 빌려서 색채를 지닌 모든 자연적 대상을 채색하거나 도금함으로써 새로운 창조물을 만들어낸다. 이성은 차갑고 무감각적이므로 행복을 얻고 불행을 회피하기 위한 수단을 제시함으로써 단지 욕구와 성향에 따른 충동을 반영할 뿐이다. 기호는 고통과 쾌락을 주며 따라서 행복과 불행을 구성하는 것으로, 행위의 동기이며 욕망과 의지에 대한 제일의 원천이며 충동이다.[11]

이 내용은 인간행위에서 이성과 정념의 역할에 대한 흄의 생각을 가장 명료하게 보여주고 있는 대목이다. 흄의 생각대로라면 만약 인간이 오로지 이성뿐이라면 행위의 어떤 동기도 갖지 못한다. 이성이 할 수 있는 것은 사실적 정보뿐이다. 이성은 무엇이 존재하며 앞으로 무엇이 일어날 것이며 그 원인과 결과에 관해서 말해주고, 그래서 우리가 바라는 바를 얻기 위하여 무엇을 할 것인가를 평가함으로써 우리의 욕구를 충족시키고 행복을 얻으며 불행을 피할 수 있게 한다는 것이다. 말하자면 이성은 목적이 아니라 목적에 대한 수단적 지식만을 제공할 수 있을 뿐이라는 것이다. 이성은 어떤 행위도 일으키지 아니하므로 이성에 대

---

11 David Hume, *An Inquiry Concerning the Principle of Morals* (Oxford: Clarendon Press, 1894), p.294.

립되거나 일치하는 것은 아무 것도 없으며 행위의 진정한 원인은 욕구라는 것이다.

흄은 인간의 행위에 대한 궁극적 목적이 곧 행위의 동인이라고 인식한다. 그는 인간행위의 궁극적 목적은 어떤 경우라도 이성으로 설명될 수 없고 전적으로 인간의 감정과 정서에 의존하므로, 이것은 지적 능력의 도움이 필요없다고 주장한다. 그는 건강을 예로 들어 이 점을 설명한다. 이를테면 어떤 사람에게 왜 운동을 하느냐고 물어보면 건강을 유지하기 원하기 때문이라고 대답한다. 왜 건강을 원하는가 물으면 병은 고통스러운 것이기 때문이라고 대답한다. 왜 고통을 싫어하는가 하고 물으면 더 이상 대답할 수 없다. 이것이 바로 궁극적 목적이라는 것이다. 또한 왜 건강을 원하는지 묻는다면 건강은 자신의 직업을 잘 수행하는 데 필요하기 때문일 것이라고 대답할 수 있다. 왜 직업에 그렇게 신경을 쓰는가 하고 물으면 돈을 벌기 위해서라고 대답할 수 있다. 왜 돈을 벌려고 하는가라는 물음에는 그것이 쾌락의 수단이기 때문이라고 대답할 수 있다. 그러나 이 이상을 넘어서 이유를 묻는 것은 불합리하다는 것이다. 그 이상의 답은 무한 순환하므로 다른 답은 나오기 어렵기 때문이다. 그래서 한 가지 유일한 대답은 욕구하기 때문이라는 것이다.

3) 이성 대 정념의 대립구도는 정당한가?

섀프츠베리(Shaftesbury)를 선두로 허치슨(Francis Hutchson)에 이어 흄, 스미스(Adam Smith), 프라이스(Richard Price), 리드(Thomas Reid)로 이어지는 영국의 이른바 도덕감 윤리학파의 전통에서 흄은 중심적 위치에 선다. 플라톤 이래 서양 이성주의 윤리학의 전통에 맞선 도덕감 윤리학은 도덕인식론에서 그 궤를 달리한다. 도덕적 옳고 그름은 인간의 이성적 판단이 아니라 경험적 사실로 확인될 수 있으며, 그것은 인간의 쾌락과 고통이라는 감각에서 찾아야 한다는 것이다. 그리고 무엇보다도 인간의 행위 동인은 이성적 판단에 따른 지식이 아니라 쾌락을 추구하고 고통을 피하려는 인간의 욕망이라는 것이다.

이 점에서 흄의 윤리사상은 주정론이며 경험주의를 기반으로 한다. 흄이 도덕행위에서 이성주의 윤리에 반대하는 것은 그가 지식의 개념을 이해하는 방식에서 잘 드러난다. 그가 말하는 지식은 '논증(demonstration)'과 '확률성(probability)'에 관한 지식이다. 전자는 수학적 지식이며 후자는 인과적 혹은 경험적 지식이다. 흄이 보기에 논증적 지식 혹은 추론만으로는 어떤 행위의 원인도 될 수 없다. 논증적 지식은 확률성의 지식과 결합하여 원인/결과를 밝혀주는 경우에만 행위에 영향을 미칠 수 있다는 것이다. 그렇기 때문에 이러한 지식은 어떤 것이 바람직한가에 대한 목적을 말해줄 수 없고 오로지 목적-수단의 관계를 제시한다는 것이다. 이런 이유로 흄은 도덕적 행위는 정념과 이성 간의 투쟁에서 이성과의 승리이며, 덕은 이성과의 합일에 있다는 이성주의 윤리관을 거부한다.

그는 인간의 도덕성의 근원을 '동정심(sympathy)'이라는 도덕감에 둔다. 인간은 본유적으로 누구나 자신의 개인적 이익보다는 이타적 욕구를 지니고 있기 때문에 보편적 도덕성의 확립이 가능하다는 것이다. 그러나 흄 자신도 인간이 항상 이타적 감정에 지배되는 도덕적 존재가 아니라는 점을 상정한다. 그가 인간의 덕성을 '자연적 덕'과 '인위적 덕'으로 구분하여 인위적 덕의 필요성을 강조한 것도 이 때문이다. 인간은 본유적으로 동정심이나 인간애(humanity)와 같은 자연적 덕을 지니고 있지만 욕망은 무한한 데 비해 자원의 희소성으로 인해 도덕성을 유지하기 어렵다는 것이다. 그렇기 때문에 인간의 욕망을 통제하여 사회적 쾌락을 향유하기 위한 제도적 장치가 필요하다는 것인데, 그는 정의를 인위적 덕으로 명명한다.

이렇게 보면 흄 윤리사상의 핵심은 인간의 도덕적 의무의 정당성에 대한 도덕철학적 논변보다는 도덕행위의 심리학적 배경에 있는 것 같다. 말하자면 "왜 인간은 도덕적이어야 하는가?" 하는 문제보다도 "왜 도덕적으로 행동하는가?" 하는 인간행동의 심리학적 해명에 치중하고 있는 것 같다. 그가 도덕행위의 동인을 쾌락과 고통이라는 인간의 정념에 두는 이유는 이성은 목적을 말해줄 수 없기 때문이라는 것이다. 그러나 흄의 주장대로 과연 인간의 이성적 판단은 목적에 따른 수단적 방편밖에 말해줄 수 없는 것일까? 또한 목적은 욕망이라는 정념(passion)에 의해서만 규명될 수 있고, 이성은 목적을 말해줄 수 없는 것일까? 흄의 주장대로라면 인간의 모든 행동은 오로지 목적에 대한 수단적 행위일 뿐이며, 행위 그 자체가 목적인 행위는 설명할 수 없다. 도덕행위의 설명은 '해설적 이유'가 아니라 '정당화 이유'이다. 우리가 알고자 하는 것은 "무엇이 그를 행동하게 하는가?" 하는 심리적 해명보다는 그 행위가 이유에 일치하는가의 여부이다. 더구나 흄 자신이 인정하듯이 도덕성의 문제는 이기적 욕망이 이타적 욕망을 지배할 때이다. 우리에게 도덕성이 요청되는 것은 바로 이 경우이다. 자신의 쾌락이 종국적으로는 사회적 쾌락에 의해 보장된다는 믿음을 가질 수 있는 사람만이 도덕적일 수 있다. 이러한 도덕적 믿음은 도덕적 판단의 문제이며 그 역할은 정념이 아니라 이성이다. 이성이 정념의 노예로 작용하는 한 인간의 이기적 욕망의 제어는 정치제도라는 강제성에 기댈 수밖에 없다. 그렇게 되면 그것은 이미 도덕의 영역이 아니다.

반면 칸트의 인간본성에 대한 이해는 인간은 본래 예지적 존재이면서 감각적 존재라는 이중적 본성론이다. 그렇기 때문에 인간은 이성과 욕구 간에 끊임없이 대립하고 투쟁하는 존재라는 것이다. 칸트도 인간의 목적은 욕구에 따라 결정되며, 인간의 욕구는 경험적 성격에 의해 결정된다는 흄의 주장에 동의한다. 뿐만 아니라 목적에 대한 수단을 밝혀주는 것은 이성이며, 이런 점에서 이성은 정념의 노예일 수 있고 노예이어야 한다는 점을 인정한다. 그러나 우리가 도덕성을 논의하려면 욕구가 아닌 이성에 의해 결정되는 목적을 선택하고 추구해야 할 능력이 있어야만 한다는 것이다. 만약 그렇지 않다면 도덕적 옳고 그름을 논할 수 없으며 도덕적 의무와 책임의 근거를 주장할 수 없다는 것이다. 이런 이유로 도덕법칙에서 이성은 단순히 정념의 노예가 아니라 주인이 되어야 한다는 것이다. 그가 도덕법을 정언명법으로 규정하고 가언명법과 왜 구분되어야 하는지를 밝힌 것도 이 점이다.

결국 칸트의 구분에 따르면, 정언적 이성과 가언적 이성은 그 성격과 역할이 각기 다르다는 해석이 가능하다. 말하자면 전자는 목적적 이성으로서 '욕망의 주인'이며, 후자는 수단적 이성으로서 '욕망의 노예'라는 것이다. 그러나 바이어가 잘 지적했듯이 이성과 정념에 대한 관계는 두 가지 상이한 이성의 역할, 즉 목적-수단의 이성과 도덕적 이성의 구분으로 설명하기 어렵다. 가언명법의 경우에도 목적을 실현하기 위해서 때로는 이성이 '정념의 주인'이 되지 않으면 안 된다. 가령 "건강을 위해서는 금연해야 한다"는 가언명법의 경우, 당장 담배를 피우고 싶은 강력한 욕구를 이겨내야 한다. 이 경우 이성은 욕망의 노예가 아니라 주인이 되어야 한다. 욕망의 주인/노예 관념에서 이성은 목적-수단의 이성이나 도덕적 이성에도 똑같이 적용될 수 있다. 이성이 욕망의 주인인가 노예인가의 문제는 상황과 사람에 따라서 결정되어야지 선험적으로 대답할 수 있는 구분은 아니다. 그런데 칸트는 이성을 욕망보다 고상하고 권위적인 것으로 생각하기 때문에 이러한 구분을 하지 못한 것 같다. 칸트는 인간의 이성은 특정한 욕망만이 아니라 인간의 모든 욕망, 즉 성벽, 경향, 본성적 기질과도 갈등을 일으키며, 심지어 인간의 가장 기본적이고 보편적 욕망과 인간본성의 욕구와도 갈등관계임을 주장한다.

2. 유가윤리의 도덕행위 동인론

1) 유가윤리에서 이성과 감정

　유가윤리의 사유체계에서 보면 이성과 감정의 구분은 서양윤리처럼 중요한 의미도 지니지 못할 뿐 아니라 구분 자체도 분명하지 않다. 유학의 이러한 사유방식은 이미 맹자의 윤리사상에서 잘 나타난다. 맹자는 플라톤이나 아리스토텔레스처럼 이성의 우선성을 강조하기 위해 이성과 감정을 구분해서 논하지 않았다. 맹자는 실천이성의 동기화 효능을 부정하는 흄의 입장이나 이를 인정하는 칸트의 입장도 수용하지 않는다. 맹자의 윤리체계에서 이성 대 감정의 대립 구도는 찾아볼 수 없다. 맹자가 이러한 구분을 하지 않은 것은 단지 그런 구분을 생략한 것이 아니라 그런 구분을 할 필요가 없기 때문이다. 도덕행위의 동기화에서 도덕 감정이 결정적 역할을 하는 것처럼 보이지만, 맹자는 이성과 감정을 구분해서 말하지 않았다. 가령 도덕행위자가 동정심과 같은 감정을 가졌다고 하는 것은 일정한 방식으로 행동해야 하는 이유를 인정한다는 것을 의미한다. 이처럼 유가윤리에서 감정과 행동하는 이유를 인식한다는 것은 실천이성의 당위 개념에 중요한 의미를 갖는다.
　맹자의 인성론에서 보면 인간본성에 내재하는 사단은 사덕과 같다.

맹자는 사단을 심정(heart)과 정신(mind)을 표상하는 심과 같은 것으로 본다.[12] 다른 사람의 고통에 대해 연민을 느끼고 공감하는 마음은 인이나 선행의 시작이다. 부끄러움과 싫어함을 느끼는 마음은 의나 옳음의 시작이고, 겸손과 예의를 느끼는 마음은 예의 시작이며, 옳고 그름의 지각은 지 혹은 지혜의 시작이다. 맹자가 말한 본성의 이러한 성향을 감정과 이성으로 구분해서 말하기는 어렵다. 타인에 대한 본성적인 연민을 감정으로 분류하거나 동정심을 원초적 감정의 단초로 분류한 것은 옳은 것 같다. 부끄러워하고 싫어하는 마음은 감정이지만 그러나 사람이나 행위에 대한 평가적 판단을 전제로 한 것이다. 가령 겸손과 예의는 윗사람에 대한 적합한 행위가 어떤 것인지를 판단하는 정신적 활동이지만 그러나 존경심과 같은 감정을 포함한다. 옳고 그름의 감각은 우리가 분명하게 실천이성과 연관 짓는 판단 활동이다. 그래서 우리는 마음—정신의 인지적 기능과 정서적 기능을 구분할 수 있는데, 가령 연민은 정서적 기능이고 지혜는 인지적 기능이며, 수치·싫어함·겸손·예의는 정의적인 것과 인지적 기능의 복합이다. 그런데 맹자는 이러한 구분의 순서나 중요성에 대해 어떤 암시도 하지 않았다.

맹자의 '유자입정(孺子入井)'의 예를 보자. 유자입정에서 인간의 반응은 명성이나 칭찬을 받을 생각이 아니라 순수하게 어린아이가 위험에 빠진다는 것을 인식하는 데서 나온 것이다. 이 예시는 동정의 의도적 대상이 어떤 것인가를 잘 말해준다. 동정은 그것이 지시하는 상황의 어떤 지각된 현상을 나타낸다는 점에서 여타의 감정과 구분된다. 동점심

---

[12] 유학의 심(hsin) 개념은 심정(heart), 정신(mind), 심리(psycho) 등 다양한 의미로 이해할 수 있으나 플라톤이 말한 이성적, 욕구적, 의지적 요소를 포함한 혼(soul)의 개념에 가장 가깝다.

(compassion)의 의도적 대상은 감각적 존재의 실제적 혹은 잠재적 고통의 상황이라는 점에서, 그리고 그 대상을 위해 행동하는 특정 방식을 포함한다. 말하자면 동정심은 그 대상의 고통을 방지하거나 중지하기 위해 온갖 시도를 도모한다. 물론 특정한 행위방식은 반드시 동정심을 동반하지 않는 경우도 있다. 또한 우물에 빠지는 아이를 보고 공포나 고통을 느끼지만 물리적으로 그 어린이를 구하지 못할 수도 있다. 이 경우 우리는 누군가가 고통을 받거나 위험하다는 인식이 남아 있어서 동정심의 인식적 기능이 작동하게 되어 가능하다면 고통을 중지하기 위한 행동의 이유가 되는 것이다. 이러한 이유는 의식적이거나 명시적이 아닐 수도 있지만 동정심은 적어도 어떤 방식으로든 행동하기 위한 이유의 묵시적 인식을 포함한다. 물론 동정심은 행위의 이유에 대한 인식과 무관하게 다른 사람의 고통이나 위험을 제거하기 위한 행동을 하게 하는 경우도 있다.

동정심의 인지적 차원은 다른 감정의 인지적 기능에 비유해서 설명할 수 있다. "어떤 실천이성의 원리도 우리가 불필요한 것에서 필요한 것을 고르는 데 도움을 줄 수 없다. 감정은 상황의 어떤 현상이 특징적 현상으로 보이게 하는 데 영향을 줄 수 있는 역량을 통해 그 간격을 메울 수 있다."[13] 동정심의 감정은 특징적 현상에 영향을 미침으로써 그 문제 구성을 해결할 수 있을 뿐만 아니라 그 특징은 동정적인 사람이 일정한 방식으로 행동하게 하는 이유가 된다. 이것을 실천적 이성의 단순한 수단-목적 모델에 대비해서 설명하면 이 점은 분명하다. 이 모델에서 보면 동정심은 행위의 목적(고통의 경감)을 제공하는데, 그것이 이러한 목

---

[13] David B. Wong, "Is There are a distinction between reason and emotion in Mencius?," *Journal of Chinese Philosophy*, vol. 25, No. 1(1998), p.33.

적을 바라는 것을 포함하고 있기 때문이다. 이러한 도덕 동기화의 그림을 맹자의 유자입정의 사례에 비추어보면 행위의 동기화 이유는 타인의 고통을 다른 사람에게 알려주려는 것이 아니라 단지 타인의 고통이다. 행동의 이유를 인식하고 있는 동정적인 사람의 심중은 다른 사람의 고통에 있다. 다시 말해 그것은 자신의 내적 소망(다른 사람의 고통을 알리는 것)에 있는 것이 아니다.

그런데 이러한 도덕적 동기화의 구도에 대해서는 다음과 같은 물음이 제기된다. 다른 사람의 고통을 인식하는 것이 어떻게 우리가 행동할 이유를 낳게 하는가? 맹자의 대답은 다른 사람의 고통에 대해 본능적으로 도우려는 반응은 인간본성의 자연적 성향이라는 것이다. 그것이 자연적 성향인 이유는 하늘이 인간의 덕성으로 예시되는 이러한 가치를 구현하기 때문이라는 것이다. 동정심의 인지적 차원에 대한 이러한 형이상학적 설명은 오늘날 우리가 수용하기 어렵다. 인간본성에 내재하는 동정적 충동은 완전한 의미에서 동정심은 아니다. 이 점은 맹자가 다른 사람의 고통 안에서 행동할 이유를 발견하려면 사회화와 수양을 통해서 자연적으로 남을 도우려는 반응을 발전시켜야 한다고 강조한 점에서 분명하다. 맹자는 도덕적 성향은 심의 올바른 양육이 없으면 사라지고 만다고 주장한다. 올바른 양육은 예시화를 통해서 이루어진다. 어린이들은 행위의 이유를 특성에 따라 배우게 되고, 이것이 실천적 숙고의 개념적 장치를 배우는 것과 관련해서 일어난다. 즉 어린이들이 행위 이유를 배우는 것은 주로 어떤 유형의 이유가 그것에 있는가 하는 예시를 통해서이다. 다른 사람의 고통은 하나의 중요한 예시이다. 맹자의 도덕 동기화 구도는 실천이성의 개념으로 연계된다.

또한 이성과 감정의 연계를 행동으로 전개하는 문제에서 제기되는 실천이성의 다른 개념 부분이 있다. 앞서 말한 것처럼 감정은 본능적 반응의 고양과 강화를 통해서 학습된다. 본능적 반응의 행위 동력은 실천이성의 내용과 결합된다. 다시 말해 본능적 반응은 행동해야 할 이유의 인식을 통해서 전해지기 때문에 이러한 반응은 행위 이유의 인식에 동기화 효능, 즉 행위자가 실제로 행동할 수 있는 능력을 부여한다. 반응의 내재적 동인력은 다른 사람의 고통은 행동해야 할 이유라는 인식으로 이전된다. 가령 어린이가 고통 속에 있는 다른 어린이를 구해주려는 본능적인 충동은, 다른 사람의 고통은 어떤 방식으로든 그들을 도와야 할 이유라는 것을 배움으로써 전해지고 지시된다. 그런데 지금까지 논의한 감정과 도덕 동기화는 실천적 합리성을 동반한다는 구도를 좀 더 명료하게 설명할 필요가 있지만 도덕 동기화, 감정의 인지적 차원, 그리고 맹자의 설명에 내포된 실천이성의 구도는 맹자를 해석하는 데뿐만 아니라 그 자체로 고려할 충분한 가치가 있다.

맹자의 이러한 구도는 양명학의 치양지 개념에서 더욱 명료하게 드러난다. 양명은 『대학』에서 말하는 치지에서 지는 맹자가 말한 양지(良知)라고 주장한다. 양지는 환경과 교육에 의지하지 않은 것으로, 사람이 자연스럽게 지니고 있는 도덕의식과 도덕 감정을 가리킨다. '배우지 않고도'라는 말은 선험성을 나타내고, '사려하지 않고도'라는 말은 직관성을 나타낸다고 할 수 있다. "마음으로 자연히 알 수 있다. 아버지를 보면 자연히 효도를 알게 되고 형을 보면 자연히 공경을 알게 되며, 어린아이가 우물에 들어가는 것을 보면 자연히 측은함을 알게 된다. 이것이 바로 양지이며, 쓸데없이 밖에서 구할 필요가 없다."[14] 여기서 '자연'이라는 말은 양지가 외부에서 얻어지는 것이 아니라 주체가 본래부터 지닌 내재적 특징임을 뜻한다. 양명은 양지에 '시비지심'의 의미가 있음을

---

14 왕양명 지음, 정차근 역주, 『傳習錄』(평민사, 2000), 39쪽.

특히 강조한다. "네 양지가 네 자신의 준칙이다. 네 생각이 머무는 곳이 옳으면 바로 옳음을 알고 그르면 바로 그름을 아니, 양지를 조금도 속일 수 없다."[15] 그는 "시비지심은 지(知)이다거나, 시비지심은 사람들이 모두 지니고 있다는 맹자의 말은 바로 이것이다."[16]라고 역설한다. 양지는 시비지심이고, 시비는 호오(好惡)일 따름이다. 호오만으로 시비를 다할 수 있고, 시비만으로 모든 변화를 다할 수 있다.

이렇게 보면 양지는 내재적인 도덕 판단과 도덕 평가의 체계이다. 양지는 의식 구조 속에서 하나의 독립된 부분이며, 의념 활동을 지도·감독·평가·판단하는 작용을 한다. 선험적 원칙으로 양지는 '옳고 그름을 알고', '선악을 안다'고 표현된다. 그뿐만 아니라 양지는 '선을 좋아하고 악을 싫어한다'고 표현되기도 한다. 이렇게 보면 양지는 도덕이성인 동시에 도덕 감정이다. 양지는 우리에게 어떤 것이 옳고 어떤 것이 그른지를 지시해줄 뿐만 아니라 우리로 하여금 옳은 것을 '좋아하고' 그른 것을 '싫어하도록' 이끌어준다. 양지에는 도덕의식과 도덕 감정이 모두 통일되어 있다. 또한 양지는 선험적인 성질을 가지고 있을 뿐만 아니라 보편적인 품격도 있다. 왕양명은 "성인부터 보통 사람에 이르기까지, 한 사람의 마음에서부터 온 세상의 원대함에 이르기까지, 태고 때부터 만세 뒤에 이르기까지 다름이 없다. 이 양지란 천하의 큰 근본을 말하는 것이다"라고 주장한다. 양지는 사람에게 내재하는 준칙으로서 모든 사람들에게 고유하면서도 전부 동일하다. 그러므로 양지는 우리에게 도덕 실천의 나침반이라고 할 수 있다.

---

15 정차근 역주, 『傳習錄』, 74쪽.
16 『陽明全書』 권5, 108; 진래 지음, 안재호 옮김, 『宋明性理學』(예문서원, 1997), 391쪽 재인용.

2) 도덕행위의 동인으로서 심(心)

 이처럼 유가윤리에서 인간은 왜 도덕적으로 행동하게 되는가? 하는 도덕행위의 동인에 대한 물음은 인간본성론으로서 해명된다. 인간의 도덕적 행위 능력은 태생적 혹은 선험적으로 타고난 것이므로 인간이 선한 행위를 하는 것이 지극히 당연하고 자연스러운 것이다. 일찍이 맹자가 인간은 육체로 말미암아 '먹고 번식하려는[食色] 성'이 있지만, 이것은 인간을 짐승이나 새와 같은 다른 동물과 구별하는 성이 아니라는 점에서 인간의 성이라 할 수 없다고 했다. 인간의 성은 오직 인간을 인간이게 하는 '인간 고유의 마음에 근본한 성', 곧 인의예지에만 한정된다고 했다. 맹자는 이것을 인간본성의 네 가지 마음, 곧 사단(四端)으로 명명한다. 칠정(七情) 또한 본성의 자연적 발로이지만 순수한 도덕적 선은 아니다. 그래서 유학에서는 사단을 칠정과 별도로 구별하려는 의도와 통합하려는 의도 간에 치열한 논쟁이 있어왔다. 특히 사단칠정의 논쟁은 조선 유학의 특성을 잘 보여주는 부분이다. 이 논변의 핵심은 사단과 칠정의 감정은 두 가지로 나눌 수 있는가? 나눌 수 있다면, 그 근거는 무엇이고, 또 구분했을 경우 무슨 문제가 생기는가? 하는 논제이다.
 유가윤리에서 심은 성(性)과 정(情)으로 이루어지고 이를 통괄한다는 심통성정(心統性情) 이론이 실천론의 핵심이다. 성은 인간과 사물이 선천적으로 타고나는 본성으로서 마음의 본체이며, 정은 마음의 구체적인 작용이다. 말하자면 정은 지정의(知情意)를 포함해 마음의 모든 작용을 포괄하는 개념이다. 유학의 사상가들은 전통적으로 성에 관해 다양한 논의를 해왔다. 맹자의 성선설, 순자의 성악설이 그것이다. 맹자는 물이 아래로 흐르는 속성을 갖고 있듯이, 인간은 본래 선이라는 도덕성을 갖고 태어난다고 주장한다. 그러므로 인간에게 도덕세계와 윤리적 행위가 가능하다는 것이다. 반면에 순자는 인간의 본성은 악하기 때문에 후천적인 학습과 수양을 통해 본성을 선하게 교정해야 한다고 주장한다. 유가의 윤리 체계는 맹자의 성선설을 토대로 순자의 성악설을 비판적으로 수용한다.

 유교 경전에서 사단(四端)이란 말이 처음 나오는 것은 『맹자』「공손추 상」인데, 맹자는 인간의 본성이 선하다는 것을 증명하기 위해 사단을 제시한다. 맹자는 어린아이가 우물에 빠지려는 것을 보면, 누구나 측은한 마음이 생겨 사회적 규범이나 관습 등과 관계없이 어린아이를 구하려는 선한 마음이 인간에게 본질적으로 있다는 것을 입증하였다. 그는 이것을 구체적으로 측은지심, 수오지심, 사양지심, 그리고 시비지심이라는 '사단'으로 명명한다. 이것은 인간이면 누구나 다 본질적으로 갖추고 있는 것이므로 이것을 확충하는 것이 바로 인격수양이다. 칠정(七情)은 『예기(禮記)』「예운(禮運)」에 나오는 사람의 감정 전체를 지칭하는 말이다. "사람의 정이란 무엇인가? 기뻐함[喜], 성냄[怒], 슬퍼함[哀], 두려워함[懼], 사랑함[愛], 미워함[惡], 탐냄[欲]이니, 이 일곱 가지는 배우지 않아도 할 줄 아는 것이다."[17] 칠정의 인간 감정 그 자체는 선악과 직접 관련이 없고 경우에 따라서 선이 될 수도 있고 악이 될 수도 있는 자연스러운 감정이다. 『맹자』와 『예기』에서 언급된 사단과 칠정은 대립적 성격이 아니었다.

 사단과 칠정을 대립적 구도에서 파악한 것은 주자의 성리학 체계에서이다. 성리학의 구도에서 보면 인간도 여타 만물과 마찬가지로 기본적으로 이와 기의 복합체, 즉 성(性)과 형(形)으로 구성되어 있기도 하지만, 다른 측면에서 보면 심과 신으로 구성된 존재이다. 그런데 바로 이

---

[17] 한국사상사연구회, 『조선유학의 개념들』(예문서원, 2009), 240쪽 재인용.

심은 신을 주재하며 따라서 심을 보존하지 못하면 결국 신도 검속할 수 없게 된다. 그리고 인간의 내면세계인 심은 성과 정을 그 구성요소로 하면서 그것을 주재하는데, 성은 심의 본(本)에 해당하고 정은 심의 말(末)에 해당한다. 그런데 심의 본으로서 성은 참되고 고요한 상태[眞而靜]에 있기 때문에 미발(未發)이라 부르며, 사덕(인의예지) 혹은 오상(인의예지신)이 형이상의 도 혹은 법칙으로 구비되어 있어서 편벽되고 치우침이 없는 중(中)의 상태에 있다. 한편 기로서의 형이 이미 생겨나 있음에 그 외물이 그 형에 접촉하게 되면 내면에 움직임이 있게 되고, 이에 따라 사단과 칠정이 출현하므로 이발(已發)이라 부르며, 또한 그 발함이 모두 절도에 맞고 각각 주되는 바가 있어 거슬림이 없게 되면 화(和)하는데, 이것이 바로 심의 작용으로서 정이다. 그리고 이러한 맥락에서 『중용』의 '천명지위성'에서의 성의 개념도 그 성격상 당연히 리가 되는 것이다.

그러나 다산은 이러한 심·성·정 논의는 일견 그 논리적 체계성과 심오성에도 불구하고 동의하기 어렵다고 본다. 왜냐하면 『중용』에서 말하는 천명지위성에서 성이란 개념은 형이상의 도 혹은 법칙으로서의 이라기보다는 '심의 기호'를 의미하기 때문이다. 대개 인간의 배태가 형성되면 천(이 경우 천은 이가 아니라 무형의 인격적 존재로서 상제 개념임)은 영명하고 형체가 없는 본체를 그에게 부여하므로, 그것의 됨됨은 선을 즐거워하고 악을 미워하며 덕을 좋아하고 더러움을 부끄러워하니, 이것이 바로 성이다. 인간이란 대체[神]와 소체[形]의 묘합으로 이루어진 것인데, 대체는 천이 부여한 영명하고 형체가 없는 본체이고 소체란 태어날 때부터 부모로게 얻은 유형의 몸을 의미한다. 대체가 좋아하고 싫어하는 것으로서 기호가 바로 성이다. 따라서 이러한 성은 원래부터 선한 것이므로 기본적으로 덕을 좋아하고 악을 미워하는 성향, 즉 기호로 나타나는 것이다. 그가 보기에 대체가 성이라는 기호에 따라 발한 것이 이른바 도심이며, 소체가 성이라는 본래의 선한 기호를 파괴·왜곡시킨 상태에서 발한 것이 인심인데, 인간의 내면에서 이러한 도심과 인심은 항상 서로 갈등하며 싸운다. 그리하여 도심이 인심을 이기게 되면 그 행위는 선이 되고 반대의 경우는 악이 된다.

다산은 도덕의 근거를 정주의 성리학자들과는 전혀 다르게 모색한다. 천도는 기(氣)의 필연적 법칙에 따라 움직이는 것으로 더 이상 인도로서 도덕원리의 준거가 아니다. 하늘은 창공(蒼空)의 하늘이지 천도의 하늘은 아니다. 다산이 보기에 천은 창공의 자연 천과 인격신으로서 상제(上帝) 천이다. 창공인 자연 천은 땅과 물과 불과 같은 등급이고, 인간에게 성을 부여한 존재도 아니고 도의 근본도 될 수 없다. 상제 천은 그리스도교의 하느님처럼 창공과 땅, 인간 및 만물을 조화(造化)하고 주재(主宰)하는 존재이다. 이러한 그의 천관은 기존 성리학의 '성즉리' 명제를 거부하는 것이고, 이는 성리학에 대한 부정이다. 다산에게 성(性)은 기호(嗜好)일 따름이다. 기호로서 성은 가능성, 소질에 지나지 않는다. 그래서 그는 성이 실재하지 않는다는 의미에서 "인의예지의 성은 마음속에 들어 있는 과립(顆粒)과 같지 않다"[18]고 주장한다. 이(理) 또한 실재하는 원리나 원인이 아니라, 옥석의 결 같은 조리(條理)로서 원리, 원칙, 이치의 의미라는 것이다. 실학자들은 이에 대한 규정을 부정하는 데 그치지 않고 성리학 기론의 근거인 음양오행에 대한 규정도 부정한다는 점에서 존재론 차원에서 성리학의 명제와 괘를 달리한다.

다산의 성리학적 구도의 해체는 인성론과 심론에서 극명하게 드러난

---

18 『與猶堂全書』 2, 「中庸講義補」; 윤사순, 『조선, 도덕의 성찰』(돌베개, 2010), 186쪽 재인용.

다. 다산이 보기에 사단(四端)은 이발(已發)이 아니며, 성(性)이 발해서 정(情)이 된다는 명제도 성립할 수 없다. 또한 심(心)은 성과 정을 통섭하고 주재한다는 성리학의 '심통성정설'도 더 이상 진리가 아니다. 인간을 포함한 모든 존재를 이와 기의 합으로 보고 그 행위나 작용을 해석하던 성리학의 구도는 다산의 사유체계와 맞지 않는다. 다산은 인간의 육체와 그로 말미암아 생기는 정욕 등 이른바 '기질지성'을 경시하지 않는다. 이는 인간의 타고난 본능을 억압하는 성리학의 도덕적 엄숙주의에 대한 반발이기도 하다. 실학자들이 본연지성 못지않게 기질지성에 주목한 것은 인간에 대한 이해가 성리학자들과 달랐다는 사실을 말해준다. 성리학자들은 '이귀기천(理貴氣賤)'의 사상에서 기질지성의 발로인 정욕과 감정을 불순하고 위험하게 여겼다. 다산에 의하면 성이 기호인 만큼 본연지성과 기질지성으로 구분한 것 자체가 기준이 없으므로 두 개의 성으로 완전히 분리해서 논할 수 없다. 그는 인간의 본성과 도덕의 관계를 아리스토텔레스가 인간의 본성을 식물의 본성, 동물의 본성과 구분하여 로고스로 설명하는 것과 유사한 방식으로 설명한다.

> 성에는 세 가지 품질[三品]이 있다. 초목의 성은 생(生)은 있으나 각(覺)이 없고, 금수의 성은 생과 각이 있으며, 인간의 성은 생과 각에다 또 영(靈)과 선(善)이 있다. 상중하의 세 등급이 결코 같지 않다.[19]

다산에게 인간의 성은 도덕적 본성이나 단순한 감정의 욕구가 아니라 생물의 한 '유(類)'로서 생명과 지각과 선을 헤아리는 특성을 지닌다. 이런 특성은 다른 생물에는 없고 오직 인간만이 있다. 그래서 인간이 '영

---

19 『與猶堂全書』 권4, 47장; 윤사순(2010), 앞의 책, 196쪽 재인용.

장(靈長)'인 것이다. 인간의 이런 특성을 마음이 모두 지니고 있는데, 인간의 마음이 지닌 영명성(靈明性)으로 해서 인간은 동물과 구별되는 것이다. 인간이 도덕적 자율성을 행사할 수 있는 것도 스스로 결정하고 주장하는 능력을 지니고 있기 때문이다. 그의 용어로 하면 이것은 자작(自作)과 주장(主張)이다. 동물이 본능에 이끌려 필연적으로[不得不然] 살아가는 데 비해, 인간은 자기 의지를 가지고 자율적으로 살아간다는 것이다. 그러면 인간이 스스로 결정하고 주장하는 능력은 어떻게 생긴 것인가? 정약용은 하느님이 인간에게 자주의 권능을 주었다고 믿는다. 스스로 선을 하려고 하면 선을 행하고 악하고자 하면 악을 행한다. 이것은 인간의 본성에 따라서 그렇게 하는 것이 아니라 마음의 권능이다. 기존 성리학에서 보면 도덕은 본성이라는 덕성의 자연 필연적 발로이다. 그는 이런 성리학적 심성론을 거부한다. 도덕은 결코 선험적 본성의 자연 발로로 이루어지는 절대적인 것이 아니라, 인위적 조정과 경험적 학습에 의해 이루어지는 것이기 때문이다.

이렇게 보면 다산의 윤리관은 신학윤리와 매우 흡사하다. 신학윤리에서 보면 신은 전지전능할 뿐만 아니라 완전한 선이므로 모든 존재의 근원이며 도덕적 의무의 근거이다. 신이 없다면 보편적으로 타당한 행위 규칙은 존재하지 않는다. 또한 우리가 옳고 그름의 지식을 알 수 있는 것도 신의 의지에 달려 있다. 그러나 신은 인간에게 자유의지를 부여했기 때문에 도덕적 선악과 행위는 자신의 의지에 달려 있고, 행위에 대한 책임은 스스로 져야 한다. 다산에게 도덕은 '하느님을 섬기는[事天]' 것이고, 천은 상제 천(上帝 天) 개념이다. 인간이 스스로 결정하고 주장할 수 있는 권능은 하느님이 준 것이지만, 또한 자유의지의 능력도 함께 준 것이기 때문에 인간은 자율적 주체성을 확보할 수 있다. 그러나 다산은 맹자가 말한 사단의 본성을 결코 도외시하지 않는다. 인의(仁義)와 같은 인성은 '선을 좋아하는 기호'로서 본능적 기호와 함께 인간이 갖추고 있는 본성이라는 것이다.

요컨대 실학의 완성자인 다산이 인간의 성을 본연지성, 기질지성의 구도에서 벗어나서 '기호의 성'으로 말한 것은 인간의 도덕적 자율성을 강조하려는 데 있다. 다산이 말한 '자작'과 '주장'은 인간의 자기의사를 스스로 결정하고 주장하는 능력을 의미한다. 그가 보기에 인간 자율의 근거는 곧 의지이다. 도덕은 본성이라는 덕성의 필연적 발로로 이루어지는 것이 아니다. 도덕은 인간의 의지와 주체적 판단에 의해 자율적으로 행하는 선택된 행위의 경험적 반복으로 이루어진다. 도덕적 실천은 사단으로 드러나는 선한 본성 못지않게, 선악미정의 칠정과 같은 자연적 감정을 조절하여 도덕적 의무에 충실하는 것이다. 이렇게 보면 다산의 윤리관은 한마디로 인간 자신의 의지와 이지적 능력을 구사함으로써 자율성을 확대해온 것이라고 할 수 있다. 이러한 도덕철학은 성리학이 추구해온 이상주의 도덕을 현실주의 도덕으로 정착하려는 조선유학의 윤리학적 특성을 잘 보여주는 것이라 할 수 있다.

3) 행위 동인에서 본 사단칠정의 논변

사단의 성(性)과 칠정의 정(情)을 대립 관계로 파악한 것은 송대의 신유학자들이다. 정이(程頤)는 칠정을 인의예지신이라는 인간본성에서 발생한 것으로 보면서도 악으로 흐를 가능성이 많아 인간의 선한 본성과는 대립되는 것으로 보았다. 유학자들은 도덕 실천의 근거를 마련하기 위해 모든 행위의 합리적 근거를 이로 설정한다. 그러나 현실세계에서 합리적 질서인 이에 행위가 어긋나는 경우가 있다. 이때 기를 원인으로 설명한다. 그런데 기도 그 운동의 근거로 이가 상정된다. 주자는 정이

를 계승하여 '희로애락은 정이고, 그것이 아직 드러나지 않은 것은 성'
이라 하여, 본성인 성과 드러난 감정인 정을 구분한다. 그는 핵심사상
인 심통성정설에서 모든 감정은 성에 근원하고, 심에 의해 정으로 발현
된다고 하였다. 여기서 성은 이(理)이고 정은 기(氣)이다. 또한 사단과
칠정의 도덕적 성격에 주목하여, '사단은 이의 발이고, 칠정은 기의 발'
이라고 구분하기도 한다. 여기서 다음과 같은 의문이 제기될 수 있다.
유학의 성정에 관한 이론을 '심통성정'을 위주로 이해할 것인가, 아니면
사단은 이의 발이고, 칠정은 기의 발이라는 이기론 위주로 이해할 것인
가 하는 문제이다. 또한 이와 연관된 것이기도 하지만 사단칠정이 발하
는 길이 하나인가 둘인가 하는 문제도 있다. 사단과 칠정은 기원이 서
로 다른 독립된 두 감정이라는 입론이 있고, 사단과 칠정이 의미가 다
르더라도 그 기원마저 다르다고 한다면, 인간의 본질이 두 가지가 되는
문제가 생긴다.

  이러한 문제가 특히 조선의 유학자들에게 많은 논쟁을 불러일으킨 이
른바 '사단칠정 논변'이다. 이 논쟁의 발단은 추만(秋巒) 정지운(鄭之雲,
1509-1561)이 지은 『천명도해(天命圖解)』이다. 『천명도해』는 본래 정지
운이 동생을 가르치기 위해 성리학의 기본내용을 그림으로 그리고 설
명을 붙인 것인데, 여기서 그는 성과 정을 이와 기로 나누어 설명한다.

> 우리 인간의 마음은 비어 있으면서도 이이다—또 신령하니 기이다. 이는 곧
> 이와 기가 합쳐진 것이기 때문이다. 그러므로 그 이는 사덕의 이에 통하여
> 네 가지 성이 되고, 그 기는 오행의 기에 연결되어 칠정이 된다. 그러므로 사
> 람의 성과 정은 하늘의 이와 기다.[20]

---

[20] 『入學圖說』, 「天人心性分析之圖」; 한국사상연구회(2009), 앞의 책, 244쪽 재인용.

정지운은 한 걸음 더 나아가 퇴계 이황(1501-1570)과 고봉(高峯) 기대승(1527-1572)에게 보낸 편지에서 사단과 칠정은 각각 이와 기에서 발하는 것이라고 설명한다. 이에 대해 이황은 "사단은 이의 발이고, 칠정은 기의 발이다"라고 수정하였는데, 이것은 사단과 칠정을 전혀 다른 차원의 감정으로 보기 때문이다.

그러나 이황은 기대승에게 보낸 첫 번째 편지에서 이와 기는 떨어질 수 없는 관계인데 이렇게 분석하는 것이 염려가 되어, 최종적으로 "사단은 이가 발한 것인데 기가 그것을 따른 것이고, 칠정은 기가 발한 것인데 이가 그것을 타는 것"이라고 정리한다.

그러나 사단과 칠정을 통합하고자 하는 고봉의 관점은 사단과 칠정을 이와 기로 나누어 배속시키는 방식이 논리적으로 맞지 않는다는 데 초점을 둔다. 인간의 감정은 칠정과 사단 두 가지로 나누어볼 수 있지만, 칠정은 감정의 전체이기 때문에 하나의 정으로 볼 수 있다는 것이다. 이것은 퇴계가 사단과 칠정을 두 개의 정으로 구분하는 것에 대한 비판이다. 퇴계는 '사단=이=순수한 선, 칠정=이+기=선악'이라는 도식을 설정했다. 이러한 설명방식이 하나의 정을 두 개의 정으로 오인하게 만든다는 것이다. 고봉은 사단은 순수하게 천리가 발현된 것이므로 선하며, 칠정이 선악의 가능태(可能態)라는 것을 부인하는 것은 아니다. 고봉은 사단이라는 것은 칠정과 상대해서 말할 수 있는 것이 아니고, 칠정 중에서 절도와 맞아떨어지는 것만을 따로 말한 것으로 본다. 고봉도 인심과 도심은 선과 악처럼 상대해서 말할 수 있다고 인정하지만, 그러나 사단이 도심에 속한다고 하더라도 칠정은 인심이라고만 볼 수 없다는 것이다. 그래서 사단과 칠정을 대립되는 것으로 놓아서는 안 된다고 본 것이다. 오히려 사단이 칠정 속에 포함되는 것이며, 그 칠정 중에서 이해관계에 대한 사욕이 개입되지 않은 순수한 감정만을 가려낸 것이 사단이기 때문이라는 것이다.

고봉의 비판에 대해 퇴계는 칠정이 사단을 포함하며, 칠정 중에서 선한 것만을 가려낸 것을 사단이라고 보는 고봉의 입장에 동의하지 않는다. 그는 이 둘은 모두 정(情)이지만 사단과 칠정이라는 다른 이름으로 두는 이유는, 그것의 구별을 통해서 선유들이 주장하려는 바가 달랐기 때문이라고 생각한다. 다시 말해 퇴계는 "사단과 칠정은 그 존재 근원에서 '발생하는 바[所從來]'가 다르며, 이에 따라 각각 '주장하여 말하는 바'가 다르게 되는 것을 강조하고 있다. 그것은 사·칠을 인식상에서 분별하는 것을 넘어서 그 발생 근원과 발생의 주체에서 분별될 수 있는 것으로 확인하고 있는 것이다."[21] 출발점이 다르다는 것을 통해서 사단이 선한 감정이라는 것을 더욱 강조하게 되고 또한 상대적으로 악해질 가능성이 농후한 칠정은 악이라는 결과를 갖는 것이다. 즉 분리를 해서 봐야 한다는 말은 사단과 칠정을 선악의 대립과 유사한 방향으로 전개하고자 한 것이다.

퇴계와 고봉 사이에 8년간 벌어졌던 사단칠정 논변의 핵심은 사단칠정의 이기론과 관계에 대한 설명 방식이다. 퇴계는 "사단은 이가 발한 것이고, 칠정은 기가 발한 것"이라고 주장하다가, 고봉의 비판을 받고서 "사단을 이가 발함에 기가 그것을 따르고, 칠정은 기가 발함에 이가 그것을 타는 것"으로 설명한다.

> 무릇 이가 발함에 기가 그것을 따르는 것을 이가 주로 하여 말할 수 있는 것일 따름이요, 이가 기 바깥에 있음을 이른 것이 아니니 사단이 이것이다. 기가 발함에 이가 그것을 타는 것은 기를 주로 하여 말할 수 있는 것일 따름이

---

[21] 금장태, 『퇴계의 삶과 철학』 (서울대학교출판부, 1998), 161쪽.

요, 이 바깥에 기가 있음을 이르는 것이 아니다.[22]

그 당시 퇴계가 중시한 것은 이가 아니라 사단이었다. 사단의 순수성선(純粹性善)의 이론적 근거를 확립하는 일이 퇴계의 과제였다. 말하자면 이발성은 이의 속성을 설명하기 위한 것이 아니라 사단의 형이상학적 근거를 확립하기 위해 제시된 명제였다. 사단과 칠정의 질적인 구분을 짓기 위해 이기로 나누어 말한 것이며, 그 근본을 이와 기로 각각 배속시킨 것이다. 즉 사단의 순선의 논거를 절대선인 이=성에 정초시키기 위해 사단을 이발로 규정한 것이다. 그는 "만약 칠정을 사단에 대응하여 각각 나누어서 말한다면, 칠정과 기의 관계는 사단과 이의 관계와 같다"고 설명한다. 주자가 성의 절대 선성을 형이상학적으로 근거 지워서 도덕적 가치관을 정립시키기 위해 '성이 곧 이[性卽理]'라고 했듯이, 퇴계는 사단의 절대 선성을 근거 지우고 그 실현의 당위성을 강조하기 위해, '사단은 이의 발현'이라고 주장한 것이다. 유학은 '평천하(平天下)'라는 도덕적 이상의 실현을 궁극적 목표로 한다. 그 선험적 근거를 제시한 것이 맹자의 '성선설'이며, 성선의 형이상학적 근거를 확립시킨 것이 정주(程朱)의 '성즉리'이다. 퇴계의 '이발설'은 인간에게 선험적으로 내재하는 이치, 즉 천리가 현실 상황에 따라서 자발적으로 발현된다는 것이다. 그것은 이의 절대선이 성이라는 형이상학적 차원에서뿐만 아니라, 사단이라는 현상적인 정의 차원에서 구체적으로 실현된다는, 강한 도덕적 의지를 언표하는 것이다.[23]

퇴계의 이발에 대한 신념은 단지 이것에 그치지 않는다. 퇴계가 이발

---

22 최영진, 『퇴계 이황』(살림, 2007), 80쪽 재인용.
23 최영진(2007), 앞의 책, 83쪽.

설을 통해 주장하고자 한 것은 이의 형이상학적 원리나 가치 개념이 아니라, 현실 세계에서 생생하게 행동하는 주체적 실체로서 이(理)를 정립하고자 한 것이다. 이런 점에서 퇴계가 사단칠정론에서 사단을 이발로 해석한 것은 이의 절대적 순수 선이 인간의 구체적인 정서와 행위를 통해 현실 속에서 실현되어야 한다는 의지를 표명한 것이다. 이는 능발·능동·능생하는 활물(活物)이라는 것이 퇴계의 흔들림 없는 사고의 바탕이다. 이와 같은 퇴계의 논리화 작업은 비록 근거가 되는 체용론에서 문제점이 있다고 할지라도 그 의의가 매우 크다고 할 수 있다.

요컨대 사단칠정의 논변에서 고봉의 입장은 기의 역할에 무게를 두고 사단과 칠정이 대립되는 것으로 놓아서는 안 된다는 것이다. 오히려 사단이 칠정 속에 포함되는 것이며 그 칠정 중에서 이해관계에 대한 사욕이 개입되지 않은 순수한 감정만을 가려낸 것이 사단이라는 것이다. 반면 퇴계는 이의 역할에 주목한다. 퇴계의 입장은 사단이 칠정 속에 포함되는 것으로 보게 되면 인간의 도덕적 행위에 제한을 가하는 것이 되므로 칠정보다는 사단을, 악보다는 선을 중시하는 입장에서 사단과 칠정을 분리해서 사단의 독립성을 확보하려 한 것이다.

이러한 사단칠정 논변은 서양윤리학에서 도덕행위의 동인으로서 이성과 감정의 역할에 대한 논변과는 구분된다. 서양윤리학의 이성주의에서 보면 인간본성에는 이성과 욕망이라는 두 힘이 있는데, 이성이 도덕성의 편에 있으면 이성과 욕망의 대립은 해소된다는 것이다. 말하자면 이성은 도덕성의 요구를 충족시키고 욕망은 그 반대 방향으로 나가게 한다. 만약 이성이 강하면 도덕적이고 욕망이 더 강하게 되면 비도덕적이라는 것이다.

이렇게 보면 유학의 사단칠정 논변을 서양윤리학 도덕행위의 동인으로서 이성 대 감정 구도의 관점에서 논하는 것 자체가 적절하지 않다고 할 수 있다. 전술한 것처럼 유학사상, 특히 맹자의 사유체계에서 이성 대 감정의 대립 구도는 찾아볼 수 없는데, 맹자가 이러한 구분을 하지 않은 것은 단지 그런 구분을 생략한 것이 아니라 그런 구분을 할 필요가 없기 때문이다. 도덕행위의 동기화에서 도덕 감정이 결정적 역할을 하는 것처럼 보이지만, 맹자는 이성과 감정을 구분해서 말하는 것은 아니다. 가령 도덕행위자가 동정심과 같은 감정을 가지고 있다고 하는 것은 일정한 방식으로 행동해야 하는 이유를 인정한다는 것을 의미한다. 이처럼 유가윤리에서 감정은 서양윤리에서처럼 단순히 욕구·욕망과 같은 정념이 아니라 지적인 요소를 포함하고 있다. 유가윤리에서도 행동하는 이유를 인식한다는 것은 실천이성의 당위 개념에 중요한 의미를 갖는다.

그런데 퇴계의 관점에서 말하면 사단은 이가 발하고 기가 그것을 따르는 것[理發而氣隨之]이며, 칠정은 기가 발하고 이가 올라타는 것[氣發而理乘之]이다. 말하자면 사단의 주된 추동력은 이이고 칠정은 기라는 것이다. 거칠게 말하면 사단은 도덕적 감정이며 칠정은 일반적 감정이라고 할 수 있다. 사단과 칠정은 모두 감정이다. 사단은 인간의 선한 본성이 뒤틀리지 않고 그대로 발현된 감정이고 칠정은 선할 수도 악할 수도 있는 감정이다. 선한 감정으로서 사단이 그대로 행위로 옮겨지게 하는 주된 동인은 이가 된다. 물론 사단이 기의 영향을 전혀 받지 않는 것은 아니다. 사단은 이기가 상충하기도 하고 상수(相受)하기도 하는 과정에서 발현된 감정이다. 또한 칠정은 인간의 감정을 총칭하는 개념으로서 선할 수도 있고 악할 수도 있다. 퇴계도 칠정이 절도에 딱 맞아떨어지는 경우에는 사단도 칠정에 포함되는 것으로 봐야 한다고 말한다. 그렇지만 사단과 칠정을 각기 이성과 감정의 어느 한편에 치우쳐서 볼 수 있다 하더라도 도덕행위를 하게 하는 동인으로서 사단과 칠정을 엄격하게 구분하기는 어렵다. 문제는 선한 본성이 악한 행위를 하게 되는 경우이다. 퇴계는 칠정이 이기를 겸하고 있지만 이는 약하고 기는 강해서 그것을 함께 관리할 수 없어서 우리가 쉽게 악으로 빠져든다고 말한다. 선한 행위의 동인은 이로, 악한 행위의 동인을 기로 들 수 있다는 관점이다. 이런 점에서 사단칠정의 논변은 행위의 동인론과 전혀 무관한 것은 아니라고 할 수 있다.

3. 요약과 비교 논점

"왜 도덕적으로 행동하는가?"라는 물음은 동서양을 막론하고 윤리학의 중요한 주제이다. 어떤 사람은 우리가 도덕적인 것은 본성에 따른 자연스러운 행위이기 때문에 이 물음은 설명을 요구하지 않는다고 주장한다. 그러나 인간은 항상 본성에 따라 저절로 도덕적으로 행동하는 것이 아니다. 우리 본성이 비록 도덕적 구조에 알맞게 만들어져 있다고 할지라도 본성을 따르는 것이 곧 도덕적 행위는 아니기 때문이다. 그래서 어떤 사람은 양심을 도덕행위의 동인으로 설명한다. 가령 버틀러는 시계의 구조가 시간을 측정하는 데 적합하도록 만들어졌듯이 인간본성도 덕에 적합하도록 되어 있다고 주장한다. 악덕은 우리의 본성을 무너뜨리는 것이고 악덕보다 더 우리의 본성에 역행하는 것은 없다는 것이다. 양심은 도덕적 삶의 안내자이며 행위 판단의 능력이며 실천의지이다. 인간은 양심의 명령에 따라 옳고 그름을 판단할 수 있을 뿐만 아니라 양심의 자극에 의해 도덕적으로 행동할 수 있다는 것이다. 그런데 양심이 도덕의 최고 권위로서 작동될 수 있는 것은 그것이 단순히 감정이나 느낌이 아니라 내적으로 성찰할 수 있는 반성의 원리하에 있기 때문이다. 우리가 옳은 것을 행하고 그른 것을 금하는 이유는 양심이 일정한 방식으로 자극을 주기 때문이라는 것이다. 이런 의미에서 도덕성은 단지 본성에 따른 것만으로 해명되지 않는다.

그래서 서양윤리학은 전통적으로 옳은 것을 행하고 그른 것을 금하게 하는 힘은 '이성'이라는 내재적 힘이거나 '사회'라는 외부적 힘 두 가지 뿐이라는 관점을 지녀왔다. 인간본성에는 이성과 욕망이라는 두 가지 대립되는 힘이 있는데 이성은 도덕성의 요구를 충족시키고 욕망은 그 반대 방향으로 나아가게 한다는 것이다. 이러한 전통적 모델에서 보면 도덕성과 욕구·욕망은 서로 갈등관계이다. 플라톤을 시원으로 한 이성주의 윤리학의 전통에서 보면 도덕판단은 물론 도덕행위의 동인은 이성이다. 플라톤에 의하면 인간의 영혼은 이성적 요소와 욕구·의지와 같은 비이성적 부분으로 구성되는데, 비이성적 부분은 이성에 의해 통제되고 지도받아야만 균형과 조화를 이룬 정의로운 상태가 될 수 있다. 이러한 이성주의 전통은 아리스토텔레스, 스토아학파의 윤리로 이어지고 칸트 윤리학에서 그 꽃을 피운다. 칸트에 있어서 도덕행위자는 자신의 이익, 성향, 욕구와 무관하게 항상 도덕적으로 행동할 수 있는 사람이다. 칸트가 보기에 인간은 항상 이성과 욕구·욕망의 대립으로 갈등하는 존재이다. 인간은 이성과 욕망이라는 상호 대립되는 두 가지 힘에 의하여 움직이게 마련이라는 것이다. 인간의 행위에서 이성과 욕구·욕망 간의 갈등은 마치 서로 반대 방향으로 작동하는 바퀴와 같아서 보다 강한 방향으로 움직이게 되어 있다는 것이다.

한편 도덕행위의 동인론에서 이성주의 윤리학의 반대편에 서 있는 대표적인 사람은 흄이다. 흄은 도덕성과 욕구·욕망 간은 갈등관계이며 도덕적임은 욕구에 대한 이성의 지배라는 이러한 가설을 거부한다. 그는 이성만으로는 의지의 활동에 동기가 될 수 없으며, 이성은 의지의 방향에서 결코 정념에 반대되는 것이 아니라고 주장한다. 흄이 보기에 이성이란 논증적 지식과 인과적 지식을 주는 역할밖에 못한다. 이성이 인간의 행위에 영향을 미치는 경우는 어떤 대상의 존재를 알려줌으로써 정념을 불러일으키게 하는 경우이거나, 인과적 지식을 제공하여 정념을 적절하게 발휘하게 하는 수단을 제공하는 경우이다. 다시 말하면 이성은 인과적 지식과 다름없으므로, 행위의 결과를 알지 못할 뿐 아니라 행위의 목적에 관한 아무런 지식도 제공하지 못한다는 것이다. 그가 도덕은 이성에 근거하는 것이 아니라고 주장하는 것도 이런 이유에서이다. 도덕성이란 판단되는 것이 아니라 느껴질 뿐이라는 것이다. 도덕이 보편적 가치를 지닐 수 있는 것은 개인적 감정이 아니라 집단적으로 공유하는 사회적 호오 감정이라는 것이다. 그가 보기에 이성의 힘이란 행위의 목적을 밝혀주지 못할 뿐만 아니라 의지의 동인이 될 수 없다. 이성은 무엇이 존재하고 있으며, 앞으로 무엇이 일어날 것이며, 그 원인과 결과에 관해서 말해준다. 그래서 이성은 우리가 바라는 바를 얻기 위하여 무엇을 할 것인가를 평가함으로써, 우리의 욕구를 충족시키고 불행을 피할 수 있게 한다. 말하자면 이성은 목적이 아니라 목적에 대한 수단적 지식만을 제공할 수 있을 뿐이라는 것이다. 이성은 어떤 행위도 일으키지 못하므로 이성에 대립되거나 일치하는 것은 아무 것도 없으며, 행위의 진정한 원인은 욕구이다. 그래서 이성은 욕구·욕망의 노예이고, 노예여야만 한다는 것이다.

   이렇게 보면 도덕행위 동인론에서 본 칸트와 흄의 관점은 상호 대립적이다. 그러나 이성과 정념에 대한 칸트와 흄의 관념은 동일 선상에서 논의하기 어렵다는 점에서 반드시 대립 관계로 보기는 어렵다. 우선 칸트가 의미하는 이성과 흄이 말하는 이성의 개념 범주가 다르다. 칸트는 정언적 이성과 가언적 이성을 구분한다. 정언적 이성은 목적적 이성으로서 '욕망의 주인'이지만 가언적 이성은 수단적 이성으로서 '욕망의 노예'라는 논리이다. 칸트가 도덕법을 정언명법으로 규정한 것은 이성은 단순히 정념의 노예가 아니라 주인이 되어야 하기 때문이다. 반면 흄은 이성을 논증과 확률에 관한 지식 정도로 생각하는 것 같다. 흄이 보기에 논증적 지식만으로는 행위의 어떤 동인도 될 수 없다. 논증적 지식은 확률의 지식과 결합하여 원인과 결과를 밝혀주는 경우에만 행위에 영향을 미칠 수 있기 때문이다. 이러한 지식은 어떤 것이 바람직한 것인지에 대한 목적을 말해줄 수 없고, 오로지 목적과 수단의 관계를 제시해줄 뿐이라는 것이다. 그래서 흄은 도덕행위는 정념과 이성의 투쟁에서 이성의 승리이며, 덕은 이성에의 합일이라는 이성주의 윤리를 거부한다.

다음으로 욕구와 욕망에 대한 인식의 차이이다. 칸트는 이기적이고 병리적인 욕구와 욕망을 말하는 것이고, 흄은 인류의 보편적 욕구와 욕망을 염두에 두고 있는 것이다. 칸트도 인간의 목적은 욕구와 욕망에 의해 결정되며 그것은 경험적으로 결정된다는 흄의 주장에 동의한다. 뿐만 아니라 목적에 대한 수단을 밝혀주는 것은 이성이며, 이런 점에서 이성은 정념의 노예일 수 있고 또 노예여야 한다는 흄의 주장을 인정한다. 그럼에도 칸트는 이성은 욕구와 욕망보다 고차원적이고 권위가 있기 때문에 이성이 욕망을 제압해야 도덕적일 수 있다고 본다. 우리는 욕망에서 분리된 보다 높은 지평에서 이성을 생각하는 경향이 있다. 그러나 실천이성을 갖고 있으면서 어떤 욕망도 갖고 있지 않은 존재를 상상할 수 없다. 인간은 욕망이 없으면 실천이성도 없기 때문이다. 그러므로 이성을 욕망보다 높이 두는 것은 이성과 욕망에 대한 정확한 인식이 아니라고 볼 수 있다. 단지 문제는 개인의 특수한 욕구와 욕망이 아니라 인류의 보편적 욕망을 전제해야 한다. 그것은 결국 인류애라는 도덕성을 전제로 한 욕구와 욕망인 것이다.

　유가윤리에서 인간은 "왜 도덕적으로 행동하게 되는가?"라는 도덕행위의 동인(動因)에 대한 물음은 해명을 필요로 하지 않는다. 인간의 도덕적 행위 능력은 태생적 혹은 선험적으로 타고난 것이므로 인간이 선한 행위를 하는 것을 지극히 당연하고 자연스러운 것으로 보기 때문이다. 말하자면 인간은 본성적으로 도덕적 존재라는 것이다. 유학에서 말하는 인간본성은 오직 인간을 인간이게 하는 '인간 고유의 마음에 근본한 성', 곧 인의예지에 한정된다. 맹자는 이것을 인간본성의 네 가지 마음, 곧 사단(四端)으로 명명한다. 성은 인간과 사물이 선천적으로 타고나는 본성으로서 마음의 본체이며, 정은 마음의 구체적인 작용이다. 맹자는 물이 아래로 흐르는 속성을 갖고 있듯이, 인간은 본래 선이라는 도덕성을 갖고 태어난다고 주장한다. 그러므로 인간에게 도덕세계와 윤리적 행위가 가능하다는 것이다. 맹자는 인간의 본성이 선하다는 것을 증명하기 위해 사단을 제시한다. 인간이면 누구나 다 본질적으로 사단을 갖추고 있으므로 이것을 확충하는 것이 바로 인격수양이다.

　또한 칠정(七情)으로 표현되는 인간 감정 그 자체는 선악과 직접 관련이 없고 경우에 따라서 선이 될 수도 있고 악이 될 수도 있는 자연스러운 감정이다. 본래 유학사상에서 언급된 사단과 칠정은 대립적 성격이 아니었다. 사단과 칠정을 대립적 구도에서 파악한 것은 주자의 성리학 체계이다. 인간의 내면세계인 심은 성과 정을 그 구성요소로 하면서 그것을 주재하는데, 성은 심의 본(本)에 해당하고 정은 심의 말(末)에 해당한다. 그런데 심의 본으로서 성은 참되고 고요한 상태에 있기 때문에 미발이라 부르며, 사단과 칠정이 출현하면 이(已)발이라 부르는데, 이것이 바로 심의 작용으로서 정이다.

　다산은 『중용』에서 말하는 천명지위성에서 성을 '심의 기호(嗜好)'로 본다는 점에서 주자학의 구도와 다르게 파악한다. 인간은 대체와 소체의 묘합으로 이루어진 것인데, 대체는 천이 부여한 영명하고 형체가 없는 본체이고 소체란 태어날 때부터 부모에게 얻은 유형의 몸을 의미한다. 대체가 좋아하고 싫어하는 것, 즉 기호가 바로 성이다. 따라서 성은 원래부터 선한 것이므로 기본적으로 덕을 좋아하고 악을 미워하는 성향으로 나타난다는 것이다. 그가 보기에 대체가 성이라는 기호에 따라 발한 것이 이른바 도심이며, 소체가 성이라는 본래의 선한 기호를 파괴·왜곡시킨 상태에서 발한 것이 인심이다. 인간의 내면에서 이러한 도심과 인심은 항상 서로 갈등하며 싸운다. 그리하여 도심이 인심을 이기게 되면 그 행위는 선이 되고 반대의 경우는 악이 된다. 다산은 인간의 육체와 그로 말미암아 생기는 정욕 등 이른바 '기질지성'을 경시하지 않는다. 이는 인간의 타고난 본능을 억압하는 성리학의 도덕적 엄격주의에 대한 반발이기도 하다. 성리학자들은 '이귀기천(理貴氣賤)'의 사상에서 기질지성의 발로인 정욕과 감정을 불순하고 위험하게 여겼다. 다산에 의하면 성이 기호인 만큼 본연지성과 기질지성으로 구분한 것 자체가 기준이 없으므로 두 개의 성으로 완전히 분리해서 논할 수 없다. 그는 인간의 본성과 도덕의 관계를 아리스토텔레스가 인간의 본성을 식물의 본성, 동물의 본성과 구분하여 로고스로 설명하는 것과 유사한 방식으로 설명한다.

또한 유가윤리에서 도덕행위의 동인이 이성인가 정념인가 하는 논쟁은 서양윤리에서처럼 큰 의미가 없다. 유가윤리의 사유체계에서 보면 이성과 감정의 구분 자체가 분명하지 않기 때문이다. 그런데 퇴계의 관점에서 말하면 사단은 이가 발하고 기가 따르는 것이며, 칠정은 기가 발하고 이가 올라타는 것이다. 말하자면 사단의 주된 추동력은 이이고 칠정은 기라는 것이다. 사단과 칠정은 모두 감정이다. 사단은 인간의 선한 본성이 뒤틀리지 않고 그대로 발현된 감정이고 칠정은 선할 수도 악할 수도 있는 감정이다. 물론 사단이 기의 영향을 전혀 받지 않는 것은 아니지만 선한 감정으로서 사단이 그대로 행위로 옮겨지는 주된 동인은 이가 된다. 이런 점에서 사단과 칠정을 각기 이성과 감정의 어느 한편에 치우쳐서 볼 수는 있다. 그러나 도덕행위를 하게 하는 동인으로서 사단과 칠정을 엄격하게 구분하기는 어렵다. 사단과 칠정이 모두 정이고, 정은 지정의(知情意)를 포함해 마음의 모든 작용을 포괄하는 개념이기 때문이다.

　이렇게 보면 정주의 성리학이든 다산의 실학이든 유가윤리에서 도덕동인론은 모두 인간은 도덕적 존재라는 본성론으로 해명할 수 있다. 그러나 인간의 도덕적 본성으로서 사단은 잠재적 도덕성이지 도덕 그 자체는 아니다. 아리스토텔레스 식으로 말하면 사단은 '가능태'이지 '현실태'는 아니다. 그렇기 때문에 이 타고난 잠재적 도덕성을 실현하기 위해서 부단히 연마하고 함양해야 한다. 또한 인간성 안에는 가능태로서 기질지성이라는 또 다른 본성도 있다. 유학은 현실적 악을 기질지성으로 설명한다. 또한 성과 정을 주재하는 심에도 도심과 인심이 공존한다. 마음이 성을 좇아서 지각하느냐 사욕을 좇느냐에 따라서 도심과 인심으로 구분된다. 이것은 마치 칸트가 인간의 본질을 신의 형상을 담고자 하는 '본체적 자아'와 이기적 욕심을 쫓고자 '현상적 자아'로 구분한 것과 다르지 않다. 도덕은 인간이 도덕적일 수도 있고 비도덕적일 수도 있다는 인간 본성의 이중성에 대한 이해가 도덕의 요구에 대한 기본 전제이다. 그래서 도덕적 존재는 '항상 도덕적으로 행위하는 존재'가 아니라 '도덕적으로 행위할 수 있는 존재'라는 칸트의 언설은 서양윤리뿐만 아니라 유가윤리에도 해당되는 명제이다.

5장
도덕 지식과 행위

　도덕지식과 도덕 행위는 어떤 관계인가 하는 물음은 윤리학의 중심 주제로서 내재론 윤리와 외재론 윤리는 그 입장이 다르다. 내재론 윤리는 도덕판단이나 신념과 같은 도덕 지식은 반드시 도덕적 태도라는 행위와 일치한다는 관점이고 외재론 윤리는 도덕 판단이 행위와 일치하지 않을 수 있다는 입장이다. 서양윤리학의 주류는 도덕지식의 인식론에 치중하는 도덕지식론이지만 플라톤 이래로 도덕지식과 행위는 일치한다는 지행합일의 명제를 수용한다. 그런가 하면 유가윤리는 모든 주제와 명제들이 결국 도덕지식과 행위의 문제로 귀결된다. 유가윤리에서 지와 행의 관계는 지선행후, 지행합일, 지행호진 등으로 구분되지만 결국 지는 행위에 있어서 필요조건이고 충분조건이다. 이 장에서는 도덕지식이란 무엇이며, 도덕지식이 행위와 어떤 연관을 갖고, 또 도덕 실천을 위해 무엇을 어떻게 알아야 하는지 하는 주제를 다룬다.

1. 도덕 판단과 태도의 관계: 내재론 대 외재론[1]

도덕 판단과 태도의 일치 여부에 대한 논쟁은 메타윤리에서 내재론 관점과 외재론 관점으로 대립된다.[2] 어떤 도덕철학자들은 행위에 대한 동기를 전혀 갖지 않으면서도 자신의 의무라는 것을 아는 것이 논리적으로 가능하다고 주장하고, 또 다른 사람들은 이것이 모순이고 불가능하다고 주장한다. 이것은 행위자가 스스로 어떤 행위에 대해 나쁘거나 잘못이라고 판단하면서 그것에 대해 긍정적 태도를 갖는 것이 가능한가 하는 논쟁이다. 내재론 관점은 도덕적 신념과 태도가 불일치하는 것은 모순이고, 이것이 논리적으로 불가능하다고 주장한다. 만약 어떤 사람이 행위나 사람에 대해 도덕적으로 나쁘거나 그르다고 말하면서 그것에 대해 부정적 태도를 갖지 않는다면, 그는 거짓말을 했거나 도덕적으로 '그르다, 나쁘다'의 의미를 잘못 알고 있다는 것이다.

내재론은 행위자가 어떤 행위에 대해 부정적 태도를 갖지 않는다면, 그는 다른 사람이 "어떤 행위가 나쁘다"라고 말하는 것을 수용하지 않거나 동의하지 않는 것이다. 스티븐슨이나 헤어 등 내재론자의 입장에서 보면, 어떤 행위에 대해 도덕적으로 나쁘다고 말하는 것은 그 행위를 비난하는 것이고, 그것에 부정적 태도를 갖는 것이다. 가령 친구에게 "내가 너를 도와주겠다"고 약속하면서 도와줄 의도를 갖고 있지 않으면 그는 불성실한 약속을 한 것이다. 마찬가지로 "그것은 도덕적으로

---

1 도성달, 『윤리학, 그 주제와 논점』(한국학중앙연구원 출판부, 2011), 429-432쪽.
2 도덕적 앎의 형식과 관련된 내재론 대 외재론 논쟁은 도덕적 신념과 태도가 일치해야 하느냐 아니냐 하는 메타윤리 논쟁이다. 이런 점에서 이 논쟁은 필자가 『윤리학, 그 주제와 논점』의 서장에서 설명한 내재론 도덕과 외재론 도덕의 구분 기준과 반드시 일치하지 않는다. 서장에서 도덕을 이해하는 방식으로서 제시된 내재론 대 외재론 도덕은 도덕의 이념, 목적, 기능, 판단 기준 등과 관련된 규범윤리학의 영역이다.

나쁘다"라고 판단하면서, 그것에 대해 부정적 태도를 갖지 않는다면 그는 진정으로 그것을 나쁘다고 생각하지 않는, 불성실한 도덕 판단이다.

그러므로 내재론에서 보면 어떤 사람이 "그것은 도덕적으로 나쁘다"고 말했을 때, 그는 이 명제를 단순히 '사실'로서만 받아들이는 것은 아니다. 도덕 판단은 평가적 판단이기 때문에 반드시 찬성이나 반대의 태도를 가져야 한다. 만약 그런 태도를 갖지 않는다면 그것은 평가나 판단이 아니라 서술이나 묘사하는 것이다. 도덕 판단이 신념과 태도가 일치해야 하는 것은 도덕의 '규범성(혹은 규정성)' 때문이다. 도덕진술에서 규범성은 사실판단에서는 찾아볼 수 없는 도덕 판단의 고유한 특성이다.[3] 헤어가 규정성을 '우리에게 무엇을 하라고 행동을 지시하고 요구하는 특징'으로 설명한 것도 이런 의미이다. 또한 정의주의자들이 도덕적 진술의 본질을 감정 혹은 태도의 표명으로 본 것도 도덕 판단의 규범적 특성을 주장한 것이다. 규범성의 중요한 특징은 동기화에 있다. 우리가 규범적 문제를 인식하고 동의한다는 것은 그것에 따라 행동한다는 의미이다. 만약 도덕 판단에 동의하고도 그렇게 행동하지 않는다면 그것은 제대로 동의한 것이 아니다.

물론 의지가 박약하거나 의기소침으로 인해 자신이 인식하는 도덕적 이유에 따른 동기화가 이루어지지 못하는 경우도 있다. 그러나 도덕 판단의 동기화는 내재적인 힘을 말하는 것이지 항상 행동을 보장한다는 의미는 아니다. 이렇게 보면 규범성은 동기화의 관계에서 설명될 수 있고 이는 도덕 판단의 중요한 논리적 특성이다. 규범성의 또 다른 특성은 "마땅히 해야 한다"는 당위의 명령이라는 점이다. 도덕 판단의 전형

---

[3] John Than Dancy, "Non naturalism," David Copp (ed.), *Oxford Handbook of Ethical Theory* (New York: Oxford University Press, 2006), p.133.

적 용법은 "나는 무엇을 해야 하는가?"라는 물음에 대한 대답을 얻기 위한 것이다. 그러므로 도덕 판단은 이러한 물음에 대해 무슨 행동을 어떻게 하라는 당위이고 구체적 지침이다. 규범은 당위이고 규범적인 것은 반드시 당위와 연관되어야 한다는 것도 이런 의미이다. 때문에 윤리적 결론은 윤리와 무관한 전제에서 추론될 수 없다.

반면 외재론 관점은 "그것은 도덕적으로 나쁘다"라고 판단하는 것은 말하는 사람의 부정적 태도가 함축되어 있다는 것을 부정하지 않지만, 그 진술은 어떤 행위에 대한 '명제'를 표현하는 것으로 본다. 도덕 판단이 명제를 표현한 것이라면, 그 행위에 대해 부정적 태도를 갖지 않는 사람도 이것을 '사실'로서 받아들이며, 이런 의미에서 최소한 그 행위가 도덕적으로 나쁘다고 믿는다는 것이다. 외재론 관점을 옹호하는 마일로(R. Milo)는 행위자가 비도덕적인 것은 자신의 행동이 도덕적으로 나쁘다고 믿지 않기 때문이 아니라고 주장한다. 행위자의 도덕적 신념과 태도가 불일치하는 것은 도덕적으로 무관심하기 때문이라는 것이다. 비도덕적으로 행동하는 사람은 어떤 행위가 나쁘다는 것을 모르거나 믿지 않기 때문이 아니라, 자신의 판단에 관심을 두지 않거나 자신의 판단과 상관없이 행동하기 때문이다.[4] 어떤 사람이 "그것은 좋은 것이다" 하고 판단했을 경우, 그것은 반드시 그가 자신의 긍정적 태도나 선호만을 표현한 것이 아니다. 그는 다른 사람의 태도나 선호에 이끌려 판단할 수도 있다. 가령 어떤 사람이 "그것은 좋다"고 말하는 것은 그것에 대한 자신의 선호만이 아니라 다른 사람에게 그것을 권하는 것이다. 이것은

---

[4] Ronald D. Milo, *Immorality* (Princeton: Princeton University Press, 1984), pp. 378-379.

스미스(P. H. Nowell-Smith)가 말한 '선호의 판단'이다.[5] 선호의 판단에서 보면 어떤 대상이 일반적으로 수용되는 기준에 부합하여 좋은 것으로 판단하더라도 자신은 그것을 좋아하지 않을 수도 있다. 그런 사람은 일반적 기준에 따른 것이 아니라 그의 개인적 선호를 표현한 것이고, 이에 따라 평가적 판단을 하는 것이다.

외재론자들이 보기에 도덕 판단이 행위와 합치되지 못하는 것은 도덕적 옳고 그름을 판단할 수 없거나 어떤 도덕적 신념도 갖지 않고 있기 때문이 아니다. 그것은 도덕적인 것에 무관심하기 때문이다. 그렇다고 무관심한 행위자가 어떤 도덕 판단도 하지 않는 것은 아니다. 그는 어떤 행위에 대해 무관심하면서도 특정한 행동 방식에 대해 다른 사람에게 적합성 여부를 충고할 수 있다. 말하자면 그는 그러한 도덕적 신념에 대해 찬성하거나 긍정적 태도를 갖지 않으면서 다른 사람에게 충고하는 것이다. 마일로에 의하면, 도덕적 선악이나 옳고 그름에 무관심한 이유는 어떤 도덕 판단도 거부하거나 아니면 자신의 도덕 판단에 의해서 동기화되지 않는 경우이다. 도덕적 신념과 태도에 대한 내재론은 후자와 같은 무관심의 방식을 설명할 수 없다. 이처럼 외재론은 도덕적 의무에 대한 앎이 행위의 동기나 이유로 연결되는 것은 필연적인 결과가 아니라 우연적 사실이라는 것이다. 외재론 관점에서 도덕지식은 어떤 명제를 도덕적으로 옳다는 '사실'로서 인정할 뿐, 그것을 수용하는 진정한 '이유'를 내면화할 수 있는 앎의 단계에 이르지 못한다. 도덕적 선악 관념이나 도덕원리를 단지 하나의 '사실'로서 받아들이고 자신의 내재적 신념으로 수용하지 못한다면, 그것은 학식에 지나지 않는다.

---

5   P. H. Nowell-Smith, *Ethics* (Baltimore: Penguin Books, 1954), p.170.

2. 도덕지식의 내용과 형식[6]

우리는 일반적으로 도덕적임의 의미를 양심적임이라는 말과 같은 뜻으로 생각한다. 이런 의미의 배경에는 사람은 누구나 시비선악을 판별할 수 있는 능력을 타고나기 때문에, 도덕생활은 지식의 문제가 아니라 아는 바대로 행하지 못하는 실천의 문제라는 인식이 자리 잡고 있는 것 같다. 맹자가 말한 양지양능이나 버틀러의 양심이론, 그리고 칸트의 실천이성 개념은 모두 인간의 도덕적 자질의 선천성을 말한다. 그래서 우리는 자신의 양심에 비추어 부끄럼없는 삶이면 도덕적이라고 주저 없이 말한다. 바꾸어 말하면, 자신의 잘못된 행위에 대해 수치심과 죄책감을 느낄 수 있다면 양심적인 사람, 즉 도덕적인 사람이다. 그런데 자신의 악행을 잘못이라고 생각하지 않고 정당하다고 생각하는 사람도 자신의 양심에 부끄럽지 않다고 생각하는 사람이 있을 수 있다. 이런 유형의 사람도 도덕적인 사람이라고 할 수 있겠는가?

아리스토텔레스는 도덕적 악행을 유의적 악행과 무의적 악행으로 나눈다. 유의적 악행은 잘못을 알고 반성하는 사람으로, 우리의 도덕관념에서 보면 도덕적인 사람이다. 그러나 무의적 악행은 자신의 잘못이 무엇인지 알지 못하기 때문에 죄책감을 느끼지 못하는 경우이다. 아리스토텔레스는 전자를 '나약함'으로, 후자를 '사악함'으로 그 원인을 설명한다. 우리의 상식적 도덕관념에서 보면 몰라서 행하지 않는 사람보다는 알면서도 행하지 않는 사람이 더 사악한 사람이다. 그런데 아리스토텔레스는 왜 도덕적 무지를 사악함이라고 했을까? 자신의 잘못을 알고 잘못을 저지른 사람은 반성을 통해 잘못을 뉘우치고 본래의 자리로 되돌아올 가능

---

[6] 도성달(2011), 앞의 책, 433-436쪽.

성이 있지만, 옳고 그름에 대해 무지한 사람은 잘못이 무엇인지 모르기 때문에 아예 반성 자체를 할 수 없는 사람이기 때문일 것이다.

동서의 윤리사상은 한결같이 행위에 앞서 앎의 중요성을 강조한다. 특히 서양윤리학의 전통은 도덕지식론에서 출발한다. 유학의 윤리사상은 실천론이 핵심이지만 역시 선지후행을 강조한다. 그렇다면 우리의 도덕생활에서 도덕지식이란 무엇이며, 왜 도덕지식이 중요한가? 도덕지식은 실천을 위한 지식이라는 점에서 학식과 구분되고, 목적지라는 점에서 기술적 지식과 다르다. 도덕지식은 먼저 도덕적 삶을 위해 "무엇을 알아야 하는가?" 하는 도덕지식의 '내용'과 관련된다. 이것은 우리 삶의 궁극적 목적에 대한 탐구이며, 이에 근거해서 도덕적 선악과 시비, 책임과 의무, 당위 등 도덕원리에 대한 기본적 지식을 탐구하는 것이다. 그래서 윤리학은 우리가 실현해야 할 삶의 이상과 원리에 대한 가치 혹은 선에 대한 탐구이다. 이러한 도덕지식은 왜 그것이 도덕진리인지를 규명하고, 왜 우리가 도덕에 관심을 갖고 도덕적으로 살아가야 하는지를 생각하게 한다. 따라서 도덕지식은 도덕 판단이나 도덕신념의 근거와 이유에 대한 도덕적 사고력을 길러준다.

도덕지식의 또 다른 측면은 "어떻게 알아야 할 것인가?" 하는 도덕지식의 '형식'에 관한 문제이다. 대개의 경우 도덕지식이 학식과 다르다고 생각하는 요점은 앎의 형식과 관련된다. 의학지식이 풍부한 사람이나 체육을 잘 아는 사람이 반드시 건강한 사람이 아니듯이, 도덕지식이 많은 사람이 반드시 도덕적이지 못한 것은 바로 이것과 관련된다. 우리가 흔히 학식이 도덕성과는 무관하다거나 오히려 반비례 관계로 보는 것도 이 때문이다. 도덕지식은 근본적으로 실천을 위한 지식이라는 의미에서 아리스토텔레스는 이를 '프로네시스(실천지)'로 명명하고 이를 이론지와 구별한다. 이론지의 대상은 필연적이고 영원한 것이기 때문에 인식자의 욕구나 감정의 영향을 받지 않는다. 예컨대 과학적 진리나 역사적 사실에 대한 인식은 개인적 감정의 영향을 받지 않고 객관적으로 인식할 수 있다. 그러나 실천지는 '다른 방식으로 존재할 수 있는 것'에 대한 숙고와 사량(思量)이 필요하기 때문에 개인적 성향이나 욕구에 따라서 달리 인식될 수 있다. 실천지는 모든 사람을 위해서 무엇이 좋은 것인지를 판단하는 목적지이다. 그러므로 이기적 욕심과 본능적 충동이 강한 사람은 실천지를 갖기 어렵다. 머리가 총명하거나 명석한 사람이 도덕지식을 획득하는 데 유리하다. 그러나 올바른 성품이 전제되지 않은 이론지는 '간지(奸智)'에 지나지 않는다. 아리스토텔레스가 지적인 덕과 도덕적 덕을 구분한 것도 이런 이유이다. 도덕지식의 내용이 지적인 덕에 비중이 있다면 도덕지식의 형식은 도덕적 덕과 밀접한 관계가 있다.

　도덕적 선악 관념이나 도덕원리를 단지 하나의 '사실'로 받아들이고 자신의 내재적 신념으로 수용하지 못한다면, 그것은 학식에 지나지 않는다. 윤리학자들은 도덕규범의 인식 형식을 '내재적 권위'와 '외재적 권위'라는 말로 구분한다. 도덕률이 내재적 권위를 가질 때 신념과 태도는 일치한다. 도덕률이 외재적 권위로만 작동되면 도덕적 권능은 상실하게 된다. 누구든지 제대로 알기만 하면 행한다는 소크라테스의 지행합일의 명제에서 앎은 목적지이지만 형식은 내재적 권위이다. 그것은 인생의 진정한 행복이 어떤 것인가를 스스로 아는 깨달음의 지혜이다. 사람이 무지한 까닭은 세속적 욕망과 이기적 욕심 때문이다. 아리스토텔레스는 소크라테스의 지행합일의 명제를 거부하고 덕이 먼저임을 주장하는 것 같이 보이지만 그러나 지행합일론에는 이미 덕 개념이 전제되어 있다.

　도덕지식의 내용적 측면은 도덕적 삶의 원리와 법칙을 알려준다. 윤리학은 이것을 '도덕적 관점'으로써 구체적으로 제시한다. 도덕적 관점은 도덕이란 무엇이며, 왜 우리가 도덕에 관심을 가져야 하는지에 대한 도덕적 사고력을 길러준다. 도덕생활의 시작은 '도덕적 관심'이다. 도덕지식은 이론적 지식이지만 단지 입으로 외우는 지식이 아니라 도덕적으로 생각하게 하는 지적 통찰력이다. 우리가 비도덕적인 것은 기본적으로 남의 처지를 아랑곳하지 않는 도덕적 관심의 결핍 때문이다. 도덕적으로 무관심한 사람은 도덕적으로 생각하기를 거부하기 때문에 도덕적 선악 시비에 대한 관념이 없는 사람이다. 이런 부류의 사람은 도덕적 문맹자이다. 이런 사람은 자신의 잘못이 무엇인지 알지 못할 뿐만 아니라 알려고 하지도 않는다. 또한 잘못된 가치관을 신념으로 믿고 있는 사람도 도덕적 문맹자이다. 이런 유형의 사람은 '외골수적 사악한 사람'이다.

우리 사회의 비도덕적 양상의 일차적 원인이 도덕적 무지에 있다면, 도덕교육은 도덕 문맹자들의 눈을 뜨게 하는 일이다. 그것은 사람들로 하여금 도덕적 눈으로 세상을 바라보고 도덕에 관심을 갖게 하는 것이다. '시각과 청각'의 세계에서 오로지 감각적 눈으로 세상을 바라볼 때, 사람들은 스스로 생각하고 판단하기를 싫어하기 마련이다. 이성적 눈이 아니고 감각적 눈을 가진 사람은 일찍이 플라톤이 지적한 것처럼 외형과 형식을 좇느라 본질을 보지 못하는 사람이다. 오늘날 우리 사회에서 가장 강력한 힘을 가진 것은 유행이다. 우리의 행동양식이 유행에 지배된다면, 이것은 도덕과 동떨어진 삶이다. 취미나 기호의 문제가 아니라 옳고 그름이나 선악에 관한 가치판단이 유행에 좌우된다면, 이것은 참으로 위험한 사회이다.

3. 서양윤리에서 지와 행의 관계

　서양윤리학에서 도덕지식과 실천의 연관성을 가장 분명하게 설명하는 것은 소크라테스의 "덕은 지식이다"라는 명제이다. 이 명제는 단순히 도덕행위에서 도덕지식의 중요성을 강조한 차원이 아니라 윤리학의 근본명제들, 이를테면 도덕인식론이나 도덕정당화론까지를 내포하고 있다. 소크라테스가 말하는 도덕(성)의 의미는 기존의 도덕률에 대한 복종이나 관습을 따르는 '사회적 제약'이 아니라 정신적 완성으로서 '열망의 도덕성(morality of aspiration)'이다.[7] 소크라테스가 의미하는 도덕적 지식은 인생의 궁극적 목적으로서 진정한 행복이 무엇인지를 제대로 아는 것을 의미한다. 그가 보기엔 부, 명예, 권력, 명성 등과 같은 세속적 의미의 가치는 인생의 궁극적 목적이 될 수 없으며 인간의 영혼을 가장 좋은 상태로 만드는 영혼의 완성이야말로 진정한 행복이다. 인생에서 추구할 만한 유일한 가치는 인간의 영혼, 즉 참된 자아의 발견이다. 참된 자아에 대한 인식은 '자기 자신을 아는 것(self-knowledge)'이며 이는 자기반성에서 비롯된다. 그가 『변론』에서 "자기반성이 없는 삶은 무가치한 것이며 지식이야말로 일상적 덕을 주장할 수 있는 최고선이다"[8] 라고 설파한 것도 이런 맥락이다.

　그런데 자기 반성은 육체적 욕구와 우리의 본성적 자극들로부터 자아의 판단을 분별해내기 위해 끊임없이 요구되는 자기 훈련이며 자기 지배이다. 그러므로 진정한 자아의 인식은 직관적 통찰력일 뿐만 아니라

---

[7]　Francis M. Comford, *Before and After Socrates* (Cambridge University Press, 1976), p.75.
[8]　*Apology*, 38a1-6; John M. Cooper (ed.), *Plato Complete Works* (Indianapolis: Hackett Publishing Company, 1997).

외관상 행복인 것처럼 보이는 쾌락과 모든 욕구를 통제할 수 있는 의지의 능력이다. 소크라테스가 "아무도 고의로 악행을 범하지 않으며 모든 악행은 무지와 지적 오류의 산물임"을 지적한 "덕은 지식이다"라는 명제를 제시한 것도 이런 의미에서이다. 사람들이 올바른 도덕지를 획득하지 못하는 것은 영혼의 통찰력이 흐려졌기 때문이라는 것이다. 육체의 눈이 먼 사람이 맹목인 것처럼 영혼의 눈이 먼 사람은 거짓 현상들에 기만당하여 옳고 그름을 분별할 수 없다. 자신의 영혼이 가진 통찰력으로 얻은 참된 지식은 타인을 통해 간접적으로 얻은 의견이나 편견이나 단순한 믿음과는 근본적으로 다르다. 그러므로 교육이란 단지 편견에 불과한 지식의 독단으로부터 인간 내부에 있는 영혼의 통찰력을 정화하는 것이며, 이것은 누가 가르쳐주어서 아는 것이 아니라 자기 스스로 아는 것이다.

 덕은 지식이 아니라 품성과 정신적 훈련을 필요로 한다는 프로타고라스의 주장에 대하여 소크라테스는, "누구나 최고의 선으로 믿는 바를 반드시 추구하게 된다. 모든 덕은 최고의 선을 지향하기 때문에 무지한 사람을 제외하고는 누구나 반드시 유덕하게 된다. 최고의 선은 행위자 자신을 위한 것이다"[9]라고 논박한다. 소크라테스에게 덕이란 선과 악에 대한 정확한 인식이며 유덕한 행위를 하게 하는 동기의 설명이기도 하다. 말하자면, 무엇이 선이며 그것이 왜 자신의 최고의 선인지를 정확하게 아는 것은 덕의 구성요건일 뿐만 아니라 개별 덕의 필요충분조건이라는 것이다. 이러한 논지에서 소크라테스는 "인간은 누구든 고의로 악행을 범하지 않는다"는 도덕지와 실천의 합일을 주장하게 된다. 소크라테스는 "누구도 악이라고 믿는 바를 고의로 추구하지 않는다. 선

---

9   Cooper (ed.)(1997), 앞의 책; *Protagoras*, 359e4-360a6.

보다 악이라고 믿는 바를 추구하는 것은 인간의 본성이 아니다. 그래서 두 가지 악 가운데 선택하지 않을 수 없는 경우 사람들은 더 적은 악을 선택하게 된다"[10]고 설명한다. 사람이 무엇이 선과 악인지를 잘 알면서도 고의로 악행을 범하는 것은 진정으로 무엇이 쾌락인지를 모르기 때문이라는 것이다. 이렇게 보면 소크라테스의 도덕론은 심리적 쾌락주의를 근간으로 하고 있다. 그러나 소크라테스가 말하는 인생의 궁극적 목적으로서 쾌락은 이기적이고 세속적 의미의 쾌락이 아니라 영혼의 완성이다. 그가 보기에 사람들이 쾌락 때문에 덕을 실천하지 못한다고 말하는 것은 기실 목전의 작은 쾌락에 탐닉함으로써 진정한 쾌락을 알지 못하기 때문이다. 도덕적이지 못한 이유가 도덕지의 문제가 아니라 의지의 박약이라는 지적은 실상 쾌락의 가치를 잘못 측정한 데서 비롯된다는 논지이다. "올바른 (쾌락의) 측정술만이 삶의 전체적인 쾌락을 보장해줄 것이며, 측정술은 외양의 기만을 없애고 진리를 보임으로써 영혼에 안정을 주고 삶을 구원해줄 것이다"[11]라는 소크라테스의 주장이 이 점을 잘 말해주고 있다. 그가 말하는 측정술이란 결국 인생에서 가장 가치 있는 것과 인간의 궁극적 목적이 무엇인가를 제대로 인식할 수 있는 도덕적 통찰력이다.

아리스토텔레스의 윤리학은 "도덕이란 무엇인가"의 문제의 해답을 "왜 도덕적이어야 하는가" 하는 도덕성의 정당화에서 그 실마리를 찾고 있다. 아리스토텔레스에게 최고의 선은 행복(eudaimonia)이며, 그것은 바로 인생의 궁극적 목적으로서 '다른 모든 것이 그것 때문에 존재하는 것'이다. 그래서 도덕이란 무엇이며 왜 도덕적으로 살아야 하는가 하

---

10 Cooper (ed.)(1997), 앞의 책; *Protagoras*, 358c6-d4.
11 Cooper (ed.)(1997), 앞의 책; *Protagoras*, 356d3-357a2.

는 것도 자신의 행복을 실현하기 위한 목적론적 윤리관에서 해명된다. 그가 말하는 행복이란 소피스트의 논변처럼 세속적 가치 추구가 아니라 정신적 완성이다. 인간의 영혼은 생육적 기능, 감성지각적 기능, 이성적 기능으로 구분되는데 선이란 인간의 고유한 기능인 이성적 원리에 따른 정신적 기능을 잘 수행하는 것이다. '덕(arete)'은 이 정신적 활동을 잘 수행하는 탁월성이며, 결국 인간의 선이란 덕에 일치하는 정신활동이다. 이 점에서 아리스토텔레스는 소크라테스에서 플라톤으로 전수되는 영혼의 완성이라는 열망의 도덕성을 이어받고 있다고 할 수 있다.

인간이 도덕적 존재라는 의미는 질료적 요소인 도덕적 가능태를 이성적 완전성이라는 형상에 합치되도록 한다는 것이다. 말하자면 인간은 본성적으로 도덕적 역량과 성향을 지닌 잠재적 도덕인이라는 것이다. 그러나 이러한 잠재성은 외부로 현실화되지 않으면 실현될 수 없다. 선한 사람의 품성은 선한 사람이 되기 위해서 목적을 향해 활동함으로써 현실태(actuality)가 된다. 그렇기 때문에 윤리적 성품은 가능태로서 도덕적 행위의 질료이다. 이 질료적 성품은 용기, 절제, 관후 등의 여러 가지 덕이 생겨날 수 있는 바탕이다. 그러므로 도덕적 삶의 이상은 선택받은 소수만의 특권은 아니다. 인간은 누구나 도덕적 덕을 얻고 정념과 감정에 대한 이성의 지배를 확립할 수 있다. 그렇다고 누구나 다 이성에 따라 행동할 수 있는 것은 아니다. 많은 사람들은 다양한 충동 때문에 올바른 행동을 이탈하고 그래서 이성적 가르침을 따르지 못하며, 심지어 비이성적 성향으로 인해서 도덕판단을 흐린다. 그가 보기엔 가능태로서 질료적 성품은 도덕규칙을 결여한 단순한 심리적 경향성에 불과한 것이 아니다. 성품이 도덕규칙을 반영하지 못하거나 그 요구사항에 합치되지 못하면 그 성품에서 나오는 행위가 도덕적으로 옳은 행위로 보장받을 수 없기 때문이다. 그러므로 아리스토텔레스에게 윤리적 성품의 현실태인 덕은 올바른 도덕판단을 내리기 위한 도덕지식의 선행 조건이다. 이 점에서 아리스토텔레스에게 덕과 지식은 등식화 관계가 아니다. 그가 '프로네시스'로 명명한 실천지 개념은 단순한 이론적 지식이 아니라 덕을 전제로 한 도덕지이다.

아리스토텔레스에게 실천지는 옳고 아름답고 좋은 것을 숙고할 수 있는 지적 탁월성이라는 점에서 지적인 덕과 밀접한 관련이 있다. 이를테면 이해력과 판단력이 뛰어난 사람은 도덕적 행위의 내용과 그 이유에 대한 비판적 지식을 얻는 데 유리하다. 그러나 덕이 무엇인지 개념적으로 잘 알고 덕을 행하는 사람이 좋은 사람의 표본임을 인식한다고 해서 그것을 곧 행하는 것은 아니라는 것이다. 아리스토텔레스의 비유를 들면, 의학이나 체육을 잘 안다고 해서 반드시 건강해지는 것은 아니다. 실천지는 목적의 선택과 수단의 선택에서 '올바름'이지만 무엇보다도 목적이 정당해야 한다. 목적을 올바르게 잘 선택할 수 있는 사람의 지적인 덕은 '영리함'이다. 영리함의 지적인 덕은 칭찬할 만한 것이지만 목적이 잘못된 영리함은 한갓 간지(奸智)에 불과하다. 그는 이 점을 "무절제한 사람과 사악한 사람은 영리하기만 하면 그가 올바르다고 생각한 목적을 달성할 수 있다. 이 경우 그는 자신의 목적을 숙고에 의해서 달성했지만 악을 얻은 셈이다"[12]라고 지적한다. 실천지는 이론적 덕과 도덕적 덕의 개념을 모두 포함하지만 도덕적 덕이 먼저다. 그는 덕과 이론지, 실천지의 관계를 이렇게 설명한다. "덕은 올바른 이치를 따른 성품의 어떤 상태일 뿐 아니라 또한 올바른 이치를 '머금고 있는' 상태이다. 실천지 없이는 엄밀한 의미에서 도덕적인 사람이 될 수 없고, 도덕

---

12 Aristoteles, *The Nicomachean Ethics* (Cambridge: Harvard University Press, 1999), 1142b 17-22.

적 덕이 없이는 실천지를 가진 사람이 될 수 없다. 또한 덕은 목적을 결정하고 실천지는 목적을 실현하도록 한다. 실천지는 지혜를 사용하는 것이 아니라 그것이 생기도록 마음을 쓰는 것이다. 실천지는 지혜를 위하여 명령하는 것이지 지혜에 대하여 명령하는 것은 아니다."[13] 그는 도덕행위를 의사의 처방에 비유한다. 의학에 대한 지식이 건강의 본성에 대한 정밀한 이해이듯이, 윤리적 행위도 유덕한 정신의 본성을 잘 아는 것이 중요하다. 도덕행위는 올바른 도덕판단을 내릴 수 있는 도덕지에 의해서 가능하다. 그러나 이것은 영혼의 비이성적 기능인 욕망을 자율적으로 조절하여 올바른 행위를 행함으로써 얻을 수 있는 윤리적 덕을 선결요건으로 한다.

비도덕적 행위는 무지에서 비롯되지만 그 원인은 영리함과 같은 이론적 덕의 결핍이 아니라 정욕이라는 것이다. 무절제하고 방종한 사람은 쾌락에 지배되기 때문에 올바른 지식을 가진 것처럼 보이더라도 그것은 '억견(臆見)'에 불과하다는 것이다. 그는 소크라테스가 누구나 최선의 것이라고 판단하는 것에 반대되는 행동을 하지 않는다는 주장이 경험적 사실에 맞지 않는다고 주장한다. 무지란 것도 결국 정욕에 빠져 무절제한 데서 비롯되기 때문이다. 그는 지식을 '잠정적 지식'과 '실제적 지식', '보편적 지식'과 '개별적 지식'으로 구분한다. 잠정적 지식(혹은 습관적 지식)은 인식을 하고 있지만 사용하지 않는 것이고, 실제적 지식은 그것을 사용하는 지식이다. 개별적 지식의 무지는 가령 "X란 행위는 나쁜 짓이다"라는 보편적 원리는 알고 있지만, 자신의 행위가 그런 행위에 해당되는지를 모르는 경우이다. 그가 말하는 올바른 도덕적 지식은 실제적 지식이며 개별적 혹은 특수적 지식이다. 그리고 그것을 알 수 있는

---

[13] Aristoteles(1999), 앞의 책, 1144b-1145a.

것은 비이성적 욕구와 감정이 이성의 지배를 받을 때이다. 절제의 덕이 도덕지의 선결요건인 이유는 이 점 때문이다.

4. 유가윤리의 지행론

　유학이든 도가든 중국철학에서 앎(knowing)과 지식(knowledge)은 이론적이고 개념적 이해를 의미하지 않는다. 즉 안다는 것은 사물을 지적으로 알거나 지적인 관심 혹은 지적 호기심의 충족이 아니다. 앎과 지식은 실천적이고 가치론적 의미와 깊은 연관을 갖는다. 안다는 것은 어떤 목적을 알거나 가치나 자아실현이나 사회적 적응과 관련해서 아는 것이고, 또는 전반적 진리와 자신과 현실의 이해와 관련해서 안다는 의미이다. 유학의 전통은 인류애와 자아실현에 초점을 맞추는 지식을 갖게 하려는 데 있다. 그것은 앎과 지식이 자리하고 실현되는 삶과 사회와 현실의 가치론적 틀과 가치 준거체계의 계발을 통해서 이루어진다. 우리가 이러한 틀과 궁극적 가치를 어떻게 아는가? 그 해답은 인간은 본성적으로 자신의 본성을 알기만 하면 저절로 그것을 알 수 있다는 가정에 있다. 이런 지식은 맹자가 말한 양지 혹은 공자가 언명한 지인(知仁) 혹은 지덕(知德)이다. 그렇다면 유가윤리에서 앎이나 지식을 삶과 실천의 관계로 연계시킬 수 있는 원리는 무엇인가? 이를 이해하려면 유학에서 말하는 지식의 의미, 지식과 행위의 관계를 파악해야 한다.

1) 유가윤리에서 지식의 성격

　유학에서 말하는 지식은 견문지(見聞知)와 덕성지(德性知) 두 가지 성격을 지닌다. 장재는 "견문의 지식은 사물과 만나서 아는 것이니 덕성이 아는 것이 아니다. 덕성이 아는 것은 보고 듣는 것에서 싹트지 않는다"[14]라고 견문지와 덕성지를 구분한다. 견문지는 감각경험과 궁리를 통해서 얻는 지식으로서 자연의 이법과 인간 사회의 규범을 포괄하고, 덕성지는 마음을 크게 하는 대심의 수양으로 얻는 도덕에 관한 형이상학적, 도덕적 지식을 의미한다. 또한 정이도 두 지식을 대립적으로 구분한다. "듣고 본 지식은 덕성의 지식이 아니니, 지금의 이른바 사물을 널리 알고 다방면으로 능하다는 자가 이 경우이다. 덕성의 지식은 보고 들음을 빌리지 않는다."[15] 견문지는 외부 사물을 경험하고 궁리하여 얻은 지식이며 덕성지는 내부의 본성에 관한 지식이다. 이 두 가지 지식의 구분은 자연에 관한 지식과 도덕에 관한 지식의 구분, 그리고 경험적 지식과 선험적 지식의 구분이라 할 수 있다. 장재와 정이는 모두 경험적 자연지식으로서의 견문지보다 선험적 도덕지식으로서의 덕성지를 중시하는 경향을 나타낸다.

그러나 주자의 논지에서 보면, 모든 지식은 감각 경험과 사고를 통해서 성립하기 때문에 견문지와 덕성지를 구분하는 것은 옳지 않다. 지식은 단지 하나의 양태만이 가능한데, 감각 경험과 유추의 사고를 통한 지식은 소당연지칙이다. 이것 외에 별도의 선험적 도덕지식으로서 덕성지를 상정하는 것은 타당하지 않다는 것이다. 여기서 주자가 반대하는 것은 선험적 지식 자체가 아니라 단지 지식을 견문지와 덕성지로 구분하는 것이다. 그는 학문을 이해함에 있어 반드시 보고 들은 것 위에서 공부하여 이른 후에야 활연관통(豁然貫通)하게 된다고 주장한다. 주자는

---

14 『正夢』, 「大心」; 김우형, 『주희철학의 인식론』(심산, 2005), 214쪽 재인용.
15 『二程遺集』 권25; 김우형(2005), 앞의 책, 215쪽 재인용.

감각경험 자체를 지식으로 보는 것이 아니라 그것에 사물의 원리에 대한 추리와 사고가 더해질 때 비로소 지식이 성립된다고 본 것이다. 그는 "앎은 단지 하나의 앎이니, 깊음과 얕음이 있을 뿐이다. 반드시 앎이 깊어야 비로소 믿게 된다"[16]라고 말한다. '지각' 기능은 하나이지만 그 결과적 지식에는 깊음과 얕음의 차이가 있다는 것이다. 감각적 지각은 지식의 지위를 갖지 못하며 단지 원리의 인식을 위한 기초에 해당된다. 양지에 의한 앎 역시 마찬가지라는 것이다.

주자가 보기에 인간의 마음은 지각작용을 통하여 외부 사물을 격물함으로써 그 사물의 소당연지칙을 얻게 된다. 이 사물의 소당연지칙을 인식한 심적 상태 혹은 지각의 내용이 바로 지식에 해당한다. 이 지식은 자연만물과 인륜인사를 모두 포괄한다. 소당연지칙은 법칙과 준칙을 의미한다. 마땅히 행해야 할 행위 규범이나 준칙은 우리가 양지에 의해 즉각 알 수 있는 것이다. 인간은 양지에 의해 그렇게 하는 것이 옳다고 직관적으로 알게 되므로 스스로 그만두는 것을 용납하지 않는다. 그러나 주자는 양지에만 의존해서는 안 되고 독서를 통해서 이미 경전에 서술된 규범과 준칙, 그리고 예의 체계를 객관적으로 궁리하고 학습해야 한다고 주장한다. 왜냐하면 양지는 주관적인 것이어서 그것에 의해 당위준칙의 직관은 사람마다 다를 수 있으므로 경전의 독서를 통해 객관적 지식으로 확인해야 하기 때문이다. 소당연지칙은 인간의 행위에 대한 구체적인 행동규범으로서 예악형정(禮樂刑政)과 같은 전통적인 규범체계와 주관적 당위준칙이 이에 포함된다. 그리고 보편적 도덕법칙도 소당연지칙이다. 뿐만 아니라 주자는 인간의 당위준칙과 예의규범은 물론 자연의 법칙까지도 소당연지칙에 포함시킨다.

---

[16] 『朱子語類』 2:28.

이렇게 보면 소당연지칙의 인식과 그 이면의 근거가 되는 소이연지고에 대한 자각은 '깊고 얕음'으로 나누어진다. 소이연지고는 소당연지칙 인식의 근거가 되는 것이고, 그것을 깨달아야 비로소 지식에 믿음이 생긴다. 그래서 주자는 장재의 덕성지 개념을 '스스로 깨달아 아는 것'으로서 소이연지고에 대한 지식으로 해석한다. 요컨대 주자는 견문지와 덕성지를 종합하여 새로운 지식 개념을 제시하였지만 결국 주관적 원리를 중시하는 입장이라고 할 수 있다. 지식으로서 소당연지칙의 인식은 반드시 감각경험을 경유해야 얻을 수 있지만, 도덕법칙으로서 소당연지칙과 소이연지고는 접물과 감물(感物)이 필요하지 않은 초월적인 격물을 통해서 설명이 가능하다는 것이다.

소이연지고는 소당연의 존재론적 이유와 근거를 의미한다는 점에서 소당연지칙보다 상층에 있다. "사물의 당연을 아는 것은 단지 어떤 일은 이와 같음을 알고, 어떤 일은 그와 같음을 아는 것일 뿐이다. (그런데) 그 소이연을 아는 데 이르면 다시 상면의 한 층을 아는 것이다."[17] 주자의 언설대로라면 부모를 섬김에 마땅히 효도해야 하고 윗사람을 섬김에 마땅히 공손해야 하는 것들이 당연지칙이다. 그러나 부모를 섬기고 윗사람을 섬김에 어째서 효도하고 공손해야 하는가 하는 그 근거와 이유가 소이연지고이다. 소이연지고는 깨달음[覺]의 경지로서 소당연지칙의 인식 상태인 지(知)보다 한 차원 높은 앎의 단계이다. 소이연지고는 지각의 과정에서 자각되는 것이고 그 내용은 반드시 의식 내면에 대한 초월적 탐구를 거쳐야 추리가 가능한 것이므로 소당연지칙보다 알기가 훨씬 어렵다고 본 것이다. 주자가 "백성에게 이의 당연을 따르게 할 수는 있

---

17 『朱子語類』 2:23.

어도 그 소이연을 알게 할 수는 없다"[18]라고 한 것도 이런 이유에서이다.

2) 지선행후론(知先行後論)

유학에서 지식은 단순히 사실적 인식만이 아니라 가치판단을 내포하는 존재와 당위의 두 영역을 포괄한다. 이것은 유학의 인식론에서 이론적 앎과 실천적 행이 맞물려 있다는 의미이다. 유학의 지행 관계에서 선후 문제는 지선행후(知先行後), 행선지후(行先知後), 지행합일의 세 가지 관점으로 구분될 수 있다. 먼저 지선행후의 입장은 정주 성리학파의 관점이다. 그런데 이러한 관점은 이미 『대학』에서 "예전에 명덕을 천하에 밝히고자 하는 자는 먼저 그 나라를 다스리고, 그 나라를 다스리고자 하는 자는 먼저 그 집안을 가지런히 하고, 집안을 가지런히 하고자 하는 이는 먼저 그 몸을 닦고, 그 몸을 닦고자 하는 자는 먼저 그 마음을 바르게 하고, 그 마음을 바르게 하고자 하는 자는 먼저 그 앎을 이루며, 그 앎을 이루는 것은 격물에 있다"는 8조목의 언급에 잘 나타난다. 이 점에서 지선행후 관점은 유학의 전통적 입장이라고 할 수 있다. 유가에서 지와 행의 관계는 이른바 존덕성(尊德性)과 도문학(道問學)이라는 전통적 어구에 대한 해석에서 단적으로 드러난다. 존덕성은 도덕실천을 의미하는 것이고 도문학은 이론적 앎을 대변하는 것으로 간주되어 왔다. 육구현이 존덕성을 강조했던 것과는 대조적으로 주자는 도문학을 중시한 것으로 인식되고 있다. 그러나 그도 존덕성을 결코 외면한 것은 아니다.

주자는 지와 행은 항상 서로 의지하는 것으로, 이 둘의 관계는 눈[目]

---

18 『論語集註』, 「泰伯」 9.

과 발[足]의 관계와 같다고 본다. 눈이 없으면 발이 가지 못하고, 발이 없으면 눈은 보지 못한다. 순서를 논하면 지가 먼저이지만 중요성에서 보면 행하는 것이 더 중요하다. 무엇이 선이고 악인지를 진실로 깨달아야 선을 행하고 악을 물리칠 수 있기 때문이다. 주자는 앎의 우선성을 이렇게 설명한다.

> 만약 지를 얻지 못하면 선을 행하고자 하여도 곧 더불어 선을 행할 바가 없을 것이며, 악을 행하지 않고자 하여도 곧 더불어 악을 행하지 않을 바가 없을 것이다. 지를 얻는 것은 참으로 배고픔과 목마름 중에 음식을 얻은 것과 같다.[19]

이것은 도덕적 실천에서 지식은 행위에 앞선다는 앎의 우선성을 강조한 말이다. 행위자는 행위의 매 순간 도덕적 선이 궁극적 선의 완전한 재현이기 위해서 상황을 분석하고, 무엇이 최적의 상태인지를 인식해야 한다. 그런데 보다 중요한 것은 행위자와 행위 대상의 이, 즉 성(性)을 인식하는 것이다. 이것이 유가윤리의 인식론으로서 '격물론'이다. 우리는 격물을 통해서 선을 밝힐 수 있다. 이것은 남에게 듣고 배워서 아는 견문지가 아니라 스스로 깨달음을 통해서 아는 덕성지이다. 그러나 보통 사람은 기질의 제약으로 인해 이러한 덕성지를 갖기 어렵다. 깨달음을 통해 덕성지의 경지에 이른다는 것은 '선을 행해야 하는 까닭', 즉 소이연지고(所以然之故)를 스스로 체득하는 것이다. 보통 사람들은 성인들이 이를 대신 해석하여 만들어놓은 소당연지칙(所當然之則)을 통해서 행위의 법칙을 알 수 있을 뿐이다. 이것이 예(禮), 악(樂), 형(刑) 정(政)이

---

[19] 『朱子語類』 17:39.

다. 배우는 자는 먼저 통달한 자의 말에 의지하여 성인의 뜻을 구하고, 성인의 뜻에 의지하여 천지의 이에 도달해야 한다고 강조한 것은 이런 이유이다.

유가윤리에서 이러한 도덕적 지식의 의미와 지식과 덕성의 관계를 잘 설명하고 있는 부분은 『대학』 8조목이다. "물을 격한 이후에 지에 도달하고, 지에 도달한 이후에 의가 성실해지며, 의가 성실한 이후에 심이 바르게 되고, 심이 바르게 된 이후에 몸이 수양된다. 몸이 수양이 되어야 집이 가지런해지고, 집이 가지런해진 이후에 나라가 다스려지고, 나라가 다스려진 이후에 천하가 평화로워진다"는 이 언설은 도덕적 지식이 덕성과 행동에 선행한다는 논리다. 주자가 『대학혹문』에서 말한 격물치지의 의미는 이렇다. 1) 물이 있으면 반드시 하나의 이가 있다. 이를 궁구하여 그 궁극지점에 이르는 것이 이른바 격물이다. 이는 책을 읽어서 도의를 강구하여 밝히고 혹은 고금의 인물을 논하여 그 시비를 변별하는 방법을 통해서 혹은 사물에 접촉하여 그 시의적절함에 대처하는 방법이 있다. 2) 격물은 천하의 물을 다 궁구하려는 것이 아니다. 단지 하나의 사(事)에서 지극히 궁구하면 그 나머지는 유추할 수 있다. 3) 물에는 반드시 이가 있다. 모두 궁구해야 할 것이다. 예컨대 천지는 왜 높고 깊으며 귀신은 왜 그윽한가 하는 것들이다. 4) 혹자는 묻기를, '물과 자기를 관찰하는 것'은 물을 보는 것을 바탕으로 자기를 돌이켜 구하는 것입니까? 가로되, 반드시 그런 것은 아니다. 물과 나는 하나의 이이다[物我一理]. 5) 그렇다면 먼저 사단(四端)에서 구해야 합니까? 가로되, 그것은 성정에서 구해야 본래 몸에서 절실한 것이다. 6) 치지의 요체는 지선(至善)이 있는 곳을 아는 데 있다. 부모로서는 사랑에, 자식으로서는 효도에 머무르는 것 등과 같다. 7) 격물이란 자기 몸에서 가까이 살펴 체득하는 것보다 더 절실한 것은 없다. 8) 도에 들어가는 데는 경(敬) 만한 것은 없다. 치지는 오직 경에 있을 뿐이다. 9) 치지는 (덕성의) 함양에 있고, 앎을 기르는 데는 욕심을 적게 하는 것보다 더 좋은 것이 없다.[20]

주자의 논지는 이렇게 설명할 수 있다. 천지는 물로 가득 차 있고 물에는 각기 그 물의 근거, 그 물의 필연적 법칙이 있다. 그것은 자연필연적인 당위의 법칙, 이른바 이가 있다. 그러나 물에는 기질의 청탁편정(淸濁偏正)의 차이가 있고 물욕에는 심천후박(深淺厚薄)의 차이가 있다. 이 때문에 이는 동일해도 기질이 다르므로 이를 궁구할 수 없는 경우도 있다. 이를 궁구하지 못하기 때문에 앎이 충분하지 못한 것이다. 그러나 격물은 소이연의 이와 소당연의 이를 구하는 것이지만, 그것은 사물에 접하는 것만으로는 부족하고 존재의 근거와 당위의 근거를 아는 것을 의미한다. 이렇게 보면 유학의 도덕철학에서 지의 대상은 존재의 근거, 즉 존재로 하여금 존재이게 하는 근본 이치를 아는 것이다. 주자는 『대학혹문』에서 "천하 만물은 반드시 소이연의 이유와 소당연의 법칙이 있는데 이것이 이른바 이(理)이다"[21]라고 설명한다. 소당연지칙은 인륜법칙으로서 예를 들면 임금의 어짊, 어버이의 자애로움, 자식의 효도 등이다. 소이연지고는 이러한 인륜법칙의 근본이유이다. 말하자면 그것은 왜 도덕률을 지켜야 하는지에 대한 도덕정당화론이며 도덕적 이유에 대한 추론이다. 그 이유는 천이 인간에게 부여한 인간의 근원성이나 본래성에서 비롯되는 자연필연적인 것이기 때문에, 인간이 마땅히 지켜야 할 바로서 소당연의 도덕률은 '그만둘 수 없을[不容已]' 뿐만 아니라 물이 되게 하는 존재근거로서 소당연은 자연필연적이듯이 인간존재의

20　오오하마 아끼라 지음, 임헌규 옮김, 『주자의 철학』 (인간사랑, 1997), 262-263쪽 재인용.
21　『大學或問』; 이동관 옮김, 『대학·중용』 (현암사, 1965).

소당연으로서 인륜법칙도 바꿀 수 없는 절대불변의 진리이다.

그러나 소당연의 근거를 깨우치는 소이연의 앎은 보통 사람의 단순한 배움으로는 알 수 없는 것이고, 천명을 알 수 있는 성인의 경지에 있는 사람만이 아는 지의 궁극이다. 공자가 나이 오십에 천명을 알았다고 한 것도 이런 의미에서이다. 일반 백성은 다만 성인이 제정한 '백성이 지키는 떳떳한 도리[民之秉彛]'로서 예악형정을 따름으로써 이것을 직접 알 수 있을 뿐이다. "소당연을 아는 것은 인식하는 것이고 소이연을 아는 것은 깨닫는 것이다"[22]라는 주자의 설명은 소이연의 경지가 단지 배워서 아는 지식이 아니라는 것을 잘 말해주고 있다. 어린아이가 우물에 빠지는 것을 보면 사람은 예외 없이 슬픈 심정을 갖는다. 그러나 왜 그런 심정이 드는지에 대한 근거와 이유를 모르기 때문에 사람들은 형이하의 사실 인식은 하면서도 형이상의 근거 인식은 없다는 것이다. 그 이유를 제대로 알지 못하면 도덕률이 온전하게 지켜지지 못한다. 가령 왜 부모에게 효를 해야 하는지를 모르면, 효라는 글자만 지키는 것이지 진정한 효라고 할 수 없다. 이렇게 보면 소이연은 소당연보다 한층 차원이 높은 앎의 영역이다. 그러나 진정한 의미에서 궁리는 소이연과 소당연을 함께 알아야 한다. 도덕행위에서 이 둘은 상즉(相卽)하기 때문이다. 소당연은 도덕법칙으로서 행실이 잘못되지 않도록 방향을 제시하지만, 소이연은 도덕행위의 실천의지를 강화시켜준다.

그런데 보통 사람이 소이연을 알기 어렵다면 진정한 도덕지인 '치지(致知)'의 단계에 이르는 것은 불가능한가? 당연지사의 법칙에 대한 근거와 이유를 아는 것이 단순히 배워서 알 수 없고, 노력을 계속해야만 비로소 알 수 있다고 한 주자의 논점은 무엇인가. 성인이 소이연지고를

22　김동길, 허호구 옮김, 『朱注孟子』(창지사, 1994).

알 수 있는 근거는 의리가 순수하고 인욕의 사사로움이 없음으로 천을 대신해서 사물을 처리할 수 있기 때문이다. 말하자면 성인과 보통 사람의 차이는 본연지성의 차이가 아니라, 기질지성의 차이에서 오는 것이다. 모든 사물과 현상은 이와 기의 협동의 산물이지만 어떤 기를 받는지에 따라 천차만별이라는 것이다. 『대학혹문』에서 주자는 "이의 관점에서 말하면 만물은 하나로 인물귀천의 차이가 없지만, 기의 관점에서 말하면 바르고 통한 것[正通]을 얻으면 사람이 되고, 치우치고 막힌 것[偏塞]을 얻으면 물이 된다"고 설명한다. 사람과 사람이 서로 다른 것도 이와 같은 이유이다. 그래서 "품부의 질이 맑으면 지(智)이고, 탁하면 우(愚)이고, 아름다우면 현(賢)이고, 더러우면 불초(不肖) 등의 차이가 있을 수밖에 없다"[23]는 것이다. 결국 도덕성의 실현과 그 실현의 전제로서 진정한 도덕지의 인식은 기와 관련된 문제라는 설명이다.

사람과 물의 서로 다름은 성(性)의 내용인 도덕성, 즉 인의예지에 있지만 그 원인은 기의 올바른 품수(稟受) 여부와 기의 품수 방법의 편정에 있다. 주자의 논설에 의하면, 자연필연적으로 만물에 부여된 원형이정의 원리와 마찬가지로 인간의 본성은 인의예지의 이가 부여되었으므로 '성즉리'이다. 따라서 인간의 성 자체는 악이 있을 수 없는 절대선이다. 그런데 성이 존재하는 곳은 심이므로 인간의 도덕적 본성은 심의 발현인 사단(四端)이라는 것이다. 주자는 성과 정의 관계를 물과 물의 흐름으로 비유한다. 물 자체는 선이지만 흘러나오면 맑은 물이 되고 탁한 물도 되는 것처럼, 인간의 성은 선하지만 발동하여 정이 되면 선하기도 하고 불선한 정도 된다는 것이다. 그는 "심은 성과 정을 포섭하고

---

[23] 『大學或問』; 이동관 옮김(1965), 앞의 책.

주재하고 관리한다"[24]고 주장한 장재의 '심통성정설(心統性情說)'을 높이 평가한다. 이렇게 보면 현실적 악은 기질지성의 문제이며 학문은 바로 이 기질지성을 변화시켜 본래의 성으로 돌아가는 일과 다름없다. 그것은 심적 자각으로서 마음의 깨달음을 귀하게 여기는 것으로 그 구체적인 방법은 견문을 넓히는 것과 경(敬)에 있다.

주자의 언설도 이와 다르지 않다. 심이 본래 그대로의 이를 지니고 있는 것이 곧 성이므로 심을 본래 그대로 보존하려는 노력이 본래의 성을 기르는 것이 된다. "그 마음을 보존하면 능히 그 성을 기르고 그 정을 바르게 할 수 있다"[25]는 주자의 언설은 바로 이 점이다. 이런 점에서 마음은 도덕의 기체(基體)이며 인간 감정의 근원이다. 마음은 지(知)뿐만 아니라 의(意)의 근원이다. 지는 시비, 선악, 유무, 동정, 가치와 반가치 등을 식별하는 도덕 판단력이고 의는 행동을 영위하는 행동의 의지이다. 지각능력으로서 마음에는 도심과 인심이라는 두 마음이 있다. 도심은 도리를 체득하는 것으로 사물의 본질적인 이를 지각하는 것이고, 인심은 감각적 속성을 지각하는 것이다. 지각이 감각적 욕구를 따르면 인심이고 도덕적 원리에서 지각하면 도심이 된다. 그런데 앎의 궁극적 이치인 치지의 단계는 마음을 알아야 하고 본래의 마음을 유지·보존하는 존심과 매우 밀접한 관련이 있다. 주자는 학문의 두 방향을 즉자적으로 심의 기능을 아는 식심(識心)에서 존심을 매개로 해서 궁리에 이르는 방향과, 즉자적으로 이의 미묘함을 아는 식심에서 궁리를 매개로 하여 진심에 이르는 두 가지로 설명한다. 식심→존심→궁리의 방향에서 궁리는 종국으로서 궁리이며, 식심→궁리→진심의 방향에서 궁리는 과정

---

24 『張載全書』14권; 오오하마 아끼라(1997), 앞의 책, 134쪽 재인용.
25 『朱子語類』; 이강대, 『주자학의 인간학적 이해』(예문서원, 2000) 참조.

으로서 궁리이다. 그러나 궁극적으로는 두 방향 모두 지의 궁극이므로 격물치지와 격물궁리는 같은 의미이다.[26]

이런 이치로 유가윤리의 실천론에서 궁리와 양기(陽氣)는 불가분의 긴밀한 관계가 있고 이는 곧 본래의 마음을 보존하는 것과 다름없다. 그가 정자의 '주일무적(主一無適)'과 공자의 극기복례를 그 방법으로 말한 것도 이 점 때문이다. 이것이 심의 수련으로서 '경(敬)'이다. 그런데 경의 공부는 철두철미하게 지속적으로 유지되어야 하는데 이것이 그리 쉽지 않다는 것이다. 그 지속적 방법이 자성이다. 찰(察)은 단순히 물을 관찰하는 것이 아니라 '그러한 바, 즉 이를 아는 것'으로서 깊은 지적 반성이다. 맹자가 말한 양기의 방법으로서 "직(直)으로서 길러 해롭게 함이 없으면 천지간에 꽉 찬다"[27]는 언명도 이것이다. 사심 없는 '공정의 심으로 기른다는 것'은 경이 단순히 마음을 보존하는 것이 아니라 의(義)에 맞아야 한다는 것을 의미한다. 의란 심의 일을 제도하여 마땅함에 합치되는 것이다. 그러나 심이 항상 공정 무사한 상태로서 경을 견지하려면 시비를 변별하는 지가 필요하다. 그래서 유가의 윤리에서 지와 행은 불가분의 관계이지만 지는 실천에 앞서는 우선성을 갖는다.

3) 지행합일론(知行合一論)

유가윤리에서 지행합일설의 대표자는 양명이다. 왕양명과 송대 성리학자들이 이해한 지와 행의 개념에는 차이가 있다. 성리학자들이 생각했던 지와 행은 지식과 실천으로 구별되는, 서로 다른 행위를 가리킨

---

26 오오하마 아끼라(1997), 앞의 책, 170쪽.
27 『孟子集註』, 「公孫丑 上」.

다. 그러나 양명학에서 지는 단지 주관적인 형태의 것으로 성리학자들이 사용한 지의 범주에 비해 그 범위가 좁다. 그러나 행의 범주는 정주학에서 사용한 범주보다 넓은 개념이다. 양명학에서 행은 사람의 실천 행위일 수도 있고 심리적 행위까지도 포괄할 수 있다.

제자 서애가 양명에게 이렇게 물은 적이 있다. "많은 사람들은 자신이 어버이에게 효도해야 하고, 형에게 공경해야 한다는 것을 알고 있지만 실제로는 공경하지 않습니다. 이렇듯 지와 행은 분명히 다른 것이니 어떻게 지행합일을 말할 수 있겠습니까?" 그러자 양명은 "그것은 이미 욕심에 의해 가로막혔기 때문이다. 그러므로 그것은 지행의 본체가 아니다. 원래 안다는 것은 반드시 행함과 일치하는 것이다. 알면서도 행하지 않는다면 그것은 알지 못하는 것이다. 성현들이 사람들에게 지와 행을 가르친 것은 바로 그 본체를 회복하기 위한 것이었지, 지금 같은 상태로 머물러 있어도 된다는 것을 말하려는 것이 아니다."[28] 그는 주자와 달리 『대학』에서 "아름다운 색깔을 좋아하듯이 하고 나쁜 냄새를 싫어하듯이 하라"는 것은 참된 지와 행이 하나라는 것을 보여준다고 주장한다. 아름다운 색깔을 보면 저절로 좋아지게 되는 것이지 보고 난 후에, 또 어떤 마음을 내세워서 좋아하게 되는 것이 아니라는 것이다. 또 나쁜 냄새를 저절로 싫어하는 것이지 맡고난 후에 따로 어떤 마음을 내세워서 싫어하게 되는 것이 아니라는 것이다. 양명은 아름다운 색깔을 보거나 나쁜 냄새를 맡는 것은 지에 속하는 것이고, 좋아하거나 싫어하는 것은 행에 속하는데, 좋은 색을 보거나 나쁜 냄새를 맡으면 동시에 좋아하거나 싫어하게 되는 행위를 하는 것은, 지와 동시에 행위로 드러난다는 것이다.

---

[28] 왕양명 지음, 정차근 역주, 『傳習錄』(평민사, 2006), 35쪽.

성리학자들도 진지(眞知), 즉 참되고 절실한 지식을 알고 있으면 행위로 이어진다는 점을 강조한다. 다시 말해 제대로 알고 있는 사람이라면 반드시 자기가 이해한 도덕지식을 행동으로 옮긴다는 것이다. 따라서 알면서도 실행하지 않는 문제는 발생하지 않는다. 알면서도 실행하지 않는 것은 진지에 이르지 못했다는 것이다. 그러므로 성리학자들의 진지 관념은 직접 행위를 포함하지 않지만 반드시 실행할 수 있다는 잠재성을 지닌다. 양명은 진지 관념 대신에 지행본체라는 말을 사용한다. 즉 지와 행은 그 본래 의미에서 서로 연계되고 포함된다는 의미이다. 지와 행이 분열된 모든 현상은 지와 행의 본래적 의미, 즉 지행본체를 위배하는 것이다. 마땅히 효도하고 공경해야 함을 알면서도 효도하지 못하고 공경하지 못하는 사람은, 알면서도 실행하지 않는 것이 아니라 모르고 있는 사람이다.

이렇게 보면 양명의 지행합일설은 진지는 실행의 근거이고, 실행하지 않으면 앎이라고 할 수 없다는 사실을 표현한다. 도덕지식의 수준에서 설명하자면, "실행하지 않으면 앎이라고 말할 수 없다"는 말은 앎이란 반드시 실행과 연결되어 있음을 의미한다. "예컨대 어떤 사람이 효도를 알고 공경을 안다고 말한다면, 반드시 그 사람이 효도해본 적이 있고 공경해본 적이 있을 때에만 그렇게 말할 수 있다. 효도와 공경을 실행하지 않는 사람은 효도를 알고 공경을 안다고 말할 수 없다는 것이다." 그러므로 도덕 평가에서 앎과 실행은 반드시 연계되고 서로 포함하는 것이다. 또한 "실행하지 않으면 앎이라고 말할 수 없다"는 것은 일반적 인식활동을 지칭하는 말이다.

아픔을 아는 것도 반드시 먼저 자신이 아파본 다음에야 아픔을 알게 되고, 추위를 아는 것도 반드시 먼저 자신이 추위를 겪어보아야 되는 것이며, 굶주

림을 아는 것도 반드시 먼저 자신이 굶주려보아야 되는 것이다."[29] "음식 맛이 좋은지 나쁜지는 반드시 입에 넣어본 다음에야 알 수 있다. 어찌 입에 넣어보지도 않은 채 음식의 맛이 좋은지 나쁜지를 미리 알 수 있겠는가? …… 갈림길에서 어느 쪽이 험난하고 어느 쪽이 평탄한지는 직접 경험해봐야지만 알 수 있다. 어찌 직접 경험해보지 않은 채 갈림길 가운데에서 어느 쪽이 험난하고 어느 쪽이 평탄한지를 미리 알 수 있겠는가?[30]

이처럼 오직 아픔을 느껴보아야만 아픔이 어떤 것인지 알고, 추운 것을 경험해봐야 무엇이 추운 것인지를 알게 된다는 것이다. 그런데 양명이 말하는 지식은 우리의 감수성과 직접 관련되는 체험적 앎이다. 그러므로 체험, 즉 실행하지 않는 것은 앎이라고 말할 수 없다. 이러한 설명은 인식의 근원은 실천에 있다는 주장이다. 또한 양명학에서 지행의 관계는 동태적인 과정으로서 서로 연계되고 포함된다는 의미를 지닌다. 이것은 다음과 같은 언명에서 잘 드러난다.

앎은 실행의 시작이고 실행은 앎의 완성이다. 이 사실을 깨닫는다면 앎에 대해서만 말하더라도 실행은 저절로 그 안에 있게 되고, 실행에 대해서만 말하더라도 앎은 저절로 그 안에 있게 된다.[31]

인식 활동이 행위의 시작이라는 것은 인식은 전체적인 행위 과정의 첫 번째 단계에 해당된다는 것이다. 그러므로 인식은 행위 과정의 일부

29　정차근 역주, 『傳習錄』, 38쪽.
30　『陽明全書』 권2, 「答顧東橋書」, 38쪽; 진래 지음, 안재호 옮김, 『宋明性理學』(예문서원, 1997), 386쪽에서 재인용.
31　정차근 역주, 『傳習錄』, 37쪽.

분이며 따라서 실행이라 할 수 있다. 그러나 행위가 사상의 실현이라거나 실천이 관념의 완성이라는 측면에서 보면 실행은 전체적인 지식과정의 종결, 즉 마지막 단계로 볼 수 있다. 따라서 실행은 앎이라고 말할 수 있다. 그러므로 앎에는 실행의 요소가 있고 실행에는 앎의 요소가 있다. 두 범주의 규정은 서로를 포함한다. 결국 지와 행은 합일된다는 의미이다. 또한 "앎은 실행의 취지이고 실행은 앎의 공부이다"라는 이 명제는 실행이 앎의 공부라는 점, 즉 앎은 실행을 자신의 실현 수단으로 삼는다는 점을 강조한 것이다. 실행보다 앞서거나 실행과 동떨어진 독립적인 앎이란 없다는 것이다. 앎에 이르려면 반드시 실행을 통해야만 한다. 여기서 실행이란 눈먼 말이 미친 듯이 달리는 것과 같은 맹목적인 실행이 아니다. 실행은 앎에 의해 되는 것이다. 실행은 취지가 없을 수 없으니 앎을 떠날 수 없고, 앎은 수단이 없을 수 없으니 실행을 떠날 수 없다. 지와 행은 서로 나눌 수 없다는 것은 이런 의미이다.

양명은 "옛사람들은 지와 행을 별개로 보고, 사람들에게 지행을 둘로 나누어서 말해야만 확실히 알기 때문에 그렇게 나누어 말한 것이 아니겠습니까?"라는 물음에 다음과 같이 대답한다.

그것은 오히려 옛사람들이 말한 내용의 핵심을 벗어난 것이다. 내가 전에도 말했지만 지는 행위의 주지(主旨)이고 행은 지의 실천이다. 지는 행의 시작이고 행은 지의 완성이다. 만약 어떤 것을 깨달았을 때에 하나의 지만 말해도 거기에는 이미 행이 존재하고, 하나의 행만 말해도 거기에는 이미 지가 존재하고 있다. 옛사람들이 지도 말하고 행도 말한 것은 세상에 두 종류의 사람이 있기 때문이다. 첫 번째 부류는 멍청하게 멋대로 행동하면서 사유와 성찰을 전혀 모르는데 이는 단지 무식해서 그런 것이니 반드시 지를 말해주어야 올바른 행을 얻을 수 있고, 두 번째 부류는 막연히 헛된 생각에 젖어 착실하게 실행하지 않으려는 사람들인데, 이는 단지 사색만 해서 그런 것이니 반드시 행을 말해주어야 참된 지를 얻을 수 있다. 그런데 요즘 사람들은 지와 행을 별개로 생각하고 먼저 안 뒤에야 행할 수 있다는 것이다. 지에 대한 공부를 배우고 토론하여 참된 지를 얻은 다음에 행에 대한 공부를 해야 한다고 생각하고 있다. 그렇기 때문에 결국은 평생토록 행하지도 못하고 알지고 못하는 것이다.[32]

4) 지행호진론(知行互進論)

유학의 지행관계에서 지행호진론은 퇴계가 양명의 지행이론을 비판한 데서 잘 나타난다. 퇴계는 양명의 지행합일 논지 중에서 수용할 수 있는 부분과 수용할 수 없는 부분을 구분하여 논의를 전개한다.

대개 형기(形氣)에서 발하는 사람 마음의 경우라면, 배우지 않아도 저절로 알고 힘쓰지 않아도 저절로 능하여, 호오의 표리가 한결같아진다. 그러므로 잠깐이라도 좋은 색깔을 보면 곧 아름다움을 알아 마음에 진실로 그것을 좋아하며, 잠깐이라도 악취를 맡으면 곧 그 나쁨을 알아 마음에 참으로 싫어하니, 이는 행이 지에 깃들어 있다고 말해도 될 것이다.[33]

퇴계의 관점에서 보면, 좋은 색깔을 보거나 악취를 맡는 그 순간 바로 좋아하거나 싫어하게 된다는 양명의 주장에 대해서는 지와 행이 합

---

32 정차근 역주, 『傳習錄』, 37-38쪽.
33 『退溪先生文集』41권, 「傳習錄論辨」; 박창식, 「퇴계의 지행론 연구」, 한국학대학원 석사논문(2006), 75쪽에서 재인용.

일하는 것으로 보아도 무방하다. 이 경우 지행의 합일 문제는 형기의 차원에 제한된다. 퇴계는 지행의 문제를 형기의 차원과 의리의 차원으로 구분해서 논한다. 퇴계가 의미하는 형기 차원의 지행합일 문제는 외부에서 어떤 충격이 가해지면 아픈 것을 알고, 그 아픔을 느끼는 순간 아픈 부분을 문지르거나 자동적으로 움츠리는 경우이다. 말하자면 형기 차원의 지행합일은 감각적·육체적·본능적 차원의 지행에 국한된다. 그러나 의리차원의 지행의 문제는 다르다는 것이다.

의리에 있어서는 그렇지 않다. 배우지 않으면 알지 못하고 힘쓰지 않으면 능하지 못하여, 바깥에서 행해진 것이 반드시 안으로 진실된 것은 아니다. 그러므로 선을 보고도 선이라는 것을 알지 못하는 자가 있으며, 선임을 알고도 마음으로는 좋아하지 않는 자가 있으니, 선을 보는 때에 이미 저절로 선을 좋아한다고 말하는 것이 옳겠는가? 불선을 보고도 악임을 모르는 자가 있으며, 악임을 알고도 마음으로는 미워하지 않는 자가 있으니, 악을 아는 때에 이미 저절로 미워한다고 말하는 것이 옳겠는가? 그래서 『대학』에서는 저같이 표리가 한결같은 호오를 빌려서 학자가 자신을 속이지 않도록 권고하였으니 옳다 하겠다. 양명은 저 형기가 하는 바를 가지고 이 의리의 지행을 밝히고자 하고 있으니 아주 옳지 않다. 그러므로 의지의 지행은 합해서 말하면 진실로 서로를 필요로 하고 나란히 가는 것이어서 하나라도 이지러져서는 안 되는 것이지만, 나누어서 말하면 지를 행이라 말할 수 없고, 마찬가지로 행을 지라고 말할 수 없으니 어찌 합해서 하나로 삼을 수 있겠는가?[34]

퇴계의 논지는 의리, 즉 도덕적 차원의 지행 문제는 배우지 않고 힘

---

[34] 『退溪先生文集』 41권, 「傳習錄論辨」; 박창식(2006), 앞의 논문, 75-76쪽 재인용.

쓰지 않으면 알 수 없고 행할 수 없으므로 합일한다고 섣불리 말할 수 없다는 것이다. 퇴계가 보기에 도덕과 무관한 형기의 차원에서 지행의 문제는 합일한다고 할 수 있지만 도덕 차원에서 지행은 분리된다는 것이다. 도덕문제에서 지와 행의 합일문제는, 아픔을 알면 이미 저절로 아파할 줄을 알고 추위를 알면 이미 저절로 추위하고, 배고픔을 알면 이미 저절로 배고파 한다는 지행의 문제와는 본질적으로 다르다는 것이다. 아픔이나 추위나 배고픔과 같은 일차적·감각적 인식과 이에 따른 반응은 인심(人心)일 뿐이지 도심(道心)은 아니기 때문이라는 것이다. 아픔이나 배고픔이나 추위를 알지만 처신함에 그 도리를 얻어야 비로소 그것들에 대한 지행이라 할 수 있는 것이다. 아파서 아픔을 알고 배고프고 추워서 배고픔이나 추위를 아는 것은 금수도 모두 알 수 있는 것이다. 때문에 도덕적 차원에서 이를 지행이라 할 수 없다는 것이다.

양명의 지행합일론은 형기와 의리의 차원을 구분하지 않고 모두 지행합일론을 주장하지만 퇴계는 이를 구분하여 의리의 지행에는 의지적 노력이 참여되어야만 합일할 수 있다고 주장한다. 이렇게 보면 퇴계도 지선행후라는 성리학의 전통적 관점을 계승하는 것으로 볼 수 있다. 퇴계의 『성학십도』의 「대학도」를 보면 그는 격물치지를 지의 영역으로 보고, 성의·정심·수신을 행의 영역으로, 그리고 제가·치국·평천하를 추행(推行)으로 본다. 이것은 『대학』의 선후 관념을 그대로 받아들여 '지→행→추행'이라는 선후 관념을 제시하는 것이다. 그런데 "성현의 말씀에 지가 먼저이고 행이 나중인 것이 있으니 『대학』과 『중용』의 유가 이것입니다. 행이 먼저이고 지가 나중인 것이 있으니 『중용』과 「희숙에게 답한 글」 같은 유가 이것입니다"[35]라는 언명에서 보듯이, 퇴계는

---

35 『퇴계선생문집』21권, 「答李剛而問目」; 박창식(2006), 앞의 논문, 80쪽 재인용.

어떤 경우에는 지를 선으로 삼고 또 어떤 경우에는 행을 선으로 삼아서 논하기도 한다. 이렇게 보면 성리학의 전통적 지선행후의 관점과는 다른 것처럼 보인다. 그러나 이것은 현실적 상황에 따른 적용상의 문제이고, 논리적 선후를 따진다면 성리학의 전통적 관점과 다르지 않다. 퇴계는 학문의 영역과 정치의 영역을 구분하여 전자는 앎이 우선이고 행이 나중이며, 후자는 그 반대라고 하면서도, 여전히 수신이라는 행위의 영역에서는 이미 인식의 영역이 포함[兼]되어 있다고 보아야 한다는 것이다. 이 점에서 퇴계의 지행관은 지선행후의 전통적 관점이 변한 것이 아니라고 할 수 있다.

그러나 지선행후의 입장을 고수하게 되면 도덕에 대한 인식의 완성이 이루어지지 않는 상태에서도 실제로 도덕적 행위가 이루어지는 경우를 설명하기 어렵다. 또한 지행합일론은 도덕적 선악이나 옳고 그름을 인식함에도 불구하고 이를 행위로 이끌지 못하는 경우를 설명하기 어렵다. 퇴계가 말하는 지행호진론은 이 점에서 지와 행의 관계에서 강점을 지닌다. 그는 지행호진을 다음과 같이 비유적으로 설명한다.

진지(眞知)와 실천은 수레의 두 바퀴와 같으니 하나라도 빠져서는 안 되며 사람의 두 다리와 같아서 서로 기다려 호진한다.[36] 지행 두 가지는 두 바퀴·날개와 같아서 서로 선후가 된다고 생각된다. …… 알기 시작함에서부터 지극함을 알아서 지극하게 함에 이르고, 행하기 시작함에서부터 끝을 알아서 끝을 냄에 이르는 것이니 (지행)은 관통하고 서로 밑천이 되어 호진하는 것이다.[37]

---

[36] 『退溪先生文集』 6권, 「戊辰六條疏」; 박창식(2006), 앞의 논문, 81쪽 재인용.
[37] 『退溪先生文集』 21권, 「答李剛而問目」; 박창식(2006), 앞의 논문, 81쪽 재인용.

퇴계의 지행호진론은 지행의 선후에 대한 성리학의 전통적 논리와 상충하지 않으면서도 도덕적 수양에 대한 실현가능성을 최대화하도록 제시된 것이라 할 수 있다. 앞서 말한 것처럼 지선행후의 논리는 도덕적 행위를 이끌어내기 위해서는 도덕적으로 완전한 인식이 이루어져야 한다는 한계를 지니고, 지행합일설은 지행불일치의 경우를 설명하기 어렵다는 난점이 있다. 그런데 퇴계의 지행호진론은 기본적으로 지선행후를 전제로 한 것이지만 지행의 선후 개념과 합일이 충돌 없이 양립할 수 있는 것으로 보인다. 퇴계의 지행론은 지(知)로 시작하여 행(行)으로 끝난다는 면에서 지선행후의 성리학적 틀을 벗어나지 않으면서, 또한 학문이 점차 쌓일수록 지와 행이 합일되어야 한다는 점에서 지행합일의 당위적 긍정을 동시에 제시하는 것이다. 퇴계 자신이 비판한 지선행후와 지선합일의 양립 불가능성이 지행호진(혹은 병진)론과는 양립할 수 있는 까닭은, 지선행후의 개념이 시간성의 관점이라면 지행호진은 공간성의 관점에서 볼 수 있기 때문이다.

5. 유가윤리의 도덕실천론

1) 주자의 도덕실천론

유학의 관심은 욕구에 가려진 인간의 선한 본성을 어떻게 회복하는가 하는 수양의 방법에 있다. 선진유가들은 인간의 본성이 선하다는 결론을 천리에서 찾았다. 공자는 인을 가장 기본적인 덕이라고 주장하였으나 그것을 이론적으로 밝히려 하기보다는 구체적으로 그것을 실행하는 방법에 치중했다. 유학을 이론적으로 체계화한 것은 성리학자들인데,

이 중에서 주자는 유학을 이기론, 심성론, 수양론으로 구분하여 유학을 집대성한 사람이다. 그는 인간의 도덕적 본질을 자연적으로 이미 전제된 것으로 보기 때문에 심의 본체로서 성(性)은 천리이며 지극히 선하지만 정(情)은 기품의 부재로 인해 청탁·현우 등의 차이가 있다고 보았다. 그래서 그의 도덕실천방법론은 기질의 성을 순화시켜 본연의 성을 회복하는 것이다. 주자는 인의 주체적 체인(體認)을 강조하는데 이를 위해서는 심이 이미 발하였을 때나 아직 발하지 않은 때를 막론하고 언제나 실천공부가 필요하다고 역설한다. 이미 심이 발하였을 때 필요한 공부가 격물궁리(格物窮理)이고, 아직 발하지 않았을 때 필요한 공부가 거경함양(居敬涵養)이다.

격물은 앎을 이루기 위한 방법으로서 원래 『대학』에 나오는 말이다. 『대학』에서는 공부의 과정으로서 격물치지와 공부의 효과로서 격물지지(格物知至)를 말하고 있지만, 이것에 대해 자세한 설명을 하지 않고 있다. 그래서 주자는 격물치지에 대한 구체적인 내용이 빠진 것으로 보고 주석의 형태로 이것에 대해 망실된 부분을 보충한다. 이것이 『대학장구(大學章句)』「보망장(補亡章)」이다. 주자는 여기에서 격물의 의미에 대해 "격(格) 자는 이르다(至)는 뜻이고 물(物) 자는 사(事)와 같으니 사물의 이치를 탐구하여 그 극처가 이르지 않음이 없도록 하는 것이다"라고 해석한다. 주자는 격물을 '사물에 즉하는 것, 지극한 데 이르는 것, 이(理)를 궁구하는 것' 등의 의미로 해석하였지만 그의 격물설의 핵심은 궁리이다. 물은 천지 사이에 존재하여 감각기관을 통해 감지할 수 있는 모든 사물뿐만 아니라 현상까지도 함께 일컫는다고 봐야 한다. 물은 사와 같다고 했을 때 물의 의미는 자연현상뿐만 아니라 도덕규범까지 포함되는 것으로 확대 해석할 수 있다. 그리고 물에 격한다고 하는 것은 대상 사물 자체에 대한 연구가 아니라 각각의 사물이 그러한 모습을 가지도록 규정한 근거 혹은 본질에 대한 탐구이다. 따라서 격물이란 사물의 존재 근거인 이, 즉 만물에 내재하는 보편적 원리를 궁구하는 것이다. 그것은 궁극적으로 도덕률 혹은 도덕적 시비선악을 깨닫고자 하는 것이다. 주자는 격물궁리의 목적을 이렇게 설명한다.

> 배우는 사람이 공부할 바는 다르지만 단지 하나의 옳음을 구하는 것이다. 천하의 이란 옳음과 그름의 두 단서일 뿐이다. 이를 궁구하는 것은 사물의 소이연과 소당연을 알고자 하는 것일 따름이다.[38]

이처럼 격물궁리의 목적은 소이연지고에 대한 궁구를 통해서 소당연지칙을 이해하는 데 있다. 격물궁리의 목적은 치지(致知)에 대한 해석에서 분명하게 드러난다. 주자는 치지를 '나의 앎을 지극한 데에 이르도록 하는 것'이라는 의미로 해석한다. 그는 지를 진실한 것인가, 진실하지 못한 것인가 하는 기준에 따라서 진지(眞知)와 부진지(不眞知)로 구분하였는데, 그가 말하는 '나의 앎'은 도덕적 행위의 원리이고, 치지는 본심·본성을 철저하게 깨닫는 것이라고 할 수 있다. 그는 지를 이렇게 설명한다.

> 치지란 곧 본심의 지이다. 한 개의 거울과 같이 본래 전체가 사리에 통달하여 이치가 밝은 것인데, 단지 어둡고 가리었을 뿐이다. 그러나 닦아 없애버린다면 온갖 곳을 환하게 밝힐 것이며 그 밝음이 빛나지 않을 곳이 없을 것이다.[39]

---

38 『朱子語類』 권18; 이강대(2000), 앞의 책, 150쪽 재인용.
39 『朱子語類』 권15; 이강대(2000), 앞의 책, 153쪽 재인용.

이렇게 보면 주자에게 치지의 공부는 격물을 바탕으로 하고 있고, 격물의 목적은 치지에 있다. 주자는 격물과 치지의 관계를 음식을 먹음으로써 배부르게 되는 것과 같은 이치로 생각한다. 즉 그는 치지를 사물의 지극한 이를 궁구하는 격물의 과정을 거친 뒤 앎의 주체가 주관적 측면에서 얻게 된 결과로 생각한다. 또한 그는 『대학』의 논지에 따라서 '성을 안다[知性]'는 것은 격물을 말하고, '심을 다한다[盡心]'는 것은 치지를 말한다고 설명한다. 그는 성을 안 뒤에 능히 그 심을 다할 수 있고, 먼저 안 뒤에 능히 다할 수 있다는 지선행후의 입장을 견지하고 격물과 치지를 구분해서 논한다. 그러나 이러한 이분법적 논의는 설명의 방편으로서 존덕성과 도문학의 관계처럼 상호보완적 관계를 맺고 있다. 주자는 마음속의 리와 외계 사물의 리는 본래 하나이므로 안과 밖의 이가 합쳐지지 않은 것이 없다고 말한다. 이처럼 격물과 치지는 이해를 돕기 위한 방편으로 구분해서 말하는 것일 뿐 두 가지가 아니라는 것이다.

주자가 말하는 격물궁리의 방법은 우선 가까운 곳에서 먼 데로, 간단하고 눈에 보이는 것에서 비롯하여 정미한 이치에 이르도록 궁구하는 것이다. 그는 격물궁리의 방법을 다음과 같이 설명한다.

배우는 자는 반드시 먼저 통달한 이의 말에 의지하여 성인의 뜻을 구하고, 성인의 뜻에 의지하여 천지의 이에 통달해야 한다. 얕은 데서부터 깊은 데로 구하고 가까운 데서 먼 곳으로 이르기를 순서에 따라서 해야지, 빨리 이르려는 급한 마음으로 구해서는 안 된다.[40]

사물에 나아가 그 이치를 탐구하여 그 의리를 궁구하는 데에 반드시

---

[40] 『主文公文集』 권42; 이강대(2000), 앞의 책, 157쪽 재인용.

선후를 알아 순서에 따라 가까운 문제로부터 점진적으로 이해해나가서 일관된 이치에 통달하는 데에 이르러야 한다는 것이다. 이것은 공자가 말한 '하학이상달법(下學而上達法)'을 철저히 따른 것이다. 오늘 한 사물을 격하고 내일 또 한 사물을 격하는 식으로 공부를 쌓아가면 축적된 경험이 많아져서 탈연(脫然)히 관통하게 된다는 것이다.

격물궁리의 또 다른 방법은 이미 알고 있는 이치에 의거하여 그 범위를 넓혀가라는 것이다. 이것은 유추에 의한 인식론을 의미한다. 이미 터득한 자질구레한 이치들이 모이고 합쳐지게 되면 자신도 모르는 사이에 심지(心知)가 통하지 않는 바 없고 알지 못하는 바가 없는 상태에 이르게 된다는 것이다. 주자가 말하는 격물궁리의 이러한 방법은 일상의 사물에 근거를 두고서 하나의 사물에 있는 이를 거듭 궁구해감으로써 경험적 지식을 축적·증대하여 활연관통의 깨달음의 단계에 도달하라는 것이다. 그는 『중용』에서 말하는 박학·심문·신사·명변의 네 단계를 차례로 이해해가면 극진한 때가 있을 것으로 보고 이러한 공부 방법이야말로 옳은 것이라고 강조한다. 또한 그는 사물에 대한 궁리도 그 지극한 곳에까지 이르도록 해야 한다고 말한다. 만일 궁리가 미흡하면 일상의 도리를 제대로 실현할 수 없기 때문이다. 뿐만 아니라 그는 사물을 접할 때에는 폭넓게 배우고 밝히며 분별하라고 말한다.

격물궁리는 사물 속에 내재하는 이치를 궁구하여 내 마음의 온전한 본체의 큰 작용을 밝힘으로써 나의 지식을 완전하게 이루는 것이다. 그러나 격물궁리의 방법을 통하여 도덕 수양을 이루었다고 해서 곧장 도덕 실천으로 이행해갈 수 있는 것은 아니다. 그래서 주자의 도덕실천의 방법론에서 격물궁리가 외적 공부라면 내적 공부로서 거경함양은 필수적이다. 그렇다면 공부의 과정에서 거경은 왜 중요한가? 거경에 대한 요구는 궁극적 실재인 이(理)를 체험할 수 있도록 하는 존심의 노력, 즉 본질적으로 함양을 위한 것이다. 거경은 함양을 가능케 하고 함양의 양과 질을 증대시킨다. 주자의 거경 개념은 정씨 형제들에서 차용한 것이지만 주자의 독특한 공헌은 거경과 궁리가 어떻게 상호 연관되는지를 밝힌 점이다. 거경과 궁리는 상호 보완적이고, 상호 의존적이며, 강화시키며 하나로 통일된다. 먼저 경의 의미와 내용을 살펴보도록 하자.

주자는 『대학혹문』에서 "경이라는 글자는 성학의 처음과 끝을 이룬다"고 말한다. 경은 도덕 수양을 계속 쌓음으로써 도달하게 될 궁극처일 뿐만 아니라 도덕행위가 드러나는 출발점이라는 것이다. 이처럼 주자에게 경 공부는 성문(聖門)의 가장 중요한 것으로서 처음과 끝을 관통하여 잠시라도 멈출 수 없는 공부의 요체이다. 주자는 거경에 대해, 경이란 오로지 '늘 깨어 있는 방법[常惺惺法]'으로서 '고요함 속에 깨달음이 있는 것'으로 설명한다. 또 경의 방법에 대해서는 오로지 심신을 수렴하고 정제하며 순일(純一)하게 하여 방종을 흐르지 않게 하는 것이라고 말한다. 그는 『주역』의 "경으로써 안(마음)을 바르게 하고 의(義)로써 밖(행동과 용모)을 방정하게 한다"는 언명을 출발점으로 삼아 거경의 수양법을 내·외의 두 방면을 분류한다. 경 공부란 결국 정좌(靜坐)와 성찰을 통하여 마땅히 자기가 해야 할 역할을 깨달음으로써 사욕에 얽매이거나 상대방을 의식하지 않으면서 해야 할 일을 할 수 있는 도덕적·창조적 주체를 확립하는 것이다.[41]

주자가 제시한 경의 구체적 방법은 정제엄숙(整齊嚴肅)이다. 이것은 옷매를 단정히 하고 몸가짐을 엄숙히 하여 망령스럽게 경거망동하지 않는 것이다. 정제엄숙의 방법은 외형적인 규정으로서 내적인 경과는 무관한 듯 보인다. 그러나 주자는 내와 외는 상즉하는 것이므로 외적인

---

41 이강대(2000), 앞의 책, 167쪽.

단속을 철저히 함으로써 내적 순일을 가져올 수 있다고 본다. 정제엄숙은 경으로 들어가는 입문처이자 하학의 공부처라는 것이다. 또한 한 가지 일에 정신을 집중하여 다른 데로 정신이 흩어지지 않게 한다는 주일무적(主一無適)은 경의 내용이자 경의 실현 방법이다. 마음을 한곳에 집중할 때 비로소 조금의 사욕도 허용하지 않을 수 있고 삼가고 두려워하며 방일(放逸)하지 않을 수 있기 때문이다. 또한 항상 마음을 또렷이 깨어 있게 하여 혼매(昏昧)하지 않게 한다는 상성성(常惺惺)도 경의 중요한 내용이자 방법이다. 이것은 항상 마음을 생생하게 살아 움직이게 하는 것을 의미한다. 주자는 경이란 단지 항상 깨어 있는 방법으로 규정하는데, 이는 불교에서 말하는 상성성과 달리 마음을 깨어 있게 한다는 것은 마음으로 하여금 수많은 도리를 비추어보고 그에 따라 일을 처리하는 것이라고 말한다. 불교의 상성성은 그저 마음을 불러서 깨어 있게 하는 데 그칠 뿐 아무런 목적도 없다고 보는 것이다. 그리고 홀로 있을 때 반드시 모든 일을 조심하고 삼간다는 계신공구(戒愼恐懼), 즉 신독은 경의 중요한 내용이다. 이것은 군자는 홀로 있을 때 삼간다는 『대학』의 내용과 "숨은 것보다 잘 보이는 것이 없고 미세한 것보다 잘 드러나는 것이 없다"는 『중용』의 내용을 계승한 것이다.

그러면 유학의 도덕실천론에서 거경과 함양은 어떤 연관을 갖는가? 유가윤리에서 학문이란 인간의 마음속에 잠재하는 궁극적 이치를 배우는 것이기 때문에 거경은 배움의 과정에서 필수 구성요소이다. 거경은 우리가 궁극적 실재인 도를 체험하기 위해 온전한 마음을 보존하기 위한 노력의 일환이다. 또한 경은 우리가 도를 잃지 않도록 마음의 역량을 잡아두고 세련되게 하려는 요구에 대한 반응이다. 그러므로 거경은 함양(涵養)의 본질이다. '함양'이라는 말은 몰입[涵]과 양육[養]을 의미하는데, 함양은 도를 이해하기 위한 마음을 양육하고 도의 이해를 기르도록 몰입하는 것이다. 주자는 거경을 공부의 주된 차원으로 보는데, 거경은 배움의 출발점이고 지의 근거이기 때문이다. 특히 거경은 함양을 가능하게 하고 함양의 질과 양을 증진하게 한다. 거경은 하늘의 덕에 도달하기 위해 자신의 마음을 확고부동하게 잡는 것이다. 그것은 내적 태도 혹은 마음의 상태로서 내면적인 곧은 마음과 외면적인 올바른 마음이다. 안과 밖의 마음 상태로서 곧음과 올바름은 분리될 수 없다. 그래서 경은 본성의 발현으로 심의 자연적인 덕인바, 그 유지와 확고부동함을 위해서는 마음의 노력이 요구된다. 경의 마음 상태는 인간의 도덕 발달에 중요한 의미를 지닌다. 인간이 자연적인 희로애락과 같은 미발 감정의 중심을 잡는 것은 마음속에 경의 존재론적 상태를 유지하는 것이다. 뿐만 아니라 인간은 희로애락의 감정이 이(己)발일 때 중(中)에서 화(和)로 움직일 수 있게 된다. 자신의 심을 보존하고 양육하는 것은 마음을 자기지배의 존재론적 상태로 발전시키는 것이다. 경이 이(己)발의 감정을 화로 이끌 수 있는 것은 경이 마음을 자기 지배의 상태로 변형시키기 때문이다.

   이렇게 보면 거경과 궁리는 하나의 실체이면서 두 가지 개념이다. 이 둘은 모두 궁리를 낳게 하는 사물의 탐구 기능이나 형이상학적 자기 성찰적 마음을 낳게 하는 단일성과 전일성을 유지하는 말이다. 이 두 마음의 기능은 인간됨을 성인으로 발전시키는 데 본질적이고 필수적이다. 또한 이 둘은 상호 보완 기능을 한다. 주자의 표현에 따르면 "경을 지키는 것은 궁리의 토대이고 이것은 심의 함양을 돕는다."[42] 거경과 궁리는 형이상학적 의미에서 심의 상태를 유지하는 데 똑같이 필수적이고 자연적이다. 일찍이 맹자는 '배움의 길은 단지 잃어버린 마음을 찾는 것'

---

[42] 『朱子語類』 6:32.

으로 표현했는데, 이 아름다운 문구는 마음과 경의 본질을 잘 표현해준다. 맹자가 말한 방심(放心)은 마음이 자기절제를 상실하고 스스로 집중하지 못하는 것이다. 마음이 방심할 때 그것은 그 방향감과 배움을 잃고 그래서 배움과 앎의 어떤 초점도 없게 된다. 맹자는 경의 개념을 설명하는 가운데 두 가지 배움의 기본적 원리를 말한다. 첫째는 무망(無忘)이고 둘째는 무조장(無助長)이다. 경은 심의 자연적 과정으로서 우리는 그것을 성장시키려고 잊어버려서도 억지로 밀어서도 안 된다. 일단 경에 도달하면 자신 본심 혹은 적자지심(赤子之心)으로 연결될 수 있다. 존재론적 의미에서 보면 경은 본체이거나 적자지심이다. 그래서 경은 배움과 앎의 궁극적 원리가 된다. 주자가 말하는 거경, 함양, 존양은 경의 세 가지 의미와 경이 유지하는 원리를 포괄하는 것이다.

2) 양명의 도덕실천론

양명은 격물치지의 해석에 대해서 주자와 극명한 대조를 보인다. 그는 『전습록』에서 격물을 이렇게 설명한다.

주자학자들은 격물을 '천하의 만물을 전부 연구하는 것'이라 해석하였는데, 과연 천하의 모든 만물을 어떻게 연구할 수 있겠는가? 또 한 포기 풀이나 한 그루 나무에도 모두 이(理)가 있다고 하였으니 어떻게 전부 연구하겠는가? 비록 풀과 나무의 이치를 연구하였다 하더라도 그것이 어떻게 자신의 뜻을 진실되게 할 수 있겠는가? 나는 격자를 '바로 잡는다[正]'는 뜻으로, 물자를 '일[事]'이라는 뜻으로 풀이한다. 그래서 몸을 수양하기 위해서는 눈은 예가 아니면 보지 말고, 귀는 예가 아니면 듣지 말며, 입은 예가 아니면 말하지 말고, 팔다리는 예가 아니면 움직이지 말아야 하는 것이다. 이 몸을 수양하려면 몸에 대하여 어떻게 공부해야 하는가?[43]

양명은 격물의 의미를 『맹자』에 나오는 "대인이 임금 마음의 잘못된 것을 바르게 한다"라고 할 때의 격자와 같은 것으로, 마음이 바르지 못한 것을 버리고 그 본체의 바름을 온전하게 하는 것으로 해석한다. 양명은 물(物)을 사(事)로 보긴 하지만 그가 말하는 물은 마음[心]이다. 몸을 주재하는 것은 마음이다. 눈이 비록 본다고는 하지만 보도록 하는 것은 마음이고, 귀가 비록 듣는다고는 하지만 듣도록 하는 것은 마음이며, 입과 팔다리가 비록 말하고 움직인다고는 하지만 말하고 움직이도록 하는 것은 마음이라는 것이다. 그러므로 몸을 수양하려면 자기 마음의 본체를 바르게 실천하여 항상 넓고 공정하게 함으로써 바르지 않은 곳이 조금도 없게 해야 한다. 일단 주재인 마음이 바르면, 눈이 기능을 발휘해도 자연히 예가 아닌 것을 보는 일이 없게 되고, 귀가 기능을 발휘해도 자연히 예가 아닌 것을 듣는 일이 없게 되며, 입과 팔다리가 기능을 발휘해도 자연히 예가 아닌 것을 말하고 행하는 일이 없게 될 것이다. 이것이 바로 몸의 수양은 그 마음을 바르게 하는 데 있다는 것이다.

양명의 이러한 주장의 배경은 그의 양지(良知) 개념이다. 그가 보기에 양지는 사람에게 있어서 그가 어떤 사람인가에 따라서 없어질 수 있는 것이 아니다. 누구도 도둑질해서는 안 된다는 것을 스스로 알고 있으며, 그를 도둑이라 부르면 그도 역시 부끄러워한다.

양지를 철저히 이해한다면, 어떠한 갖가지 시비와 진위라도 그 앞에만 오면

---

[43] 정차근 역주, 『傳習錄』, 413쪽.

밝혀지게 될 것이니, 양지에 부합되면 옳은 것이고 부합되지 않으면 그른 것이다. 이것은 불교에서 말하는 심인(心印), 즉 말로 설명할 필요 없이 마음으로 인증(印證)하는 것과 비슷하며, 진실로 시금석과 지남침과 같은 것이다.[44] 성인도 배워서 알게 되는 것이고, 보통 사람도 태어나면서 아는 것이 있다. 어째서 그렇습니까? 양지란 것은 사람마다 모두 가지고 있다. 다만 성인은 그것을 잘 보존하고 있고, 아무런 장애나 가려짐을 받지 아니한다. 단지 언제나 두려워하고 근심하여 노력하고 공경하기를 스스로 쉬지 않는데, 그 역시 배움에서 나온 것이다. 성인은 나면서부터 알고 있는 것이 많기 때문에 나면서부터 도(道)를 알고 편안한 마음으로 그것을 실행한다고 말하는 것이다. 보통 사람들 역시 아주 어렸을 때부터 이런 양지를 갖추고 있지만, 다만 장애와 가려짐이 많을 뿐이다. 그러나 본체인 양지는 그 자체가 없어지지 않아, 그들이 학문을 하고 자신을 이겨내어 다스리는 것은 오직 양지에 의하여 이루어지는 것이다. 그래서 그들은 더 많이 매우고 노력해야 한다.[45]

양명은 "지극히 선한 것이 마음의 본체이니, 마음의 본체에 선하지 않은 것이 어디 있겠는가?" 만약 지금 마음을 바로잡고자 한다면 본체의 어디에서 공부를 해야 하는가? 라고 묻고 스스로 대답한다. 반드시 마음이 움직이기 시작하는 속에서 공부해야 한다. 마음이 움직이기 시작하는 곳에는 당연히 선하지 않은 것이 있기 때문에 이 점에 대하여 공부해야 한다는 것이다. 이것이 바로 뜻을 진실되게 하는 성의(誠意)에 있다는 의미이다. 만약 어떤 생각이 선을 좋아하는 데서 움직인다면 착실히 악을 미워하도록 해야 한다. 뜻을 움직임에 정성스럽지 않음이 없

---

44 정차근 역주, 『傳習錄』, 319쪽.
45 정차근 역주, 『傳習錄』, 327쪽.

으면 그 본체가 바르지 않을 수 없다는 것이다. 그러므로 마음을 바로 잡는 일은 뜻을 진실되게 하는 성의에 있는 것이다. 공부는 뜻을 진실되게 해야 결실을 거두게 된다. 성의의 근본은 지를 이루는 치지에 있다. 그런데 다른 사람은 알지 못해도 나의 마음이 진실로 알 수 있는데 이것이 이른바 양지이다. 그러나 선한 것임을 알면서도 이 양지를 따라서 악행을 그만두지 않으면, 이 양지가 가려져서 지에 이를 수 없게 된다. 내 마음의 양지가 끝까지 확충되지 못하여, 선이 좋다는 것을 알면서도 확실히 좋아하지 못하고, 악이 나쁘다는 것을 알면서도 확실히 싫어하지 못한다면, 뜻을 진실되게 할 수 없기 때문이다. 그러므로 지를 이루는 것은 뜻이 진실되게 되는 근본이라는 것이다.

『대학』의 공부는 바로 '밝은 덕을 밝히는 것[明明德]'에 있고, 밝은 덕을 밝힌다는 것은 바로 '마음을 진실되게 하는 것[誠意]'이고, 마음을 진실되게 하는 공부는 '격물치지'라는 것이다.

만약 마음을 진실되게 하는 것을 위주로 하면서 격물치지의 공부를 한다면, 공부는 비로소 결실을 얻게 될 것이고, 선을 행하고 악을 버리는 데는 마음을 진실되게 하는 일이 아닌 것이 없다. 주자의 『대학신본(大學新本)』처럼 먼저 사물의 이치를 추구하여 바로잡으려 한다면 아득하고 막연하여 전혀 종잡을 수 없게 될 것이니, 반드시 경이란 글자를 추가해야 자신의 몸과 마음을 끌어올 수 있다. 그러나 결국은 경을 끌어들일 근거가 없는데, 만약 경자를 추가해야 한다면, 어찌하여 공자 문하에서는 가장 요긴한 그 글자를 빠뜨리고, 천여 년 뒤에 다른 사람이 그것을 보충하도록 하였겠는가? 나는 '마음을 진실되게 하는 것[誠意]'을 위주로 한다면 '경' 자를 보탤 필요가 없다고 생각한다. 그래서 마음을 진실되게 하는 것을 앞으로 끌어내어 말하고 있으니, 이것이 바로 학문의 근본이다. 따라서 『중용』의 공부는 오직 '자신을 진실되게 하는 것[誠身]'에 있으며, 자신을 진실되게 하는 것이 극점에 이르면 지성[至誠]이 된다. 『대학』의 공부는 오직 '마음을 진실되게 하는 것'에 있으며, 마음을 진실되게 하는 것이 극점에 이르면 바로 지선[至善]이 된다.[46]

양명에 의하면 지(知)는 마음의 본체이며, 마음으로 자연스럽게 아는 것이다. 아버지를 보면 자연히 효도를 알게 되고, 형을 보면 자연히 제(悌)를 알게 되며, 어린아이가 우물에 빠지는 것을 보면 자연히 측은한 마음이 생겨난다. 양지(良知)란 배워서 아는 것이 아니다. 그러나 보통 사람들은 사심의 장애가 없을 수 없기 때문에 반드시 치지(致知)와 격물의 공부를 해야 한다. 사사로움을 이기고 이(理)로 돌아가 마음의 양지에 장애가 없어지고 그것이 널리 행해질 수 있다면 지에 이르게 될 것이다. 지에 이르게 되면 그 생각도 진실해진다는 것이다.

그래서 그는 참된 지[眞知]는 행하는 것이니, 행하지 않으면 그것을 안다고 할 수 없다고 말한다. 지를 참되고 충실하게 하는 곳은 바로 행이고, 행을 분명하고 자세하게 살피는 곳은 바로 지이니, 지와 행의 공부는 근본적으로 분리될 수 없다는 지행합일의 명제는 이런 이치이다.

후세의 학자들이 지와 행을 둘로 나누어 그 본체를 잃어버렸기 때문에, 그것을 하나로 합일시켜 함께 추진하자는 의미에서 참된 지는 바로 행하는 이유가 되니, 행하지 않으면 그것을 지라 할 수 없다고 하였다. 만물의 이치는 내 마음 밖에 따로 존재하는 것이 아니므로, 내 마음을 떠나서 만물의 이치를 추구한다면 그 만물의 이치는 없을 것이다. 만물의 이치를 버리고서 내 마음을 추구한다면 내 마음이 또한 어떻게 사물이 되겠는가? 마음의 본체가 본성

---

46 정차근 역주, 『傳習錄』, 167-168쪽.

이고 본성이 바로 이이다. 그러므로 어버이에게 효도하는 마음이 있으면 효도의 이가 있고, 효도하는 마음이 없으면 효도의 이도 없는 것이니, 이가 어찌 내 마음의 밖에 존재하는 것이겠는가?[47]

마음이 비록 사람의 몸을 주관한다지만 사실은 천하의 이(理)를 주관하며, 이가 비록 모든 일에 산재한다지만 사실은 한 사람의 마음을 벗어나지 않는 것이다. 양명은 그것이 분리되었다 합해졌다 하는 사이에 학문하는 사람들의 마음과 이도 둘로 나누어지는 잘못이 생겨나기 시작했다고 주장한다. 이후에 후세에는 '오로지 본심만을 추구하여 마침내 만물의 이치를 버리는' 근심이 생겨나게 되었으니, 이것은 바로 마음이라는 것을 몰랐기 때문이라는 것이다. 그래서 그는 마음을 외면하고서는 인을 구할 수 없고, 마음을 외면하고서는 의를 구할 수 없는데, 어찌 마음을 외면하고서 유독 이를 구하는 것만 가능할 수 있겠는가? 하고 말한다. 마음을 외면하고서 이를 구하기 때문에 지와 행을 둘로 나누게 된 것이다. 이를 내 마음속에서 구하는 이것이 바로 공자의 문하에서 말하는 '지행합일'의 가르침이라고 강조한다.

또한 마음에 인위적인 것이 섞여 있지 않은 것을 도심이라 하고, 인위적인 마음이 섞여 있는 것을 인심이라 한다. 인심이 올바름을 얻은 것이 도심이고, 도심이 올바름을 잃은 것이 인심이지, 처음부터 두 가지의 마음이 있는 것은 아니라는 것이다. 그가 마음은 하나라고 한 것은 이런 의미이다.

---

47 정차근 역주, 『傳習錄』, 187-188쪽.

3) 다산의 도덕실천론

다산의 도덕실천론은 유학의 본래 의미를 자기실현을 위한 실천공부로 정의하고 있는 데서 이미 잘 드러난다. 다산은 후세의 유학자들, 특히 정주의 성리학자들이 유학의 본래적 실천공부의 정신을 상실하고 이기(理氣)나 체용의 개념 논쟁과 분열에 빠져 있는 폐단을 비판한다.[48] 주자는 명덕(明德)을 심체의 존재 개념으로 인식하는 데 반해, 다산은 명덕을 인륜의 실천규범으로 인식한다. 다산에 의하면 인의예지와 같은 덕은 심체에 선천적으로 주어진 가지가 아니라 실천을 통해서 성취되는 행위의 결과이다. 그러므로 다산은 인륜규범의 실행을 통해서 덕을 성취하는 실천의 공부를 강조한다. 또한 그는 『대학』의 명명덕(明明德) 개념에 대해서도 정주의 성리학이 명덕과 친민(親民)을 수기와 치인으로 구분하는 것에 반대하여, 명명덕 안에 수기와 치인의 양면이 포함된다고 말한다. 다산은 지행의 문제에 대해서도 지선행후를 내세우는 성리학의 주지주의 전통에 맞선다. 다산의 지행론은 지는 행을 향한 과제이고, 행은 그 과제의 실현으로서 지와 행이 서로 침투되어 함께 나아간다는 '지행겸진'이라는 점에서 양명학의 '지행합일'에 가깝다고 할 수 있다. 그러나 다산은 양명이 치지 개념을 '치양지'로 인식하는 데 대해 배우지도 않고 아는 양지가 의지적 행위인 치(致)의 대상이 될 수 없다는 점에서 치양지설의 모순을 비판한다.

다산은 『대학강의』에서 "격물이란 물에 본말이 있음에 그것을 헤아려서 아는 것이요, 치지란 먼저 할 것과 나중에 할 것을 잘 아는 것"일 뿐이라고 격물치지의 의미를 분명하게 밝힌다. 격물치지에 대한 그의

---

[48] 금장태, 「다산 공부론의 유학사적 위치」, 『다산학』 2(다산학술문화재단, 2001), 21쪽.

이해는 그가 이미 젊어서부터 '지행겸진'을 지향하는 경학적 입장을 명확하게 정립하고 있었음을 드러내는 또 다른 지표라고 할 수 있다. 이는 물론 격물을 "사물의 이를 궁구하여 그 극처에 이르지 않음이 없는 것"으로 보고, 격물치지를 『대학』에서 처음 배우는 자가 덕에 들어가는 필수적인 첫 번째 공부로 부과하고 있는 주자의 입장을 비판하고 거부하는 것이다. 또한 다산은 성의(誠意)의 의미 및 성의와 격물치지의 선후관계에 대한 견해를 밝힌다. 그는 "성의는 정심의 근본이 될 뿐만 아니라, 수신·제가·치국·평천하는 성의라는 두 글자로써 시종을 이루지 않음이 없다"[49]고 하여, "격물치지는 성의 앞에 있어서는 안 되는 것"이라고 명확하게 주장하였다. 이러한 주장은 대학의 구조와 근본 취지를 주자와 다르게 독자적인 견지에서 이해하고 있음을 보여준다.

특히 다산은 주자의 격물치지론에 대해 실제·실천 중시라는 문제의식에서 그와는 다른 견해를 제시한다. 주자 성리학에서 근본적이고 최우선적인 것은 위기지학으로서 수신이고, 수신의 내면적 수양의 최종 목표는 구인(求仁)과 진성(盡性)이며, 이를 달성하기 위한 방법론으로서 거경궁리가 중시된다. 그러므로 군자가 우선적으로 힘써야 할 바는 궁리로서, 그 요체가 바로 격물치지이다. 주자는 격물을 "격이란 이름[至]이요, 물은 극처에까지 이르지 않음이 없고자 하는 것"으로, 치지를 "치는 미루어 지극히 함[推極]이요, 지는 식(識)과 같으니, 나의 지식을 미루어 극진히 하여 내 아는 바가 다하지 않음이 없도록 하는 것"으로 풀이한다. 치지가 격물에 달려 있다고 하는 것은 나의 지식을 지극히 하고자 한다면, 먼저 사물에 나아가 그 이치를 궁구하여야 한다는 뜻이

---

[49] 『與猶堂全書』 11-2, 「大學講義」; 박완식 옮김, 『茶山 大學』 (전주대학교 출판부, 2010) 참조.

다. 그래서 주자는 격물치지를 『대학』에서의 격물-치지-성의-정심-수신-제가-치국-평천하에 이르는 장대한 학문 단계(8조목)에 있어서 원초적 출발점이자 가장 중요한 공부로 상정하고 있는 것이다. 결국 격물치지의 수준에 이르게 되면 천도가 유행하여 사물에 부여된 것이자 마땅히 그러해야 하는 까닭으로서의 사물의 천명을 알게 됨으로써 그 앎이 지극히 정밀하게 되어, 결국에는 편안히 행하고 힘쓰지 않아도 저절로 도에 맞게 되니, 이것이 바로 진성의 경지이자 동시에 성인의 경지라는 것이다.

그러나 다산이 보기에 주자의 주장대로 '사물의 이를 궁구하여 극처에까지 이르지 않음이 없고자 하는 것'이 격물이요, '나의 지식을 미루어 극진히 하여 아는 바가 다하지 않음이 없도록 하는 것'이 치지라면, 이것은 이미 '처음 배우는 자가 덕에 들어가는 공부'가 아니다. 만물의 이치를 헤아리고 이처럼 아는 것이 투철해지기를 기다린 다음에야 비로소 성의하려 하고 수신하려고 한다면 결국 늦어지고 만다는 것이다. 초학자들이 천하 만물의 이치를 다 캐낼 수 있다는 것은 어불성설이라는 것이다. 다산은 '지행겸진'을 강조하는 맥락에서 『대학』에서의 격물치지를 재해석하는데, 격물을 제대로 해석하려면 먼저 물의 의미를 알아야 하고 격도 그 의미를 논할 수 있어야 한다는 것이다. 그가 말하는 물이란 "자립하여 형상을 이루고 있는 것을 일컬으니, 그것은 바로 의(意)·심(心)·신(身)·가(家)·국(國)·천하(天下)를 가리킨다." 또한 물은 『대학』에서 말하는 '물유본말(物有本末)'의 의미에서 보면 의·심·신은 본이고, 가·국·천하는 말이라는 것이다. 그리고 격이란 먼저 할 바로서의 본(本)과 나중에 할 바로서의 말(末)을 헤아린다[量度]는 의미이다. 결국 다산이 의미하는 격물이란 물에 본말이 있음에 그것을 잘 헤아려 하는 것이요, 치지란 사(事)에 시종이 있음에 먼저 할 것과 나중에

할 것을 명확하게 인식하는 것일 뿐이다. 천하만사에서 어떤 일을 시작하려고 하면 먼저 멈출 바를 알아야 할 것이고[知止], 그런 다음 뜻을 정해야 할 것이며, 뜻이 정해지면 이에 하고자 하는 일을 생각하여, 부득불 경영해야 할 사물들의 본말을 미리 잘 헤아려보아야 할 것이요, 그 일의 시작과 끝이 어떻게 될 것인지도 또한 미리 계산해보아야 하는 법이다. 그런데 격물치지라는 것은 바로 이러한 활동에 해당될 따름이요, 그 이상도 그 이하도 아니라는 것이다. 따라서 그것은 주자가 주장하듯이 천하의 물과 천하의 이를 안다는 것과는 아무 상관이 없으며, 또한 그것은 사(事)가 시작되기 이전의 상태인 것이다.[50]

뿐만 아니라 다산의 성의(誠意)에 대한 이해도 주자의 설명 방식과는 다르다. 그가 보기에 성은 물의 시작이자 끝인지라, 이를 통해 수신도 하고 화민(化民)도 하게 되는 것이다. 그러므로 성의나 정심이나 수신, 그리고 국가를 다스리고 평천하 하는 것도 결국 성(誠)이라는 것이다. 따라서 '무성무물(無誠無物)'이라는 『중용』의 경문도 이런 맥락에서야 제대로 이해할 수 있게 된다는 것이다. 또한 의란 마음속에 감추어진 생각이니, 성의란 '불선한 것인 줄 알면서도 이를 행하는 일[自欺]이 없도록 하는 것'이다. 그런데 성의란 덕행을 주요 논제로 삼고 대학의 큰 조목(條目)이 되는 것인데, 그 이유는 성의와 정심은 항상 행사, 즉 실천행위에 의거하고 또한 매번 인륜과 밀착되어 있기 때문이라는 것이다. 따라서 참선하는 선승처럼 결코 하는 일 없이 조용히 내면만을 성찰하는 것은 성의나 정심과는 상관이 없다. 성의가 함축하고 있는 바는 이처럼 본질적 실천성이기 때문에 수신에서도 성의를 으뜸 가는 공으로 여겨, 이를 따라 시작해 들어가고 이를 따라 착수하게 되는 것이다. 이

---

50 『與猶堂全書』11-1; 정일균, 『다산경학연구』(일지사, 2000), 201쪽 재인용.

는 비단 수신의 경우에만 그러한 것이 아니라 제가·치국·평천하의 경우에도 그러한 것으로 결국 성의 앞에 따로 격물과 치지가 있어야 할 아무런 이유가 없다는 것이다.

6. 요점과 비교 논점

아리스토텔레스가 '덕은 지식이다'라는 소크라테스의 명제를 거부한 것은 소크라테스의 지식개념을 인식지로만 파악했기 때문이다. 그런데 소크라테스의 도덕지식의 인식 개념에는 이미 덕성이 전제되어 있다. 그러나 도덕행위에서 인식을 강조한 점에서 소크라테스, 플라톤, 아리스토텔레스로 이어지는 서양윤리의 전통은 주지주의이다. 이러한 서양윤리학의 전통은 윤리학의 본령이 도덕적 진리의 인식론적 논변에 지나지 않는 것으로 비치게 한다. 그래서 윤리학의 중심 테마는 도덕인식론이고 행위론은 뒷전으로 밀린 것처럼 보인다. 흄이 이성주의 윤리를 비판한 것도 이 점과 무관하지 않다.

그러나 칸트도 인간의 도덕적 결단에서 덕성과 도덕적 감정(moral feeling)의 역할을 결코 과소평가하지 않는다. 단지 그의 관심은 '도덕적임'의 동기와 도덕법칙을 정립하는 데 있었다. 그는 인간의 본성을 도덕적이고자 하는 '본체적 자아'와 감각적 쾌락을 추구하는 '현상적 자아'라는 이중적 존재로 파악했다. 때문에 도덕적이기 위해서는 이성이 본능적 성향을 지배해야 하는 것은 당연하다고 본 것이다. 이 점에서 칸트의 윤리학은 행위의 동인으로서 인간의 정념을 강조한 흄의 윤리사상과 대립된다.

그러나 흄도 결국 도덕 판단의 준거로 제시한 쾌·불쾌의 감정도 개인의 본능적 감정이 아니라, 도덕적 행위나 인격에 의해 유발되는 감정으로 설명한다. 사람은 누구나 옳은 행동을 보면 기분 좋고 나쁜 행동을 보면 불쾌한 도덕적 감정이 있다. 그래서 도덕은 보편적 원리에 따라야 하는데 이것이 바로 '공감'이라고 하는 인간의 공통적인 도덕감이다. 칸트나 흄도 도덕행위에서 도덕 감정의 중요성을 강조한다. 단지 감정에 대한 이해의 관점과 내용이 다를 뿐이다. 이런 이유로 윤리학에서 도덕행위론은 도덕적 지식과 동일선상에서 논의될 수밖에 없다.

　이 장의 논지는 도덕적 삶을 영위하기 위해 요청되는 도덕지식이란 무엇이며, 우리가 도덕적으로 안다고 할 때 도덕적 앎의 '내용'과 '형식', 그리고 도덕적 앎의 성격이 도덕행위와 어떤 연관을 갖는가 하는 문제들이다. 이런 점에서 윤리학은 도덕적 행위의 실천 원리와 방법론을 탐구하는 도덕교육론에 충실한 지적 토대를 제공한다. 도덕교육은 도덕적 이상과 원리에 따른 도덕적 인간상, 즉 훌륭한 인격자를 만드는 노력과 다름없다. 도덕적인 사람은 우선 도덕에 관심을 가질 수 있는 사람이다. 도덕적 관심은 우리가 일상생활에서 직면하는 문제들에 대해 도덕적으로 인식할 수 있는 지적 통찰력을 필요로 한다. 그러나 지적 통찰력은 도덕적 지식체계를 단순히 도덕적으로 옳다는 '사실'로서 받아들이는 것이 아니라 그것을 따르겠다는 진정한 '이유'로 받아들이는 도덕적 신념의 내면화를 요구한다. 따라서 도덕적 인격성의 인지적 차원은 도덕적 추론능력뿐만 아니라 자신의 삶을 되돌아볼 수 있는 성찰 능력이 필수적이다. 이런 점에서 인격의 인지적 요소는 도덕적 감정이나 덕성과 밀접하게 관련된다. 우리가 도덕 판단을 그르치는 것은 우리의 병리적 욕구나 감정이 지적 통찰력을 방해하기 때문이다. 그러므로 이미 도덕 판단의 단계에서 우리는 자신의 이기적 욕구와 욕망이나 감정을 억제할 수 있는 절제의 덕성이 요구된다. 또한 도덕 판단이 명하는 바대로 실천하기 위해서는 다른 사람에 대한 동정심이나 선의의 감정이 동반되지 않으면 안 된다. 뿐만 아니라 도덕적 실천은 이런 지적, 정의적 단계를 넘어서 도덕적 결단으로서 의지와 습관의 함양과 같은 행동 능력이 요구된다.

도덕적 삶이란 도덕법칙을 따르고 도덕적 의무를 성실히 수행하겠다는 도덕적 성향이나 성품과 다름없다. 도덕적 성품이 전제되지 않은 행동의 동기는 이기적이거나 충동적이므로 도덕적인 삶이라 할 수 없다. 반면에 도덕적 법칙이나 의무에 반하는 도덕적 성품이란 모순이며 불가능하다. 그러므로 원칙(의무)의 윤리/성품(덕)의 윤리, 행위의 윤리/존재의 윤리 구분은 무의미하다. 이 둘은 선택사항이 아니라 상호 보완적 관계이다. 칸트나 프랑케나의 표현을 빌리면 "성품 없는 원칙은 무력하고, 원칙 없는 성품은 맹목이다."[51] 도덕적 실천에서 도덕적 앎이 행위에 먼저라는 선지후행론은 논리적 관계에서 본 설명이다. 그러나 도덕적 앎의 형식에서 보면 도덕적 덕성이 선행되지 않으면 안 된다. 덕성이 전제되지 않으면 진정한 도덕적 앎을 얻을 수 없기 때문이다. 따라서 도덕교육은 도덕적 지성과 도덕적 덕성의 통합으로서 인격교육이 되지 않으면 안 된다.

유가의 도덕철학에서 도덕적 지식의 의미는 서양윤리에서 말하는 도덕적 옳고 그름이나 도덕적 의무 혹은 도덕법칙이나 기본원리의 개념과는 다른 점이 있다. 유가윤리에서 도덕법칙은 자연의 질서이며 우주의 근본이치로서 천도이기 때문에 보편성을 지니며 절대적이다. 인간이 왜 도덕적이어야 하는가의 도덕의 정당화론이나 당위의 도덕법칙도 자연적 질서라는 존재의 법칙으로서 '소이연'에서 '소당연'을 끌어낸다. 『중

---

[51] William K. Frankena, *Ethics* (N. J: Prentice-Hall, Inc., 1973), p.65.

용』제1장에서 "하늘이 인간에게 부여한 것이 본성이며 본성에 따르는 것이 도이며, 도를 수양하는 것이 배움이다"라는 의미에서 도덕의 절대성이 명확히 나타난다. 때문에 인간의 도덕적 의무는 인간본성의 자연적 출로이므로 유가윤리를 '존재론적 의무론'으로 명명할 수 있다. 말하자면 인간이 도덕적인 이유는 '인간성을 실현하는 인간다움의 당연함'이지 사회적 유용성이나 공리적 목적에 있는 것이 아니다. 그렇기 때문에 도덕적으로 옳음이 동기에 있느냐 목적의 실현에 있느냐 하는 식의 물음은 유가윤리에서는 무의미하다.

이상의 논점에서 보면 유가윤리에서 도덕적 지식의 내용은 분명해진다. 주자의 논법대로라면 "도는 소당연(所當然)의 이(理)이고 소이연의 리이다." 물의 소이연을 알기 때문에 지(知)가 미혹되지 않고, 그 소당연을 알기 때문에 행동이 그르치지 않는다. 따라서 도덕지의 대상과 내용으로서 도는 지와 행의 양면을 가지고 있는 것이라 할 수 있다. 그것은 도덕적 옳고 그름의 근본원리일 뿐만 아니라 도덕적임의 근거와 이유에 대한 내면화된 지적 성찰이며 실천지이다. 도덕지의 내용과 관련된 송대 장재의 이른바 '견문지'와 '덕성지'의 개념은 이 점을 잘 밝혀준다. 견문지는 감각기능의 경험과정을 거쳐서 형성되는 일종의 경험지이다. 덕성지는 인간이 하늘의 바른 이치에서 받은 덕성의 본성으로서 이는 심성지이다. 경험지는 학습과 관찰에 의한 지식의 추구이며, 덕성지는 그 마음을 다함으로써 그 본성을 알고 그 본성을 앎으로써 하늘을 알게 되는 그런 지식이다. 견문지가 아무리 다대(多大)하더라도 그것이 인간본유의 심성에 의한 덕성지의 검증이 없으면, 도덕적 차원에서 가치중립적이거나 악한 행위의 요인이 될 수 있다. 견문지는 덕성지와는 달리 비록 견문에 비례하여 지식의 확장이 가능하지만 선악의 판별성이 작용되지 않기 때문이다.[52] 중용사상은 도덕지의 발현이 심에 있음을 극명하게 보여준다. 자명한 진리가 도덕의 본체인 '중(中)'이며 이것이 실현된 도덕질서가 '화(和)'이다. 도덕의 본체인 중은 희로애락의 감정이 미발한 상태이며 화는 이러한 감정이 표출되어 그 하나하나가 절도에 맞는 완전한 조화의 상태이다.

『대학』 8조목의 격물치지→성의→정심→수신→제가→치국→평천하의 관계는 도덕지가 덕성에 우선한다는 논리로 이해될 수 있다. "물에 격한 이후에 지에 도달하고, 지에 도달한 이후에 의가 성실해지며, 의가 성실한 이후에 심이 바르게 되고, 심이 바르게 된 이후에 몸이 수양된다"라는 언설은 조건적 관계로 이해될 수도 있다. 필자가 보기에 앎이 행동에 선행한다는 지선행후의 논거는 정당하지만, 지와 덕성의 관계는 선후관계로 보기 어려울 것 같다. 앞에서 논의한 것처럼 유가윤리에서 도덕지는 단순히 견문지 혹은 이론지가 아니라 도덕법칙으로서 소당연과 소이연의 이치를 체득하는 것이다. 그것은 다른 사람에게 들어서 알거나 배움을 통해서 아는 '학식'이 아니라, 사사로운 욕심을 털어버리고 공평무사한 마음을 지닌 단계에서 깨우칠 수 있는 '실천지'이다. 특히 소이연의 이치를 깨우치려면 마음의 덕이 수반되지 않으면 안 된다.

이런 점에서 지식과 덕성은 상호의존 내지는 병존 관계로 이해함이 옳을 것 같다. 『대학』 8조목의 전반부는 격물↔치지↔성의↔정심의 상호관계로, 수신→제가→치국→평천하의 관계는 선후 내지 조건관계로 설명될 수 있을 것 같다. 덕을 "올바른 행위를 낳을 수 있게 하는 이치의 앎과 실천의 능력을 갖춘 상태"[53]로 규정할 수 있다면, 덕은 지를 포함하는 것이다. 행은 그러한 요건이 몸소 나타나는 현상이다. 그러

---

[52] 도성달 외, 『앎과 삶에 대한 윤리학적 성찰』(한국정신문화연구원, 1998), 27·30쪽.
[53] 도성달 외(1998), 앞의 책, 38쪽.

나 인간은 지성과 덕성을 겸비했다고 해서 완전한 덕을 실현하기 어렵다. 덕성을 지녔다고 해서 누구든지 덕행을 실천하는 것은 아니다. 『서경』에서 "아는 것이 어려운 것이 아니라 행하는 것이 어렵다"라고 말한 지이행난설(知易行難說)의 유가적 전통도 이런 이유에서이다. "지와 행은 항상 서로 필요로 하는 것이니, 마치 눈[眼]이 없으면 발이 가지 못하고 발이 없으면 눈이 보지 못하는 것과 같다. 선후를 말한다면 지가 선이고 경중을 말한다면 행이 중한 것"[54]이라는 주자의 언설도 이것이다.

유가윤리에서 말하는 진정한 도덕지식은 덕성지이다. 아리스토텔레스의 논설로 보면 견문지는 이론지에, 덕성지는 실천지에 비유될 수 있다. 아리스토텔레스는 도덕적 인식의 참된 지식으로서 실천지는 자기절제나 타인의 이해와 같은 덕성이 전제되어야 한다고 말한다. 유가윤리에서의 도덕적 지식으로서 덕성지는 그 자체가 덕성을 지닌 상태이다. 인간관계의 근본이치로서 도덕률을 깨우치기 위해서는 존심양성(存心養性)을 해야만 하고, 그러기 위해서는 항상 마음이 맑게 깨어있어야 하며, 그것은 곧 욕심을 버려야만 가능한 것이다. 도덕적 지식은 목적에 대한 수단지가 아닌 인간존재의 궁극적 이법(理法)을 깨우치는 목적지이다. 유가의 도덕지는 도의 이치와 근본원리를 아는 도덕법칙의 인식이며, 도덕적 이유에 대한 추론과 정당화론을 모두 함축하고 있다.

모든 덕은 지식에서 나오는 것이며, 제대로 알기만 하면 누구든지 아는 바대로 행한다는 소크라테스의 이른바 지행합일론도 유가의 지식론과 같은 맥락에서 논의할 수 있다. 소크라테스가 말한 덕의 개념은 덕성이라기보다는 덕행, 즉 도덕적 실천의 의미이다. 그러나 아리스토텔레스의 실천지 개념은 덕행보다 덕성에 가깝다고 할 수 있다. 그에게

---

[54] 『朱子語類』 권9; 도성달 외(1998), 앞의 책, 43쪽에서 재인용.

실천지 자체가 곧 도덕행위는 아니다. 유가의 도덕지도 덕행보다는 덕성으로 보는 쪽이 정확한 해석일 것 같다. 실천지를 지닌 사람이 도덕적 실천으로 갈 수 있지만 도덕지가 실천의 필요충분조건은 아니다. 도덕 실천의 단계에서는 도덕적 결단을 촉구할 수 있는 도덕의지와 같은 또 다른 덕이 요구되기 때문이다.

도덕지식을 학식(scientific knowledge)과 같은 것으로만 이해한다면, 지행합일을 주장한 소크라테스의 명제는 박학다식한 사람의 비도덕적임이나 불학무식자의 도덕행위를 설명할 수 없다. 소크라테스의 지행합일의 명제는 당위의 명제가 아니라 인간의 도덕행위의 심리적 사실에 대한 언명이기 때문이다. 유가윤리의 지행합일의 언설도 이와 다르지 않은 것으로 생각된다. 누구든지 "제대로 알기만 하면 행하게 마련이다"는 식이다. 그러나 이 양자의 도덕철학은 앎의 내용과 그 근거에 대한 정당화 논거가 다르다. 소크라테스의 논법은 다분히 목적론적이다. (플라톤이 말하는) 소크라테스의 논지를 요약하면 이렇다. 사람은 누구나 행복을 추구하기 마련이고 진정한 행복의 조건이 무엇인지 알면 그렇게 행동하지 않을 수 없다는 것이다. 다만 사람들은 행복의 진정한 소재가 어디인지를 모른다. 인생의 진정한 행복은 세속적인 부귀나 명예나 권력에 있는 것이 아니라 '영혼의 완성'이다. 달리 말하면 그것은 정신적 참된 자아의 발견이다. 진정한 자아란 악으로부터 선을 분별할 수 있고 언제나 선을 택할 수 있는 정신적 통찰력이다. 그러기 위해서는 육체적 욕구와 본능적 충동의 지배에서 벗어날 수 있는 자기 지배의 훈련이 끊임없이 요구된다. 그가 보기에 사람들이 진정한 인생의 목적을 알지 못하는 것은 영혼의 눈이 멀어 거짓 현상에 속아서 옳고 그름을 분별할 수 없기 때문이다. 그에게 가르침이란 영혼의 눈을 뜨게 해주는 것이다. 그것은 남이 가르쳐주어서 알 수 있는 것이 아니라 자기 자신에 대한 반성을 통해 스스로 터득하는 것이다. 욕심과 온갖 육체적 욕구를 다스릴 수 있는 사람만이 참된 도덕지를 획득할 수 있다. 그러므로 도덕지는 그 자체가 이미 덕인 셈이다.

　유가윤리에서 앎의 대상은 인간존재의 근본 이치로서 인간의 도덕적 본성이다. 이것은 하늘이 인간에게 타고날 때부터 부여한 것이므로 자연필연적인 것이다. 이를 거역하는 것은 천리를 거역하고 따라서 '인간됨'을 거부하는 것이다. 인간의 도덕법칙은 천도에 따른 것이므로 인간의 선택의지가 아니다. 우리는 도덕률인 '소당연'의 법칙을 잘 행하기만 하면 된다. 이는 성인들이 예악형정으로서 잘 제정하여 우리에게 제시하고 있기 때문에 이것을 알기는 어렵지 않다. 그러나 지와 행이 일치하려면 도덕률의 근본원리와 왜 그래야 하는지 그 이치를 알지 않으면 안 된다. 이것이 도덕률의 '소이연'이다. 이를 알기는 매우 어렵다. 보통 사람들의 기질지성은 인욕과 사사로움으로 인하여 소이연의 이치를 깨닫기 어렵다. 그래서 마음을 항상 '경(敬)'에 두고 부단히 수양하지 않으면 안 된다. 말하자면 참된 도덕지를 터득하기 위해서는 덕성이 함께하지 않으면 안 된다. 그래서 도덕행위를 행하기 이전에 알아야 하지만, 제대로 알려면 본래의 마음을 보존하고 덕성을 함양해야만 한다.

　유가윤리의 전통은 인간본성의 선함을 견지하기 위해서 인간의 현실적 악을 기질지성으로 돌린다. 칸트의 인성론에서 본다면 본연지성은 '본체적 자아'로, 기질지성은 '현상적 자아' 개념으로 설명해도 무방할 것 같다. 인간의 삶은 도덕적 이상을 실현하려는 본성적 욕구와 도덕적 이기를 거부하려는 이기적 욕망과의 끊임없는 갈등과 번민의 과정이다. 그래서 도덕행위자의 개념을 '항상 도덕적으로 행동하는 사람'이기보다는 '도덕적 이유로 항상 도덕적일 수 있는 사람'으로 규정한 칸트나 테일러의 관점은 정당하다. 도덕적일 수 있는 사람은 도덕적임이 무엇인지 알아야 하고, 왜 그래야만 하는지도 생각할 수 있어야 하고, 무엇보다도 자신의 삶을 반성할 수 있는 '성찰의 힘'이 있어야 한다. 이것은 단지 생각이나 반성만으로는 안 된다. 주자는 성찰의 '찰(察)'을 '그러한 까닭을 아는 것'으로 설명한다. 자성(自省)은 단순히 마음의 반성이 아니라 넓게 사물의 이치를 아는 것으로 이것이 곧 '궁리'이며 '경'의 지름길이다.

도덕적 지식은 단순히 학식이 아니다. 아리스토텔레스는 지식을 이론지와 실천지로 구분하였다. 이론지는 순수 인식적 기능이며 실천지는 실천적 추론 기능이다. 이론지는 '단초가 달리 있을 수 없는 문제를 결정하는 것'이므로 인식자의 욕구나 감정의 영향을 별로 받지 않는다. 그러나 실천지는 '다른 방식으로 존재할 수 있는 것을 성찰하는 것'이므로 숙고와 사량이 필요하다. 이것은 인간을 위해 무엇이 정말 좋은 것인가를 숙고하는 목적지이다. 목적지는 옳은 것, 좋은 것, 아름다운 것을 숙고할 수 있는 지적 탁월성이라는 점에서 지적인 덕과 밀접한 관련이 있다. 그러나 도덕적 덕이 없이는 영리함과 같은 지적인 덕은 한갓 '간지(奸知)'에 지나지 않는다. 장횡거(張橫渠)가 지식 형성의 방식을 '견문지'와 '덕성지'로 구분하여, 감각적 조건에 의하여 아는 견문지는 덕성지의 검증을 받아야 한다고 한 것도 아리스토텔레스의 설명과 유사한 점이 있다. 아리스토텔레스는 "덕은 올바른 이치를 따르는 성품의 상태일 뿐만 아니라 올바른 이치를 '머금고 있는 상태'이며, 실천지 없이는 도덕적인 사람이 될 수 없고, 덕이 없이는 실천지를 가질 수 없다"고 말한다. 실천지가 바로 진정한 의미에서 도덕적 지식이다. 때문에 도덕적 지식을 얻기 위해서는 덕성이 먼저다. 그가 중요시한 '절제'의 덕은 유가에서 '경'의 실천으로 '과욕(寡慾)'의 마음을 강조한 것과 다를 바 없다.

6장
도덕정당화론: 왜 도덕적이어야 하는가?

"왜 도덕적이어야 하는가?" 윤리학의 탐구주제로서 이 물음의 의미는 도덕행위의 심리학적 동기에 대한 설명이 아니라, 도덕적임의 정당화에 대한 이유의 논증을 요구하는 윤리학의 궁극적 물음이다. 이 물음이 윤리학의 궁극적 물음인 것은 도덕적 시비선악을 가리는 데 도덕인식론이나 도덕행위론을 알고 있지 않으면, 이런 물음을 할 수 없기 때문이다. 도덕이 무엇인지, 도덕적 옳고 그름의 원리가 어떤 것인지, 어떻게 도덕적일 수 있는지 하는 등의 문제를 인식하지 못하는 사람에게, 왜 도덕적으로 살아야 하는가? 하는 물음은 무의미하다. 이것은 도덕원리, 판단, 신념의 정당성을 추구하는 도덕 판단의 인식적 추론의 정당화 논변이 아니며 자신의 희생을 무릅쓰고서라도 왜 도덕 원리에 따라 살아야 하는가 하는 도덕철학의 궁극적 물음이다. 또한 이 물음은 윤리학의 모든 논제들을 포괄하고 있다는 의미에서 윤리학의 근본 물음이다. 서양윤리학은 이 물음에 대한 답변을 신의 명령설, 자기이익설, 공동이익설, 자아실현설 등으로 해명한다. 유가윤리에서 도덕정당화론은 궁극적 물음으로서 유가윤리의 본질을 잘 규명해준다. 유가윤리에서 도덕적 덕은 궁극적 목적의 수단이 아니라 그 자체가 목적이기 때문에 유가에서 그 논변의 출발점은 존재론이다. 유가의 윤리는 "인간은 본성적으로나 외형적으로 도덕적 존재이기 때문에 도덕적이어야 한다"는 당위의 명제를 이끌어낸다.

1. 서양윤리의 도덕성 정당화 논변[1]

1) 신의 명령설

도덕 정당성의 근거를 신의 명령에서 찾으려는 신의 명령이론은 몇몇 신학자들에 의해 시도되어왔다.[2] 그들은 도덕적으로 옳음이란 신이 명령한 것을 의미하며, 도덕적으로 그름이란 신이 금한 것을 의미한다는 신 명령이론을 체계화하였다. 이러한 논지는 윤리란 단지 개인의 감정이나 사회적 관습이 아니라 옳고 그름의 문제는 하나의 객관적이고 절대적 근거, 즉 신의 명령이라고 주장함으로써 도덕이론의 상대성과 보편성에 관한 해묵은 문제를 해결해준다. 뿐만 아니라 이러한 신 명령이론은 왜 인간이 도덕원리를 지켜야 하고 자기 자신의 이익만을 고려해서는 안 되는가 하는 윤리학의 어려운 문제를 해결해주는 실마리를 제공한다. 다시 말하면 신의 명령을 지키는 것이 도덕이고 신의 명령을 어기는 것이 부도덕이라면, 도덕적인 사람은 보상을 받게 되고, 부도덕

---

[1] 도성달, 『윤리학, 그 주제와 논점』(한국학중앙연구원 출판부, 2011), 489-506쪽 참조.
[2] 예컨대, Philip Quinn, *Divine Commands and Moral Requirement*; Elizabeth Ancome, *Modern Moral Philosophy*; Gene Qutka & John Reeder, *Religion and Morality*; Pawl Helm, *Divine Command and Morality* 등의 저작들에서 나타난다.

한 사람은 벌을 받게 될 것이라는 신앙적 믿음이 도덕적 당위성에 대한 해명이 될 수 있을 것이다.

그러나 이 이론은 신의 존재를 인정하지 않는 무신론자들에게는 도덕적 당위성에 대한 아무런 해명이 될 수 없다. 뿐만 아니라 경건한 신앙인의 경우에도 어려운 문제가 제기된다. 악행에 대한 처벌의 두려움이나 선행에 대한 신의 축복이나 보상에 대한 기대 때문에 신의 명령을 지키는 것이라면 이것은 이기주의 윤리설을 인정하는 경우에만 정당하다. 그러나 "왜 인간이 도덕적이어야 하는가?"라는 궁극적 물음의 진정한 의미는 도덕의 원리와 자기이익의 원리가 충돌할 때, 왜 자기 이익을 버리고 도덕적으로 살아야만 하는가에 대한 정당화의 요구이다. 말하자면 이 요구는 자기 자신의 최선의 장기적 이익을 도덕의 궁극적 원리로 삼는 윤리적 이기주의를 배척하는 것이다.

이러한 주장에 대해 신학자나 종교인들은 신의 계율을 지키는 것이 단지 신의 처벌에 대한 두려움이나 보상의 기대에 대한 이기적 동기 때문이 아니라, 그것이 옳은 것이기 때문에 지키는 것이라고 반박할 수 있다. 그러나 이 문제는 '옳음'이 과연 '신이 명령한 것'이고 '그름'이 '신이 금지한 것'이라고 정의될 수 있는지의 여부에 달려 있다. 이 문제는 예수 탄생 400여 년 전 이미 플라톤이 제기하였다. 그는 『대화편』「에우티프론」에서 "행위가 옳은 것은 신이 그것을 명령했기 때문인가, 아니면 그것이 옳은 것이기 때문에 신이 명한 것인가"라는 소크라테스의 물음을 통해서 이 문제를 제기하였다. 윤리학자 플루(Anthony Fleu)가 "어떤 사람의 철학적 자질을 알아볼 수 있는 가장 좋은 주제는, 이 물음의 중요성과 핵심을 파악할 수 있는지 여부를 알아보는 것"이라고 제시할 만큼 이 문제는 윤리적 사고과정에서 매우 중요하다. 플라톤의 논지에 의하면, 만약 우리가 옳음과 그름에 대한 신학적 개념을 받아들인다면, 그것은 "신이 그것을 명령하기 때문에 옳은 행위이다"라는 의미이거나, 아니면 "옳은 것이기 때문에 신이 명령한 것이다"라는 두 가지 의미로 받아들일 수 있다는 것이다.

먼저 첫 번째의 경우를 생각해보자. 성경 말씀 중에는 우리가 참되어야 할 이유를 단지 신이 명령한 것이기 때문에 우리가 지켜야 한다고 전하고 있는 것이 있다. 신이 명령한 것이기 때문에 옳은 것이라는 의미는 신이 명령한 것을 떠나서는 도덕적으로 선하지도 악하지도 않다는 의미로 해석할 수 있다. 그러나 우리는 신이 다른 명령, 가령 거짓말쟁이가 되라고 명할 수도 있다는 것을 가정할 수 있다. 그렇게 되면 거짓말은 악한 것이 아니라 옳은 것이 된다. 물론 신은 전지전능하고 전선(全善)의 표상이기 때문에 결코 그런 거짓을 명할 이유가 없다고 반박할 수 있다. 그러나 논리적으로 정직은 신이 명령하기 전에는 옳은 것이 아니었다는 점을 생각해보면, 신이 거짓을 행하라고 명령할 이유가 없듯이 정직을 행하라고 명할 이유도 없다. 다시 말해 윤리이론에서 보면 신의 명령은 그가 그것을 말했다는 사실 이외는 명령의 정당성에 대한 이유를 제시하지 않고 있다. 이런 점에서 그것은 전적으로 자의적이다. 만약 옳고 그름이나 선악이 신의 자의로 결정된다면, 신의 명령이 선하다는 주장은 아무런 의미가 없다. 왜냐하면, "X가 선하다"는 것은 "X는 신이 명령한 것이다"를 의미하며, 따라서 "신의 명령이 선하다"는 것은 단지 "신의 명령은 신에 의해서 명령된다"라는 것을 의미하는 것에 지나지 않기 때문이다. 라이프니츠는 이 점을 다음과 같이 지적한다.

사물이 어떤 사물의 법칙에 의해서 선해지지 않고 오로지 신의 명령에 의해서만 선해진다는 것은 인간의 무지로 인해서 신의 모든 사랑과 영광을 파괴하는 것으로 보인다. 왜냐하면 만약 신이 정반대되는 것을 명할 때에도 신이

찬양되어야 한다면, 신의 행위 때문에 그에게 영광을 돌려야 할 이유가 있겠는가?[3]

한편 밀은 만약 신의 명령이 선한 것이라는 충분한 이유가 제시되지 않는다면, 우리가 신의 명령을 따라야 할 이유가 신의 명령에 대한 두려움 이외에는 아무런 이유가 없다고 강조한다. 그래서 그는 "불복종에 대한 위협적 처벌 이외는 아무런 증거도 제시되지 않는 존재의 명령을 지키는 것이 선한 것이라는 어떤 증거가 있는가?"[4]라고 반문한다. 그의 주장은, 결국 신의 명령을 따르는 것은 그것이 선하기 때문이 아니라 단지 이기적 동기 때문이라는 것이다.

다음으로 우리는 신이 옳은 행위를 명령한 것은 '그것이 옳은 것이기 때문'이라는 가능성을 받아들일 수 있다. 말하자면 신은 무한히 지혜로운 존재이기 때문에 우리에게 진실만을 행하고 명령한다. 따라서 모든 계명들은 이런 방식으로 설명될 수 있다. 이러한 설명은 앞에서 제기되었던 신의 명령은 자의적이라는 논박을 피할 수 있고, 또 신의 명령은 신의 예지의 결과이므로 신성도 지켜진다. 즉 신의 명령이 선하다고 말하는 것은 신의 완전한 지혜로 최선이라고 생각하는 것만을 명령한다는 의미이다. 그러나 이러한 견해는 또 다른 난점을 제기하는데, 즉 옳고 그름의 신학적 개념이 의미를 상실하게 된다는 점이다. 신이 우리에게 명한 것이 옳기 때문이라고 한다면, 우리는 신의 의지와는 무관하게 옳고 그름의 표준을 인정하게 되는 셈이다. 이를테면, A라는 옳음이 논리

---

[3] Letroy E. Loemker (ed.), *Philosophical Papers and Litters of Leibniz*, vol.1 (Chicago: University of Chicago Press, 1956), pp.465-466.
[4] John Stuart Mill, *An Examination of Sir Williams Hamilton's Philosophy* (Boston: Spencer, 1865), p.131.

적으로 신의 명령과 독립적으로 존재한다면, 신이 아닌 누가 명령하더라도 옳은 것이다. 말하자면 신이 A를 명한 것은 그것이 옳음의 결과이기 때문이지 옳음의 원인은 아니라는 것이다. 이렇게 되면 윤리학과 종교는 아무런 상관이 없게 된다.

다음으로 이러한 논변과는 달리, 신의 계율을 지키는 것은 단지 자기이익의 동기에서가 아니라 자신이 섬기는 신에 대한 사랑과 존경심 때문이라는 주장도 가능하다. 그러나 신에 대한 사랑과 존경심에서 도덕적 행위를 하는 사람은 신을 사랑하고 숭배할 만한 도덕적 가치가 있다고 확신하고 그렇게 할 것이다. 만약 우리가 아무런 이유 없이 맹목적으로 신을 사랑한다면, 우리의 숭배대상이 당연히 존경받아야 한다는 보장이 없다. 그러나 우리가 신은 훌륭한 도덕적 자질을 지닌 존재라는 믿음 때문에 신을 사랑하고 존경한다면, 우리가 선한 행동을 하는 것은 신을 사랑하기 때문이 아니라 그가 우리의 사랑을 받을 수 있는 자질을 지녔기 때문이다.

그런데 "왜 도덕적이어야 하는가?"라는 물음에 대한 대답으로서 "나는 신을 존경하고 사랑하기 때문이다"라는 답변은 성립할 수 없다. 이 물음에 대한 정확한 답변은 "신은 옳은 존재이고 선성을 지닌 분이므로 이 세상에서 선을 증진시키기 원하시며, 따라서 그가 원하고 생각하는 바를 우리에게 명하기 때문이다"라는 대답이어야 한다. 이러한 논변은 결국 앞에서 지적한 두 가지 난점, 즉 신의 선성을 포기하거나 아니면 선은 신의 명령과 상관없이 존재한다는 주장을 인정한다는 전제에서만 가능하다.[5]

---

5 John Hospers, *Human Conduct: Problems of Ethics* (New York: Harcourt Brace Jovanovich, Inc., 1972), pp.187-188.

2) 자기이익설

윤리적 행위가 종국적으로 자기 자신의 이익을 증진시킨다는 자기이익설은 도덕의 정당화 논리를 설명하는 데 매우 설득적이다. 예컨대 "정직은 최선의 방책이다"라는 말의 의미나, "남이 필요로 할 때 도와주면 당신이 필요할 때 도움을 줄 것이다"라는 도덕적 언명은 도덕성의 동기를 자기 이익의 관점에 두고 있다. 그런데 이러한 언명은 직접적이고 물질적 이익을 추구한다는 점에서 조야한 이기주의(crude egoism)라 할 수 있지만, 한편으로 "남을 도와주라, 그러면 마음의 평화를 얻을 것이다"라는 진술도 이기적이기는 마찬가지이다. 마음의 평화를 얻기 위해 남을 도와주라는 언명은, 만약 남을 도와주어도 마음의 평화를 얻지 못한다면 그렇게 할 의무가 없다는 의미를 함축하고 있기 때문이다.

플라톤 이래 많은 윤리학자들은 도덕을 자기 이익으로써 정당화하는 것이 윤리 자체의 목표를 파괴하지 않는다는 점을 제시하고 있다. 그들은, 모든 요인들을 고려해볼 때 결국 덕행은 대가를 지불하고 악행은 그렇지 못하기 때문에 옳은 행위는 그 행위자에게 이익을 준다는 견해를 가지고 있다. 자기 이익으로써 도덕적 행위의 정당성을 시도하려 했던 플라톤은 『대화편』(국가론)에서 이 점을 상세히 설명하고 있다. 플라톤은 정의로운 삶, 즉 도덕적인 사람만이 그에 합당한 대가를 받게 되므로, 도덕은 장기적으로 자신에게 이로운 것이 된다는 점을 강조하고 있다. 예컨대 약속을 잘 지키고 채무를 잘 이행하는 사람은 다른 사람들로부터 신용이 있고 진실한 사람으로 인정을 받게 될 것이고, 그들로부터 존경의 대상이 되므로 결국 도덕적인 사람만이 행복할 수 있다는 논지이다. 그러나 플라톤이 자기 이익의 관점에서 도덕정당화론을 제기한 것은 인간의 진정한 행복에 대한 서술을 통해서이다. 그는 이웃 사람이나 동료들이 하는 자신에 대한 평가와는 상관없이 도덕적인 사람만이 행복하다는 것을 논증하고 있다. 그는 오히려 외부인들의 평가는 믿을 수 없고 변덕스럽기 때문에 그것은 도덕적인 사람의 행복의 근거로서 전혀 고려의 대상이 될 수 없다고 주장한다. 플라톤에 의하면, 도덕적인 사람이 누리는 행복은 다른 사람들의 자신에 대한 평판, 빈부, 신분, 건강 등과 같은 외적 상태가 아니라 자신의 내적 상태, 즉 영혼의 상태(state of soul)에 달려 있다는 것이다.

플라톤이 말하는 인간의 내적 상태란 이성적 요소, 정의적 요소, 욕구적 요소로서 행복한 사람이란 바로 이 세 요소가 전체 인격 속에서 제 기능을 충실히 수행함으로써 조화를 이루는 경우이다. 플라톤은 의사들이 신체적 건강조건을 규정하고 있는 것처럼 행복의 심리적 조건을 규정하고 있다. 그는 이 세 가지 성격 요소들이 조화로운 질서를 이루지 못한 사람은 아무리 훌륭한 외적 조건을 갖추고 있다 하더라도 결코 행복할 수 없다고 주장한다. 플라톤은 도덕적인 사람이 행복하며 부도덕한 사람이 불행하다는 명제를 논증하기 위해 가장 불행한 사람의 표본으로 잔인한 독재자나 폭군을 예로 들어 설명한다. 그는, 권력 탐욕에 눈이 먼 독재자나 폭군은 다른 사람의 운명을 지배할 수 있는 권력을 획득하기만 하면 가장 행복할 것이라고 생각하고 있지만, 실제로 그가 가장 불행한 사람이라고 주장한다. 왜냐하면 독재자나 폭군의 권력에 대한 욕망은 무한한 것이기 때문에 그는 권력을 잡으면 잡을수록 더 많은 권력을 탐하게 되고, 따라서 그것은 채워질 수 없는 욕망이라는 것이다. 관능적 쾌락이나 재물욕, 명예욕도 권력욕과 마찬가지로 이성의 힘으로 억제되지 않는다. 그래서 플라톤은 결코 채워질 수 없는 욕망을 채우려고 발버둥치는 사람의 생애가 가장 불행한 사람의 삶이라고 단정한다. 플라톤의 이러한 행복론은 오늘날 많은 정신의학자들이나 심리학자들이 인정하는 부분들이다. 이를테면 살인자, 사기꾼, 범죄자, 독재자 등은 복잡한 심리적 갈등을 겪기 때문에 진정한 마음의 평화를 누릴 수 없으며, 따라서 결코 행복한 사람이 될 수 없다는 것이다.[6] 요컨대 플라톤은 자신의 심리이론을 근거로 도덕은 행복의 필요조건일 뿐만 아니라 충분조건임을 논증함으로써 도덕성의 정당화를 행복이라는 자기 이익에 호소하고 있다.

플라톤의 이러한 도덕이론에 근거하여 오늘날 도덕과 자기 이익이 일치함을 주장하는 윤리학자들은 인간본성으로 이를 논증하고 있다. 말하자면, 인간은 본래 다른 사람의 복지에 관심을 갖게 하는 자비심이나 동정심을 지니고 있고, 잘못을 범하면 죄책감을 느끼게 하는 본성적 양심이 있기 때문에 인간본성의 이러한 요소가 억압된다면, 인간은 결코 행복할 수 없다는 것이다. 예컨대 심리학자 매슬로(Abraham H. Maslow)는 인간은 용기, 친절, 지성, 정직 등을 실현하려는 자아실현의 욕구를 지니고 있고, 이러한 욕구가 충족될 때 인간은 유쾌하고, 즐겁고, 열정적이며, 때로는 행복감에 도취되며, 반면에 이러한 욕구에 대립해서 행동할 때 불안, 좌절, 권태, 공허감 등을 경험하게 되어 불행을 느낀다고 주장한다.

이러한 도덕 정당화의 자기이익설은 도덕성의 동기화라는 관점에서 보면 상당히 설득적이긴 하지만 다음과 같은 점에서 적지 않은 반론이 제기된다. 첫째, 우리가 플라톤의 심리이론을 받아들인다 하더라도 그가 말하는 행복의 개념과 행복의 조건을 일반화할 수 없다는 점이다. 그는 모든 사람의 행과 불행은 외적 요인과는 무관하게 자신의

---

[6] John Hospers(1972), 앞의 책, pp.179-180.

내적 정신 상태에 달렸다고 주장한다. 그러나 대부분의 사람들의 행복감은 자신의 외적 조건, 이를테면 건강상태, 경제문제, 가족의 안위 등과 같은 문제와 무관할 수 없다. 또한 사람마다 행복의 기질(happy temperament)이 같을 수 없기 때문에 심리적, 정서적 불안 요인이 미치는 영향력도 사람에 따라 다를 수밖에 없다. 예컨대 천부적으로 행복의 기질을 타고난 사람은 최악의 시련과 고통을 당하더라도 이를 극복할 수 있지만, 반대로 그렇지 못한 사람은 아주 사소한 인생의 부침에도 불행을 느낄 수 있다. 따라서 플라톤의 행복론은 매우 높은 도덕적 자질이나 인품을 지닌 사람의 경우를 제외하고는 적용되기 어려운 이상론이다.

둘째, 도덕적 인간은 행복하고 비도덕적 인간은 불행하다는 명제가 항상 참인가 하는 점이다. 플라톤은 권력 탐욕에 눈이 먼 독재자나 폭군을 비도덕적 인간의 표본으로 선정하여 논지를 전개하고 있지만, 모든 도덕적인 사람들이 행복하다는 것을 논증한 것은 아니다. 그의 주장대로라면, 인간의 행복은 도덕성 없이는 성취될 수 없다는 점에서 도덕은 행복의 소극적 혹은 필요조건은 될 수 있지만, 행복의 충분조건은 아니다.[7]

셋째, 플라톤의 입론에 따라서 도덕과 행복을 연계시키려는 오늘날의 윤리학자들이나 심리학자들의 주장도 모든 인간에게 타당한 일반화 이론으로 보기 어렵다. 그들의 주장은, 인간은 본성적으로 자비심이나 동정심 또는 양심을 지녔기 때문에 이러한 인간본성이 억제될 때 심리적으로 매우 불행하다는 것이다. 그러나 그들이 이론적 근거로 제시한 자료는 제한적이다. 그러므로 이를 바탕으로 모든 사람의 도덕적 심리

---

[7] John Hospers(1972), 앞의 책, pp.177-178.

를 설명하기는 어렵다.

3) 공동이익설

도덕적 당위의 정당성을 사회공동체 내에서 근거를 찾으려는 공동이익설은 사회계약설에 기초하고 있다. 도덕의 사회계약설이라 할 수 있는 이 이론은, 국가는 사회생활에 필요한 규칙을 강제하기 위해서 존재하고, 도덕은 인간의 사회생활을 순화시키고 삶의 질을 고양시키기 위해 존재한다는 것이다. 또는 우리가 도덕행위자가 될 수 있는 것도 오로지 사회계약의 맥락 안에서만 가능한 것인데, 그 이유는 계약이 우리가 다른 사람에게 관심을 가질 수 있는 조건을 만들기 때문이라는 것이다. 그러므로 도덕이란 사람들이 서로를 어떻게 대우해야 할 것인가를 지배하는 일단의 규칙 안에서 존재하며, 그리고 이성적 인간은 각자가 상호 이익을 위해 다른 사람들도 똑같이 그 규칙을 따른다는 조건하에서 그 규칙을 받아들이기로 합의할 수 있다는 것이다.[8]

이러한 공동이익설은 이른바 '보편적 이기주의의 역설' 현상 때문에 모든 사람들이 자기 이익과 도덕이 대립할 때마다 자기 이익의 원리에 따를 결단을 내린다면, 그 결과 사회질서가 붕괴되고 그래서 결국 자신의 행복을 지킬 수 없다는 근거에서 나온 것이다. 홉스 식으로 표현하면 자연 상태에서 우리는 다른 사람이 자신을 해치지 않을 것이라고 아무도 확신하지 못하므로 항상 불안과 공포 속에서 살아가게 되며, 이렇게 되면 자기 이익의 증진은커녕 오히려 더 불행한 결과를 초래하게 된

---

[8] Kurt Baier, *The Moral Point of View* (New York: Cornell University Press, 1958), p.313.

다는 것이다. 따라서 어느 누구라도 도덕규칙을 보편적으로 따를 때 가장 행복해질 수 있다는 것이다. 이 경우 도덕이란 비록 도덕규칙을 따르는 것이 반드시 자기 이익과 일치하지 않더라도, 자기 이익은 모든 사람들의 동등한 이익 속에 존재한다는 이성의 명령으로서 모든 사람들이 압도적으로 받아들이는 원리인 것이다. 우리가 도덕규칙을 이런 식으로 받아들인다면 도덕과 자기 이익 사이에는 갈등이 없고 자기 이익을 무시하는 규칙을 따르는 것이 전혀 문제가 되지 않는다. 따라서 왜 "도덕적이어야 하는가?"라는 물음에 대한 대답은, 도덕적임은 "자기 이익이 모든 사람들의 동등한 이익 속에 있을 때에는 자기 이익을 무시하는 규칙을 따르는 것이기 때문이다"라고 할 수 있다.[9] 이런 점에서 공동이익설은 "왜 우리가 도덕적이어야 하는가?"라는 윤리학의 궁극적 물음에 가장 합리적이고 설득적인 대답을 줄 수 있으며, 따라서 도덕성의 정당화에 대한 가장 보편적 이론으로 받아들여질 수 있다.

그러나 궁극적 물음에 대한 이러한 답변은 "왜 사람들은 일반적으로 도덕적이어야 하는가?"라는 물음은 충족시킬 수 있지만, 그러나 "왜 나는 도덕적이어야 하는가?"라는 물음에 대한 답으로는 부적절하다.[10] 왜냐하면 궁극적 물음의 의미는 한 개인으로서 자기 이익보다는 도덕원리를 따르는 결단을 내려야 하는 이유를 묻는 것이기 때문이다. 다시 말해 이 물음은, 모든 사람들이 자기 이익에 최우선권을 부여하는 결단을 내린다면 다른 사람의 이익은 물론 자신의 이익마저도 좌절될 것이라는 점에 동의하는 사람일지라도, 자신은 도덕보다 자기 이익에 우선권을

---

[9] K. Baier(1958), 앞의 책, p.314.
[10] 이런 유형의 물음은 테일러도 제기하고 있다. Paul W. Taylor, *The Principles of Ethics* (Belmont: Dickenson publishing company, 1975), p.221.

부여하는 결단을 내림으로써 자기 이익을 증진시킬 수 있다고 확신하는 사람에 의해 제기될 수 있다. 예컨대 다른 사람은 갖고 있지 않은 어떤 특별한 권능이나 속성을 가지고 있다고 생각하는 사람은 자신은 다른 사람과 다르게 취급받아야 한다고 주장할 수도 있다. 그런 생각을 하는 사람의 대부분은 다른 사람들이 적어도 도덕적이고자 하는 결단을 내리는 상황에서 도덕보다 자기 이익의 원리를 따름으로써 자기 이익을 증진할 수 있고, 따라서 그것이 합리적이고 생각한다.

　이러한 도덕적 갈등 상황에 대해서는 일찍이 플라톤이 제기하였다. 그는 『국가론』에서 '기게스(Gyges)의 마술반지' 얘기를 통해 이 문제를 다루고 있다.

　기게스는 리디아 왕의 충직한 목자였는데, 어느날 큰 지진과 폭풍우가 일어나 양 떼를 먹이던 장소에 커다란 구멍이 생겨나게 되고, 그래서 그는 호기심에서 이 이상한 동굴 속으로 들어가게 된다. 기게스는 거기서 죽은 사람의 시체에서 황금반지를 빼내어 지상으로 올라온다. 그는 그 황금반지를 끼고 여러 사람이 모인 장소에서 우연히 앞뒤로 그것을 움직이다가 그렇게 하면 다른 사람들 눈에 자신의 모습이 보이지 않는다는 것을 알았다. 그는 이 마술 반지를 이용해서 국왕을 살해하고 결국 그 나라의 왕이 된다.
　그런데 만약 그런 반지가 두 개가 있어서, 하나는 의로운 사람이 끼고 다른 하나는 부정의한 사람이 낀다고 하자. 이 경우 아무리 정의로운 사람이라도 정의의 편에 서서 도덕적일 사람은 없을 것이다. 그는 시장에서 무엇이든 원하는 것을 아무 거리낌 없이 훔쳐낼 것이고, 아무 집에 들어가 원하는 사람과 정을 통할 것이고, 또 죽이고 싶은 사람을 죽이고, 요컨대 사람들 사이에서 신처럼 행세할 수 있는 힘을 가질 것이다. 그렇게 하는 데는 의로운 사람이나 불의한 사람이나 양쪽이 똑같을 것이다.[11]

이 이야기는 도덕에 도전하는 매우 역설적인 얘기지만 소크라테스의 의도는 도덕적 덕은 그 자체로 보상되며, 도덕적인 사람만이 결국 행복할 수 있다는 것을 보여주려는 데 있다. 그런데 우리는 『국가론』 마지막 부분에서 그 의도의 실마리를 찾을 수 있다. 우리는 이 고전적 이야기 속에서 기게스의 마술 반지가 의미하는 바를 도덕행위의 궁극적 물음과 관련해서 현대적 의미로 재해석해볼 수 있다. 오늘날 마술 반지를 가지고 있다고 생각하거나 믿고 있는 사람들은 도덕원리를 무시하고서도 얼마든지 자신의 이익을 증진시킬 수 있다고 확신할 것이다. 그들은 남이 갖지 않은 특별한 속성, 이를 테면 남다른 재주나 능력, 또는 권능을 가지고 있다고 믿기 때문에 공동 이익을 무시하는 것이 오히려 자기 이익을 증진시키는 방법이라고 생각할 수도 있다. 따라서 다른 사람의 이익을 동등하게 존중하는 것이 결과적으로 자신의 이익을 지키고 증진시킬 수 있다는 도덕정당화의 공동이익설 혹은 도덕의 사회계약론은 "왜 '우리'는 도덕적이어야 하는가?"라는 물음은 충족시킬 수 있지만, "왜 '나'는 도덕적이어야 하는가?"라는 물음에는 충분한 설명이 될 수 없다.

4) 자아실현설

서양윤리학에서 "왜 나는 도덕적이어야 하는가?" 하는 궁극적 물음에 가장 설득적인 대답을 기대할 수 있는 이론은 자아실현의 윤리설이다. 자아실현의 윤리는 최고선 혹은 도덕적 이상이 무엇인가 하는 인식론적 물음에서 시작한다. 이것은 "인간이 실현해야 할 궁극적 목적이

---

11 Platon, *Republic*, 359d-360d.

무엇인가" 하는 물음에서 풀어간다. 이 궁극적 목적은 인간이 도덕적 완전성을 성취하기 위한 절대적 기준이며 도덕적 이상이며, 개인에게는 인간의 본질 완성 혹은 자아실현이다. 소크라테스, 플라톤, 아리스토텔레스로 이어지는 목적론적 윤리체계는 인생에서 추구할 만한 유일한 가치는 영혼, 즉 정신(psyche)의 참된 자아의 발견이다. 참된 자아만이 악에서 선을 분별할 수 있고 언제나 선한 것만을 확실하게 선택할 수 있는 정신적 통찰력을 지닐 수 있다. 개인은 자신의 타고난 잠재능력을 통해서 도덕적 완전성을 추구함으로써 자신의 본성을 완전하고 충실하게 실현한다. 자아실현 윤리의 계보는 소크라테스, 플라톤, 아리스토텔레스, 스토아학파, 그린(T. H. Green), 버틀러, 브래들리 등의 윤리사상으로 이어진다. 자아실현의 윤리는 개인의 최고선 혹은 도덕적 이상을 자신의 진정한 본성으로 실현하는 것이다.

먼저 스토아학파의 자아실현 이론을 살펴보자. 스토아학파가 추구하는 최고선의 이념은 덕이다. 덕이 곧 인간의 본성에 합일하는 삶으로 규정되기 때문이다. 덕은 자연의 법칙에 순응하는 것이며, 이는 곧 이성과 일치하는 삶을 의미한다. 이렇게 보면 스토아 윤리에서 말하는 자연은 내적 자연인 이성과 외적 자연인 자연의 섭리, 두 가지 의미를 동시에 가지고 있다. 제논이 최고선은 자연의 섭리이며, 이는 곧 자신의 본성에 따르는 삶이라고 최초로 선언한 이래로, 모든 스토아학파 사상가들이 한결같이 주장해온 명제이다. 스토아학파의 완성자라고 할 수 있는 아우렐리우스는 자연의 법칙과 이성을 동일시한 사상가이다. 그는 인간의 영혼이 이성과 일치하기 때문에 이성의 법칙에 따라 생활할 것을 강조했다. 이성만이 모든 감정적 격변과 번민을 통제할 수 있다고 믿었기 때문이다. 우리가 감정을 억제하지 못하고 지속적인 번민에 싸이는 이유는 잘못된 예견 때문이다. 그러므로 우리가 불행의 원인인 감정을 정확하게 이해하고 조절할 수 있다면, 자연과 조화를 이루는 평화로운 삶을 살 수 있다는 것이다.

다음으로 그린은 현대적 자아실현 윤리이론의 완성자라고 할 수 있다. 그린은 쾌락주의자들이 선에 대한 개념 규정을 잘못 적용하고 있다는 점을 지적하는 데서 자신의 자아실현의 이론을 제시한다. 그가 말하는 도덕원리는 공리주의자들이 주장하는 사회적 유용성이나 쾌락이 아니라 인간됨의 실현, 즉 자아실현이다. 인간은 타고난 정신을 통해서 그 실현이 자신에게 진정 좋은 것이 되는 확실한 능력을 지니게 되고, 이것을 통해서만 자신을 만족시킬 수 있게 된다. 그런데 인간됨의 실현은 사회생활의 완전성을 의미하는 것이므로, 자아실현은 사회적 인간이 되어야 한다는 것에 다름 아니다. 인간은 개인의 자질이나 우수성만으로 인간의 완성을 달성할 수 없는 사회적 존재이다. 개인의 선은 공동선 속에 마땅히 포함되어야 하며 따라서 공동선을 통해서 자아실현이 가능하다는 것이다. 궁극적 선이란 추구할 수 있는 형태의 쾌락이 아니라 '본질적으로 바람직한 지각 있는 삶의 형식'이라는 것이다. 그는 "모든 사람의 의지는 지각 있는 자아실현 원리의 한 형태이다"[12]라고 설명한다. 자아실현은 실천이성이라는 의식의 주체에 의하여 완전히 실현될 수 있음을 강조한다. 도덕적 이상으로서 진정한 선은 자아실현을 통한 자기만족에서 가능하다는 것이다.

그는 아리스토텔레스가 "아름답거나 고상한 것에 대한 욕망, 이것이 모든 덕의 공통된 성격이다"[13]라는 명제가 선의 속성을 잘 요약하고 있

---

[12] Thomas Hill Green, *Lectures on the Principles of Political Obligation* (London: Longmans, 1941), p.193.
[13] Aristoteles, *Nicomachean Ethics*, p.7.

다고 주장한다. 그린이 보기에 이 명제는 인간 능력의 최대 실현을 향한 인간의 의지가 덕의 공통기반이 된다는 점을 밝히고 있다. 이 의지의 방향은 습관을 기초로 하지만 가장 초보적인 성찰의 단계에서조차도 인성의 지시를 받지 않으면 안 된다. 인간의 진정한 선은 인간정신의 능력을 탁월하게 발휘하거나 실현하는 것이다. 그리고 정신적인 능력의 실현은 부수적인 쾌락이나 대가가 아니라 목적 자체를 위해 일을 추구하는 사람에게 새로운 의미의 대상이 된다. 그린은 사람들이 그런 의식을 가지도록 깨우치고 그동안 하던 일도 새롭게 한다는 정신으로 하도록 만드는 것이 소크라테스를 이어받은 철학자들이 할 일이라고 역설한다. 그것은 외재적인 목적에 대한 수단으로서 덕스러운 실천과 관계를 맺는 것이 아니라, 대상 그 자체를 위해 관계를 맺는 것이다. 그것은 바로 선이란 그 자체를 위해 추구되어야 하며, 그렇게 추구되면 그것이 좋음의 원리를 확립한다는 것이다. 덕은 목적에 대한 수단이 아니라 목적 자체로서 최고선이다.

그린의 자아실현 윤리사상은 브래들리(Francis Herbert Bradley)에게 그대로 이어진다. "왜 나는 도덕적이어야 하는가?" 하는 물음을 묻는 사람들은 대체로 합리적 관점에서 도덕이 추구하는 목적이나 목표가 무엇인지를 묻는다. 이러한 물음의 이면에는 도덕이란 그 자체가 목적이 아니라 다른 목적을 위한 수단이라는 의미를 지닌다는 것이다. 그러나 "왜 내가 도덕적이어야 하는가?"라는 물음이 도덕적 관점을 갖는다고 하는 것은, 덕 자체는 다른 것의 수단이 아니라 그 자체의 목적을 가지고 있다는 전제에서이다. 도덕은 어떻게, 그리고 어떤 점에서 그 자체가 목적인가? 그는 이것을 '자아실현'이라고 말한다. 그런데 자아실현이 목적이라는 걸 어떻게 증명하는가? 그는 이 명제를 직접 증명할 수 없다는 것을 솔직히 인정한다. 그가 의존하는 것은 직관적 도덕의식이다.

그는 "내 자신의 것이 아니고 나의 활동 밖에 있지만, 그럼에도 내가 실현하고 그리고 내가 실현해야 한다고 생각하는 목적은 분명히 있다"[14]고 주장한다. 최선아(最善我)를 실현해야 하는 것은 도덕적 의무이며 이것이 이상적 자아이다.

도덕은 이상적 자아의 실현이라는 의미에서 자아실현과 동일 연장선에 있다. 그렇다면 이상적 자아의 내용은 무엇인가? 자아실현의 내용은 '나의 지위와 의무'에서 나온다. 인간이 인간인 것은 자신의 존재를 인간 사회에서 끌어내기 때문이며, 인간은 보다 큰 삶의 개인적 구현이기 때문이다. 보다 큰 삶, 이를테면 가족, 사회, 국가는 도덕적 의지이며 개인적 의지로서 그것의 보편적 실현은 도덕적 인간을 만든다. 훌륭한 사람은 그 사람의 전 생애를 통해서 평가하는 것이지 단순히 부분적인 것은 아니다. 그것의 대부분은 그의 성실성에 있는 것이며, 그 정신에 따라서 자신의 의무를 다하고 가족, 사회, 국가의 성원으로서 자신의 역할을 다하는 것이다. 이러한 영역이 자신에게 요구한 것에 그가 만족할 때 그는 훌륭한 자아가 요구한 것을 주로 수행한 것이다. 그러면 도덕성과 자아실현은 같은가? 도덕의 목적은 자아를 실현하는 것이고, 모든 형태의 자아실현은 모든 도덕의 영역에 포함된다. 그러므로 도덕은 자아실현의 과정이며, 가장 도덕적인 사람은 가장 충실히 그리고 가장 열심히 인간의 본성을 실현하는 사람이라고 말할 수 있다. 덕은 탁월함이며 최고의 탁월함은 가장 덕스러운 것이다. 그는 도덕은 선의지로서 자아의 실현이라고 강조한다. 이런 점에서 그는 철저하게 칸트주의자이다. 그러나 그는 추상적 도덕법칙의 이념이나 형식에 매달리지 않는다. 그러면서도 그는 대부분의 자아실현 윤리사상가들이 그렇듯

---

[14] F. H. Bradley, *Ethical Studies* (Oxford: The Clarendon Press, 1952), p.65.

이 도덕적 이상주의를 추구한다. 도덕의 목적으로서 이상적 자아의 실현은 가시적인 것도, 보편적인 것도, 완전히 실현되는 것도 아니라는 것이다. 그러므로 도덕은 그 목적이 완벽하게 실현될 수 없는 것이기 때문에 결국 하나의 이상이다. 그래서 도덕은 단지 긍정적인 것만이 아니라 또한 부정적인 것이기도 하다. 선의지로서 자아는 본성적 욕구나 애정, 충동 등과 같은 거친 요소들과 대항해야만 한다. 이러한 요소들은 그 자체가 악은 아니지만 훈련되고 억제되고, 또한 고무되어야 한다. 때문에 도덕의지는 제한적일 수밖에 없다.

그래서 브래들리는 도덕의 본질을 모순관계로 규정한다. 도덕은 본질적으로 네거티브 요소를 지니고 있다. 도덕이 자아실현의 과정이라고 할 때, 그것은 이상적 자아를 의지 안에서 실현하게 하는 것이다. 뿐만 아니라 자아실현의 과정은 인간의 본성적 자아 안에 내재하고 있는 부정적 요인을 변형시킴으로써 비체계적인 본성적 요소와 악의 자아가 실재하지 않도록 하는 것이다. 그렇다고 도덕이 이런 요인들을 완전히 제거하는 것은 아니다. 도덕은 결코 실현될 수 없는 것을 실현하라고 자신에게 말한다. 어느 누구도 완전하게 도덕적인 적도, 도덕적일 수도 없기 때문이다. 완벽하게 도덕적인 사람에겐 더 이상 도덕이 필요치 않다. 불완전함이 없는 곳에는 당위가 없고, 당위가 없으면 도덕도 없다. 당위는 하나의 자기모순이다. 그러므로 자기모순이 없으면 당위도 없다. 도덕이 모순을 내포한다고 하는 것은 이런 관점이다.

그렇다면 누가 가장 도덕적인 사람인가? 이것은 누가 가장 완벽한 사람인가를 묻는 게 아니다. 이것은 누구의 의지가 이상적 인간 유형과 가장 일치하는지가 아니라 누구의 의지가 자기 자신의 이상에 가장 일치하는가 하는 것이다. 얼마나 도덕적인가 하는 평가는 그가 인류의 발전에 얼마나 공헌했는지가 아니다. 순수한 도덕적 기준으로 사람을 판단한다면 야만인은 문명인보다 수준은 낮지만 보다 도덕적인 사람일 수 있다. 그러므로 가장 도덕적인 사람은 자신의 지성이 자신에게 최선이라고 말해주는 것에 따라서 행동하려는 사람이다. 그리고 만약 두 사람의 지성이 똑같을 경우, 그들이 성취한 것의 많고 적음으로 도덕을 판단할 수 있을까? 그의 대답은 '그렇지 않다'이다. 모든 사람의 공식적 에너지는 똑같지 않다. 처음부터 자아가 동등하지 않다면 단순히 각자가 실현한 것으로 도덕적 비교를 할 수 없다는 것이다. 사람마다 그 지성이나 공식적 에너지뿐만 아니라 그 기질에서도 다양하기 때문이다.

브래들리의 자아실현 윤리이론은 플라톤, 아리스토텔레스로 시작하는 고전적 자아실현 윤리이론에서부터 스승인 그린의 윤리사상을 이어받은 자아실현 이론의 최종 완성판이다. 특히 그의 자아실현 관념과 도덕적 의무 개념은 칸트의 선의지와 자아 개념에 직접 영향을 받았다. 뿐만 아니라 그는 헤겔의 이상주의 도덕관념과 사회적 의무론에도 영향을 받았다. 그는 왜 도덕적이어야 하는가? 라는 도덕의 정당화 문제를 덕이 곧 행복이라는 가정에서 출발하지 않는다. 이 점에서 그의 자아실현의 윤리는 플라톤, 아리스토텔레스의 고전적 자아실현 윤리와 구별된다. 그는 덕이 다른 무엇을 위한 수단이 아니라 그 자체의 목적, 즉 자아실현임을 역설한다. 그래서 그의 도덕의 정당화 논변은 "왜 우리는 도덕적이어야 하는가?"가 아니라 "왜 나는 도덕적이어야 하는가?"에 초점을 둔다.

2. 유가윤리의 도덕성 정당화 논변

1) 선진유가의 인성론적 해명

유가윤리에서 "왜 도덕적이어야 하는가?"라는 물음은 인간은 본질적으로 도덕적 존재라는 인성론으로 해명된다. 선진유가들은 인간의 도덕성 회복을 통해 이상사회를 구현하려면 인간을 도덕적 존재로 규정해야만 했다. 그들은 "인간의 본성은 무엇인가"라는 존재론적 물음을 통해서, 모든 인간은 인(仁)이라는 가장 기본적인 도덕성을 지니고 있는데, 이것은 인간에게 선천적으로 주어진 것으로 간주한다. 선진유가들은 인간의 도덕적 본성의 논거를 고대로부터 내려온 "인간은 생명을 천(天)으로부터 받은 것이다"라는 사상에 두고 있다. 그래서 유가의 윤리사상은 한마디로 "천도를 본받아 인도를 세운다[法天道 立人道]"는 사상 체계라고 할 수 있다. 선진유가들은 천을 생산적 역량을 갖춘 만물의 모태일 뿐만 아니라, 선하고 정의로운 성격을 소유하고 있는 존재로 상정한다. 유가의 전통에서 성과 명의 관계는 『중용』의 "하늘이 명한 것을 성이라 하고, 성에 따름을 도라 한다[天命之謂性 率性之謂道]"라는 표현으로 대표된다. 그래서 "천(天)의 선한 성격이 인간에 내재된 것이 바로 성이다"라는 입장을 취하여, 인간을 도덕적 존재로 정치시켜 인간의 도덕성을 보편적이고 선험적인 것으로 규정한다. 따라서 천이 지닌 일정한 규율은 인간사회의 규범이 되는 것이고, 자연 질서가 곧 인간사회의 도덕질서가 된다.

맹자는 인간이 지닌 도덕의 보편성과 절대성을 확보하기 위해 "이것(性)은 천이 우리에게 부여한 것이다"[15]라고 하여 그 근거를 천에서 찾는다. 선진유가들은 인간이 도덕적 존재라는 것을 증명하기 위하여 인성론을 전개하였는데, 이때 그들은 먼저 역사적 개념으로서 천을 상정하고 이 천에는 선한 작용만이 있다는 사실을 전제하였다. 그래서 "천명의 표현이 인성이다"라고 말함으로써 인간은 도덕적 존재라는 주장의 근거를 확보하였다. 이것은 "마음을 다하면 그 성(性)을 알고 그 성을 알면 천(天)을 안다"[16]는 맹자의 말에서 잘 드러난다. 그런데 이 선한 인간의 본성에도 불구하고 인간이 항상 선한 행위만 할 수 없는 것은 욕심 때문이다. 누구나 도덕적 완성을 이루어 성인이 될 수 있지만, 욕심으로 인해 선한 마음이 흐려졌기 때문에 완성할 수 없는 것이다. 공자는 "인은 멀리 있는가? 내가 인을 하고자 하면 인이 곧 이르는 것이다"[17] "인을 행하는 것은 자기로부터 말미암는다"[18]라고 하여 인의 실현 근거를 인간 내면에서 찾는다. 맹자 또한 "성인은 우리 마음의 다 같이 그러한 것을 먼저 체득했을 뿐이다"[19]라고 하였다.

맹자가 말하는 인간본성은 두 가지 개념인데, 광의의 본성은 인간이 천성적으로 타고난 성질 모두를 의미하는 것이고, 협의의 본성은 인간을 다른 동물과 구분해주는 인간만이 가지는 고유한 성질을 의미하는 개념이다. 맹자의 인성론은 협의의 인성에 초점이 맞추어져 있지만, 악의 발생과 관련해서는 광의의 인성 개념과 관련된다는 점에서 광의의 인성 개념도 의미를 지닌다. 맹자는 "인은 사람이니, 합하여 말하면 도이다"[20]라고 말하는데, 이는 인이란 것은 사람이 사람되는 도리이며, 어진 이치로 사람의 몸에 합하여 말하면 이른바 도라는 것이다. 또한 맹

---

[15] 『孟子』, 「告子 上」.
[16] 『孟子』, 「盡心 上」.
[17] 『論語』, 「述而」.
[18] 위의 책.
[19] 『孟子』, 「告子 上」.
[20] 『孟子』, 「盡心章句 下」.

자는 인간에 육체로 말미암아 '먹고 번식하려는[食色] 성'이 있지만, 이것은 인간을 짐승이나 새와 같은 다른 동물과 구별되는 성이 아니라는 점에서, 인간의 성이라 할 수 없다고 했다. 인간의 성은 오직 인간을 인간이게 하는 '인간 고유의 마음에 근본한 성', 곧 인의예지에만 한정된다고 했다. 맹자는 이것을 인간 본성의 네 가지 마음, 곧 사단(四端)으로 명명한다. 이것은 맹자가 인성의 중핵적 요소를 중심으로 인간을 바라보는 인성론이다. 맹자는 인간의 신체적 욕구·욕망은 다른 동물들과 공유하고 있는 성질로 간주하지만, 그런 도덕성은 인간만이 가진 고유한 것으로 규정한다.

맹자는 인간만의 고유한 특성인 도덕성을 인간의 '인간다움'을 잘 드러내주는 인간의 본질적 성질로 본다. "인은 사람다움이라는 뜻이다[仁也者 人也]"[21]라고 한 이 언명은 도덕성을 인간성의 본질로 보는 것임을 잘 말해주는 대목이다. 물론 맹자의 인성론에서 보면 인간의 도덕적 본성이 곧 실천으로 연결되는 것은 아니다. 맹자는 인간이 동물과 구분된다는 의미에서 '입명(立命)'이라는 표현을 했다. 이것은 우리가 먼저 진심(盡心)과 지성(知性)을 통해 명에 대해 올바로 알게 된 후, 자각의식을 바탕으로 그 명의 실현에 적극 참여하고자 할 때 이루어지는 결과를 나타내는 말이라 할 수 있다. 이렇게 보면 인(仁)/부자(父子), 의(義)/군신(君臣), 예(禮)/빈주(賓主), 지(智)/현자(賢者), 성인(聖人)/천도(天道)의 관계에서, 인의예지는 인성에 내재하는 도덕성임과 동시에 인간관계에서 실현되어야 할 도덕규범이다. 그러므로 도덕규범으로서 인의예지를 구현하기 위해서는 도덕적 본성만으로 부족하고 인간의 자각적 노력이 필요하다. 이처럼 선진유가들은 초월적 존재로서의 천을 인간에게 도덕성

---

21 『孟子』, 「盡心 下」.

을 부여하는 존재로 내재화시킴으로써 인간의 주체성을 확립하는 동시에 도덕행위의 당위성과 필연성을 내세우게 된다. 인간은 본성적으로 도덕을 지닌 존재이므로 이러한 인간의 존재론에서 보면 인간의 도덕적 당위성은 필연적이고 자연적인 것이다.

2) 외적 차원의 존재론적 해명

유가의 사상에서 보면 모든 물의 내적 이치가 자연의 이치에서 유래하듯이, 외적 형태도 자연에서 유래한다. 인간의 형태도 '천원지방(天圓地方)'의 자연 형태를 그대로 모방했다는 것이다. 내적으로는 인간의 본성은 인의예지의 도덕성이 부여되었기 때문에 그것을 온전히 회복하여 실현해야 하는 것이고, 외적으로는 인간의 몸이 하늘은 둥글고 땅은 네모난 자연의 모습을 고스란히 전해 받았기 때문에 천지의 질서를 따라서 살아야 한다는 것이다. 맹자가 "형색(形色)은 천성(天性)이니, 오직 성인인 뒤에야 형색을 온전히 보존할 수 있다"[22]고 한 표현은 이를 두고 한 말이다. 사람의 형체와 색은 각기 자연의 이치가 있지 않음이 없으니, 이것이 바로 천성이다. 보통 사람들은 이 형체를 가지고 있지만 그 이치를 다하지 못하기 때문에 그 형체를 실천할 수 없다는 것이다. 자연의 이치를 닮은 인간의 구체적 형색은 천지의 구조와 인간 몸의 구조 간의 유사성에 대한 다음 글에서 잘 나타난다.

오직 인간만이 천지와 짝한다. 인간에게 360개의 뼈마디가 있는 것은 하늘의 수(1년 365일)에 짝하고, 형체골육은 땅의 두터움에 짝하고, 이목의 청

---

22 『孟子』, 「盡心 上」.

명함이 있는 것은 일월의 상(像)이고, 몸에 구멍과 혈관이 있는 것은 천곡(川谷)의 상이고 …… 머리가 크고 둥근 것은 하늘의 모습을 상징하고, 머리카락은 성신(星辰)을 상징하고, 흉중(胸中)의 달지(達知)는 천지(天地)의 신명(神明)을 상징한다.[23]

이것은 동중서의 이른바 '천인감응설'의 토대가 되는 부분이다. 그는 천지의 요소와 인간의 신체적 요소가 어떻게 짝하고 있는지를 설명한다. 이는 천(天)과 인(仁)의 상관관계의 외형을 가지고 천명을 설명하는 것이다. 그것은 천과 인간의 외형적 닮음이라는 존재론적 사실을 통해서 '닮아야 함'이라는 당위론적 가치를 주장하는 것이다. 천형 이론에서 보면 인과 물의 차이는 기의 편정(編正)에서 유래하는데, 바른 기를 얻어 천명과 통하고 천원지방을 닮아 직립하는 인간에게 자신의 형체에 주어진 이치를 실현하는 일이 곧 사천(事天)하고 사친(事親)하는 일이다. 천지의 형태와 인간의 형태가 같다는 사실의 논리를 통해 인간은 자신에 주어진 하늘의 이치를 닮아야 한다는 당위의 논리를 이끌어낸다. 『소학』에서 효의 실천이 강조되는 이유도 이런 뜻과 무관하지 않다. 효자는 부모의 뜻을 잘 따르고 부모를 닮은 사람이다. 불효자는 부모를 닮지 못한 사람, 즉 '불초자(不肖子)'이다. 유가사상에서 아버지는 작게는 부모이지만 크게 보면 '우주'의 상징이다.

선진유가들의 이러한 천형이론은 인간의 도덕적 당위성과 정당성을 강조하기 위한 견강부회(牽强附會)의 억지 논리라는 느낌을 준다. 뿐만 아니라 천원지방은 현대 자연과학의 객관적 사실과도 맞지 않은 잘못된

---

[23] 『春秋繁露』, 「人副天數」; 방세영, 「주자 예론의 윤리학적 연구」, 한국학중앙연구원 한국학대학원 박사학위논문(2005), 38-39쪽.

이론이다. 그럼에도 고대 유학자들은 인간이 본성뿐만 아니라 외형적으로 천지를 닮았기 때문에 자연의 질서를 따라 살아야 한다는 당위적 명제를 생각한 것이다. 신유학자들은 선진유가들의 투박하고 어색한 도덕적 정당론을 형이상학을 통해 한 단계에 끌어올린다. 그것이 바로 신유학의 이기론이다.

3) 신유학의 존재론적 해명: 존재에서 당위로

선진유가들의 인성론의 근거를 형이상학적으로 정당화한 것이 신유학의 이기론이다. 먼저 태극, 즉 이(理)는 모든 존재의 궁극적 근원이다. 총체적으로 말하면 이는 우주의 형성 원리이고, 개별적으로 말하면 개개사물들의 존재원리이다. 이는 안치할 수 있는 방향과 장소도 없고 형체나 지위도 없지만 시공을 초월하여 언제 어디에도 절대적으로 존재할 뿐만 아니라 만물에 선재(先在)한다. 이가 있어야 사물이 존재하는 이치는 마치 초목에 씨앗이 있어야 비로소 초목이 생기는 것과 같다. 또한 이는 만물의 주재자(主宰者) 혹은 사물의 존재 양식을 통제하는 원리이다. 이는 만물이 '그렇게 될 수 있도록 하는 존재자[所以然者]'일 뿐만 아니라, 동시에 '마땅히 그렇게 해야만 하는 법칙[所當然之則]'을 가지고 있다. 뿐만 아니라 리는 선 자체이며 모든 선의 근원이며 표준이다. 주자가 "태극은 지극히 좋고 지극히 선한 도리이다. …… 태극이란 천지만물의 온갖 선 가운데서도 지극히 좋은 표덕(表德)이다"[24]라고 한 것은 이런 의미이다.

---

[24] 『朱子語類』 권94, 「謙錄」; 오오하마 아끼라 지음, 임헌규 옮김, 『주자의 철학』(인간사랑, 1997) 참조.

이처럼 초월적, 내재적 존재로서 태극, 즉 이가 인간에게 내재화되어 나타난 것이 인성이다. 그러므로 인간의 본성은 선하고 인간은 도덕적 존재이다. 신유학자들은 도덕행위의 당위성을 인간 존재의 근원에 합치시킨다. '성즉리'의 논변은 바로 존재와 당위를 일치시키는 명제이다. 인간의 본성이 이이기 때문에 인간의 도덕 행위가 본성에 의하여 자연 필연적이다. 그렇게 되어야 하는 까닭[所以然之故]인 존재의 법칙에서 '그렇게 해야만 하는 법칙[所當然之則]'인 당위의 법칙이 나오는 것은 지극히 자연스럽고 필연적인 것이다.

> 이미 사물이 존재하면 그 사물이 만들어지는 소이가 있고, 마땅히 그러한 법칙이 있지 않음이 없기에 만물이 스스로 그만둘 수 없다. 이 모두 천이 부여한 것으로부터 얻은 것이지 사람이 할 수 있는 것이 아니다.[25]

군주가 어진 것은 군주이기 때문에 어쩔 수 없이 인애(仁愛)를 행하는 것이 아니라 자연적으로 행하는 것이다. 어버이가 자애롭고 자식이 효도하는 것도 마찬가지라는 것이다. 임금이 인(仁)해야 하는 것, 신하가 경(敬)해야 하는 것, 부모가 자(慈)해야 하는 것, 자식이 효(孝)해야 하는 것, 친구에게 신(信)해야 하는 것 등은 소당연지칙이다. 소이연지고는 '왜 그래야 하는지' 그 원인이라는 의미인데, 이것은 어떤 사물이 존재하는 근거 혹은 본질이다. 이처럼 소이연지고는 인간을 포함한 만사만물이 모두 그렇게 존재해야 하는 이치를 가지고 있는 존재의 원리 혹은 법칙이다. 또한 그것은 인간이나 사물이 어김없이 밟아가야 할 목적으로서 그만두려고 해도 그만둘 수 없는 행위 법칙이다. 이렇게 보면 유

---

25 『大學或問』; 이강대, 『주자학의 인간학적 이해』(예문서원, 2000), 39쪽 재인용.

가의 윤리에서 인의예지는 인간의 본성 혹은 존재원리이면서 동시에 내가 실천해야 할 당위의 법칙이기도 하다. 인의예지가 존재의 원리라는 말은 그렇게 해야만 사람답게 된다는 의미이다.

임금이 임금답고, 신하가 신하답고, 부모가 부모답고, 자식이 자식답지 않으면 임금이 아니고 신하가 아니고 부모가 아니고 자식이 아니다. 그래서 "인하지 않으면 인간이 아니다[不仁而 非人也]." 사람이 사람일 수 있는 까닭은 사람의 존재 원리 때문이다. 그렇지 않으면 사람일 수 없다. 그러므로 존재의 원리를 실천하는 당위의 법칙이 요청되는 것이다. '사람됨'이라는 인간의 존재법칙이 '사람다움'이라는 행위 규범의 근거이다.[26] 이처럼 유가철학이 이를 존재의 원리로서 소이연지리와 당위의 원리로서 소당연지리로 이해하여 존재와 당위의 합일구조를 정립한 궁극적 목적은 "인간은 마땅히 도덕적이어야 한다"는 당위의식에 있는 것이다. 인간이 도덕적이어야 하는 이유는 인간은 처음부터 도덕적인 존재이기 때문에 당연히 도덕적인 것이다. 그래야 인간이 인간다움을 지닐 수 있는 것이다.

4) 기질지성의 논변: 사람이 사물과 다른 이유

유가윤리에서 기는 이와 더불어 모든 사물의 생성과 존재를 설명하는 우주 만물의 본체이다. 현상계의 모든 사물은 모두 이와 기의 두 면을 가지고 있다. 인간도 예외가 아니다. 이는 만물의 성(性)을 결정하는 원인이고 기는 만물에 형체를 부여하는 원인이다. 주자가 "천하에는

---

[26] 이강대(2000), 앞의 책, 41쪽.

이 없는 기가 없고, 또한 기 없는 이도 없다"[27]고 한 것도 이런 까닭이다. 본체론에서 보면 이가 각각의 사물에 그 특성을 부여하는 존재이지만 현상계에서 보면 모든 사물은 이와 기가 결합하여 구성되므로 이 둘은 서로 분리될 수 없다. 현상 사물은 모두 이와 기가 결합하여 아우러진 존재이므로 이 둘은 동등한 존재이며 선후의 분별이 있을 수 없다. 그러므로 이와 기는 존재에 필연적인 관계이며, 운행에 서로 의존적 관계이다.

그런데 도덕철학적 관점에서 이기의 관계에 대한 설명은 또 다른 의미가 있다. 그것은 왜 인간이 다른 존재와 달리 도덕적 존재인가를 재확인하는 것이다. 기는 만물의 생원(生源)이지만 그러나 생산은 기에 의한 것만이 아니라 이의 협동에 의한다. 이는 성과 연결되고 도덕에 연결된다. 기는 몸과 연결되고 형체와 연결된다. 모든 사물, 모든 현상이 이와 기의 협동에 의한 것이지만 그러나 사물과 현상은 천차만별이다. 그것은 기에 종상(種相)이 있어서 그 가운데 어떤 기를 받았는가 하는 점에 기인한다. "이의 관점에서 말하면 만물은 일원으로 인물귀천(人物貴賤)의 차이가 없다. 기의 관점에서 말하면 바름[正]과 통(通)한 것을 얻으면 사람이 되고, 치우치고[偏] 막힌 것[塞]을 얻으면 물이 된다."[28] 사람과 물의 서로 다름은 기의 품수에서 바름과 치우침, 통함과 막힘에 있다. 사람과 사람이 서로 다른 것도 이와 마찬가지이다. 그 품부받는 질이 맑으면 지(智), 탁하면 우(愚), 아름다우면 현(賢), 더러우면 불초(不肖) 등의 차이가 있을 수밖에 없다. 기의 정편, 통색은 또한 가치개념이다. 『논어』에 "나면서 아는 자는 최고요, 배워서 아는 자는 그다음이요,

---

27 『朱子語類』권1, 「銖錄」; 오오하마 아끼라(1997), 앞의 책 참조.
28 『大學或問』.

곤(困)하나 배우는 자는 또 그다음이요, 곤하면서도 배우지도 않는 자는 백성으로서도 아래가 된다"[29]고 한 것은 이런 의미이다.

또한 신유학자들은 기를 도덕과 결부시킨다. 기는 항상 유동하는데, 음양이란 기의 유동에서 폄[伸]과 돌아감[歸], 그리고 동과 정의 측면에서 파악한 추상적 명칭이다. 유학에서 음양오행은 천지의 만물을 낳는 근원으로서 일체이지 별개의 존재가 아니다. 기 가운데서 맑은 것은 기가 되고, 탁한 것은 질(質)이 된다는 점에서 음양과 오행은 완전히 동일한 존재라고 할 수는 없다. 그러나 음양 이외에 오행이 따로 있지 않다. 음과 양이 서로 변화하고 융합해서 오행을 낳는다. 그러므로 모든 존재는 음양에 지나지 않는다. 더구나 음양에는 정해진 형체가 없으므로 모든 사상(事象)은 음양의 범주 안에 들어간다. 다시 말하면 모든 것은 음양으로 고찰될 수 있다. 도덕도 음양으로 설명될 수 있다. 인예(仁禮)는 양에 속하고, 의지(義智)는 음에 속한다. 인의예지로 말하면 봄은 인, 여름은 예, 가을은 의, 겨울은 지이다. 이것은 단지 시후(時候)와 동식물의 상태를 연결하여 인의예지와 결부시켜 설명한 것일 뿐 내적인 논리의 필연성은 없다. 오행을 도덕과 연결시킨 부분도 마찬가지이다.

주자는 '인목(仁木) 의금(義金) 예화(禮火) 지수(智水) 신토(信土)'[30]라 말한다. 오행을 도덕과 연결시키는 것은 예부터 있어왔다. 예컨대 『한서』 「율력지」에 각(角)·상(商)·치(徵)·우(羽)·궁(宮)의 오성(五聲)을 목화토금수의 오행 및 인의예지신의 오상에 배당하고, 또 『한서』 「천문지」에 세성(歲星)·형혹(熒惑)·태백(太白)·진성(辰星)·전성(塡星)의 오성

---

29 『論語集註』, 「季氏」.
30 『朱子語類』 권6.

(五星)을 이것에 배당하고 있다.[31] 이것은 오행과 도덕을 연결시킬 수 있는 배경적 설명이 없는 단순한 기계적인 연결이다. 그런데 신유학자들은 자연계의 기와 인간의 기를 연결하는 데에 사람의 마음이 매개하고 있음을 밝힘으로써 오행과 도덕의 연결을 어느 정도 자연스럽게 구체화시킨다. "목기(木氣)를 무겁게 받으면 측은지심이 일찍이 많아서 수오(羞惡), 시비(是非)지심이 막혀서 발현되지 않는다. 금기(金氣)를 무겁게 받으면 수오지심이 많아서 항상 측은지심, 사양지심이 그 때문에 막혀 발현되지 않는다."[32] 그리고 목기를 받으면 인(仁)이 비교적 많고, 금기를 받으면 의(義)가 비교적 많다. 그렇지만 여전히 목기를 무겁게 받으면 왜 측은지심이 많고, 금기를 무겁게 받으면 왜 수오지심이 많은가? 이에 대한 설명이 없다. 단지 기와 도덕의 연결은 사람의 마음을 매개로 구체화된다는 것은 해명된다. 사람에게 음양의 작용은 마음의 작용과 다름없다. 음양의 작용을 이어받는 것은 마음이 자기에게 내재하는 도덕적 단서를 발현하는 것이다. 여기서 기와 도덕의 연결은 기의 유동성을 매개로 하여 구체화된다. 결국 인간의 도덕적 행위는 기의 자기활동이라는 논리다. 주자가 "마음은 기의 정상(精爽)이다"라고 한 의미가 여기에 있다.

성은 사람이 천(天)에서 얻는 이(理)이고, 생(生)은 사람이 천에서 얻는 기(氣)이다. 사람과 물이 똑같이 천에서 생을 얻으면 성이 없을 수 없고, 기 또한 없을 수 없다. 그러면 사람과 물은 왜 도덕성에 차이가 있는가? 신유학자들은 기에서 보면 지각운동은 사람과 물이 같지만, 이에서 보면 사람은 인의예지의 도덕성을 받고 있지만 물은 그것을 온전히 받지

---

31 오오하마 아끼라(1997), 앞의 책, 98쪽.
32 『朱子語類』 권4, 「閎祖錄」; 오오하마 아끼라(1997), 앞의 책, 101쪽 참조.

못하고 있다고 설명한다. 기와 성은 나면서 얻는 것으로 사람과 물이 같지만 성, 즉 도덕성의 내용은 다른데, 그것은 기의 품부(稟賦) 방법이 다르기 때문이다.

> 사람과 물이 생길 때, 겉이 천지의 이를 얻음으로써 성이 되고, 같이 천지의 기를 얻어서 형(形)을 이룬다. 그 같지 않음은 단지 인간만이 형기의 정(正)을 얻어서 그 성을 온전히 할 수 있다.[33]

사람과 물의 서로 다름은 성의 내용인 도덕성에 있지만 그 원인은 기의 올바른 품수 여부, 즉 기의 품부 방법의 정편(正編) 및 기의 정편에 있다. 기의 질과 품수 방법에는 정편 이외에 청탁(淸濁), 후박(厚薄), 다소(多少), 장단(長短), 통색(通塞), 천심(淺深), 순박(淳朴), 혼명(昏明) 등의 차이가 있다. 어떤 기를 어떻게 받았는지에 따라서 사람과 물, 사람과 사람 간에 차이가 생긴다. 그런데 성이란 것은 사람이나 물이 천에서 얻은 것인데 왜 기의 품수 방법이 사람과 물, 사람과 사람 간에도 다른가? 신유학자들은 이에 대해 단지 본연지성과 기질지성을 구분해서 말한다. 물론 본연지성과 기질지성 이 양자는 분리할 수 없는 한 몸이다. 천명지성, 즉 본연지성이 있는 한 기질지성도 있기 마련인데, 그 하나를 결하면 물을 낳을 수 없기 때문이다. 기질이 없으면 성은 편안히 머무를 장소가 없다. "성은 기질이 아니면 기탁(寄託)할 바가 없으며, 기는 천성이 아니면 이룰 바가 없다."[34] 그런데 왜 본연지성과 기질지성을 말하는 것일까? 주자는 이 부분을 다음과 같이 설명한다.

---

33 『孟子集註』,「離婁章句 下」.
34 『朱子語類』권4.

성을 논하고 기를 논하지 않으면 갖추지 못했고, 기를 논하고 성을 논하지 않으면 밝지 못하다. 대저 본연의 성은 단지 지선(至善)일 뿐이다. 그러나 기질을 가지고 논하지 않으면 어둡고 밝음, 열림과 닫힘, 강함과 부드러움, 강함과 약함을 알지 못한다. 모름지기 성과 기를 합해서 본 후에야 다했다고 할 수 있다. 대저 성즉리(性卽理)이고 기즉성(氣卽性)이다.[35]

기질을 가지고 논하지 않으면 사람과 물, 사람과 사람 간의 지성과 도덕성의 차이를 설명할 수 없다. 유가의 심성론에서 기질지성의 논의는 순수지선의 본연지성을 지닌 인간에게 왜 악이 존재하는가 하는 현실적 문제에 대한 대답이라고 할 수 있다. 말하자면 도덕적 존재인 인간이 비도덕적인 행위를 할 수 있는 악의 근원을 제시한 것으로 봐야 한다. 그러나 필자가 보기에 기질지성에 대한 강조점은 인성과 물성의 차이를 밝히려는 데 있다. 성은 사람과 물을 관통해서 근원으로 존재하지만 인성과 물성은 다르다는 점을 논구하는 것은 기질의 성이다. "인성은 명암(明暗)을 논한다. 물은 단지 치우치고 막힘(偏塞)이 있을 뿐이다. 어둠은 밝게 할 필요가 없다. 치우치고 막힌 것은 통하게 할 필요가 없다."[36] 주자의 이 말은 인성은 명암이 있지만 그러나 편색은 없고, 물성은 편색이 있을 뿐 통개(通開)는 없다는 것이다. 그러므로 인성은 어두운 것을 밝게 하는 것이 가능하지만 물성은 편색 그대로 고정되고 통개될 가능성은 없다. 인성과 물성이 서로 차이가 날 수 있는 가능성은 바로 이것이다. 주자는 사람과 물은 성이 있다는 점에서 동일하지만 성의 내용은 다르고, 그 원인은 품부받는 기의 내용에 따른 것이라는 점

---

35 『朱子語類』 권59; 오오하마 아끼라(1997), 앞의 책, 102쪽 참조.
36 『朱子語類』 권4; 오오하마 아끼라(1997), 앞의 책, 103쪽 참조.

을 강조한다. "이로 말하면 만물이 일원으로 사람과 물, 귀천의 다름이 없다. 기로 말하면 바름과 통한 것을 얻으면 사람이 되고, 치우치고 막힌 것을 얻으면 물이 된다. 여기서는 혹은 귀하고 혹은 천한 것으로 가지런히 할 수 없다."[37]

이처럼 유가윤리의 도덕 정당성과 당위성의 해명은 인간이 본성적으로 도덕적 존재라는 상정하에서 이기론이라는 형이상학으로 그것을 입증하는 방식이다. 인간의 본성이 인의예지의 도덕성을 지닌 것은 이라는 순수지선을 천으로부터 부여받았기 때문이다. 사물이 존재하면 그 사물이 만들어지는 소이가 있고, 마땅히 그러한 법칙이 있지 않음이 없기에 만물이 스스로 그만둘 수 없다. 그러므로 인간의 도덕 행위는 본성에 의하여 자연적이고 필연적이다. 인간이 도덕적 존재임을 재확인하는 것이 인간과 물성의 기의 품부 방식이다. 인간은 사물과 다르게 기라고 하는 또 다른 본성을 타고났기 때문에 도덕적일 수 있고 도덕적 존재라는 것이다. 때문에 인간이 도덕성이라는 본성을 실현하는 것은 '인간다움'을 실현하는 것이다. 이런 의미에서 유가윤리는 '존재론적 의무론'이고, 유가의 도덕정당화론은 철저한 '자아실현'의 윤리라고 할 수 있다.

3. 요점과 비교 논점

"왜 나는 도덕적이어야만 하는가?"라는 물음은 "왜 우리는 도덕적이어야만 하는가?" 하는 물음과는 구분되어야 한다. 후자의 물음이 "왜 우리는 일반적으로 도덕이라는 사회적 제도를 필요로 하는가?"라는 도

---

[37] 『大學或問』.

덕의 사회적 기능과 관련된 문제라면, 전자는 한 개인으로서 "왜 도덕의 원리에 따라서 살아야 하는가" 하는 실존적 문제이다. 서양윤리에서 "왜 '우리는' 도덕적이어야 하는가?"에 대한 적절한 대답은 공동이익설 혹은 도덕의 사회계약론이다. 도덕의 정당성에 대한 이러한 논변은 개인의 이익과 공동이익이 반드시 일치한다는 가정에서 출발한다. 그런데 도덕적인 사람이 항상 덕을 보고 부도덕한 사람은 항상 손해를 보기 마련이라는 이러한 가정은 산술적 계산일 뿐이다. 개인의 이익이 공동의 이익과 완전 일치하기 위해서는 '완벽한 정의사회'가 실현될 때 가능하다. 완벽한 정의사회가 실현될 수 없는 이유는 어느 시대, 어느 사회를 막론하고 '기게스의 마술반지 신화'를 믿는 사람들이 있기 때문이다.

일찍이 플라톤은 기게스의 마술반지 신화를 통해서 부도덕한 사회에서도 왜 도덕적으로 살아야 하는지에 대한 문제를 제기했다. 그가 생각하는 인생의 궁극적 목적은 도덕적 완전성, 즉 인간의 본질 완성 혹은 자아실현이다. 그러나 그는 도덕의 정당화 논변을 결국 본질적 행복론으로 정당화하려고 하였다. 그는 덕을 추구하는 것과 행복의 추구는 동일한 것이라는 가정에서 출발한다. 이렇게 되면 덕은 그 자체가 목적이 아니라 행복의 수단에 불과하다. 플라톤은 『국가론』 마지막 편에서 '에르(Er)의 신화'를 통해 내세론으로 이를 정당화한다. 도덕적인 사람은 그 본성이 변하지 않아서 내세에서도 도덕적으로 살고, 부도덕한 사람은 부덕하게 살 수밖에 없다는 것이다. 그래서 현세에서 잘 살아야 내세에서도 행복하게 잘 살 수 있다는 것이다. 그러나 이것은 "왜 나는 도덕적이어야 하는가?"라는 물음에 충분한 대답이 될 수 없다.

우리는 스토아학파를 통해서 그 대답에 가까이 접근할 수 있을 것 같다. 스토아 윤리이론에서 도덕이란 우주론과 분리되어 이해될 수 없다. 우주는 물질적인 것인 동시에 신적이다. 인간의 본성은 우주의 본성의 일부이기 때문에 우주를 지배하는 법칙인 신적인 로고스의 법칙은 인간이 따라야 할 행위법칙이다. 이제 '자연'은 플라톤이나 아리스토텔레스의 개념과는 전혀 다른 용어가 된다. 자연은 우주적 지위를 가진 도덕법칙이다. 자연은 단순히 지역적 차원에서 준수되어야 할 관습과 대비된다. 자연과 이성이 우리에게 요구하는 것은 신중성, 용기, 절제, 정의라는 전통적 덕목을 지키라는 것이다. 스토아학파에 의하면 이 네 가지 덕목 모두를 갖추지 않고 어느 한 가지만 소유하는 것은 불가능하다. 덕은 일부분만을 소유할 수 없기 때문이다. 사람은 유덕하거나 그렇지 않거나 둘 중의 하나일 뿐이다. 무엇보다도 덕은 그 자체를 위해 추구되어야 하는 것이다. 이러한 스토아학파의 논지는 유가의 논변과 매우 흡사하다. 특히 스토아 윤리가 도덕을 우주론과 연결시키고, 행위법칙을 우주를 지배하는 법칙에 종속시킨 것은 유가의 도덕적 우주론과 비교될 수 있다.

그린의 자아실현 윤리이론은 도덕적 덕은 수단이 아니라 그 자체의 목적임을 명쾌하게 제시한다. 자아실현의 진정한 의미는 사회적 인간이라는 윤리적 의미를 갖는다. 그리고 도덕의 원리는 유용성이나 쾌락이 아니라 인간됨의 실현이라는 논지에서 보면, 그의 이론은 "왜 나는 도덕적이어야 하는가?"라는 물음을 상당 부분 해명해준다. 또한 브래들리도 "왜 내가 도덕적이어야 하는가?"라는 물음이 도덕적 관점을 갖는다고 하는 것은, 덕 자체는 다른 것의 수단이 아니라 그 자체의 목적을 가지고 있다는 전제라고 말한다. 그는 이것을 '자아실현'이라고 말한다. 그러나 브래들리는 자아실현이 인생의 궁극적 목적이라는 걸 직접 증명할 수 없다는 점을 인정한다. 그는 직관적 도덕의식을 가지고 최선아를 실현해야 하는 것은 도덕적 의무라고 주장한다. 도덕은 이상적 자아의 실현이다. 그리고 자아실현의 내용은 '나의 지위와 의무'에서 나온다. 인간이 인간인 것은 자신의 존재를 인간 사회에서 끌어내기 때문이다. 훌륭한 사람은 그 사람의 전 생애를 통해서 평가하는 것이지 단순히 부분적으로 평가할 수 있는 것은 아니다. 가장 도덕적인 사람은 가장 충실히 그리고 가장 열심히 인간의 본성을 실현하는 사람이라고 말할 수 있다. 특히 브래들리는 도덕의 본질을 모순관계로 규정한다. 도덕은 결코 실현될 수 없는 것을 실현하라고 자신에게 말하는 것이기 때문이다. 어느 누구도 완전하게 도덕적인 적도 도덕적일 수도 없기 때문이라는 것이다.

　유가의 정당화 논변은 한마디로 '존재에서 당위로'이다. 도덕적 의무, 당위의 근거와 이유는 인간이 본질적으로 도덕적 존재이기 때문이다. 선진유가들은 인간본성론으로 인간이 도덕적 존재임을 입증하려고 하였다. 공자가 인의 실현 근거를 자기 내면에서 찾은 것이나, 맹자의 사단과 성선설이 그것이다. 또한 인간은 외형적으로도 하늘과 땅을 닮은 존재이기 때문에 자연의 법칙을 따라서 사는 것은 지극히 당연한 것이다. 유가에서 이상적인 삶은 '천인합일', 즉 자연과 인간이 하나가 되는 삶의 방식이다. 그래서 자연의 법칙이 인간의 법칙이 되어야 한다. 유가의 기본 사상이 "천도를 본받아 인도를 세우는 것이다"라고 한 것도 이런 까닭이다. 신유학자들은 이기론이라는 형이상학 체계를 세움으로써 유가윤리를 명실상부한 도덕철학의 지위로 끌어올린다. 주지하다시피 서양윤리가 도덕인식론에서 출발했다면, 유가윤리의 초점은 도덕행위의 실천 방법론에 있다. 이는 인식론이나 형이상학적 탐구는 본래 유가사상의 핵심 테마가 아니라는 의미이다. 그런데 왜 신유학자들은 이 문제에 그렇게 고심한 것일까? 여러 관점에서 그 이유를 설명할 수 있지만 무엇보다 도덕행위의 가능성과 도덕 정당성의 논거를 확보하기 위해서라고 할 수 있다. 인간이 도덕적 존재라는 투박한 사실적 주장만으로는 인간의 도덕적 삶을 담보할 수 없었기 때문이다. 왜 인간이 도덕적 존재인지, 왜 도덕적으로 살아야 하는지, 도덕적으로 살아가려면 왜 도덕에 관한 지식이 필요한지, 올바른 지식을 얻으려면 어떻게 해야 하는 것인지, 이런 문제에 대한 깊은 고민이 있었기에 신유학자들은 성리학이라는 거대한 도덕철학의 체계를 세울 수 있었다.

신유학에서 "왜 도덕적이어야 하는가?"라는 정당화 논변은 유가철학 중의 한 테마가 아니라, 유학사상 전체를 관통하는 '하나의 일관된 전체'로 탐구해야 한다. 왜냐하면 우리가 도덕 정당화 논변을 보다 충실하게 이해하려면, 선악론, 이기론, 인성론, 심론, 예론, 수양론 등 유학사상 전체를 들여다봐야 하기 때문이다. 서양윤리학에서도 이 물음은 궁극적인 물음으로서 윤리학에서 중요한 지위를 갖는다. 그러나 유가윤리에서 이 논변은 서양윤리에서 하나의 주제로 다루고 있는 정당화론과는 구분할 필요가 있다. 신유학의 정당화 논변은 태극, 즉 이가 곧 인간의 본성임을 입증하는 데서 시작된다. 이는 만물이 '그렇게 될 수 있도록 하는 존재자'일 뿐만 아니라, 동시에 '마땅히 그렇게 해야만 하는 법칙'을 가지고 있다. 그리고 순수지선인 이 이가 인간에 내재된 것이 성이므로 인간의 본성은 도덕적일 수밖에 없다. 인간은 본래 도덕적인 존재이므로 도덕적인 것이 자연 필연적이다.

그리고 기론은 음양오행이 어떻게 인의예지신이라는 인간의 도덕성과 연결되는지를 설명한다. 이것은 또한 원형이정이라는 자연의 법칙이 인의예지를 실현하는 도덕의 법칙이 되어야 하는 이치를 설명한다. 물론 그 연결 고리는 논리적 설명이 아니라 기계적 연결이다. 모든 형이상학 체계가 다 그렇듯이 이러한 설명 방식은 인식론적 난점을 지니기 마련이다. 그래서 형이상학은 직관에 호소한다. 신유학에서 기론은 또한 인간의 본성이 왜 동물과 다른지를 설명해준다. 이것은 또한 인간이 왜 도덕적이어야 하는지를 설득적으로 설명하는 부분이다. 인간이 인간인 까닭은 인간답기 때문이다. 유가에서는 그 '인간다움'을 도덕성에 둔다. 아무리 지능이 뛰어나고 공적이 많은 사람도 도덕성을 상실하면 '인간다운 인간'의 반열에 들어가지 못한다. "사람이면 다 사람이냐 사람다워야 사람이지" 하는 말은 이를 두고 하는 말이다.

이렇게 보면 유가의 도덕 정당화 논변은 서양윤리에서 말하는 '자아실현의 윤리'와 같은 맥락에서 해명될 수 있을 것 같다. 특히 스토아 윤리나 그린, 브래들리의 자아실현 이론은 유가윤리와 많은 부분에서 상통한다. 그러나 유가윤리와 서양윤리의 정당화 논변의 근본적 차이는 도덕의 궁극적 목적을 상정하고 있는 부분이다. 서양윤리는 "행복이라는 궁극적 목적을 실현하기 위해서는 어떻게 해야 하는가?" 하는 '삶의 기술로서 윤리'를 논한다. 그러나 유가의 윤리는 '삶 자체로서 윤리'를 말한다. 우리가 덕을 실천하고 도덕행위를 하는 그 자체가 사람답게 살기 위한 삶의 목적이다. 인간은 본성적으로 도덕적 존재이기 때문에 도덕적으로 살지 않으면 인간이 아니다. 유가의 도덕 정당화 논변이 "왜 인간은 도덕적 존재인가?" 하는 인간의 존재 증명에 치중하는 이유도 이 점 때문이다. 필자가 유가의 윤리를 '존재론적 의무론'으로 명명한 것도 이런 이유이다.

결장
유가윤리의 원리와 특성

　유가윤리의 원리와 특성을 여러 관점에서 설명할 수 있겠지만, 서양윤리와 비교 관점에서 보면, 유가윤리는 내재론 윤리, 존재론적 의무론 윤리, 직관주의 윤리, 친친의 윤리로 규정할 수 있다. 특히 이 중에서도 존재론적 의무론, 친친의 윤리는 서양윤리와의 차별성을 드러내는 유가윤리의 독특한 개념이다. 이 장에서는 유가윤리의 특성을 서양윤리와의 유사성과 차별성에 초점을 두어 결론을 제시하고, 또한 유가윤리의 전체 구도 속에서 조선유학의 의미를 조명하고자 한다.

1. 내재론 윤리

　도덕(성)이란 무엇이며, 인간의 삶에서 왜 그것이 필요하고 중요한 것인가? 도덕의 의미를 이해하는 방식은 도덕을 바라보는 기본 관점에 따라 다르다. 도덕을 구분하는 방식은 설정 기준에 따라서 다양한 방법으로 구분될 수 있지만 '외재론(externalism)' 윤리와 '내재론(internalism)'

윤리의 구분이 유력한 준거 틀이 될 수 있다.[1] 서양윤리는 외재론 윤리의 전통과 내재론 윤리의 전통을 모두 가지고 있다. 그러나 유가윤리는 내재론 윤리의 유형이지만 서양의 내재론 윤리와는 또 다른 특성과 구조를 가지고 있다.

먼저 외재론 윤리 개념은 인간의 욕구와 감정 그리고 성향으로 구성되는 인간의 동기구조는 문제투성이라는 인간 본성에 대한 이해가 그 출발점이다. 인간행위의 동기구조에서 보면 인간은 어떤 면에서 자기애 혹은 이기적 존재라는 것을 전제로 한다. 사회적 자원의 희소성은 인간 욕구의 충족 과정에서 경쟁을 낳게 마련이고, 이해갈등 조정의 불가피성은 행동의 규제방식이 필요하다. 이런 점에서 윤리란 이해갈등을 호소하는 법정이며 욕구충족의 합리적 수단에 다름아니다. 그렇기 때문에 외재적 관점에서 도덕적임은 도덕적 원리의 형식적 충족을 요구한다. 이것은 일종의 사회계약설에 근거를 둔다. 외재론 윤리는 도덕의 권위를 도덕 행위자 내부가 아니라 행위자 밖에서 찾는다. 말하자면 도덕적인 이유 혹은 도덕률을 준수하는 동기는 행위자 자신의 도덕적 자각이 아니라 사회적 제약으로서 도덕을 인식하기 때문이라는 것이다. 이 경우 도덕적 앎은 어떤 명제를 도덕적으로 옳다는 '사실'로서 인정할 뿐, 그것을 수용하고 따르겠다는 진정한 '이유'를 내면화할 수 있는 도덕적 앎은 아니다.[2]

반면 내재론 윤리에서 인간본성에 대한 이해방식이 반드시 부정적

---

[1] 이러한 도덕성 개념분류 방식은 A. S. Cua, "Morality and Human Nature," *Philosophy East and West*, Vol 32, No. 3(July 1982); Agnes Heller, *General Ethics* (Oxford: Basil Blackwell, 1988); H. L. A. Hart, *The Concept of Law* (Oxford: Clarendon, 1961) 등의 저작들에서 찾아볼 수 있다.
[2] H. L. A. Hart(1961), 앞의 책, pp.55-56.

인 것만은 아니다. 내재론 윤리는 인간의 이기적 동기구조는 인간의 정신적 능력이나 마음의 권능으로 스스로 치유될 수 있다는 믿음에서 출발한다. 인간은 본래 도덕적으로 사유하고 성찰할 수 있는 능력을 지니고 있다는 것이다. 버틀러(J. Butler) 식으로 말하면 그것은 반성적 능력으로서 양심 개념이고 맹자가 말한 사단(四端)이다. 그렇기 때문에 도덕적임은 행위자의 주체성이 일차적이다. 말하자면 도덕적 자각에 기초한 자율성이 결핍된 행위는 그 결과나 목적과는 상관없이 도덕적으로 보기 어렵다. 내재론 윤리관은 도덕을 사회적 제약이 아닌 '정신적 열망'으로 도덕적 이상을 상정한다. 도덕이 인간행동의 규제 기능만 있고 이상적 삶의 실현을 위한 역할과 연계되지 못한다면, 인간존엄 내지 인격성의 심층적 의미는 상실되고 만다는 것이다. 물론 윤리는 인간 갈등의 문제해결의 방편으로 도덕규칙이라는 형식적 제약체계를 지녀야 한다. 그러나 도덕규칙 이전에 보다 중요한 것은 행위자의 도덕적 자각이다. 내재적 윤리는 "도덕이 인간행동의 규제적 기능에 있고 이상적 기능과 연계되지 못한다면, 개별 인간은 인격적 의미를 지니지 못하고 형식적 제약체계를 따르는 타율적 존재에 지나지 않는다"는 점을 강조한다. 인간의 욕구나 감정에서 본 인간의 동기구조는 이기적 욕망의 충족이기 때문에 문제투성이라는 점을 인정하더라도, 그것이 곧 인간의 본성적 악을 규정하는 것은 아니라고 본다.

유가윤리는 전형적인 내재적 윤리로서 도덕성의 근거를 인성론과 인간의 존재론적 지위에서 찾는다. 공자의 윤리사상에서 인(仁)은 인간성이며 동시에 도덕성이고, 인간의 존재방식이다. 인간의 존재방식으로서 인은 사람과 사람들 사이의 관계질서이지만, 그것은 계약적이거나 목적론적인 것이 아니다. 그렇기 때문에 유가윤리의 도덕성 개념은 사회적 제약으로서 도덕성 관념도, 유용성을 예상하는 목적론적 윤리체계도 아니다. 인은 인간의 선천적 본성의 표현이며 조건과 목적이 없는 자연적 노정이다. 때문에 인간이 도덕적인 이유는 개인의 행복이나 사회적 이득을 염두에 둔 공리적 목적이 아니라 인간됨의 실현이다. 우리의 삶의 이상은 도덕적 완전성을 추구하는 것이다. 공자가 말한 도덕적 완전성은 인을 실천하는 것이니, 그것은 자신의 사욕을 버리고 우주의 질서인 공리(公理)에 부합되는 길이다. 공자는 이를 한마디로 '극기복례(克己復禮)'란 말로 표현했다. 그러므로 유가윤리의 도덕적 이상은 도덕적 완전성을 구현한 군자됨에 있다. 이런 점에서 유가윤리는 내재론이며 열망의 도덕성이다. 또한 도덕적임의 이유는 인간됨의 구현이므로 이는 인간으로서의 당연한 의무이다. 우리가 도덕적이어야 하는 이유는 바로 인간다움을 지키고 실현하기 위해서이다.

유가윤리는 "이런저런 방식으로 행동하라"는 식이 아니라, "먼저 이러이러한 인간이 되어라" 하는 존재의 윤리이다. 유가윤리에서 인은 도덕성의 내면적 준거이다. 공자가 제시한 도덕적 이상으로서 인은 우리가 구현하고자 하는 정신적 열망이다. 공자는 윤리의 본질과 원리를 밝혀주지만 인을 실천해야 하는 근거와 이유를 명시하지 않았다. 우리는 유가윤리의 근거를 맹자의 인성론에서 찾을 수 있다. 이 점에서 맹자의 성선설은 유학사에서 획기적인 의의를 지닌다. "왜냐하면 맹자의 성선설이 나옴으로써 유가는 비로소 인간을 만물과 구별하고, 도덕의 총부(摠部)로 보는 천지지성 또는 천명과 연결시킬 수 있는 근본이 서기 때문이다."[3] 송대의 신유학은 이를 바탕으로 유가윤리를 확고한 도덕철학의 위치로 끌어올린다. 주지하다시피 맹자의 성선론은 사단설에 근거

---

3 김충렬, 「동양 인성론의 서설」, 한국동양철학회 편, 『동양철학의 본체론과 인성론』 (연세대학교 출판부, 1982), 173-174쪽.

한다. 인간의 인의예지의 도덕성은 인간본성에 내재한 것이지, 외부에서 주어지거나 인위적인 것이 아니다. 이러한 인간본성은 인간만이 독특하게 지닌 것이기 때문에 인간은 도덕적 존재이다. 인간은 생래적으로 가치의식과 도덕적 자각을 지닌 도덕주체이다. 인간이 도덕적이지 못한 까닭은 그 본래의 착한 마음을 잘 보존하고[存心], 이를 잘 함양하지[養性] 못함으로써 잃어버리기[放心] 때문이다. 유가윤리의 특성은 덕의 윤리와 법칙의 윤리를 하나로 묶는 데 있다. 유가의 도덕적 이상상인 군자는 인과 예로 도덕성을 온전히 구현한 사람이다. 예는 단지 도덕행위의 사회적 제약이 아니다. 도덕적 삶에서 인을 실현하지 못하는 것은 도덕성의 실질적 실패이지만 예의 규칙을 무시하면 형식적 실패이다. 그러나 예는 단지 도덕행위의 형식만이 아니다. 예는 도덕적 이상을 구체적으로 실현할 수 있도록 하는 사회적 역할의 수행을 정해준다.

2. 존재론적 의무론[4]

유가윤리는 우리가 도덕에 관심을 갖고 도덕적으로 행동하고 도덕적 이상을 추구해야 하는, 이른바 도덕성의 정당화 논거도 인간본성, 즉 인간의 존재론적 지위에서 구한다. 유가윤리에서 "왜 도덕적이어야 하는가?"라는 윤리학의 궁극적 물음에 대한 대답은 인간존재론에 대한 해

---

[4] '존재론적 의무론'이라는 개념은 필자가 유가윤리를 칸트 식의 의무론과 구분하기 위해 부여한 명칭이다. 유가윤리는 서양윤리의 범주에서 보면 의무론 윤리에 속하지만 그러나 칸트의 의무론과는 상당 부분 차이가 있다. 칸트의 의무론을 '법칙론적 의무론'이라고 한다면 유가윤리는 '존재론적 의무론'으로 명명할 수 있다. 유가윤리의 정당성과 당위성의 논거는 인간의 도덕적 본성이라는 존재에서 당위를 도출한다.

명 없이는 그 기반을 찾기 어렵다. 유학사상에서 윤리는 '인간존재의 근본이법'이다. 자연의 질서가 원형이정의 이법으로 이루어졌듯이 인간의 본성도 인의예지의 질서로서 존재한다는 것이다. 이것은 "하늘이 명한 것을 성이라 하고, 성을 따른 것을 도라 하고, 도를 닦는 것을 교라 한다"는 『중용』의 언설에서 잘 드러나고 있다. 유학 특히 성리학에서 인간됨의 근거와 소이는 인의예지이다. 인의예지는 후천적으로 획득되는 성질이 아니라 모든 사람들에게 선천적으로 주어지는 인간존재의 형식이다. 그렇기 때문에 본성으로서 인간의 성은 선하지 않을 수 없다. 그런데 현실적 악은 왜 생기는가? 그래서 주자는 본연성(本然性)과 기질성(氣質性)의 차이로 선악을 구별해야 한다고 주장한다. 본연성은 지선(至善), 순일(純一)하지만 기질성은 기질에서 생겨난 것이기 때문에 청탁(淸濁)의 구별이 있다. 사람이 동물과 다른 것도, 인간 중에서도 성인과 범인이 다른 것도 기에 청탁이 있기 때문이다.

  존재론적 이법에 대한 유가사상은 인간의 외적 차원으로서 천형(踐形)에 대한 논지에서도 확연히 드러난다. 모든 물들의 내적 이치가 자연의 이치에서 유래하듯이 모든 물들의 외적 형태도 자연에서 유래한다는 것이다. 모든 물들 중에서 인간의 형태는 천원지방(天圓地方)의 자연 형태를 그대로 모방했다는 것이다. 그러므로 내적 차원에서의 존재론적 이법인 성즉리가 인간존재의 이법이듯이 외적인 차원에서의 존재론적 이법인 천형도 인간존재의 이법이라는 것이다. 다시 말해 인간의 마음에 인의예지가 부여되었기에 인간은 그것을 온전히 회복하여 실현해야 하는 것이고, 외적으로는 인간의 몸이 하늘은 둥글고 땅은 네모난 자연의 모습을 고스란히 전해 받았기에 천지의 질서를 따라서 살아야 한다는 것이다. 유학의 사상가들은 자연의 이치를 닮은 인간의 형색에 대해 구체적으로 언급하지 않고 있다. 그러나 유학자들은 자연의 모습을

'천원지방'으로 그리고 있기 때문에 인간의 형색 역시 자연의 모습을 닮은 존재로 그릴 수밖에 없다. 그렇다면 모든 물들의 외적 형태 또한 모두 자연에서 유래하는데도 왜 오직 인간만이 천원지방의 자연의 모습을 닮았다고 하는가? 이에 대해 퇴계는 천형은 천지의 형태와 인간의 형태가 같다는 사실의 논리를 통해 "인간은 자신에게 주어진 하늘의 이치를 닮아야 한다"는 당위의 논리를 이끌어낸다. 동중서는 천지의 요소와 인간의 요소가 서로 짝하고 있다는 '천인감응설'을 통해 이를 설명하고 있다. 결국 '외형적 닮음'이라는 존재론적 사실은 '닮아야 함'이라는 당위론적 명제를 함의하고 있다.[5]

유가윤리의 존재론적 이법은 도덕적임의 정당성을 인간됨 혹은 참된 자아의 실현에서 찾는다. 때문에 이러한 인간됨의 실현으로서의 도덕 정당화론은 도덕적 이상주의와 맥을 같이한다. 목전의 이득이나 현실적 문제 해결의 방편으로 도덕을 생각하는 입장에서 보면, 도덕적 이상주의는 공허한 이상으로밖에 들리지 않는다. 그러나 인간됨의 실현이 목적인 유가윤리는 진정한 자아의 의미를 새롭게 인식하고 그 요체가 덕성을 통한 인격 수양과 다름없음을 강조한다. 자아실현은 심리적이든 윤리적이든 주체성과 자율성, 기능성과 아울러 인격성이라는 도덕적 측면을 한 축으로 한다는 점에서 본질적으로 윤리적 속성이 있다.[6]

서양윤리에서 자아실현에 관한 철학적 기초는, 인간됨의 핵심인 이성의 발현을 통한 선의 실현, 덕의 실현, 행복의 실현 등과 관련된 것으로, 특히 인간의 도덕적 특성을 '가능태'로 본다. 그러나 유가윤리에서

---

[5] 방세영, 「주자 예론의 윤리학적 연구」, 한국학중앙연구원 한국학대학원 박사학위논문 (2005), 34-36쪽.
[6] 도성달, 「윤리학적 관점에서 본 자아실현」, 도성달 외, 『한국사회 변화와 자아실현』(한국정신문화연구원, 2001), 93-94쪽.

자아실현은 자연의 질서에 따르는 인간다움의 총체적 실현이고, 인간다움은 이성의 실현이 아닌 자연의 공리를 따르는 마음의 발현이다. 자아실현의 궁극적 목적은 인간됨의 실현이지만 동서양이 인간의 본성을 보는 방식에서 그 내용이 다르다. 서양윤리는 인간 본성을 인간됨의 특성을 이성에 두는 반면, 유가윤리는 인간본성을 '회복'으로, 그리고 인간됨의 근거를 '자연의 질서'인 인의예지라는 도덕성에 둔다. 그러므로 유학, 특히 성리학에서 말하는 자연의 공리(公理)에 따르는 삶은 인간의 이성을 극대화하여 도달할 수 있는 것이 아니라 오히려 이성을 거두어들이고 무아·무심의 상태를 확보하는 것이다. 말하자면 유가윤리에서 자아실현은 인간됨의 실현이고 따라서 인(仁)을 실현하는 것이다.

3. 직관주의 윤리

유가윤리의 도덕인식론은 직관주의 이론이다. 유학의 직관적 인식 기능을 담당하는 것은 심(心)이다. 유학에서 사물에 대해 인식하고 반응하는 주체는 마음이다. 유학의 인식주제는 사람의 지각으로서 마음은 자신을 주재하고 만물에 반응하는데, 이러한 마음의 구조와 기능은 '허령지각(虛靈知覺)'이란 말로 표현된다. 허령지각에서 '허령'은 텅 비어 있고 신령한 능력을 가진 심기(心氣)를 표현하는 말이다. 주자는 "심은 기의 정상(精爽)이다"라고 말한다. 마음은 형체를 가지지 않지만, 보고 들은 것에 관계되는 형태적 이미지나 자취를 가진다. 마음은 눈과 귀가 보고 듣도록 하는데, 이것이 바로 마음의 '지각'기능이다. 그러므로 지각은 마음이 가진 핵심 기능인데, 마음은 허령한 기로만 되어 있는 것이 아니라, 그 안에 본성, 즉 이(理)를 내포하고 있다. 심은 본성의 원리를 신묘하게 운용하여 '정(情)'을 일으켜 지각 작용을 한다.

　어떤 일의 옳고 그름을 알아서 변별하는 '시비지심'의 경우, 옳고 그름을 알 수 있는 원리니 성(性)이 가진 지(知)이고, 옳고 그름을 알아서 옳고 그르다고 말하는 정신적 상태는 정(情)이고, 그것을 깨닫는 주체는 마음이라는 것이다. 이러한 일련의 과정이 지각기능이다. 지각기능에 의해 인간은 대상을 인식하고 파악한 뒤, 그것에 대해 좋고 싫음의 생각과 어떻게 하겠다는 의도를 갖게 되어, 그것에 따라 대상에 반응한다. 따라서 '지각'에 의한 느낌과 생각과 이에 따라 수반되는 의향은 마음의 기능과 작용의 전체이다. 그렇다면 구체적으로 마음의 지각기능은 어떻게 가능한 것일까? 마음의 기는 '혼백(魂魄)'이라는 두 가지 기능으로 구성되는데, '혼'은 사고하는 기능을 담당하고, '백'은 변별과 기억의 기능을 담당한다. 시각, 청각 등 오감의 감각기관이 외물과 접할 때 기억을 통해서 느낀 것을 변별함으로써 감각이 성립된다. 혼은 이렇게 감각된 것을 다시 생각하고 계획함으로써 사물의 이치를 알아낸다. 지각은 이러한 감각과 사유라는 구체적인 두 가지 기능을 갖는다.

　또한 마음의 지각기능에는 도덕적 직관 능력도 있다. 이것이 바로 '양지(良知)'이다. 양지는 옳고 그름을 즉각적으로 아는 마음의 지각기능이다. 일찍이 맹자는 생각하거나 학습하지 않아도 알 수 있는 도덕적 직관으로서 양지를 제시했다. "양지양능은 모두 말미암는 이유가 없으니, 바로 하늘에서 나온 것으로서 인간에 매여 있지 않다. 부모를 사랑하고 윗사람을 공경하는 것이 양지양능이다."[7] 양지는 학습이나 사유가 필요없는 직관적인 앎이다. 그러나 주자는 감각이나 양지의 직관보다는 생각하는 능력을 강조한다. 생각하는 기능은 논리적 성격을 띠는 추리

7　『孟子集註』, 「盡心 上」 13.

와 반성적 성격을 띠는 사려(思慮)의 기능으로 세분된다. 추리기능 중에서 특히 '유추(類推)'가 중요하다. 이미 이해한 것으로부터 추리해나가면 모든 사물의 궁극적 이치를 알 수 있다는 것이다. 이처럼 유추는 곧 바로 이해한 것을 근거로 추리하여 아직 접하지 않은 일도 파악할 수 있는 방법이다. 유추하면 사태에 대해 막히거나 도약하지 않고, 단계적으로 그 이치를 알 수 있다는 것이다. 우리가 가령 열 가지 일을 모두 궁구하지 않아도 7-8건을 바르게 이해했다면, 나머지는 유추하여 그 이치를 알 수 있는 것은 사물의 다양성에도 불구하고 '스스로 그쳐서는 안 되는[自不容己]' 일정한 준칙이 있기 때문이다. 이렇게 보면 유추는 사물의 표면적 현상이 아닌 그 이면의 이치나 원리를 파악하는 원리라고 할 수 있다.

그런데 유학은 인간의 마음을 인심(人心)과 도심(道心) 두 가지로 말한다. 인간의 마음에서 '허령지각'이라는 구조와 기능은 하나이고 동일하지만, 인심과 도심의 구분이 생기는 이유는 지각된 내용 때문이라는 것이다. 주자의 설명에 의하면, 인심은 형기(形氣)에서 생기고, 도심은 성명(性命), 즉 본성과 천명에서 근원한다. 귀나 눈의 욕구로부터 지각한 것이 인심이고, 의리로부터 지각한 것이 도심이다. 다시 말해 눈과 귀 같은 감각기관으로 지각한 것이 인심이 되고, 양지에 의해 도덕적 의리를 기준으로 옳고 그름을 즉각 판단하는 것이 도심이다. 그런데 성인은 발현된 인심이 곧바로 도심의 주재를 받지만, 보통 사람들은 인심이 도심을 누르고 인욕으로 변하기 쉽기 때문에 지각된 것을 주재하는 사유가 필요하다. 물론 인심 자체는 악이 아니지만 인심은 대상을 소유하려는 욕심에 빠지기 쉽다. 또한 양지에 의해 생기는 도심도 순간적이고 즉각적인 것으로서 미미하다. 인심이 인욕에 빠지지 않고 도심의 명령을 따르도록 의지를 생기게 하는 사유기능이 중요한 것은 이런 이유 때문이다. 그 사유 기능의 첫 번째는 도덕적 원리, 즉 의리를 인식하고 그것을 지키는 것이다.

또한 유학의 인식론에서는 인식주체로서 "심은 성과 정을 통섭한다"는 심통성정설(心統性情說)을 주장한다. 성은 마음이 모든 이치를 함축하고 있는 마음의 본체이고, 정은 마음을 움직이는 작용으로서 사단칠정이 그것이다. 그러나 성과 정은 마음의 움직임이 일어났는가[已發] 아직 일어나지 않았는가[未發] 하는 시간적 계기에서 고요한 본체와 움직이는 작용의 두 측면을 구분한 것일 뿐, 미발의 성과 이발의 정이 일정한 구역으로 갈라져 있는 것은 아니다. 실제로 마음은 이러한 두 측면을 가진 '한 덩어리'일 뿐이다. 마음이 성과 정을 '통'한다는 말은 마음은 성과 정을 겸하고 포괄한다는 구조적 의미와 성정을 주재(主宰)하고 운용한다는 기능적 의미를 갖는다.

정호(程顥, 1032-1085)는 『식인편(識仁篇)』에서 인류애 혹은 인은 가장 심오한 내적 감수성일 뿐만 아니라 가장 포괄적 배려라고 말한다. 모종삼(牟宗三)은 중국의 사유방식을 "모든 인간은 지성적 직관의 능력을 부여받았다"라는 전제에서 출발하는 것으로 설명한다. 그는 장재의 지적 직관에 대한 언명을 통해 이를 해석한다. 장재는 인간의 마음을 확대함으로써 인간은 이 세상의 모든 사물 속으로 들어갈 수 있다고 말한다. 보통 사람들의 마음은 보고 듣는 협소한 것에 한정되지만 성인은 자신의 본성을 충분히 발전시키고 자신의 마음을 보고 듣는 것에 속박하지 않는다는 것이다. 맹자가 자신의 마음을 최고조로 진력하면 본성과 하늘을 알 수 있다고 말한 것도 이런 이유라는 것이다. 보고 들어서 얻는 지식은 물을 접해서 얻는 지식이지만 도덕적 본성을 통해서 얻는 지식은 보고 듣는 것에서 유래하는 것이 아니라고 말한다. 인간이 이 세계의 모든 물에 들어갈 수 있고 그래서 보고 듣는 감각적 지각 없이 도덕적 본성을 통해서 지식을 얻을 수 있다는 주장은 서양윤리학의 직관주의 이론에서도 수용되기 어렵다. 그러나 유학사상(신유학)의 지배적 관점은 인간과 하늘의 절대적 통일에서 인간성의 실현이다. 그래서 신유학의 중심 문제는 "어떻게 나는 진정한 자아를 알 수 있는가?" 하는 것이다. 달리 말하면 나의 진정한 자아를 표명하고 우주의 통일에 동참하는 방식으로서 나는 어떻게 지적 직관을 위한 역량을 개발할 수 있을까 하는 문제이다. 모종삼의 표현을 빌리면 그 문제는 '인간을 위한 지적 직관의 존재론적 가능성'이다.[8]

4. '친친'의 윤리

유가윤리는 가까운 사람들 간의 관계의 윤리이며 도덕 판단의 추론 방식도 가까운 곳에서 생각하는 '근사(近思)의 원리'이다. 이것은 일찍이 공자의 "널리 배우고 뜻을 돈독히 하여 절실하게 묻고 가까이 생각하면, 인은 그 가운데 있다"[9]라는 가르침에 잘 나타난다. 이것은 도덕인식론과 밀접히 관련되는 명제이지만 도덕 판단은 물론 도덕적 실천도 자신의 몸에서 가까운 문제에서 출발해야 한다는 것이다. 가족에게 효도하고 공손한 인물은 사회에 나가서도 기존 질서를 무너뜨리거나 사회를 혼란스럽게 하는 행위를 하지 않을 것이다. 집안에서 행동을 어떻게 하느냐에 따라 그것이 가족에만 한정되지 않고 사회생활에서도 그대로 적

---

8 Mou Tsung-san, *Chih te chih-chueh yu Chung-kuo che-hsueh* (知的 直觀과 中國哲學) (Taipei: Shang-wu Press, 1971), p.346.
9 『論語集註』, 「子張」 6.

용된다는 지적이다. 뿐만 아니라 효도와 공손은 인의 핵심으로서 사람다움이라는 것이다. 공자는 가족윤리에 초점을 맞추어 사람다움을 파악하고 있다. 가족윤리야말로 사람관계에서 어떤 이유로도 해체될 수 없고 단절될 수도 없는 절대적인 연결이라고 생각하기 때문이다. 가족은 하늘이 맺어준 인연, 즉 천륜(天倫)으로서 결코 떨어질 수 없다. 이 관계를 소중하게 여기고 제 역할을 한다면, 끊어질 수 있는 관계, 이를테면 군신관계나 친구관계에서도 최선을 다할 수 있을 것이라고 생각했다. 공자는 아무런 제한조건 없이 그냥 인을 "사람을 사랑한다"라고 풀이해서 보편적 사랑을 뜻하는 박애를 말하는 것으로 생각할 수 있다.

그러나 인을 보편적 사랑으로 연결 짓는 과제는 공자가 아니라 전국시대의 묵자와 당 대의 한유의 몫이다. 자공이 공자에게 "예컨대 누군가가 백성들에게 널리 은혜를 베풀고 많은 사람들을 구제한다면 어떻습니까?"라고 묻는데, 이는 혈연관계에 있지 않은 사람은 어떻게 되는가 하는 물음이다. 공자는 이런 사안을 인자(仁者)가 아니라 성자(聖者)의 과제라고 말한다. 공자도 보편적 사랑에 대해 관심을 두고 있었다는 의미이다. 결국 인은 최종적으로 성으로 이어지도록 할 수는 있지만 현실적으로 늘 가족관계에 기반을 두고서 그 사이를 화합으로 이끌어가는 행동을 하는 것이라고 할 수 있다. 그런데 가족관계라고 해서 그 관계가 고정되어 있는 것이 아니라 제사를 통해서 산 사람과 죽은 사람이 이어지고, 결혼을 통해서 새로운 사람을 가족으로 파악하게 되는 등 확대가 가능하다는 점이다. 말하자면 인도 그 자체 틀 안에서 언제나 가족을 벗어나 공동체를 뛰어넘어 민족으로 확대될 수 있고 인류로도 확대될 수 있다.[10]

---

[10] 신정근, 『사람다움이란 무엇인가』(글항아리, 2011), 112-116쪽.

공자는 사람다움이 어떤 것인지를 잘 말해준다. "사람다움이란 자기가 서고 싶은 대로 주위 사람을 세우고, 자기가 이르고 싶은 대로 주위 사람을 이르게끔 한다. 가까운 일상에서 유추를 끌어낼 수 있으면 그것이 사람다움으로 나아가는 방향이라고 할 수 있다."[11] 여기에 대해 묵자는 나와 특별한 관계가 없더라도 내가 먹고 입고 자고 하는 것을 덜어내서 상대도 그렇게 할 수 있도록 하는 것은 다름 아니라 바로 사람에 대한 사랑이라고 말한다. 이에 대한 묵자의 논리는 이렇다.

세상 사람들이 다른 사람을 미워하고 서로 해치는 것을 따져보면 너와 나를 가르지 않는 온전한 사랑인가, 너와 나를 편 가르는 반쪽 사랑인가? 반드시 반쪽 사랑이라 할 것이다. 온전한 사랑[兼愛]으로 반쪽 사랑[別愛]을 바꾸자. 온전한 사랑이 반쪽 사랑을 대신할 수 있는 까닭은 어디에 있는가? 다른 사람의 나라 돌보기를 자신의 나라를 돌보는 것처럼 한다면 그 누가 자기 나라의 힘을 모아서 다른 사람의 나라를 쳐들어가겠는가! 왜냐? 저를 위하는 것이 나를 위하는 것과 같기 때문이다. 다른 사람의 도읍 돌보기를 자신의 도읍을 돌보는 것처럼 한다면 그 누가 자기 도읍의 힘을 모아서 다른 사람의 도읍을 깨부수겠는가! 왜냐? 저를 위하는 것이 나를 위하는 것과 같기 때문이다. 다른 사람의 집 돌보기를 자기 집안을 돌보는 것처럼 한다면 그 누가 자기 집안의 힘을 모아서 다른 집안을 난장판으로 만들겠는가! 왜냐? 저를 위하는 것이 나를 위하는 것과 같기 때문이다. 이처럼 나라와 도읍끼리 서로 쳐들어가지 않고 깨부수지 않으며, 집안끼리 난장판으로 만들지 않고 해치지 않는다면 이것이 세상의 해악인가, 아니면 세상의 이익인가? 반드시 세

---

11 『論語集註』, 「雍也」.

상의 이익이라 말할 것이다.[12]

또한 당 대의 한유는 인을 박애로 규정한다. 그는 "널리 사랑하는 것을 인이라 하고, 인을 실행하여 합당하는 것을 의라 하고, 인의로 말미암아서 앞으로 나아가는 것을 도라 하고, 자신에게 충분하여 밖에 기대지 않는 것을 덕이라 한다"[13]라고 설명하는데, 이 규정은 묵자와 가깝다고 할 수 있다. 유교에서 인은 보편적인 사랑을 지향한다고 하더라도 늘 출발 단계에서는 가족 사랑을 우선시했다. 맹자는 인의 출발점은 가족 사랑에 두고 그 지향은 보편적 사랑에 둠으로써 이 문제를 정리하려고 했다. 이렇게 보면 한유가 인을 박애로 규정한 것은 맹자의 입장을 부정한 것으로 보일 수도 있다. 그러나 한유의 의도는 맹자를 부정하려는 것이 아니라 노자의 도교와 부처의 불교에 대항하기 위한 것이다. 한유는 유교가 도교나 불교와 경쟁하면서 설득력을 지니려면 차별과 배제의 논리를 계속 내세울 수 없었다. 한유는 유교의 '친친(親親)의 윤리'에 함의된 차별적 사랑을 희석시키기 위해 인을 박애로 표현한 것 같다.

맹자는 "인의 실질은 어버이를 섬기는 것이다"[14]라고 설명하는데, 인은 혈연의 유대에 깊이 뿌리박고 있다는 점을 분명히 하고 있다. 그러나 그는 공자와 달리 인의 보편성을 좀 더 고민했다. 이는 묵자의 비판을 넘어서야 하는 맹자의 고민이기도 했다. 그래서 그는 인이 가족관계에서 출발하지만 결코 보편성을 놓쳐버릴 수 없으므로 그것을 단계적으로 생각한 것이다. 그 결론이 바로 "먼저 가족과 친하고 그리고 다

---

12 『墨子』, 「兼愛」; 신정근(2011), 앞의 책, 121-123쪽에서 재인용.
13 신정근(2011), 앞의 책, 187쪽 재인용.
14 『孟子集註』, 「離婁 上」.

른 사람을 사랑하고 마지막으로 모든 사물을 돌본다[親親而仁民 仁民而愛物]"[15]라는 말로 정식화했다. 이로써 맹자는 가족 사이의 자연스런 애정에서 시작하여 만물로 넓혀가는 보편적인 사랑을 가능하게 만들었다. 그는 인의 단계를 설득하기 위해서 '할 수 없다[不能]'와 '하지 않다[不爲]'를 구분하였다. 제 부모를 제쳐두고 다른 사람의 부모를 사랑하는 것은 보통 사람으로서는 '할 수 없는' 일이다. 그러나 자기 부모에게 효도하지 않는 것은 '하지 않는' 것이다. 우리가 가족 안에서 자연스런 감정에 바탕을 둔 사랑을 시작으로 주위 사람과 생명을 가진 모든 것으로 관심을 갖는 것은 할 수 있는 일이다. 도덕행위는 성인이나 영웅만이 하는 것이 아니다. 보통 사람들도 맹자가 말한 사단의 도덕 마음을 예민하게 느껴서 할 수 있는 쉬운 것부터 어려운 일로 차츰 범위를 넓혀나갈 수 있다. 맹자는 인을 가장 쉽게 할 수 있는 것으로서 가족사랑을 예로 들고 있는 것이다. 이기적인 가족사랑에 빠져서 다른 사람, 다른 것에 관심을 닫으라는 것이 아니다. 가족사랑은 인의 출발 단계이지 인의 모든 것으로 착각하지 말라는 것이다. 맹자 이래로 유교의 인은 가족사랑을 출발점으로 하여 궁극적으로 보편적 사랑에 뜻을 둔다.

이로써 유학에서 사람은 가족 사이에 느끼는 자연스러운 애정을 동력으로 삼아서 그 사랑의 적용 범위를 차츰 넓혀가는 지극히 현실적인 전략을 펼친다. 그럼에도 가족사랑에서 보편사랑으로 넘어가는 과정에는 비약이 있을 수밖에 없다. 대부분의 사람은 자신이 맡은 역할에서 가족 안에서 밖으로 벗어나는 데에 장애가 있을 수밖에 없다.[16] 우리가 도덕성의 근간으로 인류애를 말하지만 실천적으로 보면 개인적으로 잘 알고

---

15 『孟子集註』, 「盡心 上」.
16 신정근(2011), 앞의 책, 187쪽.

친근한 사람에게 사랑을 베풀게 되는 것은 당연하다. 말하자면 먼저 자기 자신과 부모형제를 사랑할 수 없는 사람이 남을 사랑할 수는 없다. '자비는 가정에서부터'라는 도덕적 언명은 이런 이유에서이다. 유가윤리에서 효제의 덕목이 강조되고 특히 효행을 모든 도덕성의 근본으로 다루는 것도 이런 이유이다. 맹자가 "인은 사랑이지만 사랑의 실행은 효제에서 출발하고, 또 어버이를 친애하고 백성을 어질게 대하고 물을 사랑한다"라고 한 것은 사랑의 실천 단계를 설명한 것이다. 주자는 인의 실천을 물의 흐름에 비유해서 효제를 첫 번째 웅덩이, 백성을 두 번째로, 애물을 세 번째 웅덩이로 설명한다. 우리가 효도해야 하는 이유는 부모의 은혜에 보답하는 반대급부적 의무가 아니라 사람됨의 근본을 실현하기 위한 것임을 밝혀주는 대목이다. 이것은, 우리는 자신의 가족이나 친족, 친구, 가까운 이웃, 그리고 은혜를 입거나 손해를 끼친 사람들에게 공리적 계산을 떠나서 선행을 베풀고 보은과 보상의 의무를 이행해야 할 특별한 의무가 있다는 것을 직관적으로 알 수 있다는 것이다.

서양윤리에서 말하는 '특별한 의무(special duty)' 개념도 친친의 윤리와 유사한 의미를 지닌다. 이것은 행위자와 타인 간의 특별한 관계 때문에 발생하는 타인에 대한 특별한 의무이다. 우리는 타인에게 행한 자신의 악행을 보상해야 하는 특별한 의무감을 가지고 있다. 내가 다른 사람에게 잘못을 저질렀을 때 단지 최대 선을 어떻게 실현할 것인가 하는 공리주의 원리에만 매달릴 수 없다. 나에게 피해를 입은 사람은 다른 누구보다도 나의 노력에 대해 특별한 요구를 할 수 있다. 이와 마찬가지로 과거에 우리에게 혜택을 입은 사람들에게 특별한 의무를 진다. 우리가 부모나 친구에게 특별한 의무를 지니는 것도 주로 이것 때문이다. 자신의 악행에 대한 보상 책임과 다른 사람의 은혜를 갚아야 하는 이 두 책임은 다른 목적을 가진 과거의 행위 결과 우연히 생기는 것이다. 그러나 세 번째 의무는 자신이 표명하는 행위 때문에 의무가 발생하는 경우이다. 이런 행동을 '약속'이라고 부른다. 무릇 나에게 네 가지 실마리가 있으므로 하나도 빠뜨리지 않고 모든 경우로 넓혀서 구석구석 채워나갈 줄 안다면, 마치 불이 처음에 살살 타다가 큰불이 되고 샘이 처음에 졸졸 흐르다 나중에 바다로 흘러가는 것과 같다. 진실로 네 실마리를 채워나갈 수 있다면 언젠가 결국 온 세상을 온전하게 지킬 수가 있다. 만약 제대로 채우지 못한다면 바로 옆에 있는 부모조차 제대로 챙기지 못할 것이다. 이처럼 유학의 친친의 윤리는 도덕 판단의 정당화 논리가 아니라 도덕적 실천의 가능성에 초점을 둔 것으로, 서양의 '특별한 의무' 관념과는 구분된다.

5. 결론

선진유학이든 성리학이든 실학이든 유학의 사유체계는 한마디로 도덕철학, 즉 윤리학이다. 유학은 우주만물의 근원을 밝히는 우주론 혹은 태극론을 바탕으로 존재와 규범근거를 해명하는 이기론, 그리고 인간이 본유적으로 도덕적 존재임을 규명하는 본성론과 심성론, 나아가서 도덕실천의 방법으로서 인식과 실천의 관계를 탐구하는 거대한 도덕철학의 체계이다. 이렇게 보면 우주론, 존재론, 인성론, 수양론으로 구성된 유학의 전체 체계는 '하나의 일관된 전체'로서 가장 체계적이고 일관된 도덕철학이다. 유학은 도덕성의 근거를 인성론과 인간의 존재론적 지위에서 찾는다. 공자가 말한 인(仁)은 인간성이며 동시에 도덕성이고, 인간의 존재방식이다. 인간의 존재방식으로서 인은 사람과 사람들 사이의 관계 질서이지만, 그것은 계약적이거나 목적론적인 것이 아니다. 그렇기 때문에 유학의 도덕성 개념은 사회적 제약으로서 도덕성 관념도, 유용성을 예상하는 목적론적 윤리체계도 아니다. 인은 인간의 선천적 본성의 표현이며 조건과 목적이 없는 자연적 노정이다. 때문에 인간이 도덕적인 이유는 개인의 행복이나 사회적 이득을 염두에 둔 공리적 목적이 아니라 인간됨의 실현이다. 우리 삶의 이상은 도덕적 완전성을 추구하는 것이다.

공자가 말한 도덕적 완전성은 인을 실천하는 것이니, 그것은 자신의 사욕을 버리고 우주의 질서인 공리에 부합되는 길이다. 공자는 이를 한마디로 '극기복례'란 말로 표현했다. 유학의 도덕적 이상은 도덕적 완전성을 구현한 군자됨에 있다. 이런 점에서 유가의 도덕은 내재론이며 열망의 도덕성이라 할 수 있다. 또한 도덕적임의 이유는 인간됨의 구현이므로 인간존재의 의무이다. 우리가 도덕적이어야 하는 이유는 바로 인간다움을 지키고 실현하기 위해서이다. 공자는 도덕의 본질과 원리를 밝혀주지만 인을 실천해야 하는 근거와 이유를 명시하지 않았다. 우리는 유학의 도덕성 근거를 맹자의 인성론에서 찾을 수 있다. 이 점에서 맹자의 성선론은 유학사에서 획기적인 의의를 지닌다.

그러나 유학이 도덕철학으로서 확고한 지위를 갖게 된 것은 송대의 신유학, 즉 성리학의 형이상학적 체계이다. 유학의 도덕철학적 체계는 성리학으로 불리는 송대의 철학자들에 의해 이론적 틀이 갖추어지고, 주자에 이르러 유학은 도덕철학으로서 완전한 지위를 갖게 된다. 주자는 도(道)를 해명하면서 도를 성(性), 심(心), 이(理)와 깊은 연관 속에서 논구한다. 도는 성이고 성이 곧 도이므로 이 둘은 일체이다. 그러나 도와 성은 일체이면서 동시에 같은 것이 아니다. 도는 사물의 당연한 이이지만, 또한 사람됨의 이이다. 그런데 사람은 나면서 누구나 균등한 성을 지니기 때문에 사람의 도는 하나이고 불변이다. 유학에서 도가 도덕행위에 있어서 모든 사람에게 동일한 도덕적 진리인 까닭은 이것이다. 진리가 진리인 것은 그것이 만고불변의 옳음인 이유이기 때문이다. 도는 마땅히 그러한 바의 이유와 근거로서 형이상적인 소이연(所以然)의 이와 행위규범으로서 소당연(所當然)의 이를 아는 것이다. 이렇게 보면 유가윤리에서 말하는 도덕적 앎은 마음의 눈으로 깨달아서 아는 앎과 배움이나 독서를 통해서 아는 두 가지를 포함한다. 전자는 소이연의 지이고 후자는 소당연의 지이다. 이는 장재가 말한 '덕성지'와 '견문지'의 구분을 보다 상세화한 것으로 생각된다.

플라톤식으로 말하면 전자는 '노에시스(noesis)'이고 후자는 '디아노이아(dianoia)'의 앎이다. 아리스토텔레스는 이를 '이론지'와 '실천지'라고 명명한다. 유학의 도덕적 추론은 '추기급인(推己及人)'의 황금률이다. 이것은 인간의 본성적 성향이나 욕구체계는 모든 사람이 다르지 않다는 전제에서 제시된 격률이다. 유가에서 추기급인의 원리는 단순히 논리적 명제가 아니라 실천적 명제이다. 자기 본래의 심을 다른 사람에게도 한결같이[如+心] 할 수 있어야 남의 마음을 미루어 알 수 있다. 다른 사람에 대해 한결같은 마음이 없으면 남의 사정을 알 수 없을 뿐만 아니라 오히려 정반대의 악행으로 나타날 수도 있다. 가령 비도덕적인 사람의 전형은 자신이 원하는 바대로 남을 대우하는 것이 아니라, 남이 싫어하는 것만 행하는 사람이다. 이런 경우 자신을 미루어 남에게 행하는 것은 악행이다.

유학에서 인식론의 문제는 인간은 본성적으로 어떤 존재인가 하는 존재론적 물음에 대한 해명에서 출발한다. 그 발상의 시원은 『주역』의 태극이론에서 인간의 도덕성의 근거를 논구한다. 도덕성으로서의 인의 존재 근거는 만물을 낳고 기르는 천지지심에 있다. 천지의 마음은 원형이정이라는 사덕이 있어서 춘하추동의 사계절을 낳게 한다. 천지지심의 생의(生意)에 의해 사람의 심에도 인의예지의 사덕이 본래적으로 갖추어져 있다. 인간의 도덕성에 대한 존재론적 설명은 주돈이가 자연법칙과 도덕법칙을 연결시킨 우주구조론에 그 근원을 둔다. 이런 점에서 신유학자들의 우주론은 자연철학이 아니라 도덕적 우주론(moral cosmology)이다. 주자는 음양오행의 우주론을 인간의 도덕성과 연결시킨다. 목화토금수의 오행이 인의예지신이라는 인간의 오상으로 연결되는 설명은 논리적 필연성이 결여되어 있지만 신유학자들은 심을 매개로 이것을 설명한다. 기와 성은 나면서부터 얻는 것이지만 물과 사람의 성은 기의 품부 방법이 다르기 때문에 그 성이 다르다. 그 성의 차이가 바로 인간을 다른 존재자와 구분 짓는 도덕성이다. 또한 사람들 간에도 기질의 품부에 따라 도덕성의 우열과 현우(賢愚)의 차이가 있다. 그래서 유학의 목표는 혼탁하고 막힌 보통 사람들의 이 기질지성을 변화시키기 위한 도덕적 실천론인데, 그 방법론이 곧 수양론이다. 그래서 유학의 핵심은 형이상학적 존재론이나 인식론이 아니라 수양론이다.

유학사상은 우주론, 이기론, 인성론, 심론, 수양론 전체가 하나로 연결된 독특한 사상체계이다. 이 테마 중에서 어느 하나만을 가지고도 유학의 전체를 말할 수 있다. 그러나 전체를 알지 않으면 어느 한쪽도 제대로 볼 수 없다. 주지하다시피 유학의 핵심은 형이상학이나 인식론이 아니다. 서양윤리가 인식론에서 출발했다면, 유가윤리는 도덕실천론이 핵심이다. 유학이 이기론이라는 형이상학 체계를 갖추게 된 것은 '학(學)으로서의 윤리학'의 필요성이 절실했기 때문이다. 이는 도덕적 실천이 수양의 방법론만으로는 쉽지 않기 때문이다. 인간이 왜 도덕적 존재이고, 왜 도덕적으로 행동해야 되고, 도덕적으로 행동하려면 무엇을 어떻게 알아야 하고, 또 무엇보다도 인간이 도덕적으로 행동하는 것이 가능한지 등 윤리학적 전체 구도에 대한 지식을 알아야 하기 때문이다.

이런 점에서 유가사상은 처음부터 끝까지 도덕과 연관되지 않은 게 없고, 도덕을 떠나서 유가사상을 논하는 것은 그 본말을 뒤집는 꼴이다. 그래서 한마디로 유학은 도덕철학, 즉 윤리학이라고 말해야 한다.

윤리학은 '학으로서 윤리학'과 '삶의 기술로서 윤리학'으로 나누어서 말할 수 있다. 전자는 메타윤리의 영역이고 후자는 규범윤리의 탐구 대상이다. 서양윤리에서 이러한 구분은 탐구 영역으로 나누어서 다루고 있다. 유가윤리도 메타윤리의 영역과 규범윤리의 구분이 없는 것은 아니다. 유가윤리에서 도덕적 개념의 의미, 논리성을 따지는 것은 서양의 메타윤리 못지않다. 조선유학에서 사단칠정 논변, 인물성동이론, 심체론의 핵심은 논리적 정합성을 따지는 논쟁이다. 이것은 전형적인 메타윤리의 주제이다. 서양윤리에서는 이처럼 동일 주제로 오랜 세월을 두고 논쟁을 해온 경우는 없다. 조선유학의 가장 현저한 특성은 바로 이 점이다. 학문적 엄밀성과 학자적 성실성이 없이는 이런 치열하고 세밀한 논쟁을 오랜 세월동안 벌일 수 없다. 이는 조선의 유학자들이 '학으로서 윤리학'을 정립하는 데 결코 소홀하지 않았다는 증거이다. 유가윤리의 메타윤리는 서양윤리가 언어분석을 중심으로 도덕언어의 의미나 기능을 분석하는 것과는 다르다.

서양윤리에서 '삶의 기술로서 윤리(학)'을 논구하는 것은 규범윤리의 영역이다. 이것은 도덕을 그 자체의 목적으로 보는 것이 아니라 궁극적 목적의 수단으로 보는 것이다. 도덕의 궁극적 목적은 행복한 삶을 실현하는 것이다. 외재론 윤리에서 궁극적 목적은 쾌락 혹은 행복이고 내재론 윤리는 자아실현이다. 내재론 윤리는 덕(德)을 실현함으로써 행복 혹은 자아실현을 목적으로 삼는다. 이런 점에서 외재론 윤리든 내재론 윤리든 윤리는 모두 삶의 기술이지 그 자체가 목적이 아니다. 그러나 유가윤리는 이와 다르다. 유가윤리는 행복의 수단으로서 윤리를 논구하는

'삶의 기술로서 윤리학'이 아니다. 유가윤리는 도덕(성)이 곧 삶의 의미이고, 궁극적 목적이라는 의미에서 '삶 자체로서 윤리(학)'을 추구한다. 그래서 유가윤리는 이상주의 도덕을 추구한다. 조선유학에서 실학은 기존 성리학적 구도의 도덕적 이상주의를 현실주의 도덕으로 실현하려는 이상이다. 말하자면 실학의 윤리관은 '하늘'에 있는 도덕을 '지상'으로 끌어내린 셈이다. 조선의 실학자들이 학문의 실제성과 효능을 중시한 것은 서양윤리의 공리주의 윤리에 견줄 만하다. 공리주의 윤리는 전형적인 '삶의 기술로서 윤리학'을 추구한다. 이 점에서 실학의 윤리학적 의미는 결코 가볍게 볼 수 없다.

 유가의 도덕철학에서 "왜 도덕적이어야 하는가?"라는 윤리학의 궁극적 물음은 "왜 인간이어야 하는가?"라는 물음과 다르지 않다. 유가윤리에서 "왜 도덕적이어야만 하는가?"라는 물음의 대답은 '불인(不仁)이면 비인야(非人也)'라는 이 한마디에 함축되어 있다. 도덕적이지 않으면 인간이 아니기 때문이다. 그러면 "왜 인간이어야만 하는가?"라고 다시 묻는 사람에게 더 이상 해명은 의미가 없다. 인간이기를 포기한 사람에게 어떻게 사는 것이 인간답게 사는 길이라고 말할 수 없기 때문이다. 서양윤리의 큰 틀에서 보면 유가윤리는 의무론 윤리이다. 그러나 유가의 의무론 윤리는 서양의 칸트식 의무론과는 다르다. 행위의 옳고 그름에서 도덕행위자의 동기, 의지를 중시한다는 점에서 이 둘은 같지만 의무의 근거를 세우는 방식은 전혀 다르다. 칸트의 의무론 윤리는 행위의 보편적 법칙을 통해서 도덕을 세우는 '법칙론적 의무론'이다. 유가의 윤리는 예악형정을 통해서 행위규칙을 정하지만, 도덕의 이념, 원리를 우주에서 끌어들인다. 그리고 유가윤리는 도덕행위의 정당성과 당위성을 인간이 도덕적 존재라는 존재론에 둔다. 그래서 유가윤리는 인간이 왜 도덕적 존재인지를 인성론, 심성론을 통해 논증한다.

조선의 실학자들은 도덕적 자연우주론을 천체론(天體論), 또는 상제(上帝) 개념으로 대체한다. 이 점에서 보면 조선유학은 정주의 성리학을 해체하거나 반(反)성리학적 구도로 나갔다고 말할 수 있을 것 같다. 그러나 이러한 논의의 근거도 공자, 맹자에 두고 있다는 점에서 한계를 지닐 수밖에 없다. 조선유학의 한 축을 이루는 것은 예학(禮學)이다. 성리학이 유가윤리의 철학적 근거를 해명하는 것이라면, 예학은 그 행위양식인 의례를 규정하고 그 근거를 밝히는 것이다. 조선사회에서 예(禮)는 생활규범으로서 일반적 관심사가 되어 서민 대중의 생활 속에 깊이 침투되었다. 일찍이 이색이 "유학에는 성리학이 반이요 예학이 반"이라고 한 말의 뜻은 이런 의미에서이다. 그런데 예법은 관습과 문화에 따라서 다양하게 적용될 수 있는 것이기 때문에 예학을 구체적으로 적용하는 방법을 둘러싼 의견의 대립이 일어날 가능성이 매우 크다. 조선 유학자들의 예에 대한 높은 관심은 예학이라는 학문적 연구뿐만 아니라 예의 실천을 강조한다. 이 점이 조선유학에서 또 하나의 특성을 이룬다.

조선 유학자들이 예학 연구에 몰두하게 된 데는 무엇보다도 조선에서 성리학의 발전이 본격화한 16세기에 이르러, 예를 공부의 필수 불가결한 방법으로 생각하면서이다. 유학에서 예를 벗어나서 이치를 이해하고 도덕적 행위를 한다는 것은 불가능하다. 학문과 수양에서 예를 절대적이고 보편적 기준으로 삼게 된 것은 당연하다. 그런데 조선에서 예서(禮書)로 통칭되는 예의 규범집 혹은 의례 목록집이 16세기 후반에서 17세기 전반에 예학의 결실로서 줄이어 출간된다. 이것은 임진왜란 이후 무너진 사회질서의 재건과 사람들의 피폐한 심성을 회복하기 위해 예를 바로 세우고 실천할 필요성이 절실했기 때문이다. 이 시기 예서의 등장과 예학의 흐름은 이러한 현실적 요청과 긴밀한 관련이 있다. 유학자들은 행위가 예에 합당하냐 아니냐에 따라 군자와 소인을 엄격히 분별하는 기준으로 삼는다. 조선유학에서 예가 당쟁의 도구로까지 이용되었던 것도 이 점과 무관하지 않다.

조선유학에서 예송(禮訟)의 문제는 예를 숭상하는 유학자들이 예의 도덕적 명분을 둘러싸고 정책적으로 대립한 경우로 봐야 한다. 물론 여기에는 정치적 이해관계가 맞물려 있다. 그러나 당쟁은 당시 지배층의 엘리트 충원 과정에서 생긴 정치적 대립이지, 예에 대한 관심과 연구가 심화되었기 때문에 생긴 것은 아니다. 예를 당파의 도구로 파악하는 관점은 조선유학의 예학적 특성을 파악할 때 본질을 놓치게 된다. 유학을 도덕과 정치의 원리로 삼는 유교국가라고 해서 모두 예를 중시한 것은 아니다. 같은 유교문화권인 한·중·일 삼국 중에서도 유독 예를 중시하고 예학에 몰두한 것은 조선유학이다. 이러한 예의 숭상 풍조는 오늘날 한국인의 생활양식과 도덕의식에도 많은 영향을 미쳤다. 한국문화의 병폐로 지적되는 형식주의, 겉치레 문화도 선조들의 예의 숭상 풍조와 무관하지 않다. 예절 숭상 풍조의 또 다른 의미는 오늘날 한국인의 도덕의식에서 드러난다. 예의와 범절은 도덕의 형식이지만, 한국인에게 예절은 '또 하나의 도덕'이다. 예절을 지키지 않으면 버릇없는 사람이고, 버릇없는 사람은 곧 부도덕한 사람이다. 조선유학의 중요한 특성인 예학을 당쟁이 아닌 윤리의식이나 문화의 관점에서 그 의미를 평가해야 하는 이유가 바로 이 점이다.

유가윤리와 서양윤리의 총체적 비교 관점에서 오늘날 한국사회에서 작동되는 유가윤리의 이념을 다시 생각해보자. 유가윤리는 서양윤리처럼 의무론/목적론, 덕윤리/의무윤리, 개인윤리/사회윤리 등 이분법적으로 구분해서 말하지 않는다. 유가윤리는 의무론의 바탕에서 목적론이 포함되고, 덕 윤리를 말하면서 동시에 의무의 윤리를 강조한다. 또한 개인의 도덕성을 강조하면서 사회적 도덕성으로 '역할의 윤리'를 중시하는 것이 유가윤리의 특성이다. "하나이면서 둘이고, 둘이면서 하나[一而二 二而一]"라는 유가적 사유방식은 유가윤리에서 가장 잘 드러난다. 유가윤리의 강점은 무엇보다도 도덕적 자각을 통한 도덕적 실천에 있다. 도덕행위의 근거와 이유에 대한 성찰이 행위에 앞서 강조된다. 도덕적 앎의 궁극은 인간존엄의 이치를 스스로 깨닫는 것이다. 윤리학의 궁극적 물음인 "왜 내가 도덕적이어야 하는가?"라는 물음에 대한 대답은 '인간존재의 근본이법'으로 말한다. 플라톤의 도덕철학의 핵심도 실은 "덕은 그 자체로 보상받는다"라는 도덕성의 정당화론에 있다. 목전의 이익만을 실리(實利)라고 생각하는 사람들의 눈에는 이러한 명제들이 허무맹랑한 소리로 들릴 수밖에 없다. 그래서 유가나 플라톤의 이념은 도덕적 이상주의이다.

'정신적 열망'으로서 도덕성을 강조하는 내재적 윤리는 도덕적 이상주의를 지향하게 마련이다. 이상주의는 도덕적 진리 자체를 감각적 세계가 아닌 초월적 실재성으로 믿는다. 이상주의의 인식론은 직관이고, 이상주의가 추구하는 도덕적인 삶의 목적은 인간됨 혹은 참된 자아의 실현이다. 플라톤이 말하는 선(善) 이데아나 유가의 도(道)는 탁월한 지혜를 가진 철인이나 성인들만이 알 수 있는 고원한 진리의 세계이다. 또한 플라톤이 말하는 노에시스(noesis)나 유가의 소이연지(所以然知)의 단계는 인간적 욕망과 충동을 초탈해서 도통의 경지에 있는 사람들만이 터득할 수 있는 앎의 단계이다. 감각적이고 경험적 지식을 선호하고 공리적 목적을 추구하는 대부분의 사람들의 눈에는 도덕적 이상주의의 비전은 비현실적으로 비친다. 그렇게 되면 이상주의는 도덕의 본질이나 이상과는 무관하게 도덕의 외형과 형식만을 따르는 형식주의로 변질되게 마련이다. 오늘날 한국사회, 한국인의 병폐로 지적되는 형식주의,

겉치레 문화의 원인도 이러한 유가적 이상주의에 그 뿌리를 두고 있다고 봐도 무방하다.

서양 윤리사상사에서 공리주의가 등장하게 된 배경에도 도덕적 이상을 현실 속으로 끌어내려 현실적 도덕원리를 세우자는 이념이 깔려 있다. 공리주의자들이 보기에 도덕은 더 이상 신의 의지도, 인간본성의 실현을 위한 형이상학적 이념이 아니다. 갈등과 대립으로 얼룩진 이기적 인간사회에서 공동의 이익을 실현할 수 있는 방도는 고원한 이념이 아니라, 사람들에게 돌아가는 공리적 이득이다. 그래서 공리주의자들은 '최대 다수에게 최대의 행복을'이라는 구호를 내건다. 공리주의 도덕관은 개인의 도덕적 자각이나 주체성보다는 결과적 선의 공평성을 중시한다. 그렇기 때문에 합리성의 문화가 공리주의 이념의 근간을 이룬다. 합리성은 자신의 이익을 위해서는 다른 사람에 대한 관심을 갖고 동등하게 배려해야 한다는 정신이 깔려 있다.

서양은 일찍부터 합리적 사유방식을 중시하는 '로고스(logos) 문화'가 정착된 사회이다. 서양사회에서 공리주의 윤리관이 그런대로 작동될 수 있는 것도 이런 문화적 배경과 무관하지 않다. 한국문화의 지배적 원리는 '파토스(pathos) 문화'이다. 파토스 문화는 이성이나 합리성보다는 감정과 개인적 친소(親疎) 관계를 더 소중히 여기는 삶의 방식이다. 파토스 문화도 그 나름대로 중요한 의미가 있다. 그러나 비합리적이고 불공정한 문화구조 안에서 공리주의적 이념은 '천박한 결과주의' 양상으로 나타날 수 있다. 이것은 자본주의 제도가 그 윤리성을 도외시하면 '천민자본주의'로 전락하는 것과 같은 이치이다.

조선의 실학자들은 성리학의 고원한 도덕적 이상을 현실 속으로 끌어내리려고 한국적 유학을 발전시켰다. 그러나 한국사회, 한국인의 윤리의식에서 실학의 공리적 윤리관은 지나가는 바람에 지나지 않았다. 한국사회에서 공리주의 윤리관이 정착할 수 없었던 까닭은 정치적 이유보다는 뿌리 깊은 유교문화의 토양과 무관하지 않은 것으로 보인다. 유가 윤리는 오랫동안 한국사회를 이끌어온 도덕적 이념이며 통치질서로 작동해왔다. 대부분의 한국인들은 아직도 심정적으로는 유가적 이상주의 윤리를 지향하고 있다. 우리는 도덕의 궁극적 정당성을 공리적 목적보다는 자아실현 혹은 사람됨의 근본 이치로 생각한다.

그런데 한국인들의 윤리관은 전형적으로 이중적이다. 관념적 가치관과 실천적 가치관이 다르고, 심정윤리가 책임윤리로 연결되지 못하며, 그래서 생각과 말과 행동이 각기 다르다는 점에서 그렇다. 오늘날 한국인들의 이러한 이중 의식은 '체면문화' 속에서 잘 나타난다. 체면문화의 본래적 모습은 염치(廉恥)와 예의를 겸비한 도덕행위이다. 그런데 요즘의 체면문화는 도덕성으로 염치는 없고 형식과 외양만 중시하는 겉치레 문화로 전락하고 말았다. 전통사회에서 삶의 방식은 서로 잘 아는 사람끼리 얼굴을 대하는 대인관계를 중심으로 이루어졌다. 그래서 유가적 도덕질서는 '체면윤리'로서 그런대로 작동할 수 있었다. 그러나 오늘날의 '제도적 사회(impersonal society)'에서 사람들 간의 관계는 서로 친밀한 인격적 관계가 아니라, 모르는 사람들 간의 이해관계이다. 새로운 윤리관이 요청된다는 것도 이 점에서이다.

오늘의 한국사회는 가히 '무도덕(amoral)'[17] 사회라고 할 만큼 우리는 극심한 도덕 혼란의 시대에 살고 있다. 이 같은 도덕 혼란의 일차적 원인은 규범윤리체계의 붕괴에 있다. 이는 도덕적 옳고 그름에 대한 도덕 판단과 행위의 준거가 없다는 의미이다. 이것은 규범윤리 차원의 도덕

---

[17] '무도덕적(amoral)'은 '비도덕적(immoral)' 개념과는 달리, 본래 도덕적 판단능력이 없는 정신이상자와 같은 사람을 지칭하는 개념으로 도덕적 비난의 대상이 되지 않는다.

문제이다. 어떤 사람들은 전통윤리를 되살려야 한다고 말하고, 어떤 사람은 서구적 시민윤리의 정착을 말하기도 한다. 그러나 도덕문제의 본질은 윤리적 구호나 주의·주장이 아닌 삶의 방식에 대한 윤리학적 성찰을 요구한다. 유가나 플라톤 식의 도덕적 이상주의를 다시 생각해봐야 할 이유가 바로 여기에 있다. 그것은 진정 소중한 가치가 무엇이며, 삶의 이상을 실현하기 위해 어떻게 살아야 할 것인지를 말해준다. 무도덕이 판을 치고 그래서 도덕성 문제가 급박한 시대에 도덕적 이상주의를 말하는 것은 너무 한가로운 지적 유희로만 보일 수도 있다. 그러나 도덕적 이상주의는 여태껏 한번도 실현된 적이 없는 '유토피아'일지라도 윤리적 성찰의 이념적 준거이다. 사람들의 선호나 성향에 맞추어 도덕성의 기준을 정할 수는 없다. 사람들의 도덕의식이 낮아져 도덕률을 잘 지키지 않는다고 도덕수준을 낮출 수는 없다. 강제든 타율이든 결과적 준수가 중요하지 자율성이나 도덕의식 따위는 문제될 게 없다고 생각한다면 도덕은 이제 설 자리가 없다. "웬만큼 법을 지키는 사람이면 도덕적인 사람이다"라고 한다면 도덕은 법과 구분될 수 없다. 실제로 우리나라 사람들의 50퍼센트 정도가 이러한 도덕의식을 가지고 있다.[18] "법은 도덕의 최소한이며, 최소한이어야만 한다"는 옐리네크의 주장은 이 시대에 오히려 절실하게 인식되어야 할 명제이다.

    동서양을 막론하고 이 시대를 지배하는 보편적 윤리관은 공리주의이다. 공리주의 윤리관의 기저는 개인주의이고 사실상 법치만능주의이다. 절대 다수의 윤리학자들은 현대사회에서 공리주의가 유일한 대안이라고 목청을 높이고 있다. 도덕이란 신의 의지도 아니고 인간의 존재론적 의무도 아니며 관계질서로서 '삶의 제도'라는 인식이 지배적이다. 공

---

[18] 도성달 외, 『한국인의 윤리의식 조사연구(II)』 (한국정신문화연구원, 1998), 120쪽.

리주의 윤리관은 개별 행위자의 내면적 도덕의식보다는 행위의 결과나 내용을 중시한다. 요즘같이 치열한 삶의 경쟁 속에서 개별적 인간의 실존적 문제보다도 생존문제가 더욱 절실하고 현실적인 문제임에는 분명하다. 그런데 한국인들 중에 많은 사람들은 아직도 유가적 이상주의를 심정적으로 선호하고 있다. 도덕적임은 공리적 이득이나 문제해결의 방편이 아니라 인간다움의 실현이라는 생각이 그것이다. 한국사회의 이러한 도덕적 이상과 도덕적 행태의 이중성이 오늘날 도덕적 혼란으로 나타나고 있다. 우리가 유가윤리를 새롭게 조명하고 이를 서양윤리와의 비교 관점에서 논의해야 할 이유도 바로 이 점에 있다.

참고문헌

원전자료

『국역 고봉집』(민족문화추진위원회).
『국역 율곡전서』(한국정신문화연구원).
『국역 퇴계전서』(퇴계학연구원).
『국역 퇴계집』(민족문화추진위원회).
『논어·중용』(한상갑 옮김, 삼성출판사, 1982).
『논어집주』(성백효 옮김, 전통문화연구회).
『대학, 대학혹문, 대학강의』(박완식 옮김, 이론과 실천, 1993).
『대학, 중용집주』(성백효 옮김, 전통문화연구회).
『맹자·대학』(한상갑 옮김, 삼성출판사, 1982).
『맹자집주』(성백효 옮김, 전통문화연구회).
『성리대전』(보경문화사).
『정몽』(장재 지음, 정해왕 역주, 명문당, 1991).
『주자신학안』(전목, 臺北: 三民書局, 1971).
『주자어류』1-4(허탁 외 역주, 청계, 2003).
『주자어류』(이주행 외 역주, 소나무, 2001).

저술

금장태, 『퇴계의 삶과 철학』(서울대학교 출판부, 1998).
김우형, 『주희철학의 인식론』(심산, 2005).
노사광 지음, 정인재 옮김, 『중국철학사—송명편』(탐구당, 1997).
닐 포스트먼 지음, 김균 옮김, 『테크노폴리』(민음사, 2001).
도성달, 『서양윤리와 유가윤리의 도덕지식론』(한국정신문화연구원, 2002).
＿＿＿, 『윤리학, 그 주제와 논점』(한국학중앙연구원 출판부, 2011).
도성달 외, 『과학기술 시대의 삶의 양식과 윤리』(울력, 2002).
＿＿＿＿, 『윤리학과 덕교육』(한국정신문화연구원, 2001).
박은정, 『생명공학시대의 법과 윤리』(이화여자대학교 출판부, 2000).
C. A. 반 퍼슨 지음, 강영안 옮김, 『급변하는 흐름 속의 문화』(서광사, 1994).
C. D. 브로드 지음, 박찬구 옮김, 『윤리학의 다섯 가지 유형』(철학과현실사,

2005).
아베 요시오 지음, 김석근 옮김, 『퇴계와 일본유학』 (통나무, 1995).
에드워드 윌슨 지음, 이한음 옮김, 『인간본성에 대하여』 (사이언스북스, 2001).
오오하마 아끼라 지음, 임헌규 옮김, 『주자의 철학』 (인간사랑, 1998).
윤사순, 『조선, 도덕의 성찰』 (돌베개, 2010).
_____, 『퇴계철학의 연구』 (고려대학교 출판부, 1980).
이강대, 『주자학의 인간학적 이해』 (예문서원, 2000).
이기동 옮김, 『근사록』 (홍익출판사, 1998).
이마미치 도모노부 지음, 정명환 옮김, 『에코에티카-기술사회의 새로운 윤리학』 (솔출판사, 1993).
임헌규, 『유가의 심성론과 현대 심리철학』 (철학과 현실사, 2001).
제이콥 브로노우스키 지음, 임경순 옮김, 『과학과 인간의 미래』 (대원사, 1997).
조긍호, 『유학심리학』 (나남출판, 1998).
존 B. 윌슨 지음, 박장호 옮김, 『도덕적으로 생각하기』 (하나미디어, 1993).
진래 지음, 안재호 옮김, 『송명 성리학』 (예문서원, 1997).
최영진, 『퇴계 이황』 (살림, 2007).
한국사상사연구회, 『조선유학의 개념들』 (예문서원, 2009).
한형조, 『조선유학의 거장들』 (문학동네, 2008).
_____, 『주희에서 정약용으로』 (세계사, 1996).

Almeder, Robert, *Human Happiness and Morality* (New York: Prometheus Books, 2000).
Aristoteles, Translated by Terence Irwin, *The Nicomachean Ethics* (Cambridge: Harvard University Press, 1999).
Baier, Kurt, *The Moral Point of View* (Ithaca: Cornell University Press, 1964).
Bell, Daniel, *The Winding Passage: Essays and Sociological Journeys 1960-1980* (Cambridge, Mass.: Abt Books, 1980).
Benedict, Ruth, *Patterns of Culture* (Boston : Houghton Mifflin, 1934).
Bentham, Jeremy, *Introduction to the Principles of Morals and Legislation* (New York: Oxford University Press, 1959).
Bloom, Allan, *The Closing of American Mind* (New York: Simon& Schuster, 1989).

Bradley, F. Herbert, *Ethical Studies* (Oxford: The Clarendon Press, 1952).

Brant, Richard B., *Ethical Theory* (New Jersey: Prentice-Hall, 1959).

Broad, C. D., *Five Types of Ethical Theory* (New York: Humanities Press, 1960).

Bullock, Alan, *The Humanist Tration in the West* (New Yokr: Noton, 1988).

Campbell, Angus and Converse, P.(ed.), *The Human Meaning of Social Change* (New York: Russel sage Foundation, 1972).

Chan, Wing-Tsit, *Chu Hsi* (University of Hawaii Press, 1989).

Chan, Wing-Tsit(ed.), *A Source Book in Chinese Philosophy* (Princeton: Princeton University Press, 1963).

Chisholm, Roderick, *Theory of Knowledge* (New Jersey: Prentice-Hall, 1977).

Cooper, John M.(ed.), *Plato's Completed Works* (Indianapolis: Hackett Pub-lishing Company, 1997).

Cornford, Francis M., *Before and After Socrates* (New York: Cambridge University Press, 1976).

Cua, A. S., *Dimensions of Moral Creativity* (University Park: Penn. State University Press, 1978).

_____, *The Unity of Knowledge and Action* (The University Press of Hawaii, 1982).

Dawkins, Richard, *The Blind Watchmaker* (New York: Norton, 1986).

De Bary, Theodore, *The Trouble with Confucianism* (Harvard University Press, 1991).

Eno, Robert, *The Confucian Creation of Heaven* (State University of New York Press, 1990).

Feinberg, Joel(ed.), *Moral Concepts* (New York: Oxford University Press, 1975).

Frankena, William K., *Ethics* (Englewood Cliffs, N. J: Prentice-Hall, Inc., 1973).

Fromm, Eric, *Escape from Freedom* (New York: Holt & Winston, 1941).

Fung, Yu-Lan, *A History of Chinese Philosophy*, Vol. 1 (New York: Mac-

millan, 1948).
Gibson, Winter(ed.), *Social Ethics* (New York: Harper & Row Publisher, 1968).
Green, Thomas Hill, *Lectures on the Principles of Political Obligation* (London: Longmans, 1941).
Hare, R. M., *Moral Thinking* (Oxford: Clarendon Press, 1981).
Hart, H. L. A. *The Concept of Law* (Oxford: Clarenden Press, 1961).
Hegel, Translated by Knox, T. M., *Natural Law* (University of Pennsylvania, 1975).
Hegel, Translated by Miller, A. V., *Philosophy of Right* (Oxford University Press, 1992).
Heller, Agnes, *General Ethics* (Oxford: Basil Blackwell, 1988).
Hospers, John, *Human Conduct: Problems of Ethics* (New York: Harcourt Brace Iovanovich, inc., 1972).
Hume, David, *A Treatise of Human Nature* (L. A. Selby-Bigge, ed., Oxford: Clardence Press, 1981).
J. Percy, Bruce, *Chu Hsi and His Masyers* (London: Probsthain & Co., 1973).
Jacob, Bronowski, *A sense of the Future* (Mass.: The MIT Press, 1978).
Kant, Immanuel, *Critique of Practical Reason* (New York: Macmillian Publishing Company).
Marx, Karl and Engels, Frederick, "The German Ideology," *MECW*, vol. 5.
Maslow, Abraham, *Motivation and Personality* (New York: Harper& Row, 1970).
_____, *Toward a Psychology of Being* (New York: Van Nostrand, 1962).
McCloskey, H. J, *Meta ethics and Normative ethics* (Hague: Martinus Nijhoff, 1969).
Messener, J., *Social Ethics* (Binghamton: Vail-Ballou, Inc., 1957).
Mill, John Stuart, *Utilitarianism* (New York: Oxford University Press, 1959).
Moore, George Edward, *Ethics* (New York: Cambridge University Press,

1959).

Moore, George Edward, *Principia Ethica* (New York: Cambridge University Press, 1959).

Naisbitt, John, *High Tech, High Touch* (New York: Random House, Inc., 1999).

Niebuhr, Reinhold, *An Interpretation of Christian Ethics* (New York: Harper, 1935).

Pawl T. Taylor, *Problems of Moral Philosophy* (Belmont: Wardsworth Publishing Company, inc., 1978).

Perelman, Chaim, *The Idea of Justice and Problem of Argument* (London: Routledge and Kegan Paul, 1963).

Perry, Ralph Barton, *Realm of Value* (Cambridge: Harvard University Press, 1954).

Ross, William David, *Foundations of Ethics* (New York: Oxford University Press, 1959).

Postman, Neil, *Technopoly* (New York: Vintage Books, 1992).

Rashdall, Hastings, *Theory of Good and Evil* (New York: Oxford University Press, 1924).

Rawls, John, *A Theory of Justice* (London: Oxford University Press, 1972).

Roetz, Heiner, *Confucian Ethics of the Axial age* (SUNY Press, 1993).

Ross, David, *Foundations of Ethics* (Oxford: Clarendon Press, 1963).

Sahakian, William S., *Ethics: An Introduction to Theories and Problems* (New York: Harper & Row, 1974).

Sidgwick, Henry, *The Method of Ethic*, 7th ed.(New York: Macmillan, 1931).

Taylor, Paul W., *Principles of Ethics* (Belmont: Dickenson Publishing Company, 1975).

Taylor, Paul W.(ed.), *The Moral Judgement* (New Jersey: Prentice-Hall, Inc., 1963).

Taylor, Richard, *Good and Evil* (New York: Prometheus Books, 2000).

Vivas, Eliseo, *The Moral life and Ethical life* (London: Henry Regnery Company, 1963).

Watson, John, *Behaviorism* (New York: W. W. Norton, 1925).

Westermarck, Edward, *Ethical Relativity* (Paterson: Litttlefield, Adams, 1960).

Wiener, Norbert, *The Human Use of Human Beings: Cybernetics and Society* (New York: Avon Books, 1967).

Wilson, Edward O., *On Human Nature* (Cambridge: Harvard Univ. Press, 1978).

Wilson, John, *Moral Thinking* (London: Heine man n Educational Books, 1970).

Wood, Allen W., *Hegel's Ethical Thought* (Cambridge: Cambridge University Press, 1991).

논문

김철호, 「주자의 선악론 연구」, 한국학중앙연구원 한국학대학원 박사학위논문(2005).

김충렬, 「동양 인성론의 서설」, 한국동양철학회 편, 『동양철학의 본체론과 인성론』(연세대학교 출판부, 1982).

도성달, 「우리는 도덕적인가」, 『한국의 교육과 윤리』 제5집(한국정신문화연구원, 1995).

_____, 「서양윤리학에서 본 도덕적 지식과 실천」, 『앎과 삶에 대한 윤리학적 성찰』(한국정신문화연구원, 1998).

_____, 「윤리학적 관점에서 본 자아실현」, 『한국사회 변화와 자아실현』(한국정신문화연구원, 2001).

박창식, 「퇴계의 지행론 연구」, 한국학중앙연구원 한국학대학원 석사학위논문(2006).

방세영, 「주자 예론의 윤리학적 연구」, 한국학중앙연구원 한국학대학원 박사학위논문(2005).

Borthrong, John, "CHU HSI'S Ethics: JEN and CH'ENG," *Journal of Chiness Philosophy*, Vol. 14 No.2(1989).

Butler, Joseph, "Of the Nature of Virtue," *The Analogy of Religion* (London, 1736).

Cheng, Chung-Ying, "Method, Knowledge and Truth in Chu Hsi,"

Journal of Chines Philosophy, Vol. 14, No. 2(June 1987).

Cua, A. S., "Morality and Human Nature," *Philosophy East and West*, Vol 32, No. 3(July 1982).

찾아보기

ㄱ
가언명령　104
가치실재론　13
가치절대론　15
가치질 관념　132
거경함양(居敬涵養)　263
격물궁리(格物窮理)　263
격물치지　59
견문지(見聞知)　242
공동이익설　299
공리주의　28
공리주의 윤리　82, 84
규정주의　151
규칙 공리주의　87, 94
근사(近思)의 원리　115

ㄴ
내재론　228
내재론 윤리　330
노에시스(noesis)　348

ㄷ
덕성지(德性知)　242
도덕실천론　268, 276
도덕적 선　47
도덕적 적합성(moral suitability)　97, 130
도덕행위　111
도덕행위자　287

도심(道心)　70
디아노이아(dianoia)　348

ㄹ
로스(Ross, W. D.)　76

ㅁ
명법주의(imperativism)　150
무어(Moore, G. E.)　76
밀(Mill, John Stuart)　29, 82

ㅂ
베이어(Baier, K.)　188
벤담(Bentham, Jeremy)　28, 82
보편화 가능성의 원리　129
본체적 자아(noumenal self)　186
브란트(Brandt, R. B.)　86
브래들리(Bradley, F. H.)　37
비인식주의　150

ㅅ
사단(四端)　201, 207
삼품설(三品說)　58
선악 관념　20
선악론　47
선진유가(先秦儒家)　172, 309
성삼품설　72
성의(誠意)　79
성즉리(性卽理)　321

셸러(Schller, M.) 76
소당연지칙(所當然之則) 158, 247
소이연지고(所以然之故) 159, 247
순수지선 11
스티븐슨(Stevenson, Charles Leslie) 151
스펜서(Spencer, Herbert) 146
시즈윅(Sidgwick, Henry) 32
신 명령이론 41
신의 명령설 290
신학적 윤리 40
실천지 233
실천행위 74
심즉리(心卽理) 63
심통성정설(心統性情說) 162, 207

ㅇ

아크엔젤(archangel) 94
양지(良知) 154, 205
왜 나는 도덕적이어야 하는가? 37
외재론 228
외재론 윤리 330
위기지학(爲己之學) 57
윌슨(Wilson, Edward O.) 147
윤리적 직관주의 176
의무론 윤리 87
의무에서 나온(from duty) 행위 90
의무에 일치하는(accordance to duty) 행위 90
이론지 233
이해관심(interest) 22
인식주의 138
인심(人心) 70

ㅈ

자기이익설 295
자아실현설 302
자아실현의 윤리 33
자연법 윤리이론 43
자연주의 145
자연주의 윤리 145, 146
자연주의적 오류 171
장재(張載) 62
정념(passion) 192
정언명령 104
정의주의(emotivism) 150, 178
존재론적 의무론 101, 104, 333
주의주의(voluntarism) 17
주지주의 20
주체적 권능 72
지선(至善) 53
지선행후(知先行後) 246
지행합일(知行合一) 63, 246
지행호진론 258
직관주의 154
직관주의 윤리 138, 336

ㅊ

최고선 25
최선아(最善我) 37
추기급인(推己及人) 81, 112, 348
치양지(致良知) 63
친친(親親)의 윤리 118, 340
칠정 207

ㅋ

쾌락주의 26

쾌락주의 윤리　25

ㅌ
특별한 의무(special duty)　124

ㅍ
페리(Perry, R. B.)　22
프랑케나(Frankena, William K.)　83

ㅎ
행선지후(行先知後)　246
행위 공리주의　85
헤어(Hare, Richard M.)　83
현상적 자아(phenomenal self)　186
형식주의 윤리　104
흄(Hume, David)　192